KB170151

사이버 안보의 국가전략

국제정치학의 시각

사이버 안보의 국가전략
국제정치학의 시각

2017년 4월 28일 초판 1쇄 인쇄
2017년 5월 10일 초판 1쇄 발행

지은이 김상배, 민병원, 이상현, 배영자, 신성호, 정종필, 조윤영, 이승주, 신범식, 황지환

편집 김지산, 고하영
디자인 김진운
마케팅 정세림, 남궁경민

펴낸이 윤철호, 김천희
펴낸곳 ㈜사회평론아카데미
등록번호 2013-000247(2013년 8월 23일)
전화 02-2191-1133
팩스 02-326-1626
주소 03978 서울특별시 마포구 월드컵북로12길 17
이메일 academy@sapyoung.com
홈페이지 www.sapyoung.com

ISBN 979-11-88108-09-1 93340

이 저서는 서울대학교 서울대-연세대 협력연구 프로그램 지원사업의 후원을 받아 수행된 연구
결과물임; 이 저서는 2016년 대한민국 교육부와 한국연구재단의 지원을 받아 수행된 연구임
(NRF-2016S1A3A2924409); 이 저서는 2016년도 ETRI 부설연구소의 지원을 받아 연구되었음.

사이버 안보의 국가전략
국제정치학의 시각

김상배 엮음

사회평론

머리말

최근 사이버 안보는 명실상부하게 국제정치학의 핵심적인 논제가 되었다. 무엇보다도 사이버 공격이 물리적 공격만큼이나 국가안보를 위협할 수 있다는 우려가 현장 전문가들뿐만 아니라 국제정치학자들 사이에도 널리 번져 가고 있다. 사이버 공격에 대처하기 위해서 일국 차원에서 기술역량을 키우고 법제도를 정비할 뿐만 아니라 외교적으로 관련 국가들의 협력도 활발히 진행되고 있다. 사이버 안보 분야의 국제규범을 모색하기 위한 움직임들이 활발히 진행되고 있으며 그 이면에서는 다양한 행위자들의 이해관계가 충돌하고 있다. 최근 사이버 안보와 관련하여 발생하고 있는 현상들의 면면을 들여다보면 컴퓨터와 인터넷이라는 기술 변수를 매개로 하여 벌어진다 뿐이지 여타 분야에서 볼 수 있는 국제정치의 전형적인 요소들이 발견되고 있다. 그야말로 이제는 국제정치학자들도 기술을 잘 모른다는 핑계로 뒷짐만 지고 있을 수 없는 상황이 되었다.

인터넷의 보급이 미미하여 보안 충위를 크게 중시하지 않던 초창기에는 컴퓨터 보안이나 정보보호 또는 네트워크 보안, 그리고 이와 관련된 국내정책과 국제협력은 주로 컴퓨터 전문가나 소프트웨어 엔지니어들의 몫이었다. 이들의 논의는 주로 물리적 환경으로서 인터넷 또는 사이버 공간이라는 기술시스템이 작동하는 과정에서 발생하는 내적 오류와 외적 교란 등에 관심을 기울였다. 사정이 이렇다 보니 시스템이 구동되는 이면에 존재하는 국가 및 비국가 행위자들의 인식과 전략, 그리고 이러한 과정에서 발생하는 권력정치의 동학은 상대적으로 소홀히 취급되었다. 게다가 이들의 논의는 간혹 기술시스템 자체에서 발생하는 가능성에만 주목하여 사이버 위협과 공격이 낳을 정치적·사회적 위험성을 과장하는 경향마저도 있었다. 그러나 최근 사이버 안보의 문제가 더 이상 기술과 공학의 분야에만 머물지 않고 21세기 세계정치의 주요 영역으로 편입된 상황에서 예전의 관성에 의존해서 이 문제를 볼 수만은 없게 되었다.

특히 국가 행위자들이 사이버 공격의 주요 주체로서 자리매김하는 현상은 국제정치학자들의 관심을 끌고 있다. 초창기의 사이버 테러와 공격은 체계적으로 조직되지 않은 초국적 핵티비스트나 테러리스트들이 벌이는 게임이었다. 그러나 최근 들어 미국이나 중국, 러시아 등과 같은 강대국들이 사이버 공격과 관련된 논란의 전면에 나섰다. 특히 사이버 공격을 막아내는 대책의 추진에 있어서 국가 행위자는 그 어느 누구보다도 많은 기대를 받고 있다. 한편 사이버 안보가 국제정치학자들의 관심을 끈 배경에는 이 문제를 군사안보론의 시각에서 보기 시작한 변화가 있다. 사이버 공격으로 인해 인명 피해가 발생했을 경우 해당 국가에 대한 군사적 보복이 가능하다는 구상이 정책서클과 학계 일각에서 제기되고 있다. 냉전 시대에 개발된 핵 억지의 개념을 사이버 안보 분야에도 적용하자는 구상도 거론되고 있다. 그 실현 가능성이나 효과성은 별도로 하더라도 이러한 군사안보적 대안들이 거론되기 시작했다는 사실은 사이버 안보가 국가업무의 중요한 축을 이루게 됐다는 점을 보여 준다.

이 밖에도 전통적인 국제법, 특히 전쟁법의 틀을 원용하여 사이버 공간에서 발생하는 해킹과 공격을 이해하고 제어하려는 움직임도 진행되고 있다. 해커나 테러리스트 등과 같은 비국가 행위자뿐만 아니라 사이버 공격의 배후지를 제공한 국가나 업체에 대해서도 전쟁법을 적용하여 책임을 묻겠다는 것이다. 전통적인 정치·군사 분야의 국제기구인 유엔 차원에서 사이버 안보 문제를 다루려는 시도도 최근 빠르게 진행되고 있다. 물론 사이버 안보라는 새로운 안보위협의 문제를 지나치게 전통적인 인식 틀에만 의거해서 풀어 간다는 비판도 만만치 않다. 전통적인 국가행위자 중심의 안보담론이나 군사담론 또는 정치담론이 야기할 과잉담론(hyper-discourse)의 출현 가능성도 우려되고 있다. 이러한 맥락에서 양자 및 다자 간 협력이나 글로벌 거버넌스의 맥락에서 보는 사이버 안보의 국제규범 형성에 대한 기대도 출현하고 있다. 그러나 아직까지 현실주의, 자유주의, 구성주의 등으로 대변되는 기존의 국제정치이론은 사이버 안보의 세계정치에 대한 제대로 된 분석과 처방을 내놓고 있지 못하다.

이러한 문제의식을 바탕으로 이 책의 필자들은 사이버 안보의 세계정치를 보는 국제정치학의 여러 접근법들을 정리하고 이를 통해서 한반도의 주변 네 나라들, 즉 미국, 중국, 일본, 러시아의 국내외 전략을 이해함으로써 북한의 사이버 공격에 대응하는 한국의 전략과 외교를 고민하는 기초 작업을 펼쳤다. 이러한 과정에서 이 책의 필자들이 염두에 두었던 논제는 사이버 안보의 기술공학적인 문제들을 구체적으로 다루고 있는 여타 분야의 전문가들에게 국제정치학적 시각의 필요성과 유용성을 제대로 설파하는 문제였다. 전통안보와는 질적으로 성격이 다른 사이버 안보의 논리를 인정하면서도 거기에 중첩되는 국제정치의 고유 논리가 독자적으로 자리매김하고 있음을 보여주고 이를 바탕으로 사이버 안보 국가전략의 실천적 방향을 제시하는 것이었다. 이를 위해서 필자들이 착안한 것은, 이 책의 제목에 담긴 네 가지 표제어, 즉 '사이버', '안보', '국가', '전략' 등의 의미가 기존 전통안보론에서 이해하던 그것들과는 크게 다르다는 사실을 보여 주는 것이었다.

첫째, '사이버'로 대변되는 분야의 특성이 군사안보 영역과는 다르다는 것을 보여 주고자 하였다. 사이버 공격은 전통안보 공간과는 다른 사이버 공간을 배경으로 해서 발생한다. 사이버 공간의 확장 속도가 예상을 뛰어넘고 그 확장 범위가 지구 곳곳에 미치는 만큼, 이에 비례해서 사이버 공간의 범죄와 테러의 위협도 점점 더 복잡한 양상으로 전개되고 있다. 따라서 자신의 컴퓨터와 네트워크에 대해서 아무리 철저한 보안 조치를 취하더라도, 보이지 않는 공격으로부터 완전히 자유로울 수는 없다. 특히 네트워크상의 빈틈을 의미하는 착취혈(exploit)의 존재는 방어하는 측에 비해 공격자에게 훨씬 유리한 조건을 제공한다. 이 밖에도 사이버 공간의 기반을 이루는 네트워크 시스템의 복잡계적 특성은 사이버 위협의 잠재적 위력을 더욱 강화한다. 게다가 컴퓨터 바이러스나 악성코드, 경우에 따라서는 네트워크 그 자체와 같은, 이른바 비인간 행위자(non-human actor)의 활동은 사이버 테러와 공격에 독특한 성격을 부여하는 변수로 작동한다. 이렇듯 전통 군사영역과는 다른 메커니즘으로 움직이는 사이버 공간의 구조와 동학을 이해하는 것은 그 안에서 벌어지는 국제정치를 이해하는 기초 작업임에 틀림없다.

둘째, 사이버 안보에서 논하는 '안보'의 의미도 전통안보의 그것과는 다르다는 것을 보여 주고자 했다. 사이버 안보는 단순계의 논리

에 입각해서 발생하는 전통안보의 경우와는 달리, 이른바 신흥안보
(emerging security)의 대표적 사례이다. 신흥안보란 미시적 차원에서
는 단순히 소규모 단위의 안전(安全, safety)의 문제였는데 그 이슈 자
체의 양이 크게 늘어나거나 또는 다른 이슈들과 연계되면서 국가적 차
원의 안보(安保, security) 문제로 창발(創發, emergence)하는 현상을
의미한다. 다시 말해, 평소에는 개별 단위 차원의 안전이 문제시될 정
도의 미미한 사건들이었지만, 그 발생 숫자가 늘어나서 상호작용이 복
잡해지고 그 와중에 새로운 패턴이 출현하는 지점, 이른바 양질전화
(量質轉化)의 임계점을 넘게 되면 국가안보를 위협하는 심각한 문제
가 되는 현상이 발생한다는 것이다. 예를 들어, 우리의 컴퓨터 한두 대
에서 발견된 악성코드는 그냥 무시될 수도 있겠지만, 전 국민의 컴퓨
터가 바이러스에 감염되거나 더 나아가 국가 기반시설을 통제하는 컴
퓨터 시스템이 해킹을 당한다면 이는 국가적 차원에서 그냥 지나칠 수
없는 중대한 위험이 되는 이치이다.

  셋째, 사이버 안보 분야에서 논하는 '국가'는 전통안보의 주체로
서 상정되었던 국가와 그 성격이 다르다는 것을 보여 주고자 했다. 국
가안보에 대한 사이버 공격의 잠재적 충격이 예상되면서 많은 국가들
이 사이버 군사력을 확대하기 시작했다. 사이버 공격을 행하는 주요
주체는 국민국가의 정부라기보다는 애당초 해커 집단이나 테러리스트
와 같은 비국가 행위자들이었다. 그러나 최근에는 국가의 비호를 받는
사이버 부대원들이 암약하거나 정부가 사이버 갈등의 전면에 나서고
있다. 사이버 방어를 위한 국내외 거버넌스의 주체로서 국가는 여전히
대표적인 행위자일 수밖에 없다. 그러나 사이버 안보 게임에 임하는
주체로서 국가 행위자와 비국가 행위자 간의 경계는 점차 희미해지고
있다. 초국적으로 발생하는 사이버 위협과 공격은 전통안보의 경계로

간주되었던 국민국가의 영토 단위가 지니는 의미를 허물어 가고 있다. 이러한 맥락에서 볼 때, 사이버 안보의 세계정치는 국민국가를 주요 단위로 하는 전통적인 국제정치의 반복이라기보다는 사이버 공간이라는 복합 네트워크 환경을 기반으로 다양한 행위자들이 참여하는 새로운 양식으로 이해해야 할 것이다.

끝으로, 사이버 안보 분야에서 원용되는 '전략'은 전통안보 분야의 단순전략이 아니라는 것을 보여주고자 했다. 앞서 언급한 바와 같이, 사이버 공간의 기술적 특성은 사이버 공격을 막기 위해서는 촘촘한 방어막을 구축하는 것만이 능사가 아님을 보여준다. 다시 말해, 공격이 우위에 서는 사이버 안보 분야의 특성상 이 분야의 전문가들이나 이른바 '화이트 해커'들이 나서서 기술적 방어와 군사적 역량을 구축하는 것만으로는 효과적인 대응 방안을 마련할 수 없다. 이를 뒷받침하는 사이버 안보의 추진체계 정비와 법 제정의 노력도 중요할 뿐만 아니라 주변 국가들과의 정보 공유 네트워크를 구축하고, 사법 공조를 위한 외교적 노력을 펼치거나, 국제사회에 호소하고 도움을 요청하는 외교력의 발휘도 병행되어야 한다. 더 나아가 사이버 안보의 국제 규범 형성 과정에 적극적으로 참여하는 것 자체가 중요한 대응 방안이 될 수 있다. 진화하는 사이버 공격에 대응하는 바람직한 방안은 사이버 안보 분야의 어느 일면만을 강조하는 접근이 아니라 기술과 전략, 국가와 사회, 일국적 대응과 외교적 대응, 양자적 해법과 다자적 해법 등을 다층위적으로 아우르는 복합적인 전략에서 찾아야 한다.

이상의 문제의식을 바탕으로 이 책은 국제정치학의 시각에서 사이버 안보의 국가전략을 모색하기 위한 이론적·경험적 논의를 크게 세 부분으로 나누어 전개하였다. 먼저 제1부 '국제정치학으로 보는 사이버 안보'에서는 사이버 안보를 보는 국제정치학의 시각으로 군사전략론, 국제규범론, 글로벌 거버넌스론 등의 세 가지를 소개하였다.

제1장 '군사전략론으로 보는 사이버 안보(민병원)'는 오늘날 사이버 공간 속에서 국가가 사이버 공격 또는 사이버 위협에 대응하기 위해 택할 수 있는 전략에 대한 논의를 펼쳤다. 전통적인 억지 전략이 가상의 공간에서 더 이상 작동하지 않는다면, 새로운 사이버 억지 전략은 어떻게 수립되어야 하는 것인가? 사이버 공격이 이전의 분쟁과 전혀 다른 속성을 가진 것이라면, 이를 어떻게 이해하고 활용할 것인가? 제1장은 이러한 질문을 바탕으로 하여 사이버 억지의 새로운 패러다임을 논의하고 정리하였다. 이를 위해 사이버 공간의 분쟁과 갈등이 갖는 특징을 논의하고, 기존의 국제법 규범이 이러한 새로운 환경에 어떻게 적용될 수 있는가에 관한 지금까지의 노력들을 개괄적으로 살펴보았다. 또한 사이버 억지의 개념이 적용 범위와 방식에 있어 더 확대되고 있으며, 억지 전략을 둘러싼 논의도 일반억지와 긴급억지, 단계적 억지와 맞춤형 억지 등 세부적인 개념화를 통해 진화하고 있음을 소개한다. 이러한 논의의 연속선상에서 사이버 억지 전략이 과거와 같은 보복 또는 방어의 차원을 뛰어넘어 국가들 사이의 상호의존성을 동시에 고려한 협력적 관계를 지향해야 한다는 점을 부각시키고 이를 응용한 전략적 재보장의 패러다임을 살펴보았다. 결론적으로 사람들의 일상생활에 깊숙하게 연동된 사이버 공간의 특성상 억지 전략에 일정한 제약이 따르며, 자원의 한계를 고려한 선택과 집중의 원칙에 따라 적정한 수준의 억지를 지향해야 한다는 점을 강조하였다.

제2장 '국제규범론으로 보는 사이버 안보(이상현)'는 사이버 공간을 둘러싼 강대국들의 이해가 충돌하고 민간의 우려가 커지는 가운데 최근 주목받고 있는 유엔 등 다자무대에서 벌어지는 국제협력의 양상을 살펴보았다. 사이버 범죄나 안보는 이미 국제적으로 중요한 사안으

로 부상했지만 국제규범이나 법적 통제는 미약하다. 사이버 공간에 관한 국제적 논란의 핵심은 인터넷 자유와 사이버 안보의 적절한 균형을 어떻게 설정할 것인지에 집중된다. 사이버 안보의 국제적 논의에서 최근의 진전은 몇 가지 중요한 이정표를 거쳐 발전해 왔다. 그중 대표적인 것으로는 유럽평의회의 사이버 범죄에 관한 글로벌 프로젝트의 일환으로 탄생한 부다페스트 협약과 탈린 매뉴얼을 들 수 있다. 국제기구 차원에서는 대표적으로 유엔 정보안보 정부전문가그룹(GGE)을 통해 사이버 안보 확보를 위한 국가 간 규범 문제를 논의 중이다. GGE의 주요 내용 중 일부 쟁점에서 괄목할 만한 진전을 기록한 것은 제3차 GGE 보고서(2013)에서였다. 3차 권고안에서는 사이버 공간의 주권이 인정되고, 사이버 공격에 대한 자위권 차원의 무력 사용이 인정되며, 비국가 행위자의 사이버 위협에 대한 국가의 책임 소재를 분명히 하는 등의 진전이 이뤄졌다. 한국은 2013년 서울 사이버 공간 총회를 주최하는 등 사이버 공간의 규범 확립을 위한 국제적 움직임에 적극 참여하고 있다. 제2장이 주장하는 바에 따르면, 향후 사이버 안보 관련 국제규범은 국제사회의 논의를 거쳐 서서히 규범화되는 과정을 거칠 것으로 예상되는바, GGE 및 사이버 공간 총회 등 국제적 행사를 계기로 '지속 가능한' 국제적 협력의 규범과 틀을 제도화하는 방향으로 후속 조치를 강화해야 할 것이다.

제3장 '글로벌 거버넌스론으로 보는 사이버 안보(배영자)'는 사이버 안보에 관한 국제협력 가운데 국제규범 마련과 관련된 노력을 글로벌 거버넌스의 관점에서 살펴보았다. 현재 진행 중인 사이버 안보 국제규범에 관한 논의 중에서 부다페스트 협약, 사이버 공간 총회, 국제전기통신연합(ITU), 상하이협력기구(SCO), 인터넷주소관리기구(ICANN) 등에서 진행되고 있는 사이버 안보 국제규범에 관한 논의에

초점을 맞추었다. 현재 사이버 안보 국제규범에 관한 논의는 크게 사이버 공간의 국가주권 인정과 기존 국제법 적용 여부를 둘러싸고 서방 측과 러시아·중국 측이 대립하고 있는 가운데 양측의 지속적인 협상이 다양한 장에서 진행 중이다. 부다페스트 협약과 사이버 공간 총회에서는 서방 측 이해가, SCO와 ITU에서는 러시아와 중국 측 이해가 두드러지고 있음을 확인할 수 있다. 아울러 참여자 측면에서 볼 때 부다페스트 협약, ITU, SCO는 국가들이 중심이 되어 진행되고 사이버 공간 총회나 ICANN은 기업이나 관련 시민사회 단체나 기업도 함께하는 장으로 발전해 왔다. 전반적으로 볼 때 시민사회의 참여는 아직 부족한 편이고 국가 주도로 논의가 이루어지고 있음을 알 수 있다. 현재 점증하는 사이버 위협에 대한 일치된 우려와 국제협력의 필요성에 대해서는 공감대가 형성되어 있음을 확인할 수 있다. 비록 현재까지 범세계적으로 강제력을 가지는 합의된 국제조약은 마련되지 못했지만 그동안의 지속적인 노력을 통해 각 국가 간 입장의 차이가 분명히 드러나고 서로 협력할 수 있는 선이 어디까지인지를 알게 된 것은 큰 의미를 가지는 성과로 평가된다. 다만 국가 간의 입장 차이가 단시일 내에 좁혀지거나 조정될 수 있는 수준이 아니어서 이에 대해서는 지속적인 대화와 협력이 요구되는 상황이다.

제2부 '사이버 안보의 주변4망(網): 전략과 외교'에서는 한반도의 사이버 안보 문제에 영향은 미치는 주변의 네 나라, 즉 미국, 중국, 일본, 러시아의 전략과 외교에 주목하였다. 전통안보 분야에서는 한반도 주변의 네 강대국이라는 의미로 주변4강(强)이라는 표현을 주로 쓰지만 이 책에서는 네 개의 네트워크 또는 네트워크 국가라는 의미로 주변4망이라는 개념에 입각해서 논의를 전개하였다.

제4장 '미국의 사이버 안보 전략과 외교(신성호)'는 사이버 공간

의 가장 큰 기술적 리더이자 수혜자이며, 또한 각종 사이버 공격의 가장 큰 대상이기도 한 미국의 사례를 살펴보았다. 미국은 정보의 자유로운 소통과 접근, 개인의 의사 표현과 정보 습득 권한 보장, 열린 사이버 공간을 통한 개인과 민간, 국가 이익의 증진 등을 목표로 사이버 범죄로부터 이들 가치와 원칙을 지키기 위한 국내정책, 국제협력, 국제규범 창출에 노력하고 있다. 특히 미국은 사이버 안보 관련 국제규범과 통치제도의 창출을 위해 다음과 같은 원칙을 가지고 노력을 경주하고 있다. 첫째, 사이버 공간과 인터넷 표현의 자유, 개방, 신뢰 등 기본 원칙이 존중되어야 한다. 둘째, 사이버 공간을 사용하고 있는 개인, 산업계, 시민사회 및 정부기관 등 다양한 구성원들의 의견이 수렴된 국제적 규범을 제정해야 한다. 셋째, 인터넷 및 사이버 공간에도 규범 원칙을 설정함에 있어 그 출발은 유엔헌장과 같은 기존의 국제규범과 법을 토대로 하여야 한다. 넷째, 상호 간 사이버 공간상의 위협 요소 감축 및 신뢰 증진을 위한 사이버 공간에 적용 가능한 신뢰구축조치(CBMs)의 이행이 필요하다. 그러나 미국의 노력은 이에 대한 다른 이해관계와 접근을 추구하는 중국이나 러시아와의 갈등을 야기하기도 한다. 그럼에도 미국의 사이버 안보 전략은 향후 한국을 비롯한 각국의 사이버 안보 전략은 물론 글로벌 사이버 질서 확립에서도 많은 시사점을 줄 것이라고 전망한다.

제5장 '중국의 사이버 안보 전략과 외교(정종필 · 조윤영)'는 최근 인터넷과 사이버 공간에 대한 정책적 행보가 주목을 끌고 있는 중국의 사례를 다루었다. 중국은 2000년대에 들어와 전자 · 정보 산업 발전에 따른 인터넷 보급 확대와 국내외 정보 교류가 활발해졌다. 하지만 이로 인해 오히려 사이버 안보의 취약성은 심화되었다고 평가받는다. 따라서 사이버 공간의 보호를 위해 정보화 전략을 바탕으로 국방 · 군

사 시스템 개선을 추구하고 나아가 사회 안정을 유지하고자 한다. 이를 위해 2014년부터 정치·사회 사이버 안보 정책 수립과 집행 업무를 '중앙네트워크안전·정보화영도소조'와 '국가인터넷정보판공실'로 일원화했다. 또한 사이버 군사 전략은 공산당 중앙군사위원회에서 담당하기 시작했다. 사이버 안보 강화를 위한 중국의 정책은 다른 나라와 유사하다. 국가 안보, 기업·개인 경제활동 등에 악영향을 미치는 활동을 차단해 인터넷을 보호하고자 하는 것이다. 하지만 중국은 국내 인터넷 보호를 위해 국가의 주도적 역할을 강조하는 국가 중심적 전략을 취한다는 점에서 미국을 포함한 서구 국가와 큰 차이를 보인다. 특히 중국은 사이버 공간의 개방성, 포괄성, 상업성에도 불구하고 각 국가의 특수성은 우선돼야 한다고 주장한다. 이 같은 인식은 미국과의 마찰을 불러일으키고 있다. 그럼에도 전략경제대화를 통한 미국과의 사이버 안보 협력을 위해 노력하고 있다. 또한 SCO와 아세안지역포럼(ARF) 내에서의 역내 국가들과 사이버 안보 의제를 논의하기 위해 주도적 역할을 하고 있다. 나아가 유엔 내 GGE 활동에 적극적으로 참여하고, ITU을 통한 인터넷 거버넌스 개혁을 위해 노력하고 있다.

제6장 '일본의 사이버 안보 전략과 외교(이승주)'는 2014년 사이버안보기본법을 제정한 이후 정책의 기본 방향을 제시한 일본의 사례를 다루었다. 제6장은 일본이 사이버 안보 전략과 외교를 강화하게 된 원인을 네 가지 차원에서 설명하였다. 첫째, 일본은 사이버 위협이 빈발함에 따라, 사이버 위협이 경제 및 사회에 미치는 영향을 새롭게 인식하게 되었다. 일본 정부는 규제와 프라이버시 보호의 균형을 유지하면서 질서를 유지하는 자율 거버넌스 형성에 주안점을 두고 있다. 둘째, 일본의 사이버 전략과 외교는 일본 외교안보 정책과의 연계라는 관점에서 이해할 필요가 있다. 이는 일본의 새로운 국가안보전략 변화

와 연계되어 진행되는 경향이 있으며, 더 나아가 중국의 부상에 대응하고, 이 과정에서 역내 국가들과의 협력을 강화하는 수단이라는 의미가 있다. 셋째, 일본은 사이버 안보 전략과 외교에서 국제협력을 강조하는 대표적인 국가이다. 일본은 특히 사이버 안보 외교를 다양한 차원에서 추진하는 가운데 가치를 공유하는 국가들과 사이버 분야의 국제질서와 규범을 확립하는 데 주도적 역할을 하겠다는 의지를 반복적으로 천명한 바 있다. 넷째, 일본의 사이버 안보 전략과 외교는 민관협력을 강조하고 있다. 일본이 기업들이 초국적 공급 사슬을 형성하고 있기 때문에, 국내 기업뿐만 아니라 그 대상을 외국에 위치한 자국 기업으로 사이버 안보의 대상을 확대해야 할 현실적 필요성이 커졌다. 또한 일본 정부는 아시아의 개도국들과 사이버 안보를 위한 국제협력을 심화, 확대하는 가운데 일본 IT기업의 해외 진출을 측면 지원하려는 의도를 내보이고 있다.

제7장 '러시아의 사이버 안보 전략과 외교(신범식)'는 사이버 안보 분야에서 미국 중심의 서구 질서에 대항하면서도 제한적인 협력을 펼치는 러시아의 전략과 외교의 사례를 다루었다. 러시아의 사이버 안보 전략의 가장 큰 특징은 크게 세 가지이다. 첫째, 서방과는 다른 '사이버 공간'에 대한 인식이 투영되어 있다는 점이다. 즉 서방이 자유로운 정보의 흐름을 강조하는 것과 달리, 러시아는 사이버 공간도 분명히 주권국가의 관할권이 행사되는 영역임에 상당한 방점을 두고 있다. 둘째, 사이버 역량을 디지털 시대에 국익을 제고할 수 있는 분명한 수단으로 본다는 점이다. 이러한 관점에는 외부의 러시아 사이버 공간에 대한 공격 가능성은 상존하고, 이것이 국가에 미치는 타격이 엄청날 것이라는 인식이 반영되어 있다. 이를 뒷받침하기 위해 러시아 정부는 적극적으로 관련 입법 절차를 실시하여 왔다. 셋째, 사이버 보안

업무 소관 부서를 기존의 정보기관에서 군으로 전환시키고 있다는 점
이다. 주어진 위협을 분석하는 수동적인 업무가 아닌 공세적으로 사이
버 역량을 신장시키겠다는 러시아의 의도가 담겨 있다. 동시에 재래전
과 사이버전은 상호 병행될 수 있음이 암시되고 있다. 이러한 러시아
의 전략은 서방과 갈등을 겪을 소지를 다분히 갖고 있다. 실제로 러시
아는 중국과의 협력은 강화하였지만, 미러관계는 개선되지 못 하는 등
반(反) 서방 진영의 선두주자 이미지를 굳혀 가고 있다. 향후 러시아
는 자유로운 정보의 흐름을 강조하는 서방에 대항하여 주권적 요소를
부각시키는 '인터넷 거버넌스의 국제화'를 추진할 것으로 보인다.

제3부 '한반도의 사이버 안보: 현황과 과제'에서는 앞서의 장들
이 제기한 국제정치학의 이론적 논의와 주변4망의 전략과 외교에 대
한 경험적 논의를 바탕으로 북한의 지속적인 사이버 공격에 대응하는
한국의 사이버 안보 전략을 국내적인 차원에서 기술과 인력의 양성 및
법제도의 정비, 그리고 대외적인 차원에서 양자 및 다자 협력의 필요
성을 강조하였다.

제8장 '북한의 사이버 안보 역량과 전략(황지환)'은 사이버 안보
의 국가전략에 대한 논의에서 주관심사가 될 수밖에 없는 북한의 사
례를 재래식 전략과 핵전략의 연속선상에서 다루었다. 북한에서 사이
버 능력은 핵, 미사일과 함께 인민군의 3대 수단으로 간주되며, 사이
버 전력은 핵·미사일, 게릴라전과 함께 북한의 3대 비대칭 전력으로
평가받고 있다. 이러한 관점에서 북한의 김정은 노동당 제1비서는 "사
이버전이 핵, 미사일과 함께 인민군대의 무자비한 타격능력을 담보하
는 만능의 보검"이라고 언급하며 사이버전의 중요성을 강조하였다. 한
국에 대한 사이버 공격 활동은 2009년 7월의 디도스 공격 이후 최근의
정부 주요 인사 스마트 폰 해킹까지 다양하게 진행되어 왔다. 사이버

전 활동의 특성상 한국에 대한 모든 사이버 공격 활동이 북한에 의한 것이라고 단정할 수는 없다. 하지만 공격의 대상과 형태 및 방식 등에서 북한의 대남 사이버전 활동이라고 추정할 수 있는 근거는 많다. 해킹 공격의 중국 선양 경유지 IP, 범행에 사용된 악성코드의 구성과 동작방식, 협박 이메일의 표현 등을 고려하면, 상당수가 북한이나 북한 추종 세력들에 의한 공격으로 추정된다. 남북한 관계가 불안정하고 북한의 핵과 미사일 위협이 가중되는 상황에서 북한의 사이버 안보 역량은 우리에게 또 하나의 커다란 위협요인을 제공해 주고 있다. 미국 역시 소니 픽처스 해킹 사건 이후 북한의 사이버 역량과 공격에 대해 커다란 관심을 가지고 있다.

제9장 '한국의 사이버 안보 전략과 외교(김상배)'는 최근 지속적으로 발생하고 있는 북한발 사이버 공격에 대응하는 과정에서 제기되는 한국의 사이버 안보 전략과 외교의 과제를 짚어 보았다. 사실 한국의 입장에서 보면 사이버 안보의 문제는 추상적인 위협과 대응의 문제가 아니라 엄연히 실재하는 위협이 아닐 수 없다. 최근 북한의 소행으로 추정되는 사이버 공격이 늘어나면서 이러한 위협이 일단 유사시에 재래식 전쟁이나 핵전쟁의 시나리오와 결합되면 무슨 일이 벌어질까 하는 우려를 낳고 있기 때문이다. 이러한 맥락에서 한국은 기술적인 차원에서 방어 역량을 구비하고, 사이버 안보의 추진체계와 법제도적 여건을 정비하려는 노력들을 벌이고 있다. 이와 더불어 주변국들과 사이버 공격 관련 위협 정보를 공유하고 더 나아가 글로벌 및 지역 차원에서 협력하기 위한 체제도 가동하고 있다. 그런데 제9장이 주장하는 바에 따르면, 여태까지 일국적 차원의 대응 체계를 마련하는 데 주안점을 두었던 한국의 대응 방안도 이제는 좀 더 적극적으로 미국, 중국, 일본, 러시아 등과 같은 주변국들과의 협력을 벌일 필요가 있다. 이러

한 모색의 과정에서 관건이 되는 것은 주변국들과 정보공유체계를 만들고, 사법공조를 위한 외교적 노력을 펼치거나, 사이버 안보의 국제규범 형성에 참여하고, 국제사회에 호소하고 도움을 요청하는 외교적 역량의 발휘이다. 이러한 문제의식을 바탕으로 제9장은 사이버 안보 분야에서 한국이 모색해야 할 국제안보 및 외교전략의 방향과 이 분야에서 부상하고 있는 국제규범 형성에 참여하는 과정에서 해결해야 할 과제들을 상세히 검토하였다.

끝으로, 제10장 '사이버 안보 국가전략의 과제'에는 이 책에 실린 논문들의 최종 원고 발표회를 겸해서 열린 컨퍼런스에서 가진 종합토론의 내용을 이 책의 결론을 대신해서 담았다. 종합토론에서 다룬 가장 큰 주제는 사이버 안보의 연구와 실천 전략의 모색 과정에서 여타 전공 분야와 비교해서 국제정치학이 기여할 수 있는 바는 무엇인가의 문제였다. 그리고 이러한 시각에서 입각해서 볼 때 한국이 사이버 안보 분야에서 추구할 전략과 외교의 방향과 내용은 무엇인지를 규명하는 것이었다. 이러한 문제의식을 바탕으로 크게 세 가지 그룹으로 대별되는 주제들을 탐구하였다. 첫째, 북한의 사이버 공격을 어떻게 볼 것인가의 문제였다. 북한은 어느 정도의 역량을 지니고 있고, 이를 뒷받침하는 조직과 제도의 현황은 어떠한가? 북한의 사이버 공격을 포함한 초국적 사이버 공격을 보는 한국의 인식은 어떠한가? 둘째, 북한의 사이버 공격에 대응하는 한국의 전략과 제도에 대한 문제였다. 사이버 방어와 억지를 수행하는 한국의 기술역량과 인력 현황은 어느 정도의 수준인가? 사이버 위협에 대응하는 추진체계와 법제를 구축해 가는 차원에서 현재 한국이 해야 할 일은 무엇인가? 끝으로, 사이버 안보 분야에서 한국이 추구할 외교에 대한 문제였다. 사이버 위협에 대응하는 차원에서 한국이 주변 국가들과의 국제협력을 풀어가기 위해서 당면한 외교적 과제는 무엇인가? 최근 다층적으로 진행되고 있는 사이버 안보의 국제규범 형성 과정에 한국은 어떻게 참여해야 하는가?

　이 책이 나오기까지 많은 분들의 도움을 얻었다. 무엇보다도 국제정치학계에는 아직 생소한 주제인 사이버 안보에 대한 연구에 기꺼이 동참해 주신 필자 선생님들께 감사드린다. 이 책에 담긴 글들은 몇 가지 계기를 통해서 기획되어 준비되었다. 특히 2016년 여름 방학을 전후하여 진행된 공부모임을 통해서 그 형체를 갖추어 나갔다. 이 공부모임은 몇 차례의 세미나를 거치면서 '사이버 안보의 세계정치 공부모임(일명 사세공)'이라는 이름까지 얻게 되었다. 사세공을 통해서 이루어진 발표와 토론은 사이버 안보의 국제정치학 연구를 위한 화두를 던지려는 필자들의 문제의식을 무르익게 하였으며, 이 책을 학계에 내놓게 되는 지적 토양을 제공하였다.

　사세공 세미나에 참여하여 함께 토론의 시간을 가진 서울대학교 정치외교학부와 이화여자대학교 정치외교학과의 대학원생들에게도 감사의 마음을 전한다. 이 책에 담긴 기성 학자들의 글 모음과는 별도도 이들 대학원생들의 작업은 2016년 12월 한국국제정치학회 연례학술회의에서 대학원생 패널을 구성하여 학계에 소개되었으며 곧이어 별도의 단행본으로 묶어 내려고 준비하는 중에 있다.

　이 책에 담긴 논문의 초고들은 2016년 10월 13일(목) 한국프레스센터에서 서울대학교 국제문제연구소(소장: 김상배)와 국가보안기술연구소(소장: 김광호)의 공동주최로 열린 〈사이버 안보의 국가전략: 국제정치학의 시각〉이라는 제목의 학술회의에서 발표되었다. 귀중한 시간을 내어 환영사와 기조연설의 말씀을 주신 김광호 소장님과 임종인 전 대통령 안보특보께 감사드린다. 당일 불가피한 일정으로 참석은 못하셨지만 따로 축하의 말씀을 전해주신 신맹호 외교부 국제안보대사께도 고마움을 전하고 싶다.

또한 학술회의 당일, 사회와 발표 및 토론을 맡아주신 임종인(고려대), 신욱희(서울대), 전혜원(국립외교원), 박노형(고려대), 박윤정(한국뉴욕주립대), 도종윤(제주평화연구원), 박민형(국방대학교), 전재성(서울대), 김웅희(인하대), 이민자(서울디지털대) 선생님께 감사의 말씀을 드린다. 특히 종합토론을 벌인 제3부에서 사회 및 토론을 맡아주신 조현석(서울과학기술대), 류석진(서강대), 장노순(한라대), 조화순(연세대), 김소정(국가보안기술연구소), 권헌영(고려대), 이원태(정보통신정책연구원), 유지연(상명대), 강하연(정보통신정책연구원) 선생님께 심심한 감사의 말씀을 드리고 싶다. 그날 진행된 종합토론의 내용은 녹취되어 이 책의 제10장에 담겼다.

이밖에 사세공 세미나와 학술회의의 원활한 진행을 위해서 도움을 준 서울대학교 국제문제연구소의 이종진, 조문규, 이은솔 연구원, 그리고 한국연구재단의 한국사회기반연구사업(SSK) 대형센터의 전임연구원인 송태은, 이헌미, 차태서 박사와 참여연구원인 최은실, 김유정, 문영란, 김지훈, 이요셉 연구원 등에게도 감사의 마음을 전하고 싶다. 끝으로 성심껏 이 책의 출판을 맡아주신 사회평론아카데미의 관계자들께도 감사의 말씀을 전한다. 또한 이 책의 원고 교정 총괄 작업을 도와준 이종진 군에게도 고마움을 전한다.

2016년 12월 24일
김 상 배

차례

제2부 사이버 안보의 주변4망(網): 전략과 외교

제3부 한반도의 사이버 안보: 현황과 과제

제1부

국제정치학으로 보는 사이버 안보

제1장

군사전략론으로 보는 사이버 안보[*]

민병원

[*] 이 논문은 2015년 『국방연구』 제58권 3호에 게재된 바 있으며, 2016년 10월 사이버 안보 학술회의에서 발표 및 토론과정을 거친 후 그 내용을 추가로 수정 및 보완한 것이다.

I. 들어가는 말

2007년 에스토니아 정부 주요기관에 대한 분산형 서비스거부(DDoS, 디도스) 공격, 2008년 러시아의 그루지야 침공 직전에 개시된 사이버 공격에 이어 2010년에 전모가 드러난 이란 핵시설에 대한 악성코드 스틱스넷의 공격 이후 세계는 '사이버 안보'의 담론에 휩싸여 왔다. 전통적인 재래식 무기와 핵무기의 전략적 존재감이 상대적으로 약화된 탈냉전기의 상황에서 새롭게 부각되고 있는 사이버 공간의 갈등은 여러 가지 면에서 국제정치적, 전략적, 사회경제적 의미를 부과하고 있다. 국가 사이의 국경이 모호해지고 인적, 물적 교류가 더욱 복잡하게 이루어지는 세계화의 추세 속에서 사이버 공간의 위협과 침해는 더욱 증가하고 있지만, 이에 대한 방어와 억지전략은 그리 쉽지 않은 상황이다. 재래식 전쟁과 핵전쟁에서 작동해오던 전략 개념들이 이러한 가상의 공간에서는 제대로 작동하지 않기 때문이다. 이 장에서는 이러한 상황에서 사이버 안보의 문제, 특히 '사이버 억지' 개념이 안보 및 국제정치 분야에서 어떤 의미를 갖는지를 검토하고, 과거의 전략 패러다임과 비교하여 어떤 차이점을 가지는가를 살펴보고자 한다.

사이버 위협과 사이버 억지 현상을 둘러싼 논란이 아직 진행 중에 있음에도 불구하고, 지난 10여 년간 여러 차례 이루어져 온 사이버 공격의 심각성을 고려할 때 사이버 억지의 전략적 의미를 논의하는 일은 결코 늦지 않다. 미국을 위시하여 세계 주요 국가들은 이제 사이버 공간의 위협을 국가안보 차원에서 인식하기 시작하고 있으며, 특히 이에 대응하기 위한 군사전략 독트린을 수립하거나 사이버 사령부를 설치하고 있다. 과거와 같이 공격의 목표와 대상을 명시하지 않고 있지만, 적대 국가들 사이에 사이버 공간을 통한 컴퓨터 시스템 및 네트워크

침입과 공격은 언제라도 가능하다. 이와 같은 불안정한 상황 속에서 국가가 사이버 공격 또는 사이버 위협에 대응하기 위해 택할 수 있는 적절한 방법은 과연 무엇인가? 전통적인 억지전략이 가상의 공간에서 더 이상 작동하지 않는다면, 새로운 사이버 억지전략은 어떻게 수립되어야 하는 것인가? 사이버 공격이 이전의 분쟁과 전혀 다른 속성을 가진 것이라면, 이를 어떻게 이해하고 활용할 것인가? 이 장에서는 이러한 질문을 바탕으로 하여 사이버 억지의 새로운 패러다임을 논의하고 정리하는 데 주안점을 두고자 한다.

이를 위해 먼저 II절에서 사이버 공간의 분쟁과 갈등이 갖는 특징을 논의하고, 기존의 국제법 규범이 이러한 새로운 환경에 어떻게 적용될 수 있는가에 관한 지금까지의 노력들을 개괄적으로 살펴본다. III절은 사이버 억지의 개념이 적용범위와 방식에 있어 더 확대되고 있으며, 억지전략을 둘러싼 논의도 일반억지와 긴급억지, 단계적 억지와 맞춤형 억지 등 세부적인 개념화를 통해 진화하고 있다는 점을 소개한다. IV절은 사이버 억지전략이 과거와 같은 보복 또는 방어의 차원을 뛰어넘어 국가들 사이의 상호의존성을 동시에 고려한 협력적 관계를 지향해야 한다는 점을 부각시키고 이를 응용한 전략적 재보장의 패러다임을 살펴본다. V절에서는 사람들의 일상생활에 깊숙하게 연동된 사이버 공간의 특성상 억지전략에 일정한 제약이 따르며, 자원의 한계를 고려한 선택과 집중의 원칙에 따라 적정한 수준의 억지를 지향해야 한다는 점을 강조하고자 한다.

II. 사이버 공간의 속성과 사이버 전쟁의 국제법

사이버 공간은 그 한계가 고정되어 있지 않으며 끊임없이 변화한다. 이러한 특징은 IT 기술과 네트워크의 특성으로 인해 가능한데, 영토나 자연 자원에서 볼 수 있는 한정된 가용성을 넘어 사실상 무한대의 확장성을 지니고 있다는 점에서 기존의 물리적 공간과 차별화된다. 이런 점에서 사이버 공간은 지리적 특성에 구애받지 않는다. 근대 국제정치 질서가 기본적으로 영토와 영해, 영공 등 지리적 차원의 유한성으로 인해 제로섬 게임과 같은 치열한 대립과 갈등을 겪어온 것에 비해, 사이버 공간은 고유의 연결성과 동역학적 특징으로 말미암아 이러한 갈등구조의 제약을 받지 않는다. 이와 같은 특징은 사이버 공간에 대한 관할권의 문제가 매우 복잡해질 수 있음을 뜻한다. 기존의 지리적 공간 내에서는 관할권과 소유권의 구분이 명확하게 구분되기 때문에 이를 둘러싼 다툼의 해결이 상대적으로 용이한 반면, 사이버 공간이 가시화되면서 기존의 영토적 관할권과 경계가 일치하지 않는 경우가 자주 발생하기 때문에 분쟁이 일어날 경우 이를 해결하는 일이 점점 복잡해지게 되었다.

한편 사이버 공간은 고도의 익명성을 특징으로 한다. 인간, 조직, 기업, 국가 등 기존의 정치적 행위자들이 사이버 공간에서 자신들의 위치나 존재를 명확하게 특정하기 곤란한 경우가 대부분이다. 이는 정치적 행위자들의 커뮤니케이션 등 상호작용이 기술의 도움을 받아 매우 복잡한 방식으로 자신들의 존재를 실재화한다는 것을 뜻한다. 예를 들어 인터넷 상에서 활동하는 다양한 행위자들의 존재는 인터넷프로토콜(IP) 주소를 통해 지정 및 확인할 수 있지만, 이러한 주소가 곧 현실 세계에서의 실재적 위상과 일치하는 것이 아니며 중복 지정이 가능하기 때문에 행위의 주체를 특정하기 어렵다. 특히 개인과 같은 미시적 차원의 행위자일수록 익명성은 더욱 강화되는 성향을 띤다. 따라서 현실 세계에서 작동하는 정치적 관계가 사이버 공간에서는 매우 불확실하면서도 무책임한 방식으로 은닉 또는 변질될 가능성이 농후하다.

사이버 공간은 과거 정치적 행위자의 속성을 좌우하던 물리적 자원과 달리, 소유와 활용이 매우 용이하면서도 그 영향이 상대적으로 클 수 있다는 점에서 '낮은 진입비용'의 특징을 보인다. 이러한 맥락에서 고도로 발전된 기술적 역량을 소유한 기업이나 국가가 사이버 공간에서 그 규모와 비례하는 취약성을 가질 수밖에 없다. 사회가 고도로 연결되고 상호의존적으로 발전할수록 작은 규모의 오류와 공격에 의해 타격을 받을 가능성이 크기 때문이다. 예를 들어 미국은 세계에서 가장 정보통신 기술이 발전한 나라이지만, 그만큼 외부로부터 미국 사회의 특정 시스템을 타격하여 작동에 영향을 미칠 수 있는 기회도 훨씬 더 많다(Jabbour and Ratazzi 2013: 41-42). 그만큼 기술의 발전이 역설적으로 공격을 받을 가능성을 증가시키는 '저주'의 촉매가 된다는 점은 사이버 공간의 또 다른 특성이 되고 있다.

이상과 같은 사이버 공간의 특성은 분쟁이 일어나는 경우에 더욱 분명하게 드러난다. 사이버 공간의 분쟁은 공격자와 공격 지점을 쉽게 찾기 어려운 익명성의 문제를 안고 있으며, 공격의 주체가 반드시 국가가 아니라는 점에서 대응하기가 훨씬 복잡하다. 기존의 전쟁이 국가 행위자 사이의 공식적인 선전포고를 통해 공개적으로 이루어지는 데 비해 사이버 공간에서의 공격은 이러한 이유로 은밀하게 전개되는 경우가 다반사이다(Debus 2012: 10). 이러한 속성으로 말미암아 사이버 공간의 갈등과 분쟁은 재래식 분쟁 또는 핵무기를 둘러싼 분쟁에 비해 훨씬 더 규정하기도 어렵고 제도화도 일천한 상황이다. 최근 들어 일단의 학자들이 냉전기의 억지전략 경험을 사이버 공간에 적용하여 '사이버 억지(cyber deterrence)'의 개념을 발전시키고 있지만, 기술적 속성과 전략적 의미를 둘러싼 논쟁은 아직도 지속되고 있다(Libicki 2009: 39-52; Geers 2010: 298-303; Sterner 2011: 650-667).

사이버 공간에서 이루어지는 공격 행위가 물리적 수단을 통해 이루어지는 경우는 거의 없지만, 그럼에도 사이버 공격의 피해는 얼마든지 물리적 측면으로 확산될 수 있다. 첨단 전자 장비들이 다양한 분야에서 활용되고 있는 오늘날 산업시설이나 정부 및 군사 시설에 이용되는 소프트웨어를 조작함으로써 인프라 전반에 큰 피해를 입힐 수 있기 때문이다. 예를 들어 발전소나 공장 생산시설을 관리하는 산업통제시스템(ICS)을 해킹하여 오작동을 일으키는 일이 충분히 가능한데, 이란의 핵시설에 대한 스턱스넷 공격은 이런 공격의 대표적인 사례였다. 이와 같은 공격 행위는 첨단기술을 동원한 행위로서 국가들 사이에 또는 민간 영역에서 중요한 침해 행위 또는 파괴 행위로 간주될 수 있지만, 그 기술적 속성으로 말미암아 법적, 정치적 분쟁을 관리하는 일이 쉽지 않다. 예를 들어 공격 행위가 실제로 누구에 의해 이루어졌는지를 파악하거나 입증하기 어렵고, 대부분의 사이버 공격 행위는 물리적 수단을 이용한 공격 행위가 병행하여 이루어지기도 한다는 점에서 법적 책임과 처벌을 규정하기가 매우 어렵다는 특징이 있다.

국제정치와 국제법에서는 1899년과 1907년의 헤이그 협약, 그리고 1949년의 제네바 조약 등을 통해 전쟁 행위에 대한 규제에 합의해 왔다. 비록 국내 거버넌스와 제도에 비해 구속성이나 강제력에서 상대적으로 취약하지만, 오랜 기간 동안 분쟁을 규제하려는 인류의 열망은 상당한 성과를 이루어 왔다. 하지만 사이버 공간의 공격과 침해 행위는 이러한 노력에 새로운 도전을 제기하고 있다(Caso 2014). 사이버 공격 및 사이버 테러의 영역에 사실상 아무런 규제 메커니즘이 존재하지 않기 때문이다. 이런 점에서 2013년에 발간된 '탈린 매뉴얼(Tallinn Manual)'은 하나의 중요한 시금석이 되고 있다. 북대서양조약기구(NATO) 산하 사이버방위협력센터(Coopeatice Cyber Defense Center of Excellence)의 후원하에 마련된 이 매뉴얼은 기존의 국제법 틀 안에서 사이버 공격 및 그와 관련된 여러 행위를 법적으로 해석하려는 시도이다(Schmitt 2013).[1] 비록 구속성을 띠고 있지는 않지만 유럽의 방위를 책임지고 있는 북대서양조약기구의 다자간 협력체제의 관심을 반영하고 있다는 점에서 향후 사이버 공간에서 이루어지는 폭력 및 침해 행위를 관리하는 데 있어 중요한 출발점이라 할 수 있다.

탈린 매뉴얼은 사이버 공격으로 인한 교란적(disruptive), 파괴적(destructive) 효과를 야기하는 '무장공격(armed attacks)'에 대하여 국가가 자위(self-defense) 차원에서 어떻게 법적으로 대응할 수 있는가에 주안점을 둔다. 사이버 공격의 개념과 범위가 명확하지 않은 까닭에 이 매뉴얼은 적의 '의도(intention)'보다도 공격 행위의 '규모(scale)'와 '효과(effects)'에 초점을 맞춘다. 또한 무력 공격으로 분류되기 어려운 사이버 첩보, 지식재산권 침해, 기타 사이버 범죄 행위에는 적용되지 않는다. 물리적 타격 수단을 이용하여 적의 사이버통제센터를 공격하는 경우도 이러한 매뉴얼을 적용할 수 없다. 그럼에도 최근 물리적 수단과 더불어 사이버 차원의 공격을 통해 상대방에게 피해를 가하는 경우가 많다는 점에서 탈린 매뉴얼은 '전쟁의 명분에 관한

---

1   탈린 매뉴얼은 2016년 2.0 버전이 발간되었는데, 여기에서는 사이버 공간의 행위에 대한 국제법적 프레임워크를 집중적으로 다루고 있다. 특히 주권, 관할권, 정당한 노력, 개입 금지 등 국제법의 일반원칙들이 사이버 공간의 맥락에서 어떻게 다루어져야 하는가를 논의하고 있다.

법(jus ad bellum)' 및 '전쟁행위법(jus in bello)'에 해당되는 초안이라고 규정할 수 있다. 다만 새로운 법체계를 구축하기보다는 일단 현재 존재하고 있는 국제법의 테두리 내에서 사이버 공간의 무력행위를 규정한다는 특징을 띤다(Dinniss 2012; Rashid 2012).

2012년 오바마 행정부는 인명 살상이나 국가안보에 위해를 야기할 수도 있는 '즉각적(imminent)' 또는 지속적 위협을 저지하기 위해 군사작전을 실행하도록 지시하는 명령을 발동한 바 있다. 이런 경우가 발생할 경우 국가 간에 책임 소재를 둘러싼 논쟁이나 무력 갈등이 빚어질 수 있으므로 '즉각성'을 어떻게 규정할 것인가의 문제가 대두된다. 탈린 매뉴얼은 아직까지 사이버 국제법이 존재하지 않는 상황에서 이러한 문제들을 다룰 수 있는 하나의 기준을 제시한다. 탈린 매뉴얼이 특별하게 주안점을 두고 있는 국제법적 이슈에는 (1) 물리적 공격에 버금가는 '무력사용(use of force)'의 기준을 어떻게 설정할 것인가? (2) 사이버 공격에 활용된 인프라의 소재지 및 경유지의 문제를 어떻게 규정할 것인가? (3) 두 국가 사이에 이루어진 사이버 공격 행위에 대하여 복수로 존재하는 익명성과 추상성의 다층적 구조에서 어떻게 책임 소재(attribution)를 구분할 것인가?(Boyle 2012).[2]

한 사례로서, 적의 사이버 공격이 예상되는 경우 서버가 마비될 때까지, 즉 실제 공격 행위가 이루어질 때까지 마냥 기다릴 필요가 없을 것이다. 하지만 탈린 매뉴얼의 해석에 따르면, 상대방이 그러한 능력을 갖추고 있다는 이유만으로 그에 대한 무력 조치를 취한다면 이는 '선제 공격(preemptive strike)'에 해당한다. 이러한 선제 공격이 정당

2　탈린 매뉴얼이 사이버 공격의 법적 프레임워크에 대한 북대서양조약기구의 관심을 반영한 것이라면, 미국의 경우에는 2012년에 이루어진 해롤드 고(Harold Koh)의 연설에서 이러한 관심이 비롯되었다(Koh 2012; Schmitt 2012).

한 '자위권(self-defense)' 행사로 해석될 수 있는지는 '즉각성'을 어떻게 규정하는가에 달려 있다. 탈린 매뉴얼은 이에 대하여 전통적인 국제법을 포괄적으로 적용하고 있는데, 만약 적이 무력 공격의 의지를 분명하게 드러내고 있는 상황에서 자국의 대응 조치가 이루어지지 않을 경우 효과적인 방어가 불가능하다고 판단된다면 이는 곧 '즉각적 위협'으로서 선제적 자위 조치를 취할 수 있는 명분을 구성한다. 이처럼 현존하는 국제법 규범을 사이버 공격 행위에 적용하여 국가 간의 갈등을 처리하는 데 십분 활용할 수 있을 것이다. 하지만 기술의 발전이 규범과 제도의 발전에 비해 훨씬 빠르기 때문에, 탈린 매뉴얼과 향후의 관련 국제레짐에서 이러한 '위협'의 법적 규범과 제도는 더욱 확대되어 국가 간 분쟁 가능성을 완화하는 방향으로 발전될 것으로 기대된다.

III. 사이버 억지의 보편적 성격과 한계

1. 일반억지와 억지의 누적효과: 사이버 억지의 보편적 성격

억지는 보복의 위협을 통해 상대방의 공격을 막는 행위를 가리키지만, 순수한 형태의 억지 개념이 관찰되는 경우는 드물다. 예를 들어 모든 국가가 항상 공격을 계획하는 것도 아니고, 다른 나라의 공격을 사전에 감지하는 일도 쉽지 않으며, 잠재적인 공격 국가를 특정하여 위협을 제기하는 일도 어렵다. 공격 행위가 일어나지 않았다고 해서 이것이 곧 억지의 성공이라고 판단하기도 불가능한 경우가 많다. 이러한 복잡한 억지 상황을 개념화한 것이 바로 '일반억지(general deterrence)'이다. 일반억지는 '적어도 한 나라가 다른 나라에 대하여 무력을 행사할 가능성을 지닌 적대관계로서, 상대방이 자국의 이해에 반하는 이와 같은 무력 사용에 대응하여 자국의 무력으로 대응하겠다는 경고를 제기하는 경우'를 가리킨다(Morgan 1997: 40-41). 이에 비해 '긴급억지(immediate deterrence)'는 대부분의 경우 일반억지가 실패함으로써 야기되는 위기 상황에 대응하기 위한 행위이다. 즉, 평화 상태에서 갑작스럽게 분쟁이 야기되지는 않으며, 그 과정에서 일반억지와 긴급억지라는 일련의 전략적 관계가 파국으로 치달으면서 분쟁으로 이어진다고 볼 수 있다. 이러한 관계는 대략 다음 일련의 과정으로 요약할 수 있다(Huth and Russett 1993: 62).

1. 한 국가가 일반억지를 추진함으로써 다른 나라가 현상 유지를 깨뜨리지 않도록 한다.
2. 다른 나라가 현상 타파를 위한 도전을 제기할 경우 일반억지 정책은 실패한다.
3. 현상을 유지하려는 국가는 이러한 도전에 대하여 자국의 이해관계를 수호하겠다는 공약을 강화함으로써 긴급억지 정책을 채택한다.
4. 이에 대하여 도전국이 물러서지 않을 경우 긴급억지 정책은 실패한다.
5. 현상을 유지하려는 국가는 긴급억지가 실패할 경우 도전국에 대하여 무력을 사용할 것인지를 결정한다.

이러한 과정 속에서 일반억지는 적국이 심각한 군사적 도전을 하지 않도록 기존의 권력균형 관계를 활용하는 경우를 가리키며, 긴급억지는 이러한 일반억지가 실패할 경우 채택하는 제2차 선택이라고 할 수 있다. 일반억지가 장기적인 관점에서 상대방의 군사적 도발을 무마하는 목표를 띤 것이라면, 긴급억지는 단기적 차원에서 구체적인 목표를 제시하고 이를 수호하고자 한다. 하지만 실제 갈등과 위기 상황에서는 일반억지와 긴급억지가 서로 맞물리면서 복잡한 결과를 만들어내기도 하는데, 예를 들어 일반억지가 오히려 분쟁을 조장하는 경우도 많지만, 분쟁이 일단 야기된 이후에는 긴급억지로 해결하지 못하는 상황을 해결하는 역할을 떠맡기도 한다(Lebow 1999: 351-354). 사이버 억지는 이와 같은 세분화된 억지 개념 중에서 일반억지의 성격을 지닌다. 왜냐하면 억지의 대상을 특정하기 어려운 상황에서 구체적인 금지선을 설정하기도 어렵고 보복의 수준을 사전에 공지하기도 불가능하기 때문이다. 사이버 공격이 대부분 물리적 차원의 공격과 동시에 이루어진다는 점도 이것이 긴급억지로서 활용되기 어렵게 만드는 요인이다.

사이버 억지가 일반억지로서 작동할 수밖에 없다는 점과 더불어 이것이 핵전력과 달리 매우 불확실하면서도 잠재적인 위협의 원천적인 '억지의 실패'로서 실제의 분쟁 상황과 연동하여 사용될 수 있다는 점을 언급할 필요가 있다. 이런 상황은 핵무기와 비교해 볼 때 그 차이가 두드러진다. 핵무기의 경우 사용하거나 사용하지 않거나 매우 분명한 선택적 결과를 드러낸다. 하지만 사이버 공격의 경우에는 이것이 실제로 일어나는지 그렇지 않은지를 판단하기가 어려울 뿐더러 많은 경우 물리적 위협과 함께 사용된다. 따라서 지금까지의 억지이론으로 사이버 억지를 설명하는 데에는 한계가 있다. 기존의 억지이론은 대부분 미국의 경험을 중심으로 만들어진 것으로서, 특히 압도적인 핵전력을 유지하고 있는 미국의 전략적 입장을 반영해 왔다. 또한 대부분의 억지이론이 정책결정자 차원보다 학자들에 의해 체계적으로 구축되어 왔다는 점도 특징으로 꼽을 수 있다. 하지만 미국 이외의 다른 지역이나 국가에서는 억지전략이 다른 방식으로 작동한 경우가 많았는데, 예를 들어 이스라엘은 미국과 같은 정교한 억지이론이나 억지 원칙을 갖추지 못했지만, 독자적인 국가안보 개념화를 통해 주변 아랍 국가들과의 적대적 관계를 관리해 왔다는 점에서 독특한 사례라고 할 수 있다 (Bar-Joseph 1998: 147-148).

　중동 지역의 빈번한 갈등과 분쟁 상황을 고려할 때 이스라엘과 같은 국가들이 매번 구체적인 억지전략을 효과적으로 구사하기란 쉽지 않다. 이스라엘은 주변 아랍 국가들이 적대감과 무력을 이용하여 현상유지 상황을 변경하려는 시도를 제대로 막지 못했다는 점에서 실존적 안보를 확보하는 데 성공하지 못했다. 또한 이스라엘은 자국의 필수적인 이해관계를 분명하게 설정하여 아랍 국가들이 넘어서지 말아야 할 구체적인 금지선(red line)을 보여 주지도 못했다. 전면전이 벌어지면 막대한 비용과 손실이 빚어질 것이라는 점을 주변 국가들에게 설득함으로써 전략적 차원에서 억지가 작동하도록 만드는 데에도 실패했다. 그럼에도 불구하고 이스라엘은 장기적 관점에서 '이스라엘 제거'라는 아랍 국가들의 목표가 결코 이루어지지 않을 것이라는 점, 그리고 실효성이 적은 군사적 수단 대신에 정치적 수단을 통해 분쟁을 해결해야 한다는 점을 확신시키는 데 상당한 성공을 거두어 왔다. 억지의 위협과 실제 행동을 반복함으로써 누적된 효과로 인해 주변 국가들은 이와 같은 이스라엘의 생존 목표에 동화되었고, 1960년대의 제3차 중동전쟁 이후에는 이스라엘을 하나의 협상 대상으로 받아들이기 시작한 것이다.[3]

3　이와 같이 '억지'의 개념을 세분화할 경우 이스라엘과 같은 상황에 맞는 맞춤형 억지전략을 수립하는 일이 가능하다. 이스라엘의 경우 구체적 목표를 달성하기 위한 억지나 전면전을 피하기 위한 억지전략이 아니라 오랜 시간에 걸쳐 상대 아랍 국가들이 지니고 있

사이버 억지전략은 이처럼 억지와 분쟁이 공존하는 경우에 매우 유용한 수단이 되고 있다. 사이버 공격이 억지를 위한 도구가 되면서 동시에 억지가 실패하는 경우일지라도 분쟁의 효과적인 수단이 되기 때문이다. 이런 점에서 사이버 공격은 분쟁이 발발하더라도 쉽사리 사용할 수 없는 핵무기와는 질적으로 다르다. 여기에서 눈에 띄는 한 가지 점은, 미국과 같은 나라들이 일반억지로서 사이버 억지전략을 추구하거나, 이스라엘과 같은 나라들이 억지와 분쟁을 병행함으로써 실질적인 누적 효과를 누리고 있다는 사실로부터 국가의 '평판'과 '위신'이 사이버 억지에도 크게 작용할 수 있다는 사실이다. 한 국가의 위협이나 공약이 신뢰성은 해당 국가의 능력과 의지, 그리고 이해관계에 따라 결정된다(Huth 1999: 95-96). 이와 같은 요소들은 총체적으로 국가의 평판을 결정짓는 것으로 알려져 있지만, 모든 평판이 특정한 상황에 항상 적용되는 것은 아니다.[4] 따라서 우리가 한 나라의 평판을 언급하는 경우 이것은 특정한 상황과는 별개로 존재하는 '보편적 성향'이라고 할 수 있다. 한 국가가 특정한 상황에 어떻게 대처하는가에 초점을 맞춘다면 다른 유형의 상황이 발생할 경우 그 국가의 행동을 예측하기 어렵기 때문이다. 이런 맥락에서 특정한 국가에 대한 평판은 해당 국가의 행동을 예측 또는 설명하는 보편적 속성으로서 의미를 가지며, 매우 제한적인 조건하에서 억지전략에 기여한다(Mercer 1996: 16-17).

는 궁극적인 목표, 즉 '이스라엘의 제거'가 결코 이루어질 수 없다는 점을 반복적으로 보여줌으로써 초강대국의 핵억지와는 다른 유형의 억지전략을 보여준 사례였다(Sterner 2011: 70).

4   억지전략을 구사하는 과정에서 '평판'에 높은 관심을 기울여온 국가는 단연코 미국이다. 한국전쟁, 대만해협 위기, 레바논 내전, 베트남전쟁, 걸프전쟁 등 수많은 사례에서 미국은 분쟁 개입이 자국의 평판에 어떤 영향을 미치는가에 대하여 끊임없이 고민해왔다. 이런 성향은 다른 나라에 비해 훨씬 강했는데, 이는 미국의 동맹 범위가 넓기 때문에 나타나는 확장억지 문제와 밀접한 연관성을 지닌다.

국제정치의 평판도가 일반억지의 성공 여부에 큰 영향을 미치는 것이라면, 사이버 공간에서는 그 효과가 어느 정도로 나타날 것인가? 미국과 같이 첨단 기술을 보유한 국가들은 이런 점에서 일반억지를 구사할 수 있는 보편적 평판도를 지니고 있다는 점에 이의를 제기하기는 어렵다. 보편적 평판이 억지전략에 항상 영향을 미치는 것은 아니라고 할지라도, 이것이 서로 다른 상황에서도 지속적으로 통용되는 평가 기준으로서 억지전략의 사전 조건을 형성하며 여러 유형의 자원과 더불어 강대국의 영향력을 확대시켜 주는 요소임에는 틀림없다 하겠다.[5] 그만큼 사이버 억지를 수행할 정도의 기술적 우위를 점하고 있는 나라에 대한 일반적인 평판과 기대는 그 나라에 대한 공격 행위를 제약하는 효과를 지니고 있다 하겠다.

2. 단계적 억지와 맞춤형 억지: 사이버 억지의 한계

한편 사이버 억지의 개념을 수립하는 데 있어 유의해야 할 사항으로서 전통적인 억지전략에서 발전된 두 가지의 개념, 즉 '단계적 억지(graduated deterrence)'와 '맞춤형 억지(tailored deterrence)'가 사이버 공간에서는 매우 위험하거나 부담스러운 선택이라는 점을 언급할 필요가 있다. 먼저 '단계적 억지'의 개념은 1960년대 초 소련의 공격에 대하여 다양한 수준별로 비슷한 정도의 보복을 염두에 둔 억지전략을 가리킨다. 예를 들어 소련의 수소폭탄 공격에 대해서는 모든 전략 핵

---

5   국제정치에서 '평판'의 변수가 억지효과에 기여하는가에 대해서는 논란이 계속되어왔는데, 셸링(Thomas Schelling)과 같이 억지국가의 지속적인 신뢰도가 피(被)억지국가로 하여금 억지국가의 행동에 대한 일정한 기대를 형성한다고 보는 입장이 있는가 하면, 그와 같은 효과는 지극히 미미하다고 보는 비판적 입장도 존재한다(Huth 1997: 83-88).

무기를 동원하여 보복을 감행하고, 재래식 무기에 대해서는 재래식 무기만으로 보복한다는 원칙을 견지하는 것이다. 하지만 이와 같은 원칙은 탈냉전기에 들어와 더 이상 작동하기 어렵게 되었다. 예를 들어 미국의 경우 화학 무기와 생물학 무기를 보유하지 않겠다는 협약에 가입했는데, 만약 테러집단이 대량살상무기로 공격을 가할 경우 그에 부합하는 보복 수단이 없는 상황에서 '단계적 억지' 전략이 작동하기 어렵다. 냉전 시대의 억지는 핵공격과 같은 치명적인 공격을 받은 이후에도 그에 대한 보복 능력을 갖춘 경우를 전제로 한 것이었다. 초강대국이 '2차 공격 능력'을 강화하고 필요시 대(對)민간공격(countervalue)을 가할 수 있다는 '상호확증파괴(MAD)'의 논리는 이러한 억지전략의 핵심적인 개념이었다.

하지만 상호확증파괴의 논리가 1960년대에 초강대국 사이의 핵전쟁을 억지하는 효과를 보이던 와중에 재래식 전쟁의 가능성은 오히려 증가하였다. 케네디 행정부가 과거의 대량보복전략을 폐기하고 유연반응전략을 추진한 것도 바로 이러한 분쟁의 다변화에 대응하기 위한 대안의 성격이 강했다.[6] 쿠바 미사일위기 사태와 같이 핵전쟁을 유발할 수 있는 대결 구도가 야기되었다는 사실은 그만큼 상호확증파괴의 논리가 제대로 작동하지 않았다는 반증이었기 때문에 핵대결 이외에 보다 광범위하고 유연한 형태의 대응이 필요했다. 이것이 바로 케네디 행정부의 유연반응(flexible response) 전략이었다. 케네디 행정부의 전략은 여러 유형의 도발에 대한 '단계적 대응'을 핵심적인 원칙

6   핵무기 이전 시대와 이후 시대의 '억지' 전략은 전면전이 벌어질 경우 발생할 '비용'의 차이에 있다. 레이몽 아롱(Raymond Aron)은 이런 이유로 상대방이 받아들이기 어려운 피해를 줄 수 있는 2차 공격능력이 억지전략의 핵심적인 요소라고 보았다. 초강대국들이 핵무기 방어능력보다도 2차 공격능력을 증강하는데 더 많은 노력을 기울여야 한다는 주장도 이러한 논리에 근거한다(Aron 1967: 435).

으로 삼았는데, 이는 재래식 전력과 핵전력을 구분해서 운용할 수 있
어야 하고, 또한 2차 공격 능력의 기술적 정확도가 향상되어야 한다는
전제 조건을 필요로 했다. 그렇지 않을 경우 보복 행위는 분쟁의 상승
효과(escalation)를 야기함으로써 오히려 원치 않는 결과를 초래할 가
능성이 컸다. 따라서 단계적 전략은 대량보복전략에 비해 엄청난 비용
이 소모되는 것이었다(Cooper 2011: 215). 결국 단계적 억지전략을 실
행하기 위해 최악의 상황을 가정한 2차 핵공격 능력과, 소규모 도발에
대응하기 위한 재래식 전력을 모두 갖추어야 한다는 점에서 훨씬 더
비싼 대안으로 간주될 수밖에 없었다.

　이러한 상황에서 사이버 공격에 대한 별도의 맞춤형 억지 능력을
갖추는 일은 더욱 많은 비용을 소모하게 된다. 재래식 무기나 핵무기
의 공격에 비해 사이버 공격은 대단히 낮은 비용으로 수행할 수 있지
만 사이버 방어는 기술이나 비용 면에서 훨씬 부담이 크다. 따라서 단
계적 대응 또는 맞춤형으로 사이버 억지의 전략을 실행하는 일은 과거
에 비해 더욱 힘든 일이 되어 가고 있다. 여기에 더해서 사이버 공간의
행위를 규제할 수 있는 제도와 규범이 존재하지 않는다는 점도 문제를
더욱 심각하게 만들고 있다. 국제정치의 오랜 역사 속에서 분쟁과 관
련된 규범체계들이 수립되어 왔는데, 예를 들어 정치지도자의 암살 금
지라든가 민간인 공격 금지 등은 널리 받아들여지고 있는 규범이다.
하지만 불가피하게 민간 분야에 피해를 줄 수밖에 없는 사이버 공격과
관련한 국제사회의 규범은 전무하다. 공격에 비례하여 합법적으로 대
응할 수 있는 전쟁법이 사이버 공간에서는 아직 마련되지 않고 있기
때문에 사이버 공격에 대한 보복조치가 예기치 못한 분쟁의 상승효과
로 이어질 수 있는 것이다(Sanger 2009).

　이와 더불어 사이버 공격의 비대칭성으로 인한 맞춤형 억지전략

이 지닌 부담도 사이버 억지를 실행하는 데 있어 고려해야 할 요소로
간주된다. 냉전 초기의 핵억지는 미국과 소련이라는 두 초강대국 사
이에 핵공격 능력의 균형과 정책결정자들의 합리적 판단을 전제로 하
고 있었다. 서로 대립하는 두 행위자가 모두 동일한 능력과 사고방식
을 공유하고 있다는 전제 하에 핵억지의 논리가 작동했다. 예를 들어
1950년대와 60년대 미국의 정책결정자들은 소련의 지도자들이 자신
들이 느끼고 생각하는 것과 동일하게 위협을 인지하고 합리적 결론에
도달할 것이라는 '거울 이미지(mirror image)'를 통해 핵전략을 수립
했다. 이러한 상황은 두 나라의 핵공격 능력, 특히 2차 공격능력을 통
한 보복에 서로 취약하다는 점을 인정함으로써 가능한 것으로, 전략무
기체계의 균형으로부터 비롯된 '안정성'이 핵억지의 기반을 이루고 있
었다.[7] 이와 같이 행위자의 합리성과 전략적 균형을 전제로 한 핵억지
논리는 매우 단순하기 때문에 쉽게 추론이 가능하다는 장점이 있었지
만, 현실의 상황은 이보다 훨씬 더 복잡했다.

　냉전 초기의 억지전략이 합리적이고 보편적인 대결 구도를 전제
로 한 논리적 귀결이었다면, 맞춤형 억지는 그 대상이 처해 있는 서로
다른 상황을 인지하고 그 문화적 속성에 맞는 대응책을 모색한다. 이
런 점에서 맞춤형 억지전략은 억지대상으로서 적의 신념과 가치 체계,
이해관계를 중시하며, 그것이 내재되어 있는 문화적 맥락을 중시한다.
억지전략이 이와 같은 문화적 측면을 중시할 경우 이익-비용의 측면
뿐 아니라 행위자의 신념과 행동에 영향을 미치는 규범이 중요한 변수

7 　이런 맥락에서 미국의 탄도미사일 방어계획(BMD)이나 정확도를 향상시킨 대륙간 탄
　도미사일 개발에 대하여 소련은 이것이 균형을 깨뜨리는 '불안정'의 원천이라고 반발하
　였다. 전자의 경우에는 소련의 2차 공격능력, 즉 보복능력을 부정하는 것으로서, 후자
　의 경우에는 1차 공격능력을 위축시키는 것으로서 전략적 균형을 무너뜨린다고 보았다
　(Payne 2001: 20-21).

로 떠오른다. 그런 만큼 맞춤형 억지를 추구하기 위해서는 특정한 적이 특정한 상황에서 갖게 되는 인식과 결정 과정을 주의 깊게 살펴야 한다. 이런 점에서 맞춤형 억지는 상황 의존적인 대안으로서, 문화적 측면을 중시한다. 맞춤형 억지가 작동하는 문화적 측면을 살펴보기 위해서는 군사안보 차원의 문화에 영향을 미치는 조건들, 즉 국가적 정체성, 역사적 서사와 전통, 그리고 지배적인 군사문화를 면밀하게 고려할 필요가 있다(Lantis 2009: 471).

맞춤형 억지는 미국과 테러집단 간의 관계와 같이 비대칭적 관계에서 그 필요성이 더욱 두드러진다. 원래 냉전 초기의 억지전략은 상호 억지, 즉 미국과 소련이라는 두 초강대국이 서로에게 억지효과를 추구하는 균형적인 상황을 전제로 한 것이었다. 하지만 냉전이 종식된 이후에는 테러리즘과 불량국가 등 비대칭 전력이 두드러진 특징으로 부각되면서 과거의 보편적인 억지모델이 더 이상 타당성을 갖지 못하게 되었다. 미국과 소련이 모두 합리적인 행위자이며 비슷한 전력을 보유하고 있을 것이라는 냉전기 억지전략의 전제 조건을 더 이상 충족할 수 없으며, 대부분의 경우 공격의 위협을 받는 미국이 일방적으로 상대방을 억지해야 하는 상황이 빈번하게 발생하고 있기 때문이다. 이러한 비대칭 관계에서는 억지전략이 각각의 대상이 처한 상황에 서로 다르게 작동할 수 있도록 해야 하는데, 이때 억지의 대상이 지닌 의도와 목표, 가치체계에 대하여 보다 많은 지식을 확보하는 일이 중요하다. 즉 개별 행위자에 대하여 '맞춤형 억지'를 추구해야 할 필요성이 증가한 것이다(Knopf 2010: 8-9).

오늘날 사이버 공간에서 비대칭적 억지를 야기하는 주된 수단은 컴퓨터 소프트웨어이다. 2013년 초를 기준으로 약 1만 2천여 개의 업체에서 개발한 2만 1천여 개의 소프트웨어 제품에 5만 3천여 개에 달하는 취약지점(vulnerabilities)이 보고된 바 있다. 이러한 취약지점은 2008년 이후 감소하다가 2012년 이후 다시 증가세를 보이고 있으며, 대부분 민간 네트워크 및 시스템이 이러한 취약지점에 노출되어 있다. 주요 운영체제 및 웹브라우저는 상당한 정도로 취약성이 개선되고 있지만, 일반 애플리케이션 프로그램의 경우 보안 문제가 점차 심각해지고 있다. 특히 산업체 및 하부구조를 관리하는 데 사용되는 SCADA의 경우 2010년 이후 취약지점에 관한 보고가 급등하고 있는데, 이러한 추세는 당분간 지속될 것으로 전망된다(Frei 2013). SCADA에 가해지는 외부 공격은 다양한 공격 주체들에 의해 이루어지는데, 여기에는 사이버 테러리스트, 민간 차원의 해커와 정부 지원을 받는 해커 등이 포함된다. SCADA는 통신, 상하수도, 전기, 가스 등과 같이 국가의 기간망이나 주요 하부구조에 사용되기 때문에 공격으로 인한 피해가 대단히 커질 수밖에 없다. 미국과 같이 사이버 역량이 비대칭적으로 발전한 나라들은 공격에 대한 취약성도 동시에 증가함으로써 그에 대한 대응 전략도 다양한 방식으로 구축해야 하는 과제를 안고 있다. 이는 곧 사이버 방어 또는 사이버 억지의 비용이 기하급수적으로 증가한다는 것을 뜻한다. 과거 핵대결 시대와 달리 사이버 전력의 비대칭성에 따른 억지와 방어의 부담을 고려하지 않을 수 없는 상황에 놓이게 된 것이다.

IV. 전략적 재보장: 갈등과 협력의 포괄적 패러다임

사이버 억지가 과거의 억지전략과 차별화되는 또 다른 특징으로 '전략적 재보장(strategic reassurance)'의 요소가 확연하게 부각될 수밖에 없다는 점을 꼽을 수 있다. 억지전략과 마찬가지로 전략적 재보장도 지속적인 적대 관계를 전제로 한다. 하지만 전략적 재보장은 적대 관계를 유발하는 취약성을 활용한다는 점에서 차이를 보인다. 즉 억지전략이 상대방으로 하여금 무력을 사용할 경우 값비싼 대가를 치를 것이라는 점을 설득시키려 하는 반면, 전략적 재보장은 상대방이 무력을 사용하려는 동기 자체를 약화시키고자 한다. 넓게 보면 이러한 전략은 공포, 오해, 불확실성을 줄임으로써 적대 관계 자체를 완화하려는 목적을 지닌다. 이처럼 전략적 재보장은 적대적 관계에 놓인 쌍방의 상호 양보를 이끌어냄으로써 위기를 해소하려 하는데, 1960년대 초 쿠바 미사일위기는 이러한 협력의 대표적인 사례였다(Lebow and Stein 1999: 317). 전략적 재보장이 다양한 선택지의 하나로 자리 잡게 된 데에는 국제정치가 복잡해지면서 상호의존적인 관계가 심화되고 그로 인해 전략적 행위의 이익과 비용을 구분하기가 어려워졌다는 점이 크게 작용하고 있다. 예를 들어 미국과 중국 사이에 막대한 규모의 교역이 이루어지는 경우 두 나라가 상대방에 대하여 보복이나 방어를 통한 억지전략을 구사하는 데 상당한 제약이 따른다. 국가이익의 차원에서도 부정적 수단을 통한 억지전략을 수행하기가 부담스럽지만, 다양한 이해관계를 기반으로 한 국내사회의 반발도 무시할 수 없다.

국가 간의 무력 사용에 대한 보복의 '위협'을 바탕으로 한 억지전략 대신 전략적 재보장을 추구할 경우 상대방이 원하는 것이 무엇인가를 서로 확인하고 전달하는 과정이 필수적이다. 이는 보복의 위협을 확실하게 전달하는 것이 무엇보다 중요하다는 억지전략의 원칙이 현실정치에서 제대로 작동하지 않았다는 반성에 기인한다. 또한 전략적 재보장은 적대국뿐 아니라 우방국가들 사이에서도 빈번하게 활용될 수 있다. 1950년대 미국과 유럽의 군사동맹 관계는 바로 이러한 전략적 재보장을 기반으로 유지되었는데, 당시 재래식 무기만으로는 미국이 서유럽 동맹국들의 안보불안을 완전하게 해소해주기 어려운 상황이었다. 특히 유럽에서 벌어질 수 있는 분쟁을 효과적으로 억지하는 데 소요되는 천문학적인 군사비용에 대한 사회적 합의를 이끌어내기란 불가능했다. 이런 상황에서 수소폭탄의 개발은 재래식 억지의 한계, 즉 비용 문제를 해결할 수 있는 매우 경제적인 해법이었다. 소련의 위협이 실재하는 것이든 과장된 것이든 간에, 유럽 국가들은 미국의 수소폭탄이 제공하는 억지효과를 충분하게 누릴 수 있었다(Howard 1982: 312).

이처럼 전략적 재보장은 확장억지가 작동하는 우방과의 관계에도 적용될 수 있으며, 정보기술을 통한 상호의존이 비약적으로 증가한 오늘날 사이버 안보 영역에서도 큰 의미를 갖는다. 하지만 전략적 재보장이 억지전략과 대비되는 협력 위주의 선택임에도 불구하고 그 실행에 있어서는 전통적인 억지전략에 비해 훨씬 더 어려운 것으로 알려져 있다. 사실 억지전략이 성공적으로 수행되기 위해서는 억지국가의 능력(capability), 신뢰성(credibility), 그리고 소통(communication)의 전제 조건이 충족되어야 하지만, 현실 세계에서 이러한 조건을 모두 충족하기는 불가능하다. 특히 방어가 공격에 비해 우위를 차지하는 경우, 현상 유지를 원하는 국가가 자신의 우호적인 의사를 상대국에 전달하기 위해서는 일방적인 군비 감축이나 방어적인 군사전략 등 훨씬 더 어려운 선택을 해야만 한다.[8] 이런 상황에서 과연 어떻게 효과적인

8   이런 결론은 국가 간의 관계에서 '위협'보다 '재보장'이 더 중요하다는 '방어적 현실주의(defensive realism)'의 논리에 근거한다. 방어적 현실주의는 안보문제의 이면에 작용하는 심리적 상호작용을 중시하면서 이를 통해 비극적 안보딜레마 상황을 제도적으로 개선할 가능성에 무게를 둔다(Jervis 1982; Tang 2010).

전략적 재보장을 추구할 수 있을까?

탈냉전기에 들어와 국제정치에서 협력적 관계를 유지하는 일은 점차 어려워지고 있다. 환경오염, 무역불균형, 안보, 자원배분 등 다양한 현안을 둘러싼 공동의 노력에 대한 필요성은 계속 커져가는 반면, 이를 둘러싼 갈등의 골은 점점 커지고 있는 것이 현실이다. 국제정치의 협력적 제도, 특히 다자주의(multilateralism)를 통한 해법도 오늘날 더 이상 진전을 이루지 못하고 있는 상황이다. 이러한 '교착상태(gridlock)'에는 다양한 원인이 존재하지만, 대체로 지난 역사를 거치면서 발전해 온 제도적 장치들이 낳은 유산이라고 할 수 있다. 냉전기의 문제를 해결하기 위해 생성된 협력 메커니즘이 오늘날의 새롭고 복잡한 문제를 해결하는 데 더 이상 도움이 되지 못하는 교착 상태에 도달한 것이다(Hale et al. 2013: 3-9). 이런 맥락에서 많은 학자들은 전략적 재보장이 억지전략과 동시에 활용되어야 한다고 주장한다. 이러한 복합적 접근을 통해 기존의 다자주의 질서가 봉착해있는 교착 상태를 타개해야 하며, 이를 위해서는 과거의 일방적인 억지전략을 넘어 상호 공존의 목표를 추구할 수 있는 새로운 패러다임이 필요하다는 것이다.

이와 같이 '억지-협력'의 복합적 접근을 강조하는 시각에서는 정책결정자들이 완벽한 합리성을 지니고 있다는 과거 억지 패러다임의 전제를 받아들이지 않는다. 오히려 대부분의 정치지도자들이 특정한 목표를 달성하기 위해 자신들에게 제공되는 정보를 선별적으로 받아들이려는 '동기지향적 편견(motivated bias)'을 보이는 경우가 많다는 점에 주목한다. 그래야만 자신들이 기존에 지니고 있던 선입견이나 신념 체계에 부합하는 '인지적 일관성'을 유지할 수 있기 때문이다(French 2014: 74). 이와 같은 심리적 특성은, 합리적 억지이론에서 주장하는 것처럼 억지국가의 능력과 의지에 의해 억지전략이 작동하는 것은 아니라는 점을 잘 드러낸다. 많은 경우에 억지의 대상이 되는 국가들은 억지국가의 능력이나 신뢰성에 영향을 받기보다는 자국의 국내정치적 상황이나 정치지도자의 신념 체계에 의해 더 큰 영향을 받고 있는 것이다.

전략적 재보장은 구조적 경쟁 관계의 틀을 벗어나 호혜적인 국가이익에 눈을 돌림으로써 상호 공존을 모색하기 위한 선택이라는 의미를 지닌다. 전략적으로 상대국에 전략적 재보장을 하기 위한 정책 수단에는 여러 가지가 있는데, 자국의 행동을 자제(restraint)하거나 그러한 선의에 부합하는 조치를 강화(reinforcement)함으로써 재보장의 신뢰성을 높일 수 있다. 이를 위해 서로의 능력을 올바로 이해하고 잘못된 판단에 빠지지 않도록 하기 위한 투명성(transparency)과 일이 잘못된 방향으로 전개될 경우 신속하게 바로 잡을 수 있는 융통성(resilience)도 전략적 재보장을 위한 중요한 기초를 이룬다. 하지만 전략적 재보장이 항상 협력에 대한 보상과 일방적인 자제를 지향하는 것은 아니며, 상대방이 일정한 한계를 넘어서는 경우에는 단호하게 대응하겠다는 의지(resolve) 역시 중요한 요소가 된다(Steinberg and O'Hanlon 2014: 6-14). 국가들 사이의 연결망이 강화되는 오늘날 사이버 공간의 억지전략은 이러한 수단을 이용하여 대립 일변도의 관계를 뛰어넘는 공존의 패러다임을 추구해야 한다.

이렇게 본다면 전략적 재보장의 패러다임은 과거의 일방적 억지전략에 비해 윤리적 차원에서 한발 더 나아간 대안이라고 할 수 있다. 억지전략은 그것을 수행하는 주체가 억지의 대상에 대하여 특정한 행위를 하지 않도록 요구하고 이를 받아들이지 않을 경우 적절한 조치를 취하겠다는 일종의 '조건부 의도(conditional intention)'를 명확하게 전달하고 그것이 받아들여짐으로써 작동한다(Gauthier 1984: 474).

이와 같은 억지의 위협은 기존의 질서를 안정적으로 유지하겠다는 의
도를 내포하고 있다는 점에서 규범적인 속성을 지니고 있다. 즉 둘 이
상의 행위자가 공존하고 상호작용하는 현재의 사회는 억지전략이 작
동하기 위한 하나의 조건을 형성하며, 이러한 조건을 무시한 억지전략
은 원하는 목표를 달성하기 어렵다는 의미를 함축한다. 따라서 억지전
략은 기본적으로 억지의 주체를 선제공격으로부터 보호한다는 점에서
합리적인 목표를 지니며, 또한 억지의 주체에게 일방적으로 유리한 방
향으로만 권력의 재분배를 추구하는 것이 아니기 때문에 윤리적으로
바람직한 속성을 지닌다.[9]

이와 같은 '억지-재보장'의 보완적 관계는 오늘날 미국과 중국 사
이의 전략적 대결 구도에서도 확연하게 드러난다. 미국은 중국의 부상
에 대하여 억지와 재보장의 두 가지 목표를 동시에 추진해 왔는데, 우
선 중국으로 하여금 동아시아의 현상 유지를 깨뜨리지 않도록 '억지'
하면서 중국이 국제사회의 책임 있는 당사국으로 행동할 경우 중국의
합법적인 국가이익을 위협하지 않겠다는 '전략적 재보장'을 제시한다.
이 경우 '억지'보다는 '재보장'의 선택이 훨씬 더욱 어렵다고 할 수 있
는데, 이는 중국 지도부가 지닌 뿌리 깊은 의심과 편견을 극복하면서
일관성 있는 신호를 전달해야 하는 이중의 부담을 안고 있기 때문이
다.[10] 따라서 전략적 재보장을 구사하는 경우에는 훨씬 더 분명하고도

9 　이러한 규범적 논거는 사회가 상호 이익을 위한 '협력적 작업(cooperative venture)'이라
　　는 존 롤즈의 입장을 반영한다(Gauthier 1984: 493).

10 　닉슨의 화해정책(rapprochement)은 재보장전략이 성공적으로 이루어진 대표적인 사례
　　였다. 당시 미국은 중국에 대한 억지전략이 상대적으로 용이했음에도 불구하고 전략적
　　자원을 재보장에 활용함으로써 억지와 재보장전략이 상호 보완적이라는 점을 잘 보여주
　　었다. 이러한 화해정책을 위해 닉슨행정부는 중국 지도부의 '동기지향적 편견'을 극복하
　　기 위해 분명하고 일관성 있는 메시지를 전달하는 데 주력했다(French 2014: 89-90).

단호한 메시지를 전달해야 하는 부담을 안게 된다. 사이버 공간에서도 이러한 점이 그대로 재연되고 있는데, 네트워크로 연결된 세계화의 시대에 전략적 재보장을 통해 상호 호혜적인 결과를 도모하려는 취지를 거부하기는 어렵다. 문제는 이를 어떻게 달성하는가에 달려 있다. 이런 문제를 고려할 때 전략적 재보장이 보다 포괄적인 맥락에서 억지전략을 포함하는 광범위한 위기관리 패러다임의 한 도구라고 이해할 필요가 있다.

억지전략은 대부분 적국에 대한 영향력을 행사함으로써 특정한 상황이 발생하지 않도록 하는 '조종(manipulation)'이라는 차원에서 논의되고 있다. 하지만 이보다 훨씬 넓은 맥락에서 억지전략이 발생하는 '상황'에 초점을 맞추면서 적국과 더불어 자국의 '위기관리(conflict management)' 전략의 하나로 바라보는 시각도 최근 호응을 얻고 있다. 즉 억지전략은 위기를 관리하는 데 활용할 수 있는 여러 요소들, 예를 들어 분쟁매개전략, 화해, 유화정책, 설득, 예방전쟁 등 다양한 도구라고 보는 것이다(Rubel 2012: 684). 억지전략, 특히 맞춤형 억지전략은 위협의 한 형태로서 특정한 상황에서 특정한 행동이 일어나지 않도록 하는 데 주안점을 둔다. 하지만 위기관리 전략의 차원에서는 국가와 국가 사이에 보편적 안정이라는 광범위한 목표를 지향하는 경우가 많기 때문에 부정적 위협과 더불어 긍정적 유인책도 포함된다. 전략적 재보장에 동반되는 긍정적인 유인책 역시 이러한 위기관리 차원에서 자주 이용되는 도구라고 할 수 있다. 억지전략을 추진하는 궁극적인 목적이 이처럼 포괄적인 차원의 안정에 있는 것이라면 특정한 상황에 적용되는 정확한 논리와 예측보다는 그러한 상황을 야기한 행위자들의 동기와 이를 다스릴 수 있는 유인책에 대한 관심을 높일 필요가 있다(Rubel 2012: 690-691).

위기관리 패러다임 속에서 전략적 재보장은 단순한 억지전략과 달리 상대방에게 자신들의 협력적인 태도와 방어적 의도를 효과적으로 전달하는 데 주안점을 둔다. 그럼으로써 상대방이 가질 수 있는 두려움과 오해, 불안의 정도를 줄임으로써 갈등관계가 통제할 수 없을 정도로 악화되지 않도록 관리한다. 1960년대 초의 쿠바 사태는 전략적 재보장이 이루어짐으로써 이러한 의도를 성공적으로 달성한 대표적인 사례였다. 당시 미국과 소련의 정책결정자들은 자신들의 의지를 상대방에 전달하는 일방적인 접근보다는 서로의 이해관계와 목표를 명확하게 이해함으로써 상호 양보가 가능한 상황을 이끌어낸 바 있다. 전략적 재보장을 포함하는 이러한 위기관리 과정은 일방적 억지에 비해 합의 도달의 범위를 확장시킨다. 이 과정에서 양측의 지도자들은 비공식 접촉을 통해 서로가 원하는 바를 확인하고 그럼으로써 평화적인 문제 해결을 통해 공동의 정체성을 수립하게 된다. 이와 같은 협상 과정에 대한 고찰은 전통적인 억지이론에서는 관심을 갖지 않았지만, 탈냉전기에 들어와 복잡해지는 상황에 적합한 방식으로 협력이 발생하는 모습을 잘 보여주고 있다(Lebow 2001: 129-131).

물론 이러한 패러다임의 전환이 오늘날 사이버 공간을 둘러싼 갈등구조를 해결하는 만능의 해결책이라고 할 수 없다. 전략적 재보장을 통한 협력관계의 강화가 바람직한 목표라는 점에는 누구나 동의하지만, 이를 어떻게 실행 가능한 형태로 구현하는가는 또 다른 문제이기 때문이다. 전략적 재보장은 안보문제의 가장 큰 과제, 즉 상대방의 의도에 관한 불확실성을 감소시키려는 의도에서 이루어지는 선택이다. 소위 '안보딜레마(security dilemma)'라고 불리는 이러한 구조적 어려움을 둘러싸고 여전히 이론적 논쟁이 진행되고 있는데, 무엇보다도 상대방을 공격하지 않겠다는 자신의 의도를 드러내는 '전략적 재보장'이 과연 바람직한 것인지에 관한 논란을 꼽을 수 있다. 왜냐하면 상대방에게 선의의 재보장을 확실하게 전달하기 위해서는 군비 축소와 같이 선제적 또는 일방적 조치를 통해 신뢰성을 부여해야 하는데, 그 결과 자국의 취약성이 증가하는 부담을 떠안을 수밖에 없기 때문이다. 이러한 선의의 조치를 상대국가가 악의적으로 이용할 가능성은 상존하므로 전략적 재보장을 통해 대결구도의 불확실성을 줄이고자 하는 시도는 제한적일 수밖에 없는 것이다(Montgomery 2006: 153-154).[11] 이러한 한계에도 불구하고 전략적 재보장은 과거의 일방적인 억지전략 패러다임을 넘어 사이버 공간에서 시도해볼 수 있는 대안으로서 자리매김 하고 있다.

V. 위기담론의 극복과 신(新) 일상성: 자원의 한계를 고려한 목표의 재구성

미국 정치는 오랫동안 국내 문제와 대외 문제 사이에서 적절한 균형을 유지하는 일에 몰두해 왔다. 20세기에 들어와 미국의 대외적인 영향력이 강해지면서 두 차례의 세계대전과 더불어 전 세계 곳곳에서 미국이 관여하는 일이 빈번해졌으며, 이로 인해 미국의 정책은 자주 '위기'에 직면했다. 흥미로운 점은 이러한 위기가 가라앉으면서 정상적인 상태로 돌아가야 한다는 목소리가 커지고, 이것이 새로운 정부가 등장하는 데 큰 역할을 하곤 했다. 예를 들어 제1차 세계대전이 종식되면서 미국 내에서는 윌슨 대통령의 국제연맹 제안을 거부하고 공화당

---

11   이러한 논리는 '방어적 현실주의'의 시각을 대변하는 것으로, 현실주의 진영 내부에서도
      전략적 재보장의 효과에 대한 논란이 분분하다.

을 중심으로 하여 '일상성'으로 돌아가야 한다는 분위기가 지배적이었
다. 이러한 분위기는 대공황과 제2차 세계대전 시기의 루즈벨트 정부
에서도 지배적이었는데, 사실상의 '위기정부'였던 당시에조차 정부 개
혁을 통한 경제 회복과 전쟁의 종식을 위한 '일상성' 복귀가 전국적인
구호가 되었다. 전쟁이 끝나면서 '일상성'으로의 복귀가 다시 등장하
여 트루먼 행정부에 부담으로 작용했지만, 냉전과 핵대결의 구도에 가
려 더 이상 주목을 받지 못하게 되었다(Roberts 1994). 1990년대 클린
턴 시기에 들어와 냉전의 구조적 속박으로부터 벗어나기 위한 일상성
회복 움직임이 가시화되기는 했지만, 부시 행정부 시기의 '9·11 테러'
공포 및 그에 따른 아프가니스탄 전쟁과 이라크 전쟁은 국가적 동원체
제를 새롭게 구축하는 또 다른 '위기'의 시대를 열었다. 하지만 아직까
지 '일상성'으로의 복귀를 위한 미국 내의 본격적인 논의를 기대하기
는 어려운 상황이다.

안보 분야에서 신(新) 일상성 논의가 본격적으로 도입된 것은 아
이젠하워 정부에 들어와 '뉴룩(New Look)' 정책이 가시화되면서부터
였다. 과거의 미국은 핵능력에 있어 독보적인 지위를 차지하고 있었지
만, 1950년대에 들어와 소련의 핵무기가 비약적으로 증가하면서 기존
의 봉쇄 정책이나 대량보복 전략으로는 이에 제대로 대처할 수 없다는
점을 인식하기 시작했다. 아이젠하워 정부가 뉴룩 정책을 천명한 것
은 미국과 소련 모두가 상대방을 파멸시킬 수 있는 핵무기를 보유한
상황을 기정사실화하고, 이를 쉽사리 변경할 수 없다는 점을 고려하여
새로운 핵전략을 모색할 필요성을 인정한다는 의미였다. 이때부터 쌍
방 간의 억지를 전제로 한 상호확증파괴 전략이 구체화되기 시작했다
(Korns 2009: 98). 이와 같은 신 일상성의 개념은 정치적 상황이 더 이
상 과거로 되돌아갈 수 없다는 현실적 한계에 대한 인식으로부터 비롯

되며, 새로운 현실에 적응하기 위한 태도의 변화가 절실하다는 문제의
식을 기반으로 한다. 위기상황을 '비정상적 상태'로 간주하기에는 사
회적 역량과 자원이 한정되어 있기 때문에 이를 무한적 지속시킬 수
없다는 생각이 공유되고 있는 것이다.

　21세기 미국이 비정규전, 비대칭전쟁, 대(對)테러전, 대(對)반란
작전(counterinsurgency) 등 새로운 종류의 위기에 맞서고 있는 상황
에서 사이버 공간의 위협 역시 국가적 동원체제를 요구하는 하나의
'안보화' 움직임으로 간주되어 왔다. 하지만 여타의 전략적 위기의식
과 마찬가지로 사이버 안보의 문제 역시 한정된 자원과 역량 내에서
가능한 한 최선의 효과를 거두어야 한다는 부담감은 미국 역사에서 반
복하여 등장해 왔다는 점을 염두에 둘 필요가 있다. 말하자면 특정한
시기에 사회적으로 합의된 '위기'를 해결하기 위해 무한정 자원을 투
입할 수 없으며, 일정한 노력과 시간이 지난 이후에는 정상적인 상태
로 복귀해야 한다는 국민적 갈망이 커지게 된다. 이와 같은 반작용은
전쟁과 같이 강렬한 위기 상황을 겪으면서 강해지는데, 두 차례의 세
계대전뿐 아니라 한국전쟁, 베트남 전쟁, 그리고 최근의 아프가니스탄
과 이라크 전쟁에서도 분명하게 드러났다.

　21세기의 새로운 전쟁과 더불어 미국은 금융위기 이후 지속적
인 재정적자의 문제에 봉착해 왔다. 이에 2011년 미국 의회는 예산관
리법(BCA)을 제정하여 재정균형을 위한 합의가 없을 경우 시퀘스터
(sequester), 즉 자동으로 예산을 삭감하는 조치를 명문화하였다. 향후
10년에 걸쳐 1100억 달러를 예산을 절감하기 위한 이 조치로 인해 가
장 타격을 받는 분야는 국방비로서, 삭감액의 거의 절반이 국방비 항
목인 것으로 알려졌다(Eaglen 2014: 69-70). 이와 같은 상황은 미국의
군사전략이 궁극적으로 가용 자원, 특히 재정 상황에 직접적인 영향을

받을 수밖에 없다는 점을 잘 드러낸다. 다시 말해 전략에 맞추어 예산을 기획하는 것이 아니라 예산에 맞추어 전략의 규모를 정해야만 한다는 것이다(Meese 2014: 19). 이런 상황에서 재정적자 완화를 위한 긴축정책은 부득이 미국의 전략적 선택의 폭을 좁히는 결과를 초래하고 있다. 이와 같은 상황은 일반적인 안보문제뿐 아니라 사이버 전략을 구상하는 데 있어 '위기'의 담론에 대한 대안으로서 '일상성'의 담론이 형성되는 배경을 이루고 있다.

신 일상성은 국가대전략을 구상하고 실행하는 데 있어 최근 새롭게 주목을 받고 있는 '전략적 자제(restraint)'의 개념과도 밀접하게 연관된다. 이런 논의는 미국 국내에서 활발하게 전개되고 있는데, 그동안 '자유주의적 헤게모니(liberal hegemony)'를 대전략의 목표로 삼아온 관행을 비판하면서 미국이 지닌 한계를 인식하여 적절한 범위 안에서 전략적 자제를 모색해야 한다는 주장으로 이어지고 있다. 사실상 미국의 자유주의 대전략은 초강대국으로서 다른 나라에 민주주의와 시장경제, 그리고 서구의 자유주의적 가치를 이식하는 데 주안점을 두어왔는데, 이는 자유주의자들과 신보수주의자들에게서 공통으로 나타나는 현상이었다. 하지만 이와 같은 냉전기의 유산은 어마어마한 비용과 노력을 소모한다는 점에서 바람직스럽지 않으며, 적절한 방식으로 그 범위와 대상을 축소함으로써 미국의 이익을 극대화하려는 노력이 필요하다는 것이 이들의 주장이다.[12]

사이버 공간의 위협은 물리적 차원의 전쟁과 비교해볼 때 이러한 '위기 대 일상성'의 분위기 변화가 상대적으로 완만한 편이라고 할 수 있다. 특히 강도 면에서 미국인들이 겪었던 사이버 위협은 물리적 전

---

12   이와 같은 전략적 '자제'는 대부분 미국이 지닌 힘의 한계에 대한 현실주의자들의 시각을 기반으로 한다(Posen 2014: 5-15).

쟁이나 핵위협에 비할 때 덜 치명적이라는 점에서 사회적으로 이를 '위기' 또는 '위협'으로 부각시키기가 용이하지 않다. 사이버 공격이 사람들의 생명을 직접 겨냥하지도 않을 뿐더러 공격의 결과가 가시적으로 관찰할 수 있는 경우도 드물기 때문에 이를 '안보화'의 과정을 통해 국가적 어젠다로 만들기가 쉽지 않은 것이다. 이러한 특징은 사이버 공격의 위협이 오랜 기간에 걸쳐 불특정한 주체로부터 비롯되며 대단히 넓은 범위의 목표물을 대상으로 삼을 수 있다는 점에 기인한다. 이처럼 만성적이면서 광범위한 영역에 걸쳐 이루어지는 사이버 공격을 과거와 같이 집중적인 동원체제를 통한 위기관리 방식으로 다루기는 어렵다. 오히려 다양한 형태의 사이버 공격이 수시로 벌어지는 '일상적' 현상이라는 점을 받아들이되, 치명적인 위협에 대해서만 선별적으로 대응하는 접근 방법이 요구된다고 할 수 있다.

사이버 공간의 위협과 위기를 신 일상성의 맥락에서 다루어야 한다는 주장은 이상과 같은 배경에서 타당성을 갖는데, 특히 다음과 같은 몇 가지 점에서 그러하다. 첫째, 사이버 공간에서 악성코드 등 공격 수단을 획득하는 일은 별로 어렵지 않게 되었다. 소수의 해커들이 주도하던 과거의 사이버 공격과 달리 오늘날에는 사이버 침해와 공격을 위한 도구를 손쉽게 구입할 수 있다. 둘째, 사이버 공격은 재래식 무기를 이용한 공격 또는 핵공격에 비해 공격 주체를 확인하기 어렵다는 점에서 '책임 소재(attribution)의 문제'를 안고 있다. 예를 들어 에스토니아 및 그루지야 사태 당시 사이버 공격이 러시아에 의해 이루어진 것으로 추정되었지만, 이를 입증하기란 거의 불가능했다. 국가의 후원을 받지 않는 민간 차원의 사이버 침해를 추적하는 일은 더욱 어렵다. 셋째, 사이버 공간에서 악성코드의 침입과 해킹을 방지하고 신뢰를 구축하기 위한 보안과 검증 작업. 방화벽은 이제 일상생활에서 필수적인 과정이 되고 있다. 넷째, 오늘날의 사이버 공격은 과거와 같은 비대칭 공격에 국한되지 않으며, 다양한 역량을 지닌 행위자들 사이에 무차별적으로 이루어질 수 있다. 말하자면 사이버전 능력이 매우 뛰어난 국가가 그렇지 않은 국가를 공격할 수도 있고 또 반대의 경우도 얼마든지 가능하다. 마지막으로 사이버 공간에서 억지전략을 성공적으로 수행하기가 점차 어려워지고 있는데, 이는 적대 세력에 의한 공격에 버금가는 수준으로 방어 태세를 갖추기가 매우 어렵기 때문이다(Korns 2009: 99-100).

　사이버 위협과 사이버 안보를 일상적 차원의 문제로 다루어야 한다는 주장의 이면에는 최근에 들어와 형성된 '위기담론'이 자리 잡고 있다. 냉전기 핵대결 때와 마찬가지로 사이버 공격의 가능성이 사회 전반에 큰 위협이 되며, 따라서 국가적 차원의 방어 태세와 대응 전략을 통해 이에 맞서야 한다는 주장이 강하게 제기되어 왔다. 온라인 공간에서 일어나는 각종 사이버 범죄와 해킹, 지능형 지속위협(APT) 등에 대한 관심과 우려가 급증하면서 이들을 한데 묶은 사이버 위기의 담론은 이제 누구에게나 익숙한 것이 되어버렸다. 1950년대 핵전쟁의 공포가 세계를 휩쓸었던 것과 마찬가지로, 사람들은 "사이버 전쟁이 다가오고 있다!"고 외치면서 이에 대한 경각심과 적극적인 대응을 주문해온 것이다(Aquilla and Robnfeldt 1997: 23-60). 하지만 사이버 공격의 특성을 고려할 때 핵전략의 논리를 사이버 공간에 적용하기는 쉽지 않다. 우선 핵공격과 달리 사이버 공격은 훨씬 낮은 수준의 위협이라는 인식이 널리 퍼져 있기 때문이다. 또한 사이버 공격의 위협이 지나치게 과장되었기 때문에 사이버 억지전략이 실제로 작동하지 않을 것이라는 비판에도 설득력이 있다. 이런 시각에서 볼 때 사이버 안보를 '전략적' 차원으로 격상시키는 것은 위기담론을 지나치게 과장하는

일이다(Gary 2013: 46). 이처럼 위기담론이 사회적으로 과장되는 현상
은 과거 냉전기의 이분법적 전략 마인드의 영향 때문이기도 하지만,
다양한 사회적 이슈와 정부조직 사이에 국가 자원과 예산을 쟁취하기
위한 정치적 프레이밍, 즉 '정치화(politicization)'의 결과이기도 하다
(Dunn Cavelty 2012: 149).

이런 점에서 2012년 미 국방부 장관 파네타(Leon Panetta)가 미
국의 기간망 공격에 대한 '사이버 진주만공격(cyber-Pear Harbor)'의
가능성을 점치고, 2013년 국토안보부 장관 나폴리타노(Janet Napoli-
tano)가 '사이버 9·11' 공격이 임박했다고 경고함으로써 의회에 관
련 법안의 통과를 재촉했던 것도 정치적 어젠다를 선점하기 위한 의
도적인 발언이었다고 평가할 수 있다(Kerr 2013; Bumiler and Shanker
2012; Gartzke 2013: 63). 만약 이러한 구호들이 사이버 안보의 정치화
를 위한 레토릭을 구성하는 것이었다면, 2009년 미 국방장관 게이츠
(Robert Gates)가 제안한 '균형(balance)'의 개념은 위기담론을 넘어
사이버 공격과 억지전략을 신 일상성의 접근 방법으로 바라보자는 새
로운 제안이었다고 볼 수 있다. 게이츠는 미국이 비록 세계에서 가장
강한 군사력을 지니고 있지만 국가안보를 위한 예산을 무한정 늘릴 수
없으며, 적정한 수준에서 안보 어젠다의 기회비용을 고려하여 각각의
우선순위를 정할 수 있어야 한다고 주장하였다(Gates 2009: 37-39). 말
하자면 역량과 자원의 한계를 고려하여 안보의 목표를 적정한 수준으
로 제한하고 재구성하자는 것이다.

사이버 공간의 여러 문제를 일상적인 차원으로 되돌릴 경우, 사이
버 안보로 분류되는 대부분의 위협은 사실상 '사이버 범죄'나 '사이버
첩보' 등 덜 심각한 수준에서 다루어야 함을 의미한다. 이와 같은 범
죄나 첩보 활동은 늘 일어나기 때문에 국가적 역량을 총 결집하여 대

응하기보다 상설 법제화를 통한 대응 체계를 갖추면 충분하다. 사이버 안보와 사이버 억지의 프레임에서는 '보복'과 '방어'의 개념이 중요하지만, 일상화된 사이버 범죄와 사이버 첩보의 프레임에서는 '회복성(resilience)'이 더 중요해진다. 즉 공격이나 침해를 당한 뒤에 신속하게 정상적인 상태로 되돌아올 수 있는 시스템 탄력성을 확보하는 일이 더욱 시급하다. 이러한 노력이 가시화되기 위해서는, 모든 사이버 공격 행위를 안보문제 또는 군사문제로 다루는 대신 적절한 분류와 선택적 대응 체계를 갖추어야 한다. 이 과정에서 국가의 역할은 상대적으로 작은 비중에 그칠 수 있다. 사이버 공격의 목표물이 대부분 사회기반시설이며, 이들 시설이 대체로 민간 소유라는 점을 고려할 때 국가가 나서서 완벽한 방어 체계를 구축하기란 쉽지 않다. 오히려 각각의 기업이나 기관 차원에서 사이버 범죄 또는 사이버 침해에 대응할 수 있는 일상화된 시스템을 구축하는 일이 바람직하다고 할 수 있다(Dunn Cavelty 2012: 145-146). 국가의 적극적인 역할은 사이버 공격이 군사적 차원의 공격으로 비화되는 경우로 국한시켜도 충분하다는 것이 신 일상성 담론의 결론이다.

VI. 맺는 말

21세기의 안보문제는 냉전기의 유산과 탈냉전기의 새로운 도전을 모두 포괄하는 복합적인 어젠다로 떠오르고 있다. 여기에 더하여 IT 기술의 발달과 네트워크화의 추세는 국제정치와 안보관계를 더욱 어렵게 만들고 있다. 특히 사이버 공간의 형성으로 인한 갈등과 대립 구도의 변화는 이전의 전략적 접근이 더 이상 타당하지 않다는 판단으로 이어졌다. 무엇보다도 사이버 공간에서는 과거와 같은 합리적 행위자를 상정하기도 어려울 뿐더러 분명한 적의 개념과 전략적 신호체계를 구현하는 일이 불가능하게 되었다. 그럼에도 불구하고 사이버 공격으로 인한 피해와 위협이 증가하면서 사이버 억지를 통한 안보담론이 점차 증가하고 있는 추세이다. 이 논문에서는 이와 같은 상황을 배경으로 하여, 과거 냉전기에 개발된 억지전략의 패러다임이 사이버 공간에서 그대로 적용되기에는 무리가 있으며, 이에 대한 대안으로서 새롭게 떠오르고 있는 세 가지의 패러다임을 소개하고 구체적으로 논의하였다.

이 논문에서 소개하는 대안의 첫 번째의 사이버 억지 패러다임은 억지의 범위와 요건을 확대한 일반억지로서, 목표와 대상을 구체적으로 지정하는 긴급억지와 달리 억지의 주체에 대한 공격을 억지하기 위한 보편적 성격의 전략이다. 이러한 전략은 미국과 같이 사이버 공격 능력이 뛰어난 국가로서 평판을 누리고 있는 국가의 경우 특히 유용하다. 하지만 전통적인 단계적 억지 또는 맞춤형 억지를 사이버 공간에서도 적용할 수 있는지에 대해서는 유보적인데, 이는 위기의 상승작용 및 억지전략의 비용에 대한 우려에서 비롯된다. 두 번째의 대안은 갈등의 부정적인 측면에만 초점을 맞추던 과거와 달리, 협력적 관계를 모색하기 위한 전략적 재보장의 선택이라고 할 수 있다. 보다 거시적으로 위기관리의 맥락에서 이와 같은 전략적 재보장은 억지전략의 좁은 한계를 넘어 국가의 목표를 달성하는 데 있어 더욱 다양한 선택지를 제공할 수 있다. 한편 사이버 공간의 위협이 이제는 피할 수 없는 일상적 현상으로 자리 잡고 있다는 점에서 세 번째의 대안, 즉 신(新)일상성의 관념도 중요해지고 있다. 이를 위해서는 사이버 공격이나 위협이 지나치게 안보 또는 정치적 맥락에서 과장될 필요가 없으며, 사회적 자원의 한계를 고려하여 이를 적정한 수준으로 일상화시키는 노력이 필요하다는 점이 강조되고 있다.

　이상의 논의를 통해 이 논문에서는 오늘날 화두로 떠오르고 있는 사이버 억지의 관념에 내재된 다양한 시각과 한계를 검토해보았다. 오늘날의 국제정치 및 안보담론은 사이버 공간의 가상사회에서 벌어지는 새로운 유형의 공격-방어 현상에 대해 개념화를 추구해왔으며, 사이버 억지 역시 이러한 노력의 일환으로서 이해할 수 있다. 다만 냉전기에 개발된 전략적 논리만으로는 이러한 새로운 공간과 기술, 사회적 변화에 제대로 대응하는 데 한계를 지닐 수밖에 없다는 것이 이 논문의 기본적인 문제의식으로서, 이보다 한 발 더 나아간 차원에서 새롭게 논의되고 있는 대안의 사이버 억지 패러다임을 소개하는 것이 논문의 주된 의도라고 할 수 있다. 비록 이 분야의 이론화가 일천하고 또 적용 가능한 사례들도 부족한 단계지만, 이와 같은 개념화 작업을 통해 향후 미래의 사이버 전략을 토대를 구축하는 데 일조할 수 있을 것으로 본다.

참고문헌

Aron, Raymond. 1967. *Peace and War: A Theory of International Relations.* New York: Frederick A. Praeger.

Arquilla, John and David Ronfeldt. 1997. "Cyber War Is Coming!" in John Arquilla and David Ronfeldt(eds.), *In Athena's Camp* (Santa Monica: RAND), pp. 23-60.

Bar-Joseph, Uri. 1998. "Variations on a Theme: The Conceptualization of Deterrence in Israeli Strategic Thinking." *Security Studies* 7(3), pp. 145-181.

Boyle, Ashley. 2012. "International Law Takes on Cyber: Significant Challenges Ahead." *The Hill* (Spetember 24).

Bumiller, Elisabeth and Thom Shanker. 2012. "Panetta Warns of Dire Threat of Cyberattack on U.S." *New York Times* (October 11).

Caso, Jr. Jeffery S. 2014. "The Rules of Engagement for Cyber-Warfare and the Tallinn Manual: A Case Study." The 4th Annual IEEE International Conference on Cyber Technology in Automation, Control and Intelligent Systems, June 4-7, Hong Kong, China.

Cooper, Barry. 2011. "Raymond Aron and Nuclear War." *Journal of Classical Sociology* 11(2), pp. 203-224.

Debus, Keith. 2012. "What Is Cyber War?" *Hacking* (April).

Dinniss, Heather Harrison. 2012. *Cyber Warfare and the Laws of War.* Cambridge: Cambridge University Press.

Dunn Cavelty, Myriam. 2012. "The Militarization of Cyberspace: Why Less May Be Better." Proceedings of the 4th International Conference on Cyber Conflict.

Eaglen, Mackenzie. "Budgeting for Austere Defense." *Strategic Studies Quarterly* 8(3), pp. 69-87.

Frei, Stefan. 2013. "Vulnerability Threat Trends." *Analyst Brief.* NSS Labs.

French, Erik D. 2014. "Motivated Reasoning in US-China Deterrence and Reassurance — Past, Present, and Future." *Strategic Studies Quarterly* 9(4), pp. 71-94.

Gartzke, Erik. 2013. "The Myth of Cyberwar: Bringing War in Cyberspace Back Down to Earth." *International Security* 38(2), pp. 41-73.

Gates, Robert M. 2009. "A Balanced Strategy: Reprogramming the Pentagon for a New Age." *Foreign Affairs* 88, pp. 28-40.

Gauthier, David. 1984. "Deterrence, Maximization, and Rationality." *Ethics* 94, pp. 474-495.

Geers, Kenneth. 2010. "The Challenge of Cyber Attack Deterrence." *Computer Law's Security Review* 26, pp. 298-303.

Gray, Colin S. 2013. *Making Strategic Sense of Cyber Power.* Carlisle Barracks, PA: US

Army War College Press.

Hale, Thomas, David Held and Kevin Young. 2013. *Gridlock: Why Global Cooperation Is Failing When We Need It Most*. Cambridge: Polity.

Howard, Michael. 1982. "Reassurance and Deterrence: Western Defense in the 1980s." *Foreign Affairs* 61, pp. 309‒324.

Huth, Paul. 1997. "Reputations and Deterrence: A Theoretical and Empirical Assessment." *Security Studies* 7(1), pp. 72‒99.

_____. 1999. "Deterrence and International Conflict: Empirical Findings and Theoretical Debates." *Annual Review of Political Science* 2, pp. 25‒48.

Huth, Paul and Bruce Russett. 1993. "General Deterrence Between Enduring Rivals: Testing Three Competing Models." *American Political Science Review* 87(1), pp. 61‒73.

Jabbour, Kamal and E. Paul Ratazzi. 2013. "Deterrence in Cyberspace." in Adam Lowther(ed.), *Thinking about Deterrence* (Maxwell Air Base: Air University Press), pp. 37‒47.

Jervis, Robert. 1982. "Deterrence and Perception." *International Security* 7(3), pp. 3‒30.

Kerr, Dara. 2013. "Cyber 9/11 May Be on Horizon, Homeland Security Chief Warns." *CNet* (January 24).

Knopf, Jeffrey. 2010. "The Fourth Wave in Deterrence Research." *Contemporary Security Policy* 31(1), pp. 1‒33.

Koh, Harold Hongju. 2012. "International Law in Cyberspace." *Harvard International Law Journal* 54, pp. 1‒12.

Korns, Stephen. 2009. "Cyber Operations: The New Balance." *Joint Force Quarterly* 54(3), pp. 97‒102.

Lantis, Jeffrey. 2009. "Strategic Culture and Tailored Deterrence: Bridging the Gap between Theory and Practice." *Contemporary Security Policy* 30(3), pp. 467‒485.

Lebow, Richard Ned. 2001. "Deterrence and Reassurance: Lessons from the Cold War." *Global Dialogue* 3(4), pp. 119‒132.

Lebow, Richard Ned and Janice Gross Stein. 1999. *We All Lost the Cold War*. Princeton: Princeton University Press.

Libicki, Martin. 2009. *Cyberdeterrence and Cyberwar*. Santa Monica, CA: Rand.

Meese, Michael J. 2014. "Strategy and Force Planning in a Time of Austerity." *Strategic Studies Quarterly* 8(3), pp. 19‒29.

Mercer, Jonathan. 1996. *Reputation and International Politics*. Ithaca: Cornell University Press.

Montgomery, Evan. 2006. "Breaking Out of the Security Dilemma: Realism, Reassurance, and the Problem of Uncertainty." *International Security* 31(2), pp. 151‒185.

Morgan, Patrick M. 1997. *Deterrence: A Conceptual Analysis*. Beverly Hills: Sage.

_____. 2003. *Deterrence Now*. Cambridge: Cambridge University Press.

Nakashima, Ellen. 2013. "In Cyberwarfare, Rules of Engagement Still Hard to Define." *Washington Post* (March 10).

Payne, Keith. 2001. *The Fallacies of Cold War Deterrence and a New Direction.* Lexington, KY: University of Kentucky Press.

Posen, Barry. 2014. *Restraint: A New Foundation for U. S. Grand Strategy.* Ithaca: Cornell University Press.

Quester, George. 2000. "Mismatched Deterrents: Preventing the Use of Nuclear, Biological, and Chemical Weapons." *International Studies Perspectives* 1, pp. 165–176.

Rashid, Fahmida Y. 2012. "Security Think Tank Analyzes How International Law Applies to Cyber War." *SecurityWeek* (September 4).

Roberts, Chalmers. 1994. "Return to 'Normalcy' —Again." *Washington Post* (November 16).

Rubel, Robert. 2012. "Getting a Grip on Tailored Deterrence: The World of Conflict Management." *Orbis* 56(4), pp. 676–691.

Sanger, David, John Markoff and Thom Shanker. 2009. "U.S. Steps Up Effort on Digital Defenses." *New York Times* (April 27).

Schmitt, Michael N. 2012. "International Law in Cyberspace: The Koh Speech and Tallinn Manual Juxtaposed." *Harvard International Law Journal* 54, pp. 13–37.

_____. 2013. *Tallinn Manual on the International Law Applicable to Cyber Warfare.* Cambridge: Cambridge University Press.

Steinberg, James and Michael O'Hanlon. 2014. *Strategic Reassurance and Resolve.* Princeton: Princeton University Press.

Sterner, Eric. 2011. "Retaliatory Deterrence in Cyberspace." *Strategic Studies Quarterly* 5(1), pp. 62–80.

Tang, Shiping. 2010. *A Theory of Security Strategy for Our Time: Defensive Realism.* New York: Palgrave Macmillan.

제2장

국제규범론으로 보는 사이버 안보

이상현

I. 서론

오늘날 개인들의 삶은 물론 국제관계도 사이버 공간의 영향으로부터 자유롭지 않다. 사이버 공간에서의 공격은 개인들의 단순 범죄를 넘어 통신, 은행, 국방 등 국가기반시설까지 위협함으로써 국가안보에 직접적인 영향을 미치고 있는 수준까지 왔으나, 이와 관련한 국제규범은 아직 부재한 상태이다. 흔히 사이버 공간은 해양, 공중, 육상, 우주에 이어 제5의 전장(the fifth battlefield)으로 불릴 정도로 이미 국가안보의 중요 영역으로 부상했다.

사이버 공간에서 국제적으로 안보적 파장을 일으킨 공격 사례도 이제는 심심찮게 찾아볼 수 있다. 2007년 6월에는 에스토니아 정부 공공기관을 포함한 300여 개 웹사이트가 러시아 세력으로 추정되는 해커 공격에 마비된 사태가 발생했다. 2009년 4월에는 미 국방부가 해킹당해 F-35 자료가 사이버 스파이에 의해 유출되는 사례가 있었다. 한국의 경우도 예외가 아니어서 2009년 7월 7일 분산형 서비스거부(DDoS, 디도스) 사건, 2010년 3월 4일 디도스 공격, 2010년 4월 농협 전산망 장애 사건 등 중요한 사이버 공격 사태가 있었다. 한국의 핵심 기간전산망에 대한 북한의 해킹 시도는 전혀 새로운 현상이 아니다. 한전이 국회에 제출한 자료에 따르면 북한은 2013년 11차례, 2014년 8차례 등 2년간 19차례 한전을 상대로 해킹 공격을 감행한 것으로 드러났다. 미중 간에는 2015년 미연방 인사관리처(OPM) 해킹 사건으로 향후 사이버 안보 문제가 미중 간 심각한 갈등 사안이 될 가능성도 배제할 수 없다.

이처럼 사이버 공간을 둘러싼 강대국들의 이해가 충돌하고 민간의 우려가 커지면서 최근 유엔 등 다자무대 및 미국, 영국 등 주요국으로부터 사이버 공간을 규율하기 위한 국제협력의 필요성이 지속적으

로 제기되어 왔다. 사이버 범죄나 안보는 이미 국제적으로 중요한 사
안으로 부상했지만 국제규범이나 법적 통제는 미약하다. 개인 사이버
범죄에 관해서는 유럽 사이버 범죄 협약(The Council of Europe Con-
vention on Cybercrime)이 있으나, 유럽 중심 30여 개 국가만 비준하
였으며, 러시아나 중국 등은 이에 반대하는 입장이다. 종래 러시아 등
은 사이버 군비 통제 등을 위한 새로운 국제규범 창설 필요성을 지속적
으로 제기해 왔으나, 미국 등 서방세계는 이를 거부해 오다 최근 들어
사이버 공간에 대한 규범 논의의 필요성이 제기되고 있는 상황이다.

　　사이버 안보의 국제규범과 관련해 논란이 되는 사안은 크게 두 가
지로 나누어 볼 수 있다. 첫째, 정보통신기술(ICTs) 발전이 국가안보
와 군사 분야에 어떤 영향을 미치는가? 특히 국가들이 정보통신기술
을 군사 및 국가안보에 적용하는 것을 어느 수준까지 용인 혹은 규제
해야 하는가? 둘째, 정보 컨텐츠(information content)와 정보 인프라
(information infrastructure)의 관할권 문제로서, 특히 국경을 넘나드
는 정보 컨텐츠가 국가안보의 문제로서 규제되어야 하는가 여부이다.

　　요컨대 사이버 공간에 관한 국제적 논란의 핵심은 인터넷 자유와
사이버 안보의 적절할 균형을 어떻게 설정한 것인지에 집중된다고 할
수 있다. 원칙적으로 자유로운 사이버 공간에서의 글로벌 규범 마련은
인터넷상의 자유와 사이버 안보 간의 적절한 균형을 이루는 것이 바람
직하지만, 오늘날 사이버 공간을 통해 단순히 개인 간의 의사소통뿐만
아니라 수많은 정부 기관, 기업들의 경제적 활동이 이뤄지기 때문에
논란이 제기되는 것이다. 이런 공간에서 행위자들의 자유를 최대한 보
장하면서 악의적·일탈적 행위를 규제하기 위한 최소한의 투명성과 신
뢰 구축 장치가 필요한데, 사이버 관련 이슈에 대한 각국의 입장 차가
커서 규범에 대한 합의가 쉽지 않은 실정이다. 각국 정부는 인터넷이

표 1. 사이버 공간을 보는 기본 시각

구분	영미권 국가	중국, 러시아 등
사이버 공간에 대한 입장	중립적인 공간	국가 주권이 미치는 공간
규제(개입)	민간 중심 (국가 규제 및 개입 불필요)	국가 중심 (국가 규제 및 개입 필요)
인터넷 거버넌스 모델	다양한 이해관계자 참여 필요 (Multi-stakeholder Model)	국가 중심의 논의 필요 (새로운 규범, 국제기구 등)

가져오는 이익을 유지하기 원하지만, 동시에 인터넷을 통해 침투하는 해악으로부터 사회를 보호하려고 한다. 그러한 현실적 필요가 결국 온라인 세상을 오프라인 규범으로 규율해야 하는가 하는 논란으로 귀착되는 것이다.

　사이버 안보의 규범을 창출하기 위한 그간 국제사회의 노력은 유럽평의회(Council of Europe)가 2001년 사이버 범죄 협약을 체결한 사례가 있고, 러시아와 중국 등은 상하이협력기구(SCO)를 통한 새로운 사이버 범죄 규범 창설을 시도 중이다. 유럽이사회(European Council)는 별도의 사이버 범죄 협약을 통해 저작권 침해, 컴퓨터 사기, 아동 포르노 금지 등에 관한 국내법적 의무화 규정 및 사이버 범죄 수사 상호 협력 의무 등을 규정하고 있으며, 우리나라는 동 협약 가입을 검토하고 있다. 동 협약은 2001년 11월 서명을 위한 개방, 2004년 7월 발효(2015년 10월 기준 47개국에서 비준 또는 가입했으며, 유럽평의회 비회원국은 일본, 도미니카공화국, 미국, 호주 등)했다. 이외에도 G8 도빌 정상회의(2011.5.27-28) 당시 인터넷 관련 규범체계(Internet Governance) 수립 및 사이버 공간 사용을 위한 행동규범(Norms of Behaviour) 개발을 촉구하기도 했다.

　주요 국가 중에는 미국이 종래 국제규범 불요 입장에서 선회하여, 2011년 5월 사이버 공간에 관한 국제전략 보고서(International Strategy for Cyberspace) 발간을 통해 규범 논의 필요성을 제기하고 나섰다(White House 2011). 영국은 2011년 11월 런던 국제 사이버 회의 개최를 통해 국제규범 논의 노력을 주도했다. 러시아, 중국 등은 미국의 주도를 막기 위해 사이버 군비 통제, 사이버 공간에서의 군사적 이용 규제를 위한 새로운 국제규범 창설(조약 등)을 주장하고 있다.

이 글에서는 사이버 공간의 안보를 둘러싼 국제기구 차원의 논의를 중심으로 바람직한 규범 형성의 방향과 내용을 검토해보고자 한다. 특히 유엔은 정부전문가그룹(GGE)을 통해 이 문제 논의의 중요한 장을 제공하고 있다.

II. 사이버 안보와 국제기구 논의의 동향

사이버 공간의 안보가 최근 국제관계의 이슈로 부상한 이유는 무엇인가? 사이버 공간의 안보는 전통적인 국제관계 혹은 안보의 영역은 아니지만 사이버 공간의 확대와 안보적 위협 사례가 점점 더 자주 발생하면서 사이버 공간은 이미 국제안보의 중요한 부분으로 인식되고 있다.

사이버 공간의 안보 불안은 기본적으로 이 영역으로의 진입장벽은 낮고 방어보다는 공격이 더 용이하기 때문에 발생한다. 그런 이유로 사이버 공간이 흔히 무법의 서부개척시대에 비유되긴 하지만 사적·공적 영역에서 나름대로 거버넌스의 진전은 이뤄져왔다. 인터넷 프로토콜에 관한 비정부 태스크포스인 IETF(Internet Engineering Task Force), W3C(World Wide Web Consortium) 등에서는 이 분야 종사자들 사이에 기술적 표준 관련 공감대를 이뤄가고 있다. 인터넷 명칭을 관할하는 ICANN(Internet Corporation for Assigned Names and Numbers)은 미국법에 의해 비영리기업의 법적 지위를 부여받았고, 세계지적재산권기구(WIPO)와 세계무역기구(WTO), 그리고 국제전기통신연합(ITU) 등은 각국 국내법 체제를 정비하는 데 가이드라인을 제공한다. ICANN은 미국 상무부에서 권한을 위임받아 인터넷 도메인을 관리해왔으나, 미국 정부가 관리권을 포기하고 권한을 2016년 10월 1일부로 민간에 이양한 경우이다. 사이버 공간의 거버넌스는 아직도 상당 부분 개별 국가의 법적 틀 내에서 이뤄지며, 법과 규제는 사이버 공간의 기술적 진보를 못 쫓아가는 형국이다. 이처럼 사이버 도메인은 이미 지구공유재(global commons) 혹은 공공재로 불릴 만큼 커졌지만, 그것도 정확한 표현은 아니다. 사이버 공간은 그 누구도 사용에서 배제되지 않는 공공재라기보다는 주권국가 경계 내에서 그것을 누릴 일부 계층만이 참여하는 '클럽재(club good)'에 더 가깝다. 그런 의미에서 사이버 공간은 '불완전한 공유재(imperfect commons)', 혹은 아직 명확한 규칙이 없는 공유지라고 보는 것이 옳을 것이다 (Nye 2014: 5-6).

사이버 공간의 안보는 국제관계에서 소위 신흥이슈(emerging issues)의 대표적인 사례 중 하나이다. 신흥이슈로서 사이버 안보 문제가 등장한 것은 현재 진행 중인 국제정치의 변환과 무관하지 않다. 국제정치의 대표적인 이론 중 하나인 신현실주의 이론에 의하면 국제정치의 구조를 규정하는 것은 힘의 배분 상황이며, 중국의 부상이 초래하는 강대국 위상의 변화로 인해 현 국제관계는 구조적 과도기를 거치고 있는 중이다. 국제정치의 구조가 변하면 룰도 변하기 마련이다. 현재의 국제정치질서에서 가장 높은 층위의 싸움은 이른바 '규칙기반의 국제질서(rule-based international order)' 주도권을 둘러싼 경쟁의 양상이 전개되고 있다. 현재 진행 중인 중국의 부상은 미중 관계의 역학

관계 변화를 초래하고 있으며, 중국이 부상하면서 아직 확립된 룰이 없거나(grey area) 제도화가 덜 된(less-institutionalized) 분야에서 미중의 국익이 서로 충돌할 경우 갈등과 긴장이 발생하는 것이다. 최근 갈등과 긴장의 지속되는 남중국해 문제나, 사이버 안보, 경제관계(환율조작과 보호무역주의) 등이 이러한 규칙과 규범 확립에서 주도권 싸움의 대표적인 징후들이라 할 수 있다. 특히 사이버 안보 문제의 경우 2015년 9월 미국 연방 인사관리처(OPM)가 해킹을 당해 2200만 명의 미국 전현직 공무원 정보가 유출되면서 미국 정부는 지속적으로 중국을 의심하며 범인을 추적해 왔다. 예상했던 대로 중국 해커들이 범인으로 검거됐지만 중국 정부는 국가에서 이들을 후원한 해커조직이 아니라는 점을 강조했다. 즉 이를 중국이라는 국가와 연관지어 현재 중국과 미국의 관계에 영향을 끼치는 존재로 해석하면 안 된다는 것이다.

사이버 안보 문제는 최근 갑자기 미중 관계에서 등장한 문제는 아니다. 이미 오래 전부터 사이버 안보는 국제적 차원에서 논의되기 시작했다. 러시아가 사이버 안보 문제를 제기한 근본적 이유는 미국과의 현격한 정보기술 격차로 인한 불리함을 국제적 제도로 극복하기 위한 시도였던 측면이 크다. 유엔 차원에서 사이버 안보는 1998년 러시아가 유엔총회 제1위원회에 정보 보호 결의안을 제출한 이래 지속적으로 유엔 어젠다로 논의되어 왔다. 그러다가 현재는 사이버 안보가 유엔군축사무국(UNODA) 소관으로 다뤄지고 있어 사이버 보안이 군사안보 차원의 중요한 문제로 인식되는 추세를 반영하고 있다. 그간 유엔에서는 GGE 회의를 통해 정보안보 문제를 논의했으나, 서방 측(개인의 자유 중시, 사이버 공격에 대한 기존 전쟁법 적용)과 러시아·중국측(국가의 통제 필요, 새로운 국제 규범 창설 필요) 간 입장 차이로 큰 진전은 없었다. 그리고 GGE 논의 및 활동 결과는 연차보고서로 발간되어 왔다.

사이버 안보의 국제적 논의에서 최근의 진전은 몇 가지 중요한 이 정표를 거쳐 발전해왔다. 그중 중요한 것들을 몇 가지 짚어보자면, 우 선 첫째로 부다페스트 협약(Budapest Convention on Cyber Crime) 을 들 수 있다. 인터넷을 이용한 모든 범죄행위에 대해 상세한 규정을 두고, 이를 처벌하도록 한 최초의 국제조약으로서 '국제사이버 범죄 조약' 또는 '부다페스트 조약'이라 부르기도 한다. 유럽평의회의 사이 버 범죄에 관한 글로벌 프로젝트의 일환으로 2001년 11월 23일 헝가 리 부다페스트에서 열린 사이버 범죄 국제회의에서 전 세계 40개국이 조약에 서명한 뒤 조약 참가국별로 비준 절차를 거쳐 정식으로 발효됐 다. 국제사회가 사이버 범죄에 공동으로 대처하고 국가 간 공조를 긴 밀히 하기 위한 핫라인 설치 등이 명시되어 있다. 컴퓨터 시스템이나 데이터에 대한 불법 접속, 지적재산권 침해, 컴퓨터 바이러스 개발 및 유포, 아동 포르노그래피 배포 등을 범죄행위로 규정하고 조약 참가 국들이 국내법으로 이를 금지하도록 의무화하는 한편, 컴퓨터 네트워 크를 통한 사기, 돈세탁, 테러리즘 모의 또는 준비 등의 행위도 사이버 범죄로 규정했다. 2015년 기준 47개 국가가 가입되어 있다.

부다페스트 협약은 총 네 개의 장(Chapter)과 48개 조항(Article) 으로 구성되어 있다. 제1장은 용어의 정의로서 컴퓨터 시스템과 자료, 서비스 공급자(service provider), 트래픽 데이터(traffic data) 등의 개 념을 서술하고 있다. 제2장은 국가적 수준에서의 조치 내용을 담고 있 다. 제3장은 국가 협력에 대한 내용이며 제4장은 기타 보충 규정을 담 고 있다. 실체법인 형법과의 조화를 위해 형법의 기본조항과 형사절차 법의 내용을 모두 담고자 했다. 사이버 범죄 방지에 대한 보호자로서 의 역할과 이 효과성을 높이기 위한 강제조항 및 국제적인 협력 강화를 효과적으로 제시했다.

동 협약의 핵심 내용은 사이버 공간에서 발생할 수 있는 범죄 유형들을 규정했으며 이에 필요한 법적 절차, 강제, 증거수집 등을 명시했다. 부다페스트 협약이 사이버 범죄를 다루고 있음에도 컴퓨터 연관 범죄에 보다 초점을 맞추고 있단 점에 주목해야 한다. 즉 컴퓨터 부정접근, 자료나 시스템 파괴 등의 전통적 사이버 범죄 외에도 컴퓨터를 이용한 위조, 사기, 아동 음란물 그리고 저작권 침해 등에 관한 내용도 담고 있다는 것이다. 협약은 사이버 범죄에 대한 수사상의 실효성을 높이기 위해 체포, 압수, 수색, 도청, 휘발성 메모리에 대한 신속한 보존조치(expedited preservation of volatile data) 등 광범위한 권한을 부여한다고 명시했다. 이러한 조치들을 위해 각국의 형사사법 공조에 대한 조력이 뒷받침되어야 한다고도 말했다.

부다페스트 협약은 각국의 사이버 범죄에 대한 법제도 개혁을 통해 사이버 범죄에 대한 법률을 제정하고 개혁하는 계기가 됐다. 2006년을 기점으로 유럽평의회는 부다페스트 협약을 내실화하기 위해 '사이버 범죄에 대한 글로벌 프로젝트'를 출범시켜 120여 국에 사이버 범죄의 법, 제도적 개혁을 권고했다. 유엔총회에서도 사이버 범죄 수사와 기소를 위한 법·제도의 발전된 기준으로 부다페스트 협약을 언급하며 이를 추천했다. 이로써 전 세계 55개국이 참여하고 있고 오히려 유럽의 다른 14개국은 아직 회원국으로 참여하고 있지 않은 상황을 고려할 때 단순한 유럽의 지역적 협약이 아닌 글로벌 협약으로 성장할 수 있는 가능성을 보여 주었다. 많은 국가의 참여는 사이버 국제 범죄에 대한 총체적 기술력 확보와 증진을 돕는다는 점에서 의의가 있다.

하지만 문제점도 있다. 우선 자원분산과 비용상의 문제를 들 수 있다. 부다페스트 협정문을 만들 당시 유럽평의회는 협약 추진 과정에서 소요되는 경비 지출을 위해 각국이 부담할 액수를 설정했다. 하지만 회원국이 확대되면서 자원 분산과 비용 부담이 걸림돌이 되고 있다. 이에 기초한 개혁을 두고 불협화음이 종종 나타나고 있다. 또 다른 문제는 진화하는 기술에 따른 한계이다. 사용자들이 컴퓨터가 아닌 클라우드(Cloud, 일종의 웹하드 개념)에 자신의 자료나 정보를 저장하면서 사이버 범죄 발생시 협정문 적용이 어려워졌다. 회원국 간에 수사 공조로 클라우드 운영자의 웹하드를 압수수색한다고 해도 운영자는 저장과 전자정보의 유통에 대한 전자적 기술만 제공하기 때문에 이를 익명으로 사용하는 사이버 범죄자와 사용자들에 대한 '특정'이 곤란할 수 있기 때문이다. 전 세계적 준비와 참여도 부족했다. 부다페스트 협약이 유럽평의회의 협의에서 시작됐기 때문에 유럽을 중심으로 하는 국가들의 지역적 토대가 기반이 됐다. 서명국이 45개국에 불과하고, 유럽발 사이버 범죄 규제를 목적으로 해 실효성이 떨어진다는 평가다. 국제범죄 방지를 위한 유엔의 여러 협정문과 중복되기도 한다(박희영 외 2015; 정영진 2015).

　둘째, 사이버 안보 규범의 발전에서 주목할 또 다른 진전은 소위 탈린 매뉴얼(Tallinn Manual)이다. 사이버전에 적용되는 국제법 적용에 대한 가이드로, 구속력을 갖고 있지는 않으나 기존의 국제법 체계가 사이버전에 적용 가능하다는 사실을 보여줬다. 2007년 디도스 공격으로 에스토니아 수도 탈린의 인터넷이 마비된 사건을 계기로 사이버 테러의 심각성이 대두되자 사이버 교전에서 최소한의 인도적 교전 규범이 필요하다는 인식에서 마련됐다. 사이버 공격을 무력 분쟁의 하나로 보고 있으며, 사이버 공격에 의한 사이버 테러에 대해 피해 정도에 비례하는 대응조치를 취할 수 있도록 돼있다. 자국민의 살상, 심각한 재산 피해 시에는 군사력을 동원한 공격도 가능하지만 댐이나 제방, 원자력발전소 등은 공격하지 못하도록 하고 있다. 탈린 매뉴얼은 에스토니아의 탈린에 설치된 NATO연계 합동사이버방위센터(CCDCOE)의 지원하에 탄생했다. 여기에는 미국의 마이클 슈미트(Michael Schmitt) 교수를 비롯한 25명의 국제법 및 관련 기술전문가가 3년에 걸쳐 동 연구에 참여했다. 'International Group of Experts'(이하 'TM그룹')로 불리는 이들 전문가는 대체로 미국 등 서방국가의 국제법 전문가들이다. 미국 사이버 사령부(USCYBERCOM), 국제적십자위원회(ICRC: International Committee of the Red Cross)및 NATO가 옵저버를 제공했지만 연구의 입장 결정엔 참여하지 않았다. 연구에는 미국, 영국, 독일 및 캐나다의 군사교본이 참조됐다.

동 매뉴얼은 사이버 전쟁, 분쟁과 관련해 TM그룹이 만장일치로 합의한 95개 규칙(rules)과 각 규칙에 대한 주석(commentary)으로 구성된다. 기존 국제법 개념들, 판례들과의 합의점을 제시했다. 주석은 개별 법적 쟁점에 대한 TM그룹 전문가들 사이의 입장 차이를 그대로 드러냈다(박노형 외 2014: 68). 대표적인 규칙으로는 △무장공격에 상응하는 사이버 공격을 받은 국가는 자기방어권 행사가 가능하다, △사이버 공격의 피해 국가가 다수일 경우에는 집단적 자기방어권 행사가 가능하다, △사이버 공격에 직접적으로 가담한 민간인은 국제법상 공격으로부터 보호받지 못한다는 것 등이다.

탈린 매뉴얼은 현존 국제법이 사이버 공간에 적용된다는 원칙을 확인했고 현존 국제법 중에서 특히 'jus adbellum(전쟁권)과 'jus in bello(전시국제법)'의 사이버전에의 적용 가능성을 구체적으로 봤다는 의의를 지닌다. TM그룹 구성원들 사이의 의견 대립으로 앞으로 규명되고 정리돼야 할 관련 법적 쟁점들도 확인했다.

하지만 한계도 분명하다. '매뉴얼'이란 명칭을 사용함에도 집필에 참여한 전문가들의 국적국가는 물론 NATO와의 관계에서도 공식적인 지위를 가지지 않는다. 만일 사이버전에 적용될 국제법규범이 요구된다면, 특히 jus in bello와 관련하여서는 ICRC를 중심으로 새로운 '추가의정서(Additional Protocol)'가 국가들 간 협상을 통해 채택돼야 한다. 상당 부분이 기존의 국제법 논의들을 따르고 있지만, 모든 상황에 대한 국제법적 개념이나 논의들을 다루고 있지 않아 실제 사이버 국제무력분쟁에서 발생할 수 있는 세부적인 사항에 대한 논의가 더 필요하다는 것도 한계점이다.

매뉴얼 집필에 참여한 전문가들이 국제적인 명성을 가지고 있다고 하더라도, 그 국적 등을 고려할 때 서방의 편향된 전문성을 대표하는 문제도 있다. 특히 집필 과정에서 미국 등 서방 4개국의 군사매뉴얼만을 참조했다. TM그룹의 총의나 의견 대립이 되는 경우를 포함해 많은 경우, 구체적인 설명이나 논증 없이 주장이나 결론이 제시되었다. 이는 이들의 결론이나 주장을 이해하는 데는 물론 앞으로의 보다 생산적인 연구에 걸림돌이 될 것이다. TM그룹의 잘못이라고 비난할 수는 없겠지만, 매뉴얼을 바라보는 언론과 일반인들의 시각과 이해가 지극히 선정주의에 빠져 있어서, 연구결과가 단편적으로 오도되는 문제도 있다(최문정 2015; 박노형 외 2014; Schmitt 2103).

III. 유엔 정부전문가그룹(GGE) 논의 동향과 사이버 안보의 국제규범

사이버 안보 국제규범과 관련하여 국제기구 차원에서는 대표적으로 유엔 정부전문가그룹(GGE)을 통해 사이버 안보 확보를 위한 국가 간 규범 문제를 논의 중이다. 우리나라는 1차(2004-2005), 2차(2009-2010), 4차(2014-2015), 5차(2016년 8월 발족) 유엔 GGE에 참여했다.[1]

유엔 GGE는 전문적인 지식과 관점을 지원하도록 유엔이 운영하는 일종의 연구 그룹으로서 각국 정부 관료와 전문가들로 구성돼 있다. 2013년 6월에는 '국제안보 관점에서 정보통신기술 발전방안(Developments in the Field of Information and Telecommunications In the Context of International Security)' 권고안을 도출하는 데 합의했다. 이는 국제안보 차원에서 사이버 보안과 관련한 최초의 국제적 합의다. 사이버 보안 국제협력을 위한 역량 강화, 신뢰 구축 조치 등 원칙과 단초를 제공해 향후 국제협력의 원칙과 기반을 조성하는 데 큰 역할을 했다. 1998년 러시아에 의해 최초로 제안된 권고안으로 GGE가 구성됐다. 2004년부터 3차에 걸쳐 구성, 운영한 결과 2013년 10월 제68회 유엔 총회 제1분과는 유엔 GGE 권고안을 최종적으로 본회의에 상정해 그해 12월 이를 투표 없이 의결했다.

유엔 GGE 활동을 통한 사이버 안보 규범의 중요한 진척은 3차 GGE에서 대체로 윤곽이 완성되었다. 그러한 진전이 이뤄진 배경에는 몇 가지 국제적으로 획기적인 사건들이 GGE 활동에 새로운 동력을 부여했다. 2007년 에스토니아(Estonia)가 외부의 사이버 공격으로

---

1   외교부 자료, http://www.mofa.go.kr/trade/arms/cyber/index.jsp?menu=m_30_80_60 참조.

정부 및 금융기관 등 주요 기관의 인터넷이 완전 마비된 사건은 세계적으로 큰 충격을 주었다. 이듬해 러시아는 인접한 조지아(Georgia)에 군대를 진입시키기 직전 마치 사전 작전처럼 사이버 공격을 감행했다. 그리고 2012-2013년 사이 1년 정도 3차 정부전문가그룹이 활동했던 시점에 미국과 이스라엘은 사이버 무기인 스턱스넷(Stuxnet)를 이용하여 이란의 핵 활동 시설을 비밀리에 공격한 사례가 있다.

1998년 유엔 군축 어젠다에 '국제안보 및 군축 관점에서 과학과 기술의 역할' 이슈가 발표됐다. 이때 핵, 우주, 재료, 정보, 생명 기술 등에 대한 연구와 발전이 진행되며 이러한 기술들이 무기 개발에 활용될 수 있다는 우려가 제기됐다. 유엔은 1990년 전문가들의 의견을 수렴하고 고위 관료 회의를 열어 기술의 양면성에 따라 각국이 기술 변화에 대응해야 하고 유엔이 이를 지원한다는 점을 명시한 결의안을 발표했다. 문제는 다른 분야와 달리 정보통신기술에서만 국제 통제 장치가 없었다. 핵무기, 생물무기, 화학무기는 각각 핵확산금지조약, 생물무기금지조약, 화학무기금지조약이라는 국제 조약으로 통제할 수 있었다. 1998년 러시아는 유엔 사무총장에게 국제 사이버 보안 논의의 필요성을 담은 서신을 보냈다. 그 결과 유엔에서 국제안보 관점의 사이버 보안 논의가 시작됐다.

러시아가 서신과 함께 보낸 '국제안보 관점에서 정보통신기술 발전방안' 결의안 초안은 유엔과 회원국으로 하여금 정보통신기술에 따른 위험을 인식하고 정보통신 기술의 군사적 활용, 정보전, 정보무기에 대한 정의와 인식, 정보통신기술 위협에 대응하기 위한 대응 방안 등에 대한 각국의 입장을 수렴하는 내용을 담았다. 유엔 본회의에서 해당 문제에 대해서 논의할 수 있도록 하며 제54회 본회의에 '국제안보 관점에서 정보통신기술 발전방안'을 어젠다로 규정하는 것도 촉구했다. 이는 유엔 총회에서 만장일치로 채택됐다.

하지만 각국의 의견을 수렴하고 대응 방안을 도출하는 과정에서 문제가 생겼다. 미국 중심의 서방 진영은 러시아와 중국 중심의 상하이협력기구(SCO) 진영 사이에 사이버 보안에 관련한 전반적인 인식과 관점을 달리했다. 때문에 1999년부터 2001년까지 논의는 진전되지 못했다. 2001년 러시아는 정보안보 분야의 위협과 가능한 협력 조치 등을 연구하기 위해 정부 측 전문가들로 구성된 연구 그룹의 조직과 활동을 제안했다. 2002년 GGE는 유엔 본회의에서 의결됐다. 유엔 사무총장은 2004년부터 GGE가 구성돼 활동할 수 있도록 지정학적 요인을 고려해 참여국을 선정하고 연구 결과물을 총회에 보고하도록 했다(장규현 외 2014: 30-34).

유엔 GGE 구성과 활동은 그에 대한 각국 전문가들의 의견을 바탕으로 하며 각국의 의견 또한 반영한다. 유엔 GGE 권고안은 크게 4가지의 주제에 따라 34개의 권고사항을 담고 있다.

첫째 주제는 국가의 정보통신기술 활용에 따른 위협과 대응 필요성이다. 정보통신기술을 이용한 공격은 모든 주체가 행위자가 될 수 있으며 은닉성, 쉬운 공격 특성 등으로 인해 국제 갈등을 고조시킬 수 있다. 권고안은 정보통신기술의 역기능에 대응할 필요가 있음을 강조했다. 유엔 GGE 권고안이 말하는 내용은 결코 새로운 것이 아니지만 국제 사회에서 정보통신기술의 역기능에 대한 인식을 공유했다는 점에서 의미 있다. 특히 개인, 기업, 테러조직뿐만 아니라 국가 역시 위협의 주체가 될 수 있으며 비국가 행위 주체가 국가의 대리자로서 위협 주체가 될 수 있다는 것에 동의했다는 점은 주목할 만하다. 비국가 행위자의 책임과 귀속 여부는 2013년 초 NATO CCDCOE의 탈린 매뉴얼에서도 논란이 됐던 문제다. 유엔 GGE 권고안에 비국가 행위자를 포괄했다는 것은 그 자체로 의미를 갖는다.

둘째, 국가책임행위 규범, 규정, 원칙에 관한 것이다. 정보통신기술이 국가에 의해 악의적인 목적으로 활용되거나 개인 등 다른 주체들의 정보통신기술을 활용한 행위가 다른 국가에 위협을 가할 수 있다. 이러한 행위에 대한 책임과 대응 등을 포괄하는 규범이 필요하다. 권고안은 유엔헌장의 특정 조항을 포함한 국가 주권과 관련된 국제법의 원칙들이 국가의 정보통신기술 활용에도 적용될 수 있다는 원칙을 천명하고 있다. 이는 국가의 국내문제 불간섭 원칙, 불법적인 무력행사 금지, 자위권 등의 주권이 사이버 공간에도 적용될 수 있다는 것을 의미한다. 자국에 의해 기인한 행위에 대한 책임 의무와 함께 자국 내 비국가 행위자를 막기 위한 노력도 규정하고 있다. 정보통신기술의 악의적 활용을 규제하기 위해서 각 개별 국가의 자국 법체계 강화 역시 권고하고 있다.

셋째, 신뢰구축조치와 정보 공유이다. 가시적이지 않아 은밀하게 진행될 수 있는 사이버 활동은 역추적이 어려워 대응이 힘들다. 불필요한 긴장 상황을 조성하기도 한다. 권고안은 예측 가능성과 오해의 소지를 줄이기 위해 신뢰구축조치(CBMs)가 필요하다고 주장했다. 신뢰구축조치란 각 국가들의 투명성과 예측 가능성, 협력을 증진시킬 수 있는 중요한 조치다. 이를 위해선 각 국가들의 투명한 정보 공유가 필요하다. 주요 국가들이 서로에 대한 신뢰를 증진시킬 수 있도록 신뢰구축조치를 위한 세부 사항 또한 밝혔다. 사이버 보안 관련 각국의 현황, 정책 등에 대한 정보 공유, 정보통신기술 위협 대응을 위한 협의 프레임워크 창출, 사고 대응을 위한 발전된 형태의 정보 공유 체계, 각국 CERT 간 협력 채널, 각국 모범 사례 공유, 사법 집행 관련 협력 매커니즘 강화 등이 그것이다. 신뢰 구축과 정보 공유를 위해 지역기구와 양자 간의 노력, 민간과 시민 사회의 참여 또한 장려하고 있다. 신뢰구축조치는 유엔 GGE 권고안의 가장 핵심적인 부분이다. 신뢰구축조치 관련 권고 사항은 국제 사이버 보안 수준 향상과 밀접한 연관성을 띠고 있다는 점에서 유엔 GGE 권고안에서 가장 핵심적인 부분이다.

넷째, 역량 구축에 관한 사항이다. 각국은 보안에 대한 인식과 역량 차이를 가지고 있으며 정보통신기술을 악의적으로 활용할 때 특정 국가나 지역 등을 이용 및 우회할 수 있다. 이러한 점에서 자국의 보안 역량을 강화해야 할 뿐만 아니라 세계 각국의 전반적인 보안 역량을 구축해야 한다. 권고안은 역량 구축을 위한 방안으로 유엔을 비롯한 국제기구와 사이버 보안 역량을 갖춘 국가가 개발도상국에 대해 법·정책·모범사례 공유, CERT 협력 등 사고 대응 강화, 보안 관련 교육 및 인식 제고 지원, 연구·개발 지원 등의 노력을 해야 한다고 말했다. 특히 유엔 GGE 활동에 참여한 국가들은 이러한 협력 지원에 있어 중심적인 역할을 해야 하며 유엔과 회원국이 연구 등을 지원할 의무가 있다고 밝혔다(장규현 외 2014: 38-42).

GGE의 주요 내용 중 일부 쟁점에서 괄목할 만한 진전을 기록한 것은 제3차 GGE 보고서(2013)에서였다. 3차 권고안 합의 배경으로는 우선 그동안 사이버 안보에 관한 국제규범은 미국 및 서유럽 국가들의 입장과 중국 및 러시아를 비롯한 중앙아시아 국가들의 입장이 대립해 발전이 느렸다. 하지만 오바마 행정부가 출범한 이후, 미국의 정책적 변화는 사이버 안보에 관한 정부전문가그룹이 합의하는 계기를 마련했다. 3차 정부전문가그룹 회의에서 사이버 안보, 즉 군사 및 정치적 위협의 시각에서 국제규범을 찾자는 데 미국은 동의했다. 2012-2013년 사이 3차 정부전문가그룹이 활동했던 시점에 미국과 이스라엘은 사이버 무기인 스턱스넷을 이용하여 이란의 핵 활동 시설을 비밀리에 공격했고, 이 악성코드가 의도와 달리 전 세계로 확산돼 피해를 발생시켜 세상에 알려졌다. 이 사건은 국가가 중심이 되어 산업 활동에 널리 활용되는 중앙통제시스템(SCADA)을 공격했다는 점에서 심각한 안보전략적 의미를 갖는다. 인터넷 시스템을 교란하거나 혼란에 빠뜨리는 정도의 목적이 아니라 시설을 파괴하려는 사이버 공격의 목적이었다. 미국의 사이버 전략은 공세적 활동의 선례를 만든 것이며, 여타의 경쟁 관계에 있는 러시아와 중국 혹은 다른 국가들이 이를 따를 가능성이 높아졌다. 이런 요인으로 정부전문가그룹을 주도하고 있는 러시아, 중국 그리고 미국은 국제규범을 구축해야 할 필요성을 더욱 절실히 느꼈을 것이다(장노순 2016: 3).

3차 권고안에서는 첫째, 사이버 공간의 주권이 인정되었다. 사이버 공간은 기본적으로 국가 주권이 인정된다는 전제를 적극적으로 인정하고 있다. 자국의 사이버 공간에 관한 국가의 정책은 개별 국가의 독자성을 인정받고, 영토상 사법권과 마찬가지로 국가 통제가 보장된다는 것이다. 이는 영토적인 위치, 정보통신시설 혹은 국가기간 시설에 대해 주권적 권한이 부여됨을 분명히 했다는 의미이다. 사이버 공간이 영토와 동일하게 주권의 영역으로 인정받는다면, 그것은 기존의 국제법이 적용될 수 있는 최소한의 근거가 마련되었다는 의미와 같다.

둘째, 사이버 공격에 대한 자위권 차원의 무력 사용이 인정된다는 점이다. 다만 사이버 위협에 대한 물리적 대응은 강대국과 국제사회가 가장 첨예하게 대립하는 이슈 중 하나이다. 미국과 러시아는 기본적으로 사이버 공격이 유엔이 규정하는 물리력 이용 혹은 무력공격의 범주에 포함될 수 있음을 명확하게 언급하고 있다. 또 다른 쟁점은 사이버 공격에 대해 군사 수단의 교전권에 관한 것이다. 만일 군사 대응이 허용된다면, 허용의 기준이나 범위에서 교전권의 한계를 결정해야 하는

바, 물리력 사용이 필요성과 비례성, 차별성의 원칙에 따라 제한된다
는 공감대가 여전히 존재한다.

셋째, 비국가 행위자의 사이버 위협에 대한 국가의 책임 소재를
분명히 한 점이다. 비국가 행위자에 의한 사이버 악용은 미국이 심각
하게 우려하는 위협이고, 러시아는 비국가 행위자의 유해한 사이버 공
간 이용을 원칙적으로 반대하지만 미국에 비해 국가 책임의 범위를 좀
더 제한된 상황에 국한하고 있다.

한편 2015 유엔 GGE 보고서는 주요국들 주도로 국제법에 근거
한 행동의 규범을 채택했다.[2] 이 보고서는 ① 현존 및 새로운 위협; ②
국가의 책임 있는 행동을 위한 규범, 규칙, 원칙; ③ 신뢰구축조치; ④
국제협력과 역량 강화; ⑤ 국제법의 적용; ⑥ 미래 과제를 위한 권고
사항 등으로 구성되어 있다.[3]

---

[2] https://ccdcoe.org/2015-un-gge-report-major-players-recommending-norms-behaviour-highlighting-aspects-international-l-0.html

[3] 다음과 같은 규범과 원칙을 제시하고 있다.

  Limiting norms:
  1. States should not knowingly allow their territory to be used for internationally wrongful acts using ICTs;
  2. States should not conduct or knowingly support ICT activity that intentionally damages critical infrastructure;
  3. States should take steps to ensure supply chain security, and should seek to prevent the proliferation of malicious ICT and the use of harmful hidden functions;
  4. States should not conduct or knowingly support activity to harm the information systems of another state's emergency response teams (CERT/CSIRTS) and should not use their own teams for malicious international activity;
  5. States should respect the UN resolutions that are linked to human rights on the internet and to the right to privacy in the digital age.2

  Good practices and positive duties:
  1. States should cooperate to increase stability and security in the use of ICTs and to prevent harmful practices;

2015년 권고안에 의하면 사이버 안보 규범에 적용 가능한 국제법의 원칙으로는 국가 주권, 주권 평등, 평화적 수단에 의한 분쟁의 해결, 국제관계에서 위협이나 무력의 사용 금지, 타국의 내정에 대한 불간섭, 인권과 근원적 자유에 대한 존중 등을 담고 있다. 사실상 이러한 규정들은 대체로 일반적인 국제관계에 적용가능한 법 조항들과 유사한 규정들이다. 이는 사이버 공간의 규제와 관할이 사실상 통상적인 국제관계의 영역으로 이미 깊숙이 들어와 있다는 것을 의미한다.

이처럼 사이버 공간의 규범을 확립하기 위한 국제적 노력은 상당한 진전을 이룬 것이 사실이지만 여전히 한계도 존재한다. 이 분야에서 선도적 이정표로 기록될 탈린 매뉴얼의 경우 전쟁개시의 기준에 대한 결론 도출에 미달했고, 현재 2.0 버전을 준비 중이다. 또한 탈린 매뉴얼의 경우 서유럽 기준 위주로 작성됐기 때문에 세계적인 보편성을 갖지 못한다는 비판도 제기되고 있다.

이런 가운데 한국의 입장은 인터넷 강국이라는 현실에 비해 국제법 형성에 큰 기여는 못하는 상황이다. 규범을 만들어 가는 행위자라는 관점에서 피어리뷰(peer review)에 한국도 기여를 하고는 있지만, 미국과 협력하는 한편 중국의 눈치를 안 볼 수 없는 상황이다.

4차 GGE에서 여러 가지 어젠다가 제기됐지만 실질적으로 해결된 건 별로 없다. GGE는 과정상의 여러 문서는 철저히 비공개, 결과보고

2. States should consider all relevant information in case of ICT incidents;

3. States should consider how best to cooperate to exchange information, to assist each other, and to prosecute terrorist and criminal use of ICTs;

4. States should take appropriate measures to protect their critical infrastructure;

5. States should respond to appropriate requests for assistance by other states whose critical infrastructure is subject to malicious ICT acts;

6. States should encourage responsible reporting of ICT vulnerabilities and should share remedies to these.

서만 공개하고 있지만 대체로 다음과 같은 질문들이 논의되고 있는 것으로 알려져 있다. 예를 들면 현행 국제법하에서 수용가능한 국가 행위는 어디까지인가? 사이버 공간에서 무력의 사용을 구성하는 행위는 무엇이며, 사이버 공간에서 무력공격을 어떻게 판정하나? 언제 어떠한 상황에서 자위 목적으로 사이버 역량을 사용해야 하는가? 그리고 대응에 있어서 필요성, 비례성 원칙의 적용은 어떻게 판단해야 하나? 대응으로서 무력공격이 순전히 사이버 성격일 가능성은 낮고 실제 군사력의 사용이 동반될 소지가 크기 때문에 이런 질문들은 사이버 공간에서도 여전히 유효하다.

그동안 여러 차례 GGE 논의를 거치면서, 보고서 초안을 논의하는 과정에서 중요한 내용의 상당 부분이 소실되는 경우가 흔했고, 대체로 국가별 입장에 따라 대립선이 분명히 존재한다. 그 결과 사이버 공간의 신뢰구축 필요성에 대한 개략적인 공감대 외엔 별 진전이 없다는 비판도 제기된다. 아무튼 5차 GGE는 25개국으로 확대되어 규범 차원의 합의는 더 어려워질 전망이다. 5차 GGE에는 한국도 참여(외교부 국제안보대사 참석)하고 있지만, 대체로 2-3년 주기로 정책결정자가 바뀌기 때문에 정책의 연속성이나 전문성이 크게 미흡하다는 평가다. 안보리 P5, 캐나다, 호주, 스위스, 한국, 일본, 인도, 카자흐스탄, 인도네시아, 에스토니아, 세르비아, 보츠와나, 이집트, 케냐, 세네갈, 브라질, 쿠바, 멕시코 등이 참여하고 있고, 에스토니아는 러시아에 의한 피침 기억 때문에 매우 강력한 입장이다. 미국은 소니 픽처스 해킹 사건 이래 보복에 매우 적극적이고, 사이버 공격에 대해 반드시 사이버 형태의 보복이 아닐 수도 있다는 입장을 취하고 있어 향후 국제적 긴장의 가능성은 항상 남아 있다고 할 수 있다.

이상의 논의를 종합해 보자면, 현재 사이버 공간의 안보는 레짐의 느슨한 연합인 이른바 '레짐 복합체(regime complex)' 단계에 와 있다고 할 수 있다. 레짐은 적절한 행위에 대한 공유된 기대인 규범의 일부이다. 공식적인 제도화의 수준으로 말하자면 레짐 복합체란 단일한 법적 제도가 지배하는 체제와 파편화된 여러 기제가 혼재하는 체제의 중간쯤이라고 간주될 수 있을 것이다. 사이버 공간은 단일한 거버넌스 체제가 확립되지 못한 채 느슨한 규범과 제도가 통합된 제도와 파편화된 관행 사이에서 각축하고 있을 뿐이다. 그럼에도 불구하고 레짐 복합체는 사이버 공간 거버넌스에서 기존의 유엔 대 다중이해상관자(multi-stakeholder)라는 도식을 탈피해 인터넷 거버넌스를 보다 넓은 의미의 사이버 거버넌스라는 맥락에서 바라보게 해주는 효용이 있다 (Nye 2014: 7). 2013년 미국 중앙정보국(CIA) 직원이었던 스노든(Edward Snowden)에 의해 국가안보국(NSA)에 의한 정부의 광범위한 불법 감청 사실이 폭로되면서, 세계적으로 정보보호 사안의 중요성을 각인시켜 주는 계기가 되었다. 그러나 이 사건은 비단 정보보호뿐만 아니라 미국을 중심으로 한 세계적인 인터넷 거버넌스 및 질서 재편에 관한 문제와 결부되고 있는 상황이다. 오프라인의 세계인권선언이 온라인 세상에도 적용되어 표현의 자유와 프라이버시, 정보자유가 보장돼야 하는지(NETmundial 2014), 아니면 국가주권과 안보 차원에서 어느 정도의 규제는 불가피한지, 논란의 추이를 지켜볼 필요가 있다.

IV. 맺음말: 한국에 대한 함의

한국은 세계가 공인하는 인터넷 선진국이다. 하지만 고속 인터넷 사용 인구 비율이나 인프라 면에서 한국은 매우 앞섰지만, 그에 비해 인터넷 보안이나 사이버 공간의 규범 면에서는 아직 선도할 위치에 있지 못하다. 그럼에도 불구하고 한국은 2013년 서울 세계 사이버 공간 총회를 주최하여 6개 분야 의제에 대해 토론하였으며, 결과문서인 '서울 프레임워크 및 공약'에서 개방되고 안전한 사이버 공간을 위하여 다음과 같은 요소들을 도출한 바 있다.

첫째, 경제성장과 발전의 연관성을 확인했다. 인터넷 경제가 글로벌 경제 성장에 지속적으로 기여해 온바, 더 많은 사람들이 광대역 인터넷 통신망에 접근할 수 있도록 보장함으로써, 모든 국가들이 인터넷을 통해 세계 경제로 통합되고, 지속 가능한 발전과 기술 경쟁력 확보, 정보 접근권 보장, 빈곤 해소 등이 가능하도록 노력해야 한다는 점을 부각시켰다.

둘째, 사회·문화적 혜택의 유용성을 확인했다. 인터넷의 개방성을 확보하기 위해서는 표현의 자유가 온라인에서도 보호받아야 하며, 인터넷은 다자적이고 투명하며 민주적으로 관리되어야 한다. 또한, 정보화 사회를 촉진하기 위해서는 문명 간의 대화를 활성화해야 한다.

셋째, 사이버 보안의 중요성을 환기시켰다. 정보통신기술의 발전 및 의존성 증대에 따라 다양한 사이버 보안 문제가 제기되고 있으므로, 안전하고 신뢰 가능한 사이버 공간 구축을 위해 노력하는 것이 중요하다. 각국 및 국제기구가 수립한 사이버 보안 전략의 공유와 기술적·관리적 대책 마련을 위한 민-관 협력, 그리고 최적 관행의 공유 등이 필요하다는 점을 부각시켰다.

넷째, 국제안보 협력이다. 유엔헌장을 포함한 기존 국제법은 온라인에서도 적용된다는 점을 확인했다. 앞으로는 이러한 국제법이 어떻게 사이버 공간에 적용될 수 있을지에 대해 각국이 더 많은 노력을 기울여야 한다. 또한 주요정보통신기반시설(CII) 보호를 위해 각국이 지속적으로 노력해야 한다. 국가가 국제적으로 잘못된 행동을 야기할 경우 해당 국가는 이에 대한 국제적 의무를 진다. 자발적인 신뢰구축조치는 예측 가능성 증대와 오해 소지의 감소를 통해 갈등 유발 위험을 줄이는 데 기여한다.

다섯째, 사이버 범죄에 대처한다. 사이버 범죄 해결을 위해서는 법집행기관 및 민간부문과의 협력이 필수적이다. 개인의 자유와 사생활을 보호하면서 사이버 범죄 수사 및 기소에 협조하기 위하여 국가와 관련 기관, 민간기업, 시민사회 간의 협력을 강화하고, 사이버 범죄 대응 기술지원과 역량 강화를 위한 파트너십을 제고한다.

여섯째, 역량 강화에 노력한다. 사이버 보안 및 디지털 격차를 극복해야 궁극적으로 안전하고 신뢰 가능한 사이버 공간 확보가 가능함에 비추어, 각국은 ICT의 보편적 접근과 주요 정보통신 기반시설 보호를 위하여 최적의 사이버 보안 기법 및 교육 훈련 분야와 관련된 정보통신기술을 전파하고 역량 강화를 지원해야 한다. 역량 강화에는 정부와 기업, 시민사회의 전면적인 참여가 필요하다.

윤병세 외교부 장관은 2015년 4월 16-17일 네덜란드 헤이그에서 개최된 '2015 사이버 공간 총회'에 우리 정부 수석대표로 기조연설을 했다. 헤이그 총회는 2013년 서울 총회에 이은 네 번째 사이버 공간 총회로, 90여 개국 및 20여 개 국제기구 대표, 각국 기업과 시민사회 대표 등 1700여 명이 참석한 역대 최대 규모로 개최되었다. 윤 장관은 네트워크 연계성이 초래한 사이버 위협에 대한 취약성은 모든 국가, 기업, 개인이 직면한 공통의 과제가 되고 있다면서 국가 간 협력의 필요성을 강조했다. 특히 사이버 공간이 기회와 잠재력의 원천이자 혁신과 성장의 동력이 되고 있는 반면 사이버 공격도 다양화, 빈번화되고 있음을 상기시키며, 전 세계적으로 인터넷 연계성이 가장 높은 사회이자 분단 상황에 처해 있는 우리나라는 특히 이러한 위협의 심각성을 절실히 인식하고 있다고 소개했다. 한수원 및 소니 픽처스 해킹 사건은 이러한 사이버 위협의 대표적 사례로서, 한수원 해킹 사건과 같이 핵심기반시설을 대상으로 한 사이버 공격에 대해서는 관련 국가들이 공격 세력을 규명하기 위한 수사공조와 정보 공유에 적극 협조해야 함을 제기했다.

또한 윤 장관은 사이버 공간을 규율할 국제규범이 부재한 상황에서 국가 간 사이버 신뢰구축조치(CBMs)를 통해 불신과 오인으로 인한 국가 간 긴장 가능성을 줄이고 상호 협력의 기반을 만드는 것이 중요함을 지적했다. 아울러, 개발도상국의 사이버 안보 취약성이 전체 사이버 생태계의 안전성을 위협하고 있음을 감안, 개도국의 역량 강화를 위한 국제적 협력이 중요함을 강조하고, 우리나라가 2015년 중 설립예정인 글로벌정보보호센터(GCCD: Global Cybersecurity Center for Development)를 통해 개도국의 사이버 안보 역량 강화를 지원할 계획임을 소개했다. 우리나라는 2013년 서울 사이버 공간 총회 당시 의장으로서 사이버 공간에 관한 기본원칙을 담은 가시적 성과물인 '서울 프레임워크'를 도출하고 사이버 공간 총회 프로세스에 역량 강화를 주요 의제로 도입하였는바, 2015년 총회 시 출범한 글로벌 사이버 전문역량 포럼(GFCE: Global Forum on Cyber Expertise)은 이러한 성과에 기반한 국제적 이니셔티브의 좋은 사례라 할 수 있다.

사이버 공간의 안보는 북한발 위협으로 인해 한국에도 직접 영향을 미친다. 한국의 주요 기간 전산망을 향한 북한의 해킹 시도는 전혀 새로운 현상은 아니며, 북한의 위협은 한국의 사이버 생태계를 근본적으로 붕괴시킬 잠재력을 갖고 있다. 첨단무기에 투자하기 어려운 약소국일수록 비대칭 수단으로서 사이버 무기에 의존할 가능성이 커진다

는 점은 충분히 예상 가능하다(Hughes and Colarik 2016). 만일 북한
이 한국을 공격한다면 두 개의 전선에서 사이버 공격을 병행할 가능성
이 크다. 제1전선은 전쟁과 직접 관련된 무기 및 지휘계통으로서, 군
사적으로는 C4I가 최대 목표가 될 것이다. 킬체인이나 이지스, 미사
일 방어체계가 마비되면 우리의 전쟁 수행 능력에는 막대한 차질이 예
상된다. 제2전선은 남한 내부 역량과 결합한 사이버 생태계 장악이 될
것이다. 사이버 공간에서 한국의 전쟁 지속 의지를 공격해 전쟁 수행
능력을 훼손시키는 심리전쟁이 한국사회를 커다란 혼란에 빠트리는
결과를 초래할 것이다.

　　북한을 넘어 동북아를 보더라도 역내 국가들 간 사이버 안보 협력
의 필요성은 자명하다. 기술경제적 측면에서는 최근 소위 제4차 산업
혁명으로 불리는 ICT 혁신 생태계가 구축되어 가고 있다. 이는 기본
적으로 네트워크로 연결된 인터넷을 기반으로 하고 있다. 과거의 네
트워크가 소통을 원하는 이들을 중심으로 연결하는 개념이었다고 한
다면, 현재의 네트워크는 사람과 사람, 사물과 사람, 더 나아가서는 사
물과 사물 간의 연결을 기반으로 한 일종의 '환경'으로서 존재하게 되
었다. 최근 유행처럼 번지고 있는 빅데이터(Big Data), 클라우드 컴퓨
팅(Cloud Computing), 사물인터넷(Internet of Things)의 개념과 이를
기반으로 한 인공지능(Artificial Intelligence) 기술의 발전은 이러한
상황을 여실히 보여준다. 사이버 안보나 사이버 테러 측면에서도 민간
영역으로부터 테러 관련 정보를 효과적으로 입수하여 관련 사태에 대
응하기 위해 효과적인 민관협력 대응체계 구축이 강조되고 있는 상황
이다. 중국의 「중국네트워크안전법〔초안〕(中华人民共和国网络安全法〈
草案〉)」, 일본의 「사이버 시큐리티 기본법(サイバーセキュリティ基本
法)」, 미국의 「2015년 사이버 보안법(Cybersecurity Act of 2015)」, 독

일의 「정보기술시스템의 보안 강화를 위한 법률(Gesetz zur Erhohung der Sicherheit informationstechnischer Systeme)」, EU의 「네트워크 및 정보 보안 지침(Network and Information Security[NIS] Directive)」 등은 국가와 민간 영역의 사이버 테러 정보의 원활한 공유를 전제로 한 민관 협력을 중요성을 강조하는 맥락에 있는 것이라고 평가할 수 있을 것이다. 물론 한국에도 「정보통신기반보호법」과 같은 법률이 존재하고 있는 상황이기는 하지만, 최근 수년간 동법에 대한 체계적 개선에 관한 논의가 진행되고 있다(심우민 2016).

마지막으로, 미국 대선 이후 트럼프 효과에 대비할 필요가 있다. 트럼프 당선자의 ICT 관련 과거 발언은 대부분 ICT에 비판적인 입장이다. 트럼프 당선자는 컴퓨터와 인터넷의 가치를 낮게 평가하고, 망 중립성 반대, 개인정보 암호화 반대를 지지하면서 미국 주류 ICT 업계와는 다른 의견을 나타냈다. 그리고 국가안보 차원에서 사이버 보안을 강화하겠다는 입장이다. 공화당 정강은 사이버 범죄를 지원하는 국가에 대한 외교적, 금융적, 법적 재제 강화, 해당 국가의 인터넷 통제력 약화를 추진하는 한편, 국방, 산업 분야에서의 사이버 보안 인력을 확대하겠다는 내용을 담고 있다. 그리고 일부 국가의 인터넷 방화벽과 검열 기술이 국민의 자유를 저해하고 미국 기업에게 무역 장벽으로 작용하므로 개방되고 자유로운 인터넷 원칙을 옹호한다는 입장을 취하고 있다.[4] 하지만 전반적인 보호무역주의 강화 추세 가운데 ICT 산업에 대한 통상 마찰이 심화될 우려를 배제할 수 없다. 트럼프 당선자는 한미 FTA, TPP, NAFTA에 반대하고 보호무역을 강조하면서 국내 ICT 수출에 부정적 영향을 줄 것이다. 한국 ICT 수출의 10%(2015년 기준)

---

4   Republican Platform 2016, 미국 공화당 홈페이지(www.gop.com) 자료 참조.

를 미국이 차지하며, NAFTA(북미자유무역협정), 중국을 통한 대미 우회 수출에도 타격이 예상된다.

트럼프 시대에는 사이버 보안이 국가 안보 차원의 의제로 격상될 가능성이 크다. 일부 국가가 정부 차원으로 미국 군사, 경제 분야 사이버 보안을 위협하면서, 트럼프 당선자는 이에 대응하기 위해 대규모 투자를 공약했다. 국가 간 사이버 냉전과 해킹행위에 대한 대응이 확산될 경우, 국내에서도 사이버 보안이 안보 핵심 이슈로 등장할 가능성이 높다. 그와 함께 향후 인터넷 주도권 확보를 위한 국가 간 경쟁이 강화될 전망이다. 미국의 인터넷 주도권 우위를 강조할 경우 인터넷 거버넌스에 대한 논쟁이 강화될 것이다. 주소관리 권한이 미국 정부에서 민간 독립기구인 ICANN으로 완전히 이전되면서, 일부 국가는 유엔이나 ITU와 같이 정부가 참여하는 기구에서 인터넷을 관리해야 한다는 주장을 내놓고 있다. 주도권 경쟁이 심화될 경우 ICT, 인터넷 분야 통상 문제로도 확대될 가능성이 크다(최명호 2016: 8-9).

인터넷 시대에 사이버 공간의 위협으로부터 자유로운 국가는 없다. 오늘날 같은 초연결 사회에서 완전한 사이버 안보를 보장하는 것은 사실상 불가능하다. 인터넷 사용자들은 이러한 한계를 인정하고 사이버 안보를 위한 정부의 망감시가 불가피하다는 점을 이해할 필요가 있고, 정부는 통제 가운데 시민적 자유를 고양하기 위해 노력해야 한다. 사이버 안보를 위한 자유와 민주주의의 희생은 지불할 가치가 있다는 점에 공감대가 필요한 것이다. 아직까지 사이버 공간의 개방성을 포용하되 탄력성과 자정능력을 확대하는 것 외에 다른 방안은 없어 보인다(Slaughter 2016: 79). 향후 사이버 안보 관련 국제규범은 국제사회의 논의를 거쳐 서서히 규범화되는 과정을 거칠 것으로 예상되는 바, 우리도 정책 방향에 대한 입장을 정립할 필요가 있다. 향후 GGE

및 사이버 공간 총회 등 국제적 행사를 계기로 '지속가능한' 협력의 틀을 제도화하는 방향으로 후속 조치를 강화해야 한다. 과거의 예를 보면 한국은 G20 정상회담, 핵안보정상회의(NSS) 개최 등 세계가 주목하는 활동을 주최했음에도 불구하고 이를 후속 규범이나 제도로 발전시키는 데는 매우 미흡했다. 향후 한국은 사이버 안보 규범 관련 국제적 논의에 적극 동참함으로써 우리의 입장을 반영하는 데 주력해야 할 것이다.

참고문헌

김소정·박상돈. 2013. "국제협력을 통한 사이버 안보 강화방안 연구."『융합보안 논문지』
　　제13권 6호.
박노형·정명헌. 2014. "사이버 전의 국제법적 분석을 위한 기본개념의 연구."
　　『국제법학회논총』제59권 2호.
박희영·최호진·최성진. 2015. 「사이버 범죄협약 이행입법 연구」. 대검찰청 2015년 연구용역
　　결과보고서.
심우민. 2016. "동북아시아 국가간 정보보호 정책에 관한 협력의 필요성." 세종연구소
　　동북아평화협력구상 민관네트워크 구축회의(2016.11.14., 베이징 포시즌스호텔) 토론문.
유준구. 2015. "사이버 안보 문제와 국제법의 적용."『국제법학회논총』제60권 3호.
장규현·임종인. 2014. "국제 사이버 보안 협력 현황과 함의: 국제안보와 UN GGE 권고안을
　　중심으로."『정보통신방송정책』2014, Vol. 26 No. 5.
장노순. 2016. "사이버 안보와 국제규범의 발전: 정부전문가그룹(GGE)의 활동을 중심으로."
　　『정치·정보연구』제19권 1호.
정영진. 2015. "우주의 군사적 이용에 관한 국제법적 검토."『항공우주정책·법학회지』제30권
　　1호.
정재준. 2013. "국제 사이버 범죄에 대한 대응 방안: 부다페스트(Budapest)조약 10년의
　　성과와 반성."『형사법의 신동향』통권 제39호.
최명호. 2016. "미국 트럼프 대통령 당선자의 ICT 정책과 시사점." KT경제경영연구소
　　Digieco 보고서.

Gross, Oren. 2015. "Cyber Responsibility to Protect: Legal Obligations of States Directly
　　Affected by Cyber-Incidents." *Cornell International Law Journal* 48.
Hughes, Daniel, and Andrew M. Colarik. 2016. "Predicting the Proliferation of Cyber
　　Weapons into Small States." *Joint Forces Quarterly*, 83, 4th Quarter.
Hurwitz, Roger. 2014. "The Play of States: Norms and Security in Cyberspace." *American
　　Foreign Policy Interests*, 36.
Kane, Angela. 2014. "The Rocky Road to Consensus: The Work of UN Groups of
　　Governmental Experts in the Field of ICTs and in the Context of International
　　Security, 1998–2013." *American Foreign Policy Interests*, 36.
Kim, Geun-hye, Lee Kyung-bok, and Lim Jong-in. 2015. "CBMs for Cyberspace
　　beyond the Traditional Security Environment: Focusing on Features for CBMs for
　　Cyberspace in Northeast Asia." *The Korean Journal of Defense Analysis* 27, 1.
NCAFP. 2014. "Cybersecurity, U.S. Foreign Policy, and a Changing Landscape: A New
　　Generation Speaks Out [Summary of a Roundtable Discussion, November 2013]."
　　American Foreign Policy Interests 36.

NETmundial. 2014. "NETmundial Multistakeholder Statement." Global Multistakeholder Meeting on the Future of Internet Governance, April 24, (http://netmundial.br/wp-content/uploads/2014/04/NETmundial-Multistakeholder-Document.pdf).

Nye, Joseph S. Jr. 2014. "The Regime Complex for Managing Global Cyber Activities." Center for International Governance Innovation and Chatham House.

Slaughter, Anne-Marie. 2016. "How to Suceed in the Networked World." *Foreign Affairs* November/December.

White House. 2011. "International Strategy for Cyberspace: Prosperity, Security, and Openness in a Networked World." https://www.whitehouse.gov/sites/default/files/rss_viewer/international_strategy_for_cyberspace.pdf, 검색일: 2016.11.20.

제3장

글로벌 거버넌스론으로 보는 사이버 안보

배영자

I. 사이버 안보 국제규범의 필요성

사이버 공간의 익명성과 초국경성으로 인해 해킹, 바이러스 유포 등 다양한 사이버 위협과 공격이 증대하면서 사이버 안보에 관심이 모아지고 있다. 사이버 안보는 다양한 사이버 위협으로부터 사이버 공간을 방어하고 보호하는 능력을 의미한다.[1] 사이버 안보는 사이버 범죄(cyber crime), 사이버 첩보(cyber espionage), 사이버 테러(cyber terror), 사이버 전쟁(cyber warfare) 등 사이버 공간에 대한 다양한 침해에 대항하는 것이다(신창훈 2015). 일반적으로 우리나라에서는 'cyber-security'가 개인정보침해 차원의 사이버 위협에 대한 대응을 논의할 때는 사이버 보안으로, 개인을 넘어 주요 기업이나 공공기관 정보통신 인프라 등 국가적 수준의 사이버 위협에 대응을 의미할 때는 사이버 안보로 번역되고 있다.

　최근에는 단순한 해킹을 넘어 목표가 분명하고 치밀하게 계획된 테러 형태를 띠면서 기업비밀 혹은 국가 주요 기관을 목표로 공격하는 경우가 증대되고 있다. 컴퓨터 네트워크를 통한 기업 및 공공기관 해

1　미국 NIST의 정의는 다음과 같다. Cybersecurity – The ability to protect or defend the use of cyberspace from cyber attacks. Cyberspace – A global domain within the information environment consisting of the interdependent network of information systems infrastructures including the Internet, telecommunications networks, computer systems, and embedded processors and controllers. Richard Kissel ed. 2013. "Glossary of Key Information Security Terms." National Institute of Standard and Technology. DoC. USA. http://nvlpubs.nist.gov/nistpubs/ir/2013/NIST.IR.7298r2. pdf (검색일: 2016년 8월)
다른 한편 ITU는 사이버 안보를 다음과 같이 정의한다. Cybersecurity is the collection of tools, policies, security concepts, security safeguards, guidelines, risk management approaches, actions, training, best practices, assurance and technologies that can be used to protect the cyber environment and organization and user's assets(ITU-T X.1205, Overview of cybersecurity).

킹, 분산형 서비스거부(DDoS, 디도스) 공격, 플레이머(Flamer) 및 스
턱스넷(Stuxnet) 등 바이러스와 악성코드 유포 등을 통해 기밀정보를
빼내 가고 상대방의 컴퓨터 네트워크에 치명적 손상을 입히는 경우가
잦아지면서 주목을 끌고 있다. 특히 국가 간 사이버 위협과 공격이 증
대하면서 각국은 사이버 안보를 국가안보의 중요한 차원으로 인식하
고 이에 대한 대응 방안을 마련하고 있다.

　　다양한 보안 기업들은 최근 전 세계 곳곳에서 발생하는 사이버 공
격을 실시간으로 관측할 수 있는 서비스를 제공하고 있다. 예컨대 IP바
이킹 라이브(IPViking Live)는 전 세계 50개국 이상 국가와 지역에서
200개 이상 데이터센터 정보를 바탕으로 실시간으로 발생하는 사이버
공격을 표시한다(보안뉴스 2015.5.21).[2] 노스(Norse)사의 홈페이지는
중국, 미국, 인도, 러시아 등의 국가에서 수백 수십 건의 텔넷(telnet)형
태의 공격이 실시간으로 국경을 넘어 이루어지고 있음을 보여 준다.

　　국경을 넘어 진행되는 사이버 위협이나 공격이 증대하면서 국내
법과 규제만으로는 이에 대응하기 어렵고 이를 규율할 수 있는 국제규
범이 필요하다는 인식이 확산되어 왔다. 본 연구에서는 국제적 차원에
서 사이버 안보에 관한 규범을 마련하기 위해 이루어진 다양한 노력들
을 사이버 안보 국제규범의 글로벌 거버넌스라는 시각에서 고찰하고
자 한다.

　　글로벌 거버넌스는 탈냉전 이후 세계정치의 장에서 행위자 및 행
위영역이 확대되는 변화 속에서 논의되고 발전되어 왔다(Hewson and
Sinclair 1999). 글로벌 거버넌스는 미소 양국의 군사적 이념적 경쟁에
의해 유지되었던 냉전질서가 와해되고 새로운 국제질서가 모색되는

2　　실시간 사이버 공격 지도를 제공하는 사이트는 http://hp.ipviking.com/, http://map.
　　norsecorp.com/ 등 다수.

시점에서 본격적으로 제기되었다. 글로벌 거버넌스 논의는 국내 및 국제 정치질서에서 민주주의와 책임성(Accountability)이 주요한 가치로 확산되는 과정과 함께 진행되었기 때문에 세계정치 운영에 대한 새로운 요구들을 담고 있었다. 즉 최소한 명분상으로는 기존의 강대국 중심의 국제질서운영에서 벗어나 중견국, 약소국, 초국적 시민단체, 국제기구 등 다양한 행위자들의 적극적인 참여에 토대한 국제질서 운영의 당위성을 강조해 왔다.

21세기 세계정치에서도 여전히 군사력과 같은 물리적 힘이 압도적인 영향력을 행사하는 영역이 존재한다. 그러나 안보, 무역, 금융, 환경, 과학기술 등 다양한 영역에서 국가, 초국적 기업, 국제기구 등이 함께 참여하여 각각의 이해가 표출되고 조정되는 제도가 마련되고 이를 통해 국제질서가 유지되는 양상을 보이고 있다. 다만 이 경우도 다양한 행위자의 참여라기보다는 각 정부 대표 공무원, 관련 전문가, 국제기구 관료 등 소위 제한된 엘리트로 구성된 클럽(club)에 의해 해당 분야의 질서가 유지되는 경우가 많다(Keohane and Nye 2001). 글로벌 거버넌스는 이러한 클럽 모델에 토대한 세계질서 유지 방식을 넘어 다양한 주체들 간 새로운 형태의 상호작용과 협력 및 갈등에 기반한 공동체 운영을 위한 조정방식, 즉 시민사회나 초국적 NGO까지를 포함하는 보다 참여적이고 구성적인 질서유지 방식에 관한 논의로 이해되고 있다. 그러나 아직까지 명분에 불과할 뿐 이런 방식으로 운영되는 세계정치의 모습은 현실에서 만나기 매우 어려운 것이 사실이다. 더욱이 외면적으로 참여적인 듯이 보여도 결정되는 방식이나 결과가 결국은 강대국의 이해를 반영하는 부분이 많아(Drezner 2002), 참여적인 질서 유지에 대한 요구들이 증대하는 상황 속에서 사실상 소수 강대국과 엘리트에 의해 이루어지는 의사결정 과정을 무마하기 위한 이데올

로기로 글로벌 거버넌스를 논의한다는 신랄한 비판도 제기된다.

글로벌 거버넌스 논의의 진정성과 성과에 대한 많은 논란에도 불구하고, 세계정치의 행위자와 행위영역이 확대되고 복합화된 상황에서 소수 강대국이 더 이상 일방적으로 세계정치 운영을 주도할 수 없다는 현실은 부정할 수 없고, 이는 글로벌 거버넌스 논의가 지속될 수 있는 소이이다. 다양한 행위자들의 민주적 참여를 강조하는 글로벌 거버넌스의 관점으로 세계질서 운영을 조망하면, 해당 영역에서 행위자들이 어떠한 이해관계를 가지고 어떻게 갈등하고 협력하는지, 누가 논의의 핵심에 있고 어떤 행위자들이 참여에서 누락되어 있는지, 그 결과로서 해당 영역의 규범과 제도들이 어떻게 발전하고 진화하고 있는지를 알 수 있게 된다. 글로벌 거버넌스는 세계정치의 현실보다는, 세계 정치가 지향해야 할 방향, 혹은 그러한 방향을 염두에 둔 분석틀로서 더 유용하다고 볼 수 있다.

현재 사이버 안보에 대한 다양한 논의가 제기되고 있다. 전 세계적 차원의 논의는 물론 유럽, 아시아 등 지역, 개별 국가적 차원에서 각각 논의가 이루어지고 있으며, 각국 정부는 물론, (초국적) 기업, (초국적) NGO, 국제기구 등이 이 논의에 참여하고 있다. 본 연구에서는 특히 사이버 안보에 관한 국제협력 가운데 국제규범 마련과 관련된 노력을 글로벌 거버넌스의 관점에서 정리해 본다. 이 과정에서 다양한 행위자들이 어떠한 이해를 중심으로 이합집산하고 있고 주요 쟁점은 무엇이며, 어떤 행위자들이 논의를 주도해 왔으며, 이러한 논의들이 사이버 안보 국제규범 발전에 어떻게 기여해 왔고 향후 어떤 방향으로 발전하게 될지 생각해 본다. 본 장에서는 현재 진행 중인 사이버 안보 국제규범에 관한 논의 중 가장 중요한 구심점이 되고 있는 유엔 정보안보 정부전문가그룹(GGE)과 탈린 매뉴얼은 본 책에서 별도의 장으로 논의되기 때문에 이 부분을 제외하고 부다페스트 협약, 사이버 공간 총회, 국제전기통신연합(ITU), 상하이협력기구(SCO), 인터넷주소관리기구(ICANN) 등에서 진행되고 있는 사이버 안보 국제규범에 관한 논의를 중심으로 소개한다.

II. 사이버 안보 국제 규범 마련을 위한 국제협력

1980년대 이후 정보통신기술 발전으로 새로운 유형의 범죄나 불법행위들이 증가하기 시작하면서 OECD, 유럽평의회(Council of Europe)를 중심으로 이를 규제하기 위한 가이드라인이나 법을 제정하기 위한 노력이 전개된다. 유럽평의회에서 2001년 사이버 범죄협약(Convention on Cybercrime)이 마련되어 2015년 10월 현재 47개국이 비준했으며, 비회원국인 일본, 도미니카공화국, 미국, 호주 등도 가입하였다.[3] 이 협약은 사이버 안보에 관한 최초의 공식적인 국제협약이지만 현재 주로 유럽 국가들만 가입해 있고 가입 조건이 상대적으로 까다로워 범세계적인 국제규범의 역할을 하지 못하고 있다.

2004년 러시아 주도로 유엔총회와 GGE에서 사이버 안보가 본격적으로 논의되기 시작한다.[4] GGE는 2004년부터 현재까지 4차에 걸쳐 회의를 개최하였다. 초기 1, 2차 회의에서는 별다른 성과를 내지 못하다가 3차 회의에서 최초로 합의문을 도출하였고 4차 회의에서 이를 구체화시키면서 사이버 안보 관련 국제규범 논의의 구심점 역할을 하고

---

3   유럽평의회 사이버 범죄협약 홈페이지 참조. http://www.coe.int/en/web/conventions/full-list/-/conventions/treaty/185 (검색일: 2016년 8월)

4   유엔 GGE 홈페이지 http://www.un.org/disarmament/topics/informationsecurity/

있다.

사이버 공간 총회(Conference on Cyberspace)는 미국을 위시한 서방 측 국가들이 유엔을 중심으로 한 국가 간 사이버 안보 규범을 논의하는 것에 대한 반발로 시작되었다. 이들은 국가뿐만이 아니라 기업, 전문가, 각종 국제기구 및 NGO가 함께 참여하는 장을 마련하였고 법적 구속력을 가지는 규범의 도출보다는 사이버 안보와 관련된 다양한 의제에 대해 논의하는 것에 초점을 맞추고 있다. 현재까지 4차에 걸쳐 회의를 진행하는 동안 참여자도 늘고 논의도 활발하게 이루어지고 있지만, 공식적인 국제기구가 아닌 포럼 형식이라는 점, 뚜렷한 주관자가 없이 그때그때 주최국의 구성에 따라 회의가 진행된다는 점 등이 본 회의의 위상을 다소 모호하게 만들고 있다.

이외 국제전기통신연합과 상하이협력기구 등 다양한 국제기구에서 사이버 안보 이슈에 대해 논의하고 있다. 본 연구에서는 별개의 장에서 다루어지는 유엔 GGE 논의를 제외하고 서로 다른 국제기구나 포럼에서 사이버 안보 관련 논의가 어떻게 진전되어 왔는지를 살펴보고 이에 대한 한국의 전략을 생각해 본다.

1. 부다페스트 협약: 유럽에서 출발한 사이버 안보에 관한 최초의 국제협약

정보통신기술의 급속한 발전으로 개인정보 침해 등 새로운 문제가 발생하면서 이를 규제하기 위한 규범과 법을 마련하는 노력이 유럽을 중심으로 진행되기 시작했다. OECD는 1980년 '사생활 및 개인정보의 국경 간 이동 보호에 관한 지침(OECD Guidelines on the Protection of Privacy and Trans-border Flows of Personal Data)'을 채택하는 등 정보사회의 새로운 문제들을 논의하기 시작했다.[5] OECD는 1982년 4월 정보통신정책위원회(Committee for Information, Computer and Communication Policy)를 설립하였고 통신 인프라 및 서비스정책 작업반(Working Party on Communication Infrastructures and Services Policy), 정보경제작업반(Working Party on the Information Economy), 정보보호 작업반(Working Party on the Information Security and Privacy), 정보사회 지표작업반(Working Party on Indicators for the Information Society) 등 산하 작업반을 중심으로 정보사회의 문제들을 다루어 왔다. 정보보호 작업반은 사이버 공간의 안전과 보안, 개인정보 보호, 회원국의 사이버 안보 전략 등의 관련 이슈를 중점적으로 논의해 왔다.

　유럽의회 안에서도 본격적으로 사이버 공간의 안보 이슈가 규율의 대상으로 논의되기 시작하였다(이영준 2001). 유럽의회는 1985년 각국 컴퓨터 범죄 전문가를 초빙하여 '통신 방해와 외국과의 형사사법 공조에 관한 유럽협약(European Convention on Mutual Assistance in Criminal Matters in respect of letters rogatory for the interception of telecommunications)'을 발표하였으며 1989년에는 '컴퓨터 범죄 가이드라인(Guidelines for national legislature concerning the definition of certain computer crimes)'을 제정하였다. 1997년 유럽범죄위원회(European Committee on Crime Problems)는 '사이버 공간에서의 범죄에 관한 전문가 회의(Committee of Experts on Crime in Cyberspace)'를 설립하고 사이버 범죄에 관한 최초의 국제협약을 제정하기 위한 협의를 시작하였다.

5　OECD 가이드라인에 대해서는 http://www.oecd.org/sti/ieconomy/oecdguidelinesontheprotectionofprivacyandtransborderflowsofpersonaldata.htm 참조.

1997년 제41차 유럽평의회 회의에서 악의적 해킹, 컴퓨터 바이러스의 유포, 아동 포르노의 온라인 유포 등 사이버 범죄에 관한 안건이 상정되었고 이후 유럽평의회 회원국 43개국이 중심이 되고 미국, 캐나다, 일본, 멕시코 등이 옵저버로 참여하여 협약안을 작성하였으며 2001년 5월 최종안이 완성되어 2001년 6월 유럽평의회 각료회의의 승인을 받았다. 2001년 11월부터 서명을 받기 시작하여 2004년 7월부터 발효되었으며 2015년 10월 현재 47개국이 비준 또는 가입했으며, 비회원국인 일본, 도미니카공화국, 미국, 호주 등도 가입하였다.

유럽평의회의 사이버 범죄 협약[6]은 인터넷을 이용한 모든 범죄행위에 대하여 상세하게 규정하고 처벌하도록 한 최초의 국제협약이다. 컴퓨터 시스템이나 데이터에 대한 불법 접속, 지적재산권 침해, 컴퓨터 바이러스 개발 및 유포, 아동 포르노 배포 등을 범죄행위로 규정하고 협약 참가국들이 국내법으로 이를 금지하도록 의무화하는 한편, 컴퓨터 네트워크를 통한 사기, 돈세탁, 테러리즘 모의 또는 준비 등의 행위도 사이버 범죄로 규정했다. 사이버 범죄에 공동으로 대처하고 국가 간 공조를 긴밀히 하기 위한 핫라인 설치를 명시하였다. 애초 협약은 사이버 범죄 관련 정보를 공유하기 위해 만들어졌지만, 점차 세계적인 위협으로 부상한 테러 조직의 통신 정보를 공유하는 테러 방지로 성격이 강화되는 추세다.

사이버 공간에 대해 강제력을 가지는 국제 규범의 필요성이 증대되면서 미국과 유럽 국가들은 본 협약에 주목하고 있다. 당초에는 EU 회원국가 간의 협약으로 출발하였으나 미국 영국 등 서방 측은 사이버 범죄 협약 가입국 확대를 통한 보편 규범화를 주창하고 있다(유대

6　유럽평의회 사이버 범죄 협약 홈페이지 참조. http://www.coe.int/en/web/conventions/ full-list/-/conventions/treaty/185 (검색일: 2016년 8월)

선 2013). 미국, 영국, 일본, 호주 등은 부다페스트 협약이 유럽국가들 간의 국제협약이지만 비유럽국가에도 개방이 되어있고 상당수 국가에서 국내법 제정의 가이드라인으로 활용하고 있기 때문에 보편 규범의 역할을 할 수 있다는 입장이다. 이에 반하여 EU회원국인 러시아는 물론 중국, 인도, 브라질 등은 본 협약이 비준 국가가 소수여서 국제협약으로 부적절하고, 국경을 초월한 데이터 접근을 규정하여 개별 국가의 주권 침해 소지가 있으며 피싱, 봇넷 등 새로운 범죄 양상을 다루지 못한다는 입장으로 가입에 반대하고 있다. 실제 가입 조건도 까다로워 범세계적인 규범으로서의 역할을 하기 어려운 실정이다.

2. 사이버 공간 총회: 서방 측이 주도하는 다자간 포럼

1) 배경

사이버 공간 총회(Conference on Cyberspace)는 사이버 공간에서 벌어지는 피싱과 해킹 등 전자금융사기, 개인정보 침해, 나아가 국경을 넘는 사이버 범죄, 사이버 테러 등을 어떻게 규율할 것인지를 논의하기 위해 개최되었다(유대선 2013). 사이버 공간에 대해 미국과 유럽 국가들은 기존의 법을 활용하여 자율적으로 규율되어야 한다는 입장인데 반해, 중국과 러시아는 사이버 공간도 국가주권이 미치는 공간으로 국가의 통제권이 인정되고 이에 대한 공식적인 국제규범이 필요하다고 보고 있다. 중국과 러시아 측은 사이버 이슈를 유엔과 같은 국제기구에서 논의하여 국가 중심으로 사이버 안보 규범을 마련하고자 하는데 반해, 영미권 국가들은 특정 국제기구에서보다는 정부, 국제기구, 민간 등 다양한 이해관계자가 참여하는 별도의 장에서 사이버 안보 규범을 다루자는 입장을 지지하고 있다.

사이버 공간 총회의 성격은 정부, 기업, 시민사회 등 사이버 공간 주요 행위자가 모두 참여하는 회의로 기획되었다. 유엔이나 OECD에서 사이버 안보에 관한 논의가 진행되어 왔지만 참여자도 국가 중심이고 의제도 주로 안보적 측면에 제한되어 사이버 안보를 포괄적으로 다루는 장이 존재하지 않다는 문제의식에서 출발하였다. 사이버 공간 총회는 공식 국제기구가 아니어서 정해진 회원국도 없고 상설 사무국도 없으며 개최국이 중심이 되어 초청 대상 선정, 회의 의제 설정 등 제반 준비를 하게 된다. 유엔과 같이 전 세계 국가가 참여하는 공식적인 국제기구도 아니며, 사이버 안보에 대한 담론을 형성하기 위한 공간의 성격을 가진다. 정부기관, 국제기구, NGO, 민간기업, 학계 등 인터넷 거버넌스와 관련된 다양한 이해당사자들이 참여하는 다중 이해당사자 모델(multi-stakeholderism)을 따르고 있다. 사이버 공간 총회는 법적 구속력을 지니는 규범 도출보다는 정치, 외교적 합의 도출을 목표로 하고, 정치적 안보 측면뿐만 아니라 사이버 공간에서의 인권, 경제 사회적 이익 등을 포함한 균형적 논의를 지향한다. 사이버 공간 총회 결과물로 의장선언문(Chair's Statement)을 채택하기는 하지만, 이것이 각 국가를 구속하는 효력을 가지지는 못한다.

유엔의 GGE가 진행되는 와중에 영국은 2011년에 세계 사이버 공간 총회를 주도적으로 창설하고 런던에서 제1차 런던 사이버 공간 총회를 개최하였다. 이어서 2012년에 헝가리 부다페스트에서 2차 회의, 2013년 서울에서 3차 회의, 2014년 네덜란드 헤이그에서 4차 회의까지 진행된 상태다.

2) 주요 논의[7]

(1) 2011년 1차 런던 회의

런던 회의의 주요한 내용은 의장선언문을 통해 파악할 수 있다.[8] 본 문건은 런던 회의 유일한 공식 성과 문서로 경제 성장 및 발전, 사회적 혜택, 안전하고 신뢰할 수 있는 접속 보장, 국제안보, 사이버 범죄 등 다섯 가지 세부 의제별 주요 논의 내용과 향후 방향을 제시하고 있다 (이하 남상열 외 2013 참조).

먼저 회의는 인터넷의 출현으로 인한 삶의 변화와 사이버 공간의 중요성을 환기시키고 있다. 정보통신기술은 다양한 잠재적 혜택을 내포하고 있지만 심각한 도전과 위협도 함께 제기하고 있다. 이러한 위협에 대응하기 위해 국가는 물론 세계 시민과 기업들이 함께 노력해야 하고 이 과정에서 기본적인 인권이 희생되어서는 안 된다고 강조하고 있다. 회의는 사이버 공간에서 정부 조치에 관한 아래와 같은 일곱 개의 원칙을 어떻게 이행할 것인지에 대해 대화할 것임을 밝혔다.

- 정부는 사이버 공간에서 균형적으로 활동해야 하며(act proportionately) 국내법 및 국제법에 따라야 한다.
- 모든 사람이 능력, 기술, 신뢰 및 기회 면에서 사이버 공간에 접근할 수 있는 능력을 갖추도록 해야 한다.
- 사이버 공간의 이용자들이 언어, 문화 및 사고의 다양성에 대한 존중과 관용을 보여야 한다.
- 사이버 공간이 혁신과 사고, 정보 및 표현의 자유로운 흐름에 대해 개

---

7   1, 2, 3차 사이버 공간 총회의 내용에 대해서는 남상열 외(2013) 등 기존 연구 참조. 4차 회의는 사이버 공간 총회 홈페이지 참조.

8   런던 사이버 공간 총회 의장선언문 내용은 https://www.gov.uk/government/news/london-conference-on-cyberspace-chairs-statement

방적인 상태를 유지하도록 해야 한다.

• 사생활(privacy)에 대한 개인의 권리를 존중하고 지식재산에 대한 적
  절한 보호를 제공해야 한다.

• 온라인상의 범죄 위협에 대해 공동으로 대응해야 한다.

• 네트워크 기반구조, 서비스 및 콘텐츠 투자에 대한 정당한 수익 보장
  을 위해 경쟁적인 환경이 촉진되어야 한다.

총회는 제네바 및 튀니스 정보사회 세계정상회의(WSISS: World Sum-
mit on Information Society)를 포함한 기존의 성과에서 출발하고 이들
의제의 성공적 추진을 위해서 동반자 관계(partnership)가 토대가 되
어야 한다는 점을 강조하고 있다. 런던 총회는 특히 아래 다섯 가지 세
부 의제 및 당면한 문제들에 집중하여 논의가 이루어졌다.

① 경제 성장 및 발전

• 세계경제의 성장과 발전을 위해 안전한 사이버 공간의 혜택을 누릴
  수 있는 방법

• 지식재산권의 보호와 활용, 혁신과 시장 창출 간의 균형적 추진 방법

• 규제 및 재정정책의 투명성과 예측 가능성 보장, 기술 발전에 따른 유
  연성 확보의 방법

• 정부 규제와 산업 자율규제 및 향후 진전 방안

• 국가 간 분쟁 방지 및 관리 방안

② 사회적 이익

• 지식기반 서비스 및 공공 서비스의 잠재적 이익 극대화 방안

• 민주주의와 표현의 자유 등 기본권 보장 강화 방안

• 정부의 개입 효과 극대화 방안

- 사회에 대한 부정적 영향 대응 방안

③ 안전하고 신뢰할 수 있는 접속 보장

- 사이버 공간에 안전하고 신뢰할 수 있는 접속 보장 방안
- 안전하고 신뢰할 수 있는 온라인 생활을 위한 교육과 인식 제고 방안
- 악용 방지 및 차별 없는 이용 보장 방법

④ 국제안보 문제

- 국가 간 안보상의 갈등 방지 및 완화 방법
- 다른 분야의 안보 및 분쟁 방지 노력에서 교훈
- 국제적 행동 원칙 개발 및 이행 방안
- 향후 진전을 위한 적절한 논의의 장

⑤ 사이버 범죄

- 사이버 범죄 예방을 위한 이해당사자별(개인, 민간부문, 정부) 책임
- 사이버 범죄에 대응하고 국제 활동을 지지하기 위해 각국이 동등한 법 규정을 갖추도록 하는 방법
- 필요한 부분에 필요한 수준의 투자를 유인하는 방법
- 유해 프로그램 확산방지를 위한 인터넷 중개자들의 역할
- 기기, 시스템 및 서비스 설계에서 비용 효율적이고 발전적인 보안책 구축을 위한 유인책

특히 국가안보에 대해서는 각국 정부가 기존의 국제규범과 전통적 관행에 따라야 함을 강조하였다. 또한, 불필요한 오해를 해소하고, 신뢰를 구축하기 위해 상호협력과 공동의 노력이 강화되어야 함을 밝혔다. 향후 긴급한 것은 유엔 GGE, 유럽안보협력기구(OSCE) 등을 통한 공동 이해 및 공통 접근 방법에 대한 합의와 함께 신뢰 구축을 위한 실질적인 조치를 취하는 것이라는 데 합의하였다. 런던 회의에서는 정부뿐

아니라 기업 및 시민사회의 대표들이 함께 참여하여 포괄하여 동반자적 관계에 기반을 둔 많은 논의가 이루어졌다고 평가된다. 주요 국가 및 참석자별 논의 내용은 다음과 같다(김일환 외 2012).

- 미국: 사이버 안보와 관련, 국제법의 제정보다는 기존 조직 활용 및 국가별 자율적 협력의 필요성 강조. 조약에 기반을 둔 사이버 안보의 구축 노력은 기술 진보를 따라가지 못함. 따라서 정부의 담당자(POC: point of contact) 설정을 통해 각국 비상대응 팀들 간 연계 및 협력을 강화해야 함. 동시에 인터폴과 G8 공조 및 부다페스트 협약의 확대와 같은 노력이 필요함.
- 영국: 사이버 공간 내 민관 상호 협력을 통해 유연한 정부 조직 및 정보통신기술을 통한 사회적 혜택 기대.
- 네덜란드: 사이버 공간의 경제적 잠재력은 인정하나, 사이버 공간의 권리 침해에 대응하기 위해서는 정부와 시민사회의 공동 책임 의식이 필요함.
- 중국: 사이버 공간은 유엔과 같이 모든 국가가 참여하는 국제 수준에서 논의되어야 함. 부다페스트 협약은 유럽만이 참여한 일부 국가 간의 합의이므로 다른 국가의 가입 실효성에 대해 의문 제기.
- 러시아: 사이버 안보를 비롯한 사이버 공간 내 문제에 대응하기 위한 국제 규범의 형성이 시급함. 기존의 법적 수단은 현실을 제대로 반영하지 못하는 문제점이 있으므로 냉전적 사고에서 벗어난 각국의 협력과 공동 합의의 필요성 역설.
- 인도: 글로벌 사이버 규범 형성을 위해 시민단체를 비롯한 모든 이해 당사자가 참여하는 협력적 자세 필요.
- 에스토니아: 개방적이며 책임감 있는 정부 정책을 통해 부패 근절

노력.

- 한국: 정부를 대상으로 한 사이버 공격이 증가하고 있으며, 근원지 추적이 어렵고 합의된 규칙이 없으며 국가 간 신뢰가 부족한 사이버 공간의 특수성 지적. 이에 대응하기 위한 기술 공유와 분석 표준화, 신뢰 구축과 같은 국제 공조 필요.

- ITU: 사이버 공격에 대한 취약성을 고려할 때, 이에 대한 국가 간 일반 원칙의 수립이 필요함. 국내법으로 이행 방안을 마련하는 적극적 자세와 역량 강화 필요.

- ICANN: 사이버 위협에 대응하기 위해 다중 이해관계자가 참여하는 안보 중심의 네트워크 조성 필요. ICANN 내 실무 그룹을 참여시켜야 함.

- 마이크로소프트: 표현의 자유와 함께 익명성의 역기능을 막기 위한 책임간의 조화가 필요함. 사이버 범죄에 대한 국제 공조가 어려운 현실을 지적하며, 부다페스트 협약의 확대 필요성 역설.

런던 사이버 공간 총회는 안전하고 개방적인 사이버 공간에 대한 공통 비전의 구축과 강화의 필요성을 제시하였다는 점에서 의의가 있다. 그러나 앞서 살펴본 것과 같이 새로운 국제 규범 도입과 부다페스트 협약의 적용 및 확대 등의 이슈들과 관련하여 여전히 미국 및 유럽 국가 측과 중국·러시아 측이 대립하고 있음을 확인하였다.

(2) 2012년 2차 부다페스트 회의

부다페스트 사이버 공간 총회는 2012년 '자유와 번영을 위한 신뢰와 안전(With Trust and Security for Freedom and Prosperity)'을 주제로 개최되었다. 세부 의제는 런던 회의에서와 같이 경제 성장과 발전, 사회적 혜택과 인권, 사이버 보안, 국제안보, 사이버 범죄 등 다섯 가지 분야로 인터넷이 가져다주는 다양한 혜택과 위협 요인으로 구성되었다.[9] 전체회의(Plenary Session)에서는 사이버 공간의 현황과 중요성에 대한 인식, 역량 강화와 공공정책, 국제기구를 통한 협력의 필요성 등에 대해 총괄적인 논의가 이루어졌다. 역량 강화와 정보 공유가 특히 강조되었고 표현의 자유, 다양성, 개방성, 투명성 등의 원칙을 토대로 하는 국가 간 및 정부와 민간부문 간 협력의 중요성이 인식되었다. 초청 국가는 유럽과 미국 등 주로 서방 국가, 아시아권에서는 한국, 일본, 중국, 인도, 사우디아라비아, 싱가포르, 태국, 필리핀 등 일부 국가에 한정되었다. 각국 정부 인사뿐 아니라 국제기구, 학계, 기업 등 다양한 행위 주체들이 참가하였다.

미국과 유럽 국가들은 기본적으로 현재의 인터넷 거버넌스 체제 유지 및 인터넷에 대한 최소 규제 원칙을 주장하였다. 반면, 중국과 브라질 등 일부 개도국들은 부다페스트 총회가 런던 총회 이후 참여 국가나 의제 구성 면에서 발전하지 못한 점을 들어 사이버 공간 총회에 대해 비판적인 태도를 보였으며, 유엔이나 ITU 등 더욱 다양한 국가들이 참여하는 국제기구에서 논의를 통하여 새로운 국제 규범 수립이 필요함을 강조하였다.

특히 국제안보 분야에서 국가 간 오해로 발생하는 문제를 막기 위

---

9   부다페스트 사이버 공간 총회 홈페이지 http://www.mfa.gov.hu/kulkepviselet/AT_EBESZ/en/en_Hirek/cyber.htm

하여 국제 차원의 협조와 책임 이행이 필요하며, 각국 정부는 국제 평화와 안보, 정의를 방해하지 않는 방식으로 각자의 역할을 수행하여야 한다는 기본적인 원칙이 강조되었다. 사이버 안보 위협에 대해서는 국제적으로 아직 명확한 규범이 확립되어 있지 않으므로 사이버 안보 위협에 대한 개념 정립과 대응 방식에 대한 공감대 형성이 시급하고 각국이 합의 가능한 문서를 조속히 도출해야 하며, 포괄적인 국제기구인 유엔 차원에서 논의하는 것도 적절하다는 점이 지적되었다. 사이버 안보와 관련하여 전통적인 국제법을 적절하고 일관되게 적용해 나가는 노력이 필요하다는 점이 언급되었다. 러시아 측은 이러한 주장에 대응하여 서방 국가의 사이버 안보 개념은 다른 국가와 상이하므로 이에 대한 합의가 선행되어야 하며, 정부의 이행 능력을 고려하여 합리적 수준에서 주권을 행사할 수 있는 규범 확립이 필요하다고 의견을 밝혔다. 국제 협력에 관한 더욱 구체적인 방안 마련과 관련하여 각국 정부가 서로 다른 입장을 취하고 있으므로 모든 사항에 합의하는 것은 불가능할 수도 있으나, 모두가 수용할 수 있는 해결 방안으로 진척시킬 필요가 있음이 강조되었다.

부다페스트 총회는 런던 총회의 후속 회의로서 사이버 공간에 대한 이해당사자들이 참가하여 공통의 이해와 책임을 공유하는 논의를 진행했다는 점에서 의의가 있다. 그러나 부다페스트 총회는 런던 총회와 동일한 다섯 개의 세부 주제를 바탕으로 논의를 진행하였다는 점, 유럽과 미국을 비롯한 서방 국가 참가자들이 주를 이루었다는 점 등에서 런던 총회의 내용에서 크게 벗어나지 않았다. 런던 총회에서 확인한 서방과 러시아·중국 양측의 입장 차이를 좁히거나 해소하는 노력이 진행되지 않았다는 점도 한계로 언급된다.

(3) 2013년 3차 서울 회의

3차 서울 회의는 2013년 '개방되고 안전한 사이버 공간을 통한 글로벌 번영(Global Prosperity through an Open and Secure Cyberspace)'을 주제로 개최되었다.[10] 런던과 부다페스트 총회에 각각 약 60개국이 참가하였던 것에 비해, 서울 총회에는 총 87개국, 18개 국제기구 및 지역기구, 연구소 및 기업 등에서 약 1600여 명이 참가하였다. 2013년 제3차 유엔 GGE가 처음으로 합의에 이른 성과를 이어받아, 사전 조율과 논의를 통해 '개방되고 안전한 사이버 공간을 위한 서울 프레임워크 및 공약(Seoul Framework for and Commitment to Open and Secure Cyberspace)'이라는 포괄적 결과물을 도출하였다. 서울 회의에서는 이전 총회에서 논의되었던 5개의 세부 주제에 덧붙여, 역량 강화를 제6의 세부주제로 선정하였다. 이외에도 사이버 공간의 비전, 디지털 격차의 해소와 글로벌 번영, 국경 간 협력 강화라는 3개의 전체 세션을 함께 진행하였다.

글로벌 차원의 사이버 안보를 확립하기 위하여 각국 정부, 지역협력기구, 국제기구들은 사이버 안보와 주요 정보 인프라를 보호하기 위한 전략을 발전시켜 이를 함께 공유하고 이행하는 노력이 필요하다는 점을 강조하였고 각국 침해사고 대응팀(CERT) 간 접근법과 기술 차이에 대한 이해 협력 조화를 지지하였다. 유엔 GGE가 2013년 최초로 합의에 성공한 점, 지역적으로는 유럽안보협력기구(OSCE), 아시아지역포럼(ARF), 그리고 G8 선언을 통해서 국제 사이버 안보를 증진시키기 위한 논의가 진행되고 있는 점, 중국과 미국, 러시아 및 기타 국가의 양자 협상이 진행 중임이 언급되었다.

10   서울 사이버 공간 총회 홈페이지 http://www.mofa.go.kr/trade/arms/2013cyber/cyber07/index.jsp?menu=m_30_80_70&tabmenu=t_7

표 1. 서울 프레임워크 및 공약 요지

세부의제	내용
1. 경제성장 및 발전	인터넷 경제가 글로벌 경제 성장에 지속적으로 기여해 온바, 더 많은 사람들이 광대역 인터넷 통신망에 접근할 수 있도록 보장함으로써, 모든 국가들이 인터넷을 통해 세계 경제로 통합되고, 지속 가능한 발전과 기술 경쟁력 확보, 정보 접근권 보장, 빈곤 해소 등이 가능하도록 노력한다.
2. 사회·문화적 혜택	인터넷의 개방성을 확보하기 위해서는 표현의 자유가 온라인에서도 보호받아야 하며, 인터넷은 다자적이고 투명하며 민주적으로 관리되어야 한다. 또한, 정보화 사회를 촉진하기 위해서는 문명 간의 대화를 활성화해야 한다.
3. 사이버 보안	정보통신기술의 발전 및 의존성 증대에 따라 다양한 사이버 보안 문제가 제기되고 있으므로, 안전하고 신뢰 가능한 사이버 공간 구축을 위해 노력한다. 각국 및 국제기구가 수립한 사이버 보안 전략의 공유와 기술적·관리적 대책 마련을 위한 민-관 협력, 그리고 최적 관행의 공유 등이 필요하다.
4. 국제안보	UN 헌장을 포함한 기존 국제법은 온라인에서도 적용된다. 앞으로는 이러한 국제법이 어떻게 사이버 공간에 적용될 수 있을지에 대해 각국이 더 많은 노력을 기울여야 한다. 또한 핵심정보통신기반시설(CII) 보호를 위해 각국이 지속적으로 노력한다. 국가가 국제적으로 잘못된 행동을 야기할 경우 해당 국가는 이에 대한 국제적 책임을 진다. 자발적인 신뢰구축조치(CBMs)는 예측 가능성 증대와 오해 소지의 감소를 통해 갈등 유발 위험을 줄이는 데 기여한다.
5. 사이버 범죄	사이버 범죄 해결을 위해서는 법 집행 기관 및 민간부문과의 협력이 필수적이다. 개인의 자유와 사생활을 보호하면서 사이버 범죄 수사 및 기소에 협조하기 위하여 국가와 관련 기관, 민간기업, 시민사회 간의 협력을 강화하고, 사이버 범죄 대응 기술 지원과 역량 강화를 위한 파트너십을 제고한다.
6. 역량 강화	사이버 보안 및 디지털 격차를 극복해야 궁극적으로 안전하고 신뢰 가능한 사이버 공간 확보가 가능함에 비추어, 각국은 ICT의 보편적 접근과 핵심 정보통신기반시설 보호를 위하여 최적의 사이버 보안 기법 및 교육훈련 분야와 관련된 정보통신기술을 전파하고 역량 강화를 지원한다. 역량 강화에는 정부와 기업, 시민사회의 전면적인 참여가 필요하다.

출처: 세계사이버스페이스총회 준비기획단 2013(남상렬 외 2013 재인용).

참석자들은 무엇보다 정보통신기술의 사용과 보안에 관한 공통의 이해를 증진시키기 위해 회원국 간 대화를 촉구하는 유엔의 역할에 대해 공감하였다. 사이버 공간 내 국가 주권 행사와 관련하여 유엔 헌장 및 국제법의 적용 가능성과 기존 국제법으로부터 도출된 규범들의 적용이 국제 평화와 안전의 핵심 조치라는 점이 언급되었다.

서울 총회에서 새롭게 추가된 의제인 역량 강화 부문에서는 역량

개발을 위한 국제 협력의 중요성을 강조하고 역량 강화의 방법과 주체를 확인하였으며, 나아가 이를 통한 공통 가치의 달성을 강조하였다. 특히 개발도상국들의 역량 강화가 필수적이며, 동시에 선진국들은 사이버 안보를 위한 정책 모범 사례를 공유하고 인력 훈련을 지원하는 것이 필요하다고 지적하였다. 정보통신기술에 대한 보편적 접근이 가능해 질 때 비로소 지속가능한 발전과 궁극적으로 안전하고 신뢰 가능한 사이버 공간의 확보가 가능해지므로 역량 강화는 반드시 이루어져야 할 과제임을 확인하였다.

서울 총회에서는 개방되고 안전한 사이버 공간을 확보하고 인류의 공동 번영을 위한 '서울 프레임워크 및 공약'을 제안하였다. 서울 프레임워크는 과거 유엔 차원에서 회원국들이 동의한 의정서 및 보고서, ITU에서 채택된 국제 협력 프레임워크 등에 토대하여 마련되었으며 참가자들의 합의에 의해 채택되었다. 서울 프레임워크는 2015년 차기 헤이그 사이버 공간 총회 논의의 방향을 제시하였다고 볼 수 있다. 하지만 서울 프레임워크는 그 내용이 기본 원칙만을 포함하고 있고 기존 유엔 보고서 및 의정서 등에 근거를 두고 새로운 입장과 내용이 추가되지 않았다는 점에서 한계를 가지는 것으로 평가된다.

(4) 2015년 4차 헤이그 회의

2015년 4차 헤이그 총회는 90여 개국 및 20여 개 국제기구 대표, 각국 기업과 시민사회 대표 등 1700여 명이 참석한 역대 최대 규모로 개최되었다.[11] 정부 외에 기업, 시민사회, 학계 등 다양한 이해관계자가 참여하였다. 서울 회의가 각국 대표들의 연설을 중심으로 진행된 것

11   헤이그 사이버 공간 총회 홈페이지. https://www.gccs2015.com/gccs/all-about-gccs2015

에 반해, 헤이그 회의는 다양한 주제의 토론 세션을 중심으로 진행되었다. 의장선언문 작성 과정도 개방적인 의견수렴을 통해 이루어졌다. 사전에 의장선언문 초안이 배포되고, 이에 대해 여러 이해당사자의 의견을 받아 1차 수정안이 만들어졌고, 이에 대한 의견을 다시 받아 최종안이 만들어졌다. 아울러 '사이버 전문가 세계포럼(Global Forum on Cyber Expertise)'의 출범이 선포되었다.

본 회의에서는 인터넷 거버넌스를 포함한 사이버 안보 역량 강화 등이 논의되었다. 본회의 의장 결의안은 다음과 내용을 포함하고 있다. 본 회의는 다수이해당사자 인터넷 거버넌스 모델과 2015년 유엔 총회 결의사항을 지지한다. 각 정부는 자국 인터넷 정책에서 시민사회, 기술전문가, 기업 등 각계의 이해를 모두 반영해야 하고 이러한 방식으로 현재 사이버 공간에 대한 복합적인 도전들이 논의되어야 한다. 인권과 기본권이 온라인상에서도 보장되어야 한다. 사이버 안보 강화 조치가 인터넷의 개방성과 사용자의 권리를 제한해서는 안 된다. 다수이해당사자 모델은 정보사회세계정상회의(WSIS)에서 제시된 목표를 이행하는 방법이다. 현재 사이버 안보에 대한 위협들이 증가하고 있어 이에 대한 인식이 강화되어야 한다. 회의에서는 사이버 안보 교육의 혁신적인 사례들이 소개되었다. 정부, 기업, 시민은 사이버 공간에 대한 이해와 책임을 공유한다. 영국 사례(Cyber-security Information Sharing Partnership), 네덜란드 사례(Triple Helix model of The Hague Security Delta)와 같이 공공과 민간의 협력 사례들도 소개되었다. 위기대응 팀은 산학연 협동에서 출발하여야 하며 지속적인 역량 강화가 요청된다. 자발적이고 합의에 기반한 개방형 표준은 글로벌 인터넷 인프라의 안전을 위해 매우 중요한 조건이다.

한국은 헤이그 회의에서 개발도상국의 사이버 안보 취약성이 전체 사이버 공간의 안전성을 위협하고 있음을 감안하여 개도국의 역량 강화를 위한 국제적 협력이 중요함을 강조하였다, 헤이그에서 열린 사이버 공간 총회에서 출범한 글로벌 사이버 전문가 포럼에 회원국으로 참여해 개도국 역량 강화 지원을 위한 글로벌 정보호호센터(GCCD: Global Cybersecurity Center for Development)사업을 지원할 계획을 밝혔다. 센터는 개도국 정보보호 분야 초청연수, 현지 공동세미나 등을 진행하고 이외 온라인 해킹 방어 훈련 및 해당 국가 정책자문을 진행해 이론 교육과 실전 훈련, 맞춤형 정책설계 지원으로 이어지는 프로그램을 수행할 예정이다.

3) 사이버 공간 총회 의의

사이버 공간 총회는 미국을 위시한 서방 측 국가들이 유엔을 중심으로 국가 중심 사이버 안보 규범을 논의하는 것에 대한 반발로 시작되었다. 이들은 국가뿐만이 아니라 기업, 전문가, 각종 국제기구 및 NGO가 함께 참여하는 장을 마련하였고 법적 구속력을 가지는 규범의 도출보다는 사이버 안보 관련 다양한 의제에 대해 논의하는 것에 의미를 두고 있다. 본 회의에서 채택된 내용들은 사이버 안보에 관한 획기적인 진전을 담은 것이 아니라 기존 GGE나 다른 국제기구들에서 마련된 내용을 다시 한 번 확인하는 성격의 것들이다. 4차에 걸쳐 회의를 진행하는 동안 참여자들도 늘고 논의도 활발하게 이루어지고 있지만, 공식적인 국제기구가 아닌 포럼 형식이라는 점, 뚜렷한 주관자가 없이 그때그때 주최국의 구성에 따라 회의가 진행된다는 점 등이 본 회의의 위상을 다소 모호하게 만들고 있다. 한국은 3차 회의를 개최했을 정도로 총회의 핵심적인 참여자 가운데 하나이다. 사이버 안보에 관한 서울 프레임워크를 선언하였고 4차 헤이그 회의에서 제안된 글로벌 사

이버 전문가포럼이나 글로벌 정보보호센터 지원 사업에도 적극 참여
하고 있다.

3. 국제전기통신연합, 상하이협력기구, 인터넷주소관리기구

1) 국제전기통신연합과 글로벌 사이버 안보 어젠다

국제전기통신연합(ITU)은 유엔 산하 정보통신 부문 전문기구로서 전
기통신의 개선과 효율적인 활용을 위해 국제 협력을 증진하는 것을 목
적으로 하는 정부 간 국제기구이다. ITU는 1932년 유선전신에 대한
국제 협력을 도모하기 위해 설립되었으며, 기술이 발달하면서 영역이
유무선 전기통신뿐만 아니라 전파통신, 위성, 방송 분야 전반으로 확
장되어 왔다. 사이버 공간과 관련한 ITU의 활동은 크게 인터넷 거버넌
스와 사이버 공격 및 사이버 안보 의제를 중심으로 전개되었다. 2001
년 ITU가 정보사회세계정상회의(WSIS)를 개최하면서부터 사이버 공
간 관련 ITU의 역할이 확장되어 왔다.

　　WSIS 개최 이전까지 ITU에서 사이버 안보 의제는 사실상 거론
되지 않았으며, 인터넷 주소자원인 도메인 이름(DNS)의 등록과 할
당 및 기술발전 정책 및 표준에 논의가 집중되었다. 2003년 제네바에
서 정보사회세계정상회의(WSIS)를 개최하면서 ITU내 사이버 안보에
대한 논의가 본격화되기 시작하였다. WSIS 원칙 선언(Declaration of
Principles)에서[12] 정보네트워크 보안, 인증, 사생활 및 소비자 보호 등

12　WSIS 원칙 선언의 주요 내용은 아래와 같은 내용으로 이루어져 있다.
　　1) ICT4D 촉진에 있어서 정부와 모든 이해당사자들 역할
　　2) 소외 없는 정보사회를 위한 필수 기반으로서 정보통신 인프라
　　3) 정보와 지식에 대한 접근
　　4) 능력 배양

을 모두 포함하는 '신뢰할 수 있는 프레임워크의 강화'가 정보사회의 발전과 신뢰 구축의 선결 요건이라고 지적하고 특히 모든 이해 당사자가 협력하는 사이버 안보 문화의 필요성과 국제협력을 촉구하였다.

2007년 ITU는 글로벌 사이버 안보 어젠다(GCA: ITU Global Cybersecurity Agenda)를 제안한다.[13] 구체적으로 ITU는 WSIS 실행계획(WSIS Action Line) "ICT 이용에 있어서 신뢰와 안보 구축"의 촉진자로서 역할 이행을 다짐하였다. GCA는 법적 조치, 기술 및 절차 조치, 조직적 구조, 역량 개발, 국제협력 등 다섯 가지 주요 과제를 기반으로 하는 국제 프레임워크로 정보 사회의 안보과 신뢰 증진을 목적으로 한다. ITU는 GCA를 통해 각 회원국이 채택할 수 있는 법안 모델의 발전을 기대할 수 있을 것이라 전망했다. 국가 내 사이버 안보 침해사고 대응팀(CERT)의 설치 및 운영 여부 등 조직 구조에 기반을 둔 사이버 안보 준비 지수(Cyber-security Readiness Index) 제정을 제안하였다. GCA는 단순히 당면한 과제들을 나열하는 데 그치지 않고 관련 이해당사자들의 지지와 참여를 통해 사이버 안보와 신뢰를 구축하기 위한 전략과 해결책을 제시하는 역할을 적극적으로 수행해 왔다. GCA는 고위전문가그룹(HLEG: High-Level Experts Group)을 설치하여 그 임무 수행을 구체화하고 있다. HLEG의 주요 목표는 다음 7가지로 제

5) ICT 활용에서 신뢰와 안전 구축
6) 여건 조성(enabling environment)
7) 모든 생활측면의 혜택을 위한 ICT 어플리케이션
8) 문화 다양성 및 정체성, 언어 다양성 및 지역 콘텐츠
9) 언론 및 정보의 자유, 미디어 다양성 및 다원주의
10) 정보사회의 윤리적 측면
11) 국제 및 지역 협력

13   ITU Global Cybersecurity Agenda http://www.itu.int/en/action/cybersecurity/Pages/gca.aspx

시되어 있다.

- 첫째, 기존 국내법, 지역적 활동들과도 상호호환이 가능할 뿐만 아니라 국제적 협력 체계를 구축할 수 있는 사이버 범죄에 관한 입법 모델을 제시
- 둘째, 공공부문과 민간부문에서의 국내적, 지역적 활동과의 협력을 통해서 소프트웨어와 시스템에 대한 세계적인 최소 보안 기준과 인증 제도를 확립하기 위한 전략을 제시
- 셋째, 사이버 범죄를 다루기 위한 국내적, 지역적 조직 설치를 위한 포괄적 정책 모델과 국가 전략을 작성하고 지원
- 넷째, 신규 또는 기존 활동과의 국제적 협력을 위한 감시, 경고, 사고 대응 체제를 설치
- 다섯째, 지리적 경계에 한정되지 않는 세계적인 디지털 신원 인증을 위하여 보편성 있는 포괄적 신원 확인 체제와 필요한 조직을 작성하고 지원
- 여섯째, 모든 분야를 포괄하면서 이해당사자들의 지식과 경험을 증진하기 위해서 인간과 제도의 능력함양을 위한 국제적 전략을 개발
- 일곱째, 언급한 여섯 개의 목표를 달성하기 위해 국제적으로 협력할 수 있는 전략과 체제를 수립

GCA는 특히 온라인 아동 보호(Child Online Protection)에 집중함으로써 보다 광의의 사이버 안보 어젠다 설정에 영향을 미쳤다. 세부적으로는 사이버 공간 내 아동과 청소년에 유해한 위험 요인들과 취약점을 파악하며, 아동 보호 이슈에 대한 인식을 제고하고, 위험을 최소화하기 위한 실용적인 방법을 개발하며, 관련 지식과 경험을 공유하고자

하였다.

2011년 정보사회 세계정상회의에서 사이버 안보 분야 민간협력 기구인 IMPACT(International Multilateral Partnership Against Cyber Threat)를 ITU의 정보보안 수행체로 공식 인정하였다. IMPACT는 세계 사이버 안보 아젠다의 운영과 함께 ITU의 실무를 수행하고 있다. IMPACT는 글로벌 대응 센터를 통한 위협 정보 공유 및 구제 조치, 국제협력센터를 통한 국제공조 및 정책과제 제시, 훈련기술개발센터 통한 교육, 안보보증연구센터에서 연구수행을 지원하고 있다. 현재 ITU는 회원국들이 자국의 사이버 보안 준비태세와 대응 역량을 평가하도록 지원하고 있으며 60개국 이상이 참여한 사이버 훈련을 7 차례 실시하였다. 최빈 개도국이 그들의 사이버 안보 역량을 강화하여 자국의 인프라 안보능력을 향상시키고 사회 경제적 혜택을 극대화 할 수 있도록 지원하는 최빈 개도국의 사이버 안보 향상 프로젝트를 운영하고 있다. 국가 사이버 안보 역량에 대한 기준을 마련하고 회원국들이 모범 사례를 배울 수 있도록 글로벌 사이버 안보 지수(GCI)를 제공하기 위해 ABI Research, Symantec, Trend Micro와 같은 사이버 보안 기업들과 공식적인 협력 관계를 수립하고 있다.

2012년 국제전기통신세계회의(WCIT)에서 국제통신규약 (ITR: International Telecommunication Regulations) 개정이 시도되는 과정에서 ITU가 인터넷 거버넌스에서 어떤 역할을 해야 하는지에 대한 국가 간의 이견이 표출되었다. 인터넷 규제와 관련한 조항 I개정에는 193개 회원국 중 89개국이 서명했으며 55개국은 서명을 거부하였다. 서명을 주도한 국가는 러시아와 중국을 비롯해 중동, 남미 지역 국가들이며, 여기에는 한국도 포함되어 있다. 이에 반해 미국, 영국, 캐나다를 포함한 유럽 국가들은 서명을 거부하였다. 서구 국가들의 반발로 인하여 인터넷 규제 관련 조항은 ITR 개정에 포함되지 못했고, 정보보호나 스팸 방지 등에 협력한다는 선언적 의미만 부가되었다. 회의의 첫 번째 쟁점은 ITU 권한 범위에 관한 것이었다. ITU 권한범위를 기술과 개발 부문으로(Noncontent related Internet issues) 제한하고자 하는 국가(대부분의 선진국)와, 정보통신 기술 활용에 따라 회원국이 직면하는 전반적 문제(사이버 범죄 및 안보, 프라이버시 침해)로 확대하고자 하는 국가(러시아, 사우디아라비아, 인도, 중국 등) 간 입장이 대립하였다. 두 번째 쟁점은 ITU 참여 대상에 관한 것이었다. 참여 범위를 다양한 이해관계자들로 확대하려는 국가(미국, 캐나다, 독일, 스웨덴, 불가리아, 일본, 호주, 프랑스 등)와 정부 간 논의로 제한하고 현행 ITU 체제 유지를 주장하는 국가 간 의견 차이가 드러났다.

인터넷 거버넌스에서 ITU 역할에 관한 논란에도 불구하고 ITU는 인터넷 도메인네임과 관련한 규제와 기술 표준 논의의 장에서 출발하여 현재 사이버 안보 및 모든 인터넷 이슈를 아우르는 사이버 공간에 관한 포럼으로 기능하고 있음을 확인할 수 있다.

2) 상하이협력기구와 국제정보보안협약

상하이협력기구(SCO)는 중국, 러시아, 우즈베키스탄, 카자흐스탄, 키르기스스탄, 타지키스탄 6개국 정상들이 2001년 7월 14일에 설립한 국제기구이다.[14] 2015년 7월 인도와 파키스탄이 정식 회원국이 되었고 이외 아프가니스탄과 이란, 몽골, 벨라루스 4개국이 준회원국으로 활동하고 있으며 스리랑카, 터키는 협력 파트너, 투르크메니스탄, 독립국가 연합과 동남아시아 국가 연합은 초청 국가 및 기구이다. 아르메

14　상하이협력기구 홈페이지 http://www.sectsco.org/EN123/

니아, 아제르바이잔, 캄보디아, 네팔 등은 대화 상대국으로 지정되었다. 상대적으로 느슨한 안보협력체제에서 출발하였지만 2012년 이후부터 NATO에 준하는 협력모델 안이 언급되기 시작했다. 정회원국 간의 정치적 이해와 입장이 상당히 다르고 중국과 러시아가 주도권을 두고 갈등이 심하기 때문에 NATO와 같은 수준의 집단안보체제로의 발전은 쉽지 않을 것으로 예상된다.

　러시아, 중국, 타지키스탄, 우즈베키스탄 등 상하이협력기구 회원국은 사이버 범죄협약에 반대하면서 2011년 '국제정보안전행동규약(International Code of Conduct for Information Security)'을 유엔총회에 회람한 이후 이를 개정하여 2015년 1월 새로운 안을 총회에 제출하였다.[15] 이들은 국제정보보안협약(Convention on International Information Security) 제정을 제안하고 있으며[16] 본 조약에서 사이버 공간에 대해 개별국가의 주권을 강조하고, 적용범위를 넓게 하여 검열 및 정보 차단의 여지를 남기고 인권 제한 가능성을 명시하였다. 하지만 관할권 및 국제공조에 관한 구체적 규정은 마련되어 있지 않다.

　국제법 적용 문제와 관련하여 본 안은 2013년 GGE 최종보고서에서 합의된 기존 국제법, 특히 유엔 헌장의 적용이라는 문구를 생략한 채, 기존 국제법에서 연유된 규범만을 언급함으로써 기존 국제법의 적용보다는 새로운 국제법의 채택을 염두에 두고 있음을 드러내고 있다(유준구 2015). 러시아는 2015년 브릭스(BRICs) 정상회의와 상하이협력기구 정상회의에서 국제정보보안협약(Convention on International

---

15　국제정보보안행동규약 규약의 내용은 https://ccdcoe.org/sites/default/files/documents/UN-150113-CodeOfConduct.pdf 참조.

16　협약 본문은 http://archive.mid.ru/bdomp/ns-osndoc.nsf/1e5f0de28fe77fdcc32575d900298676/7b17ead7244e2064c3257925003bcbcc!OpenDocument 참조.

Information Security)을 제출함으로써 사이버 안보 및 거버넌스를 포괄하는 형태의 새로운 국제법 창출을 지속적으로 주장하고 있으며, 국제법 적용 시 사이버 공간을 본질적으로 국가주권이 미치는 통제 가능한 공간으로 인식하고 있어 미국 및 유럽 국가들과의 갈등이 지속될 것으로 예상된다.

3) 인터넷주소관리기구와 사이버 안보

인터넷이 발명되고 확산되면서 인터넷주소 자원을 관리하는 기구로 1998년 ICANN(Internet Cooperation for Assigned Names and Numbe)이 출범하여 사이버 공간을 규율하는 가장 중요한 구심점 역할을 수행해 왔다. 인터넷 도메인 네임체제는 인터넷발전 초기에는 IANA(Internet Assigned Number Authority)[17]가 인터넷 엔지니어들이 중심이 된 여러 조직(IETF: Internet Engineering Task Force, IESG: Internet Engineering Steering Group, IAB: Internet Architecture Board 등)들의 의견을 모아 조정하면서 관리해 왔다. IANA가 주도하는 도메인네임 관리는 인터넷의 개방적인 기술표준에 의해 허용되는 99%의 자율성이 원활하게 작동하기 위해 최소한으로 요구되는 1%의 규율이라고 이해되어질 만큼 비정치적이고 기술적인 것이었다 (Gillett and Kapor 1997). 미국 정부는 재정을 지원하기는 하였으나 의사결정에 많이 간섭하지는 않은 것으로 알려져 있다(황철증 1999). 그러나 인터넷이 글로벌 네트워크로 확장되고 인터넷주소 관리를 미국 내의 특정 집단이 독점하는 것에 대한 비판 여론이 일면서 여타 국가의 참여 필요성이 제기되고 결국 1998년 11월 도메인 네임을 관

---

17   미국 남가주 대학의 존 포스텔이 운영하던 가상 기구.

리하는 비영리 조직이라는 형태로 ICANN이 공식 출범하게 된다. 미국 상무성의 지원을 받기는 하지만, 산하 기구나 지원 단체들과의 긴밀한 연계, 국가 대표가 아닌 직능 및 지역 대표가 의사결정 과정을 주도한다는 점 등 몇 가지 특성으로 인해 ICANN의 성립은 거버넌스의 새로운 형태로 주목을 받았다. 기존의 일반적인 거버넌스 형태인 국가 간 국제기구도 아니면서 완전히 민간 주도의 NGO도 아닌 새로운 모습의 거버넌스를 ICANN이 시도하고 있다는 것이다. 그러나 인터넷이 전 세계적으로 확장하면서 러시아, 중국, 브라질, 아랍권 국가 등은 미국 상부무의 영향을 받는 ICANN이 인터넷주소 자원 관리를 독점하는 것, ICANN과 계약을 통해 인터넷의 루트서버 관리권을 가지는 것 등에 대한 문제를 제기하였고, 인터넷 거버넌스의 전면적인 개편을 요구해 왔다(Mathiason 2009). 현재 인터넷 거버넌스를 둘러싼 갈등은 서방 측의 다수이해당사자주의(Multistakeholderism)와 러시아 중국 등이 주장하는 정부간주의(Inter-governmentalism)를 축으로 논의되고 있다. 전자는 정부는 물론 기업 NGO 국제기구 등 이해당사자들이 모두 참여하여 인터넷이 보다 자유롭고 책임성 있게 운영되는 공간으로 만들자는 논의이고 후자는 인터넷 공간도 개별 국가의 주권이 미치는 공간임을 인정하면서 ITU와 같은 국제기구나 새로운 국가 간 기구를 통해 인터넷주소 자원을 관리해야 한다는 주장이다. 양측의 팽팽한 공방이 진행되는 가운데 2013년 에드워드 스노든이 미국의 대대적인 불법 감청을 폭로하면서 수세에 몰린 미국은 2014년 ICANN 감독 권한을 각국 정부와 아무런 관계가 없는 이해당사자(interested parties)로 구성된 감시기구에 넘길 계획을 발표하였다. 이에 따르면 ICANN의 역할은 논의진행자(convener & facilitator)로 한정될 것이고 이양 계획은 ICANN이 전 세계 이해관계자들을 소집

하여 진행하되, 이들의 폭넓은 지지와 아래의 4대 원칙에 따라 추진
할 것이라고 하였다.

- 다수이해당사자 지지 강화(Support and enhance the multistake-
  holder model)
- 인터넷 DNS의 보안·탄력성·안정성(Maintain the security, stability,
  and resiliency of the Internet DNS)
- IANA 서비스 파트너와 고객요구에 부응(Meet the needs and expec-
  tation of the global customers and partners of the IANA services)
- 인터넷 개방성 유지(Maintain the openness of the Internet)

2016년 10월 ICANN은 미국 상무성과 공식적으로 분리된 조직이 되
었지만 여전히 많은 부분에서 미국의 영향력을 벗어나기 어려운 상황
이다. 2002년 ICANN 내에 안보안전 자문위원회(SSAC: Security and
Stability Advisory Committee)가 설립되었고, 인터넷보안 기술과 관련
된 회의, 사이버 보안 인식 주간(Cyber Security Awareness Week) 등
을 개최하기도 하였다. 그러나 주소자원 관리 권한 이양 문제에 초점
이 맞추어지고 향후 인터네 거버넌스의 향배에 대한 공방이 진행되면
서 ICANN은 사이버 안보 국제규범 형성에서 중요한 구심점의 역할을
수행하지 못하고 있다.

III. 사이버 안보 국제규범 논의 정리와 한국의 대응 방안

이상 현재 국제사회에서 사이버 안보 국제규범에 관한 논의가 어떻게 이루어지고 있는지 사이버 범죄 협약, 사이버 공간 총회, ITU, 상하이 협력기구, ICANN을 중심으로 고찰하였다. 현재 사이버 안보 국제규범에 관한 논의는 크게 사이버 공간의 국가주권 인정과 기존 국제법 적용 여부로 〈표 2〉에서와 같이 서방 측과 러시아·중국 측이 대립하고 있는 가운데 양측의 지속적인 협상이 다양한 장에서 진행 중이다. 참여자 측면에서 볼 때 부다페스트 협약, ITU, 상하이협력기구는 국가들이 중심이 되어 진행되고 사이버 공간 총회나 ICANN은 기업이나 관련 시민사회단체나 기업도 함께 하는 장으로 발전해 왔다. 전반적으로 볼 때 시민사회의 참여는 아직 부족한 편이고 국가 주도로 논의가 이루어지고 있음을 알 수 있다.

현재 점증하는 사이버 위협에 대한 일치된 우려와 국제협력의 필요성에 대해서는 공감대가 형성되어 있음을 확인할 수 있다. 비록 현재까지 범세계적으로 강제력을 가지는 합의된 국제조약은 마련되지 못했지만 그동안의 지속적인 노력을 통해 각 국가 간의 입장의 차이가 분명히 드러나고 서로 협력할 수 있는 선이 어디까지인지를 알게 된 것은 큰 의미를 가지는 성과로 평가된다. 다만 국가 간의 입장 차이가 단시일 내에 좁혀지거나 조정될 수 있는 수준이 아니어서 이에 대해서는 지속적인 대화와 협력이 요구되는 상황이다.

한국은 2013년 제3차 사이버 공간 총회를 성공적으로 개최하였고 이후 4차 헤이그 회의에서도 글로벌 정보보호센터 사업 등에 적극 참여하는 등 활발한 활동을 보여 왔다. 사이버 안보 관련 국제규범 논의의 양대 장인 유엔 GGE에의 적극 참여와 사이버 공간 총회의 성공적

표 2. 사이버 안보 국제규범 발전: 서방 측 vs 러시아·중국 측

	미국과 서유럽 측 주도	러시아와 중국 측 주도
기본입장	자유로운 사이버공간 사이버공간에 기존 국제법 적용	사이버공간의 국가주권인정 사이버 공간을 위한 새로운 법마련
2001	유럽평의회 부다페스트 사이버범죄협약	
2004-2005	유엔 GGE 1차회의	
2007	ITU Global Cybersecurity Agenda	
2009-2010	유엔 GGE 2차회의	
2011	사이버 공간 총회 1차 런던회의	상하이협력기구 정상회의 국제정보안전행동 규약
2012	사이버 공간 총회 2차 부다페스트회의	
2013	사이버 공간 총회 유엔 GGE 3차회의 3차 서울회의 보고서	
2015	사이버 공간 총회 유엔 GGE 4차회의 상하이협력기구 정상회의 4차 헤이그회의 보고서 국제정보보안협약	

개최 경험은 한국이 사이버 안보 국제규범 형성에서 주도적 역할을 할 수 있는 지평을 확보하는 데 기여하였다. 사이버 안보 국제규범 마련을 위한 논의와 협력은 앞으로 지속될 것이고 이러한 논의들이 한국의 사이버 안보 관련 현실 인식, 대응책 마련, 국제협력의 방향에 큰 영향을 미칠 것이다. 한국은 국제사회의 사이버 안보 국제규범 논의가 어떻게 전개되고 있는지 모니터링하고 또 적극적으로 논의 형성에 참여해야 한다. 사이버 안보 국제규범 논의는 중진국으로서 한국의 외교역

량을 기대할 수 있는 중요한 영역이 될 수 있다.

한국이 사이버 안보 국제규범 마련에 보다 적극적인 역할을 할 수 있기 위해서는 몇 가지 개선되어야 할 사항이 있다. 사이버 안보 국제규범 논의가 진전되는 데 한국이 기여할 수 있고 중요한 역할을 수행할 수 있기 위해서는 단지 주장의 논리성이나 열성적인 참여만으로는 부족하다. 국제규범 논의에 적극 참여하면서 동시에 아래와 같은 노력을 기울여야 한다.

첫째, 국제규범의 구체적 내용에 대해 각국의 이해가 민감하게 대립하고 있는 상황에서, 한국에 가장 적합한 논리를 개발하고 전략적 입장을 선택할 필요가 있다. 사이버 공간에 대한 기존 국제법의 적용과 사이버 공간에서 주권이 어디까지 인정되는지 이슈는 한편으로는 미국과 유럽 국가 측, 다른 한편으로는 러시아와 중국 측을 가르는 중요한 차이이다. 우리에게 적절한 입장은 무엇인지 논의하고, 양자택일이 쉽지 않은 상황이라면 국제규범의 중립성이나 보편성을 강조하면서 한국의 일관된 원칙과 기조를 정하고 이를 뒷받침하기 위한 논리와 전략 등을 마련해야 한다. 보편적이고 일관된 주장과 보다 전략적 입장에서 이를 밀고 나갈 때 사이버 안보 국제규범 형성에서 한국의 역할이 보다 진지하고 설득력 있게 받아들여질 수 있다.

둘째, 한국의 사이버 안보 국제규범 입장 형성에 부처 간 협력이 절대적으로 필요한 상황이다. 사이버 안보 분야는 이슈 영역이 방대하고 융합적이다. 사이버 안보 분야는 기존의 국제안보적 접근뿐만 아니라 지역 안보 협력, 사이버 범죄·테러, 군축, 인권, 수출 통제 문제 등과 함께 논의됨에 따라 이에 대한 보다 전문적이고 포괄적인 대응이 요구되고 있다. 정부 내에서도 청와대, 외교부, 국방부, 산업자원통상부, 미래창조부 등 다양한 부처가 협력하여 사이버 안보 관련 기술발전과 정책 형성을 조율하고 이 속에서 우리에게 적합한 사이버 안보 국제규범의 방향성을 설정해야 한다. 사이버 안보 관련 정부 부처 기능, 역할 및 조직이 강화되고 유기적으로 연결되는 것이 사이버 안보 국제규범 논의에서 한국의 역할을 제고하기 위해 반드시 필요하다.

셋째, 사이버 안보 국제규범 논의에서 정부 이외 관련 기업과 시민단체 등 다양한 이해당사자의 역할이 중요해지고 있다. 소위 전 사회적 입장(whole of society)은 다양한 이슈의 글로벌 거버넌스의 대세로 부상하고 있다. 우리도 각 이해당사자의 유기적인 의사소통과 협력을 통해 이러한 추세에 적극적으로 동참해야 한다. 한국이 사이버 안보 국제규범 형성 노력에서 중요한 역할을 하기 위해서는 국내 시민사회의 뒷받침과 참여가 기본적인 조건이다. 현재 인터넷 거버넌스나 사이버 안보 관련 국내 논의에서 정부나 기업에 비해 상대적으로 시민단체의 역할이 미약하다. 국내적으로 사이버 안보에 관한 논의는 다소 폐쇄적인 분위기에서 논의되어 왔다. 정부는 장기적인 관점에서 사이버 안보 논의를 보다 공공적 이슈로 부상시키고 다양한 이해당사자가 자유롭게 참여할 수 있는 포럼 등을 활성화시켜 한국 사이버 안보 정책의 큰 방향을 논의해야 한다.

넷째, 현재 사이버 안보 국제규범에서 중요하게 논의되면서 한국이 크게 기여할 수 있는 개도국 역량 강화에 대한 적극적인 인식과 지원이 필요하다. 우리는 사이버 안보 분야에서 비교적 앞선 기술을 보유하고 있고 이것이 개도국에 대한 지원으로 이어지면 사이버 안보 분야에서 한국의 역할을 확장시켜 나아갈 수 있을 것으로 기대된다. 한국은 현재 유엔 아시아태평양 정보통신교육원(UN-APCICT)을 유치하여 운영 중이고, 사이버 안보 훈련센터(CSTEC) 등을 통해 개도국 정보보안 인력에 대한 교육훈련을 제공하는 등 인적 역량 강화에 기여하고 있다. 국가 ODA의 중요한 분야로 사이버 안보 분야를 선정하고 이를 통해 개도국과의 우호 및 신뢰 증진을 이루면 사이버 안보 국제규범 논의에서 한국의 역할이 보다 견고해 질 수 있을 것이다. 나아가 사이버 안보 이슈는 상대적으로 지역 차원의 논의와 협력이 용이한 분야이다. 현재 아세안지역안보포럼(ARF) 등 지역적 수준에서 사이버 안보에 대한 논의들이 진행되고 있고 한국이 여기에 적극 참여하면서 지역수준의 국제규범 논의 형성에도 기여해야 한다.

참고문헌

국가정보원 외. 2015. "UN에서의 사이버 보안 국제질서 논의 본격화." 『2015
　　국가정보보호백서』.
김소정·박상돈. 2013. "국제협력을 통한 사이버 안보 강화방안 연구." 『융합보안논문지』,
　　Volume 13 Issue 6.
김일환 외. 2012. 『국제사이버 공간포럼 대응전략 연구』. 미디어미래연구소.
남상열·이진. 2013. 『사이버 공간에 관한 국제적 논의와 서울총회의 시사점』. 기본연구 13-1.
　　정보통신정책연구원.
남상열·김성웅·이진. 2013. 『서울 사이버 스페이스 총회 대응전략 연구』.
　　정보통신정책연구원.
배영자. 2001. "사이버 공간의 거버넌스." 하영선 편. 『사이버 공간의 세계정치』. 이슈투데이.
보안뉴스. 2015. "사이버 공격 시작점부터 목적지까지! 2D 사이버 위협 지도." 2015.5.21.
　　http://www.boannews.com/media/view.asp?idx=46305&kind=5 (검색일: 2015년
　　12월).
신창훈. 2015. "북한의 사이버 공격과 위협에 대한 우리의 대응." 『이슈브리프』.
　　아산정책연구원.
유대선. 2013. "사이버스페이스 총회를 계기로 본 사이버 공간의 규제동향과 정책과제."
　　정책학회 동계학술대회.
유준구. 2015. "최근 사이버 공간의 국제법 적용문제 검토: 국제안보적 관점을 중심으로."
　　『국립외교원 주보 2015-20』. 국립외교원.
오병일. 2015. "2015년 사이버 스페이스 세계회의(GCCS 2015) 참가 보고서." http://act.
　　jinbo.net/drupal/node/8646
이영준. 2001. "유럽의회(Council of Europe)의 사이버 범죄 방지를 위한 국제협약(案) 소고."
　　『형사정책연구』 통권 제46호.
장규현·임종인. 2013. "국제 사이버 보안 협력 현황과 함의: 국제안보와 UN GGE 권고안을
　　중심으로." 『정보통신방송정책』 26권5호. 정보통신정책연구.
장노순. 2015. "사이버 안보와 국제 규범 구축의 외교전략: 정부전문가그룹(GGE)의 활동을
　　중심으로." 2015년 한국국제정치학회 하계학술대회 발표 논문.
조선비즈. 2015. "테러정보 교환 국제연대에 못 끼는 한국." 2015.11.20. http://news.
　　chosun.com/site/data/html_dir/2015/11/20/2015112000583.html (검색일:2016년
　　8월).
황철증. 1999. "인터넷 가브넌스의 이해: IANA와 ICANN의 역사적 분석을 통하여."
　　정보통신정책연구원 연구보고서.

Choucri, Nazli, Stuart Madnick and Jeremy Ferwerda. 2014. "Institutions for Cyber
　　Security: International Responses and Global Imperatives." *Information Technology*

for Development 20:2.

Drezner, D. 2002. "Global Governance of Internet: Bringing the Great Powers Back in."
http://www.danieldrezner.com/research/egovernance.pdf

Eneken Tikk-Ringas. 2012. "Developments in the Field of information and
telecommunication in the context of international security: Work of the UN first
Committee, 1998~2012." ICT4Peace.

Farnsworth, Timothy. 2015. "Conference Discusses Cyber Norms. arms control today."

Gillett, Sharon and Mitchell Kapor. 1997. "The Self-Governing Internet: Coordination
by Design." in Brian Kahin and James Keller(eds.), *Coordinating the Internet.
Cambridge*. The MIT Press.

Hewson, M. and T. Sinclair. 1999. *Approaches to Global Governance Theory*. State
University of New York Press.

Hurwitz, Roger. 2014. "The Play of States: Norms and Security in Cyberspace." *American
Foreign Policy Interests* 36:5.

International Telecommunication Union. 2010. Cybersecurity for all – Global
Cybersecurity Agenda: A Framework for International Cooperation. Geneva:
United Nations, March.

Keohane and Nye. 2001. "Between Centralization and Fragmentation: The Club Model of
Multilateral Cooperation and Problems of Democratic Legitimacy." John F. Kennedy
School of Government, Harvard University, Faculty Research Working Papers
Series. February 2001.

Liaropoulos, A. 2013. "Exercising Sovereignty in Cyberspace: An International Cyber-
Order Under Construction?" 2013 8th International Conference on Information
Warfare and Security.

Mathiason, John. 2009. *Internet governance: the new frontier of global institutions*.
Routledge.

Mazanec, Brian. 2014. "Norm Wars: The Evolution of Norms for Emerging-Technology
Weapons, from Chemical Weapons to Cyber Warfare." George Mason University.

Prakash, Rahul and Darshana M. Baruah. 2014. "The UN and Cyberspace Governance."
ORF Issue Brief No.68

Nye, Joseph S. 2013. "From bombs to bytes: Can our nuclear history inform our cyber
future?" *Bulletin of the Atomic Scientists*. Vol. 69 Issue 5.

Rõigas, Henry. 2015. "An Updated Draft of the Code of Conduct Distributed in the United
Nations – What's New?"

국제정보안전행동규약 https://ccdcoe.org/updated-draft-code-conduct-distributed-
united-nations-whats-new.html

국제정보보호협약 http://archive.mid.ru/bdomp/ns-osndoc.nsf/1e5f0de28fe77fdcc32575
d900298676/7b17ead7244e2064c3257925003bcbcc!OpenDocument

런던 사이버 공간 총회 홈페이지 https://www.gov.uk/government/news/london-
conference-on-cyberspace-chairs-statement

부다페스트 사이버 공간 총회 홈페이지 http://www.mfa.gov.hu/kulkepviselet/AT_EBESZ/
en/en_Hirek/cyber.htm

상하이협력기구 홈페이지 http://www.sectsco.org/EN123/

서울 사이버 공간 총회 홈페이지 http://www.mofa.go.kr/trade/arms/2013cyber/cyber07/
index.jsp?menu=m_30_80_70&tabmenu=t_7

유럽평의회 사이버 범죄협약 홈페이지 http://www.coe.int/en/web/conventions/full-list/-
/conventions/treaty/185

유엔 GGE 홈페이지 http://www.un.org/disarmament/topics/informationsecurity/

유엔군축사무소 홈페이지 http://www.un.org/disarmament/about/

헤이그 사이버 공간 총회 홈페이지 https://www.gccs2015.com/gccs/all-about-gccs2015

2015년 4차 GGE 보고서 https://ccdcoe.org/2015-un-gge-report-major-players-
recommending-norms-behaviour-highlighting-aspects-international-l-0.html

IPLive King http://hp.ipviking.com/, http://map.norsecorp.com/

ITU Global Cybersecurity Agenda http://www.itu.int/en/action/cybersecurity/Pages/
gca.aspx

NIST 사이버 안보 정의 http://nvlpubs.nist.gov/nistpubs/ir/2013/NIST.IR.7298r2.pdf

Norsecorp http://map.norsecorp.com/

OECD 프라이버시 가이드라인 http://www.oecd.org/sti/ieconomy/
oecdguidelinesontheprotectionofprivacyandtransborderflowsofpersonaldata.htm

제2부

사이버 안보의 주변4망(網): 전략과 외교

제4장

미국의 사이버 안보 전략과 외교

신성호

I. 서론

지난 반세기 동안 진행된 정보통신 산업의 엄청난 변화와 발전은 정보통신기술이 오늘날 현대사회 일상 생활의 거의 모든 부분에 걸쳐 영향을 미치며 통합되는 방향으로 전개되었다. 문제는 정보통신기기들이 기본적으로 상호의존성이 강하고 따라서 어느 한 부분의 문제가 여타 수많은 연결된 부분에 영향을 미칠 수 있다는 점이다. 미국 정부는 사이버 공간을 "인터넷, 텔레커뮤니케이션 네트워크, 컴퓨터 시스템, 그리고 주요 연관 산업들에 설치되어 있는 프로세서와 통제장치 등을 포함하는 정보통신 인프라의 상호의존적인 네트워크"로 정의한다. 그러나 일반적으로는 "사람들 사이의 정보와 교류가 행해지는 가상의 환경"으로 이해되기도 한다. 정보통신기술 개발과 발전, 그리고 그 사용에 있어서 선도적 역할을 해온 미국은 그 누구보다 사이버 공간의 취약성과 이로 인해 야기될 수 있는 위험에 대해 민감하다. 지난 수년간 미국의 전문가들과 정책결정자들은 정보통신체계에 대한 사이버 공격의 위험을 그 어느 때보다 심각하게 인식하고 이를 보호할 방법에 대해 고민해 왔다. 많은 전문가들이 사이버 공격의 빈도와 심각성이 앞으로 더욱 증가할 것으로 예상한다. 본 논문은 지금 미국이 당면한 사이버 안보 위협이 무엇이고, 연방 정부를 중심으로 진행되고 있는 미국 내의 사이버 안보 정책의 전개와 전략, 그리고 국제적 협력 노력을 양자와 다자적 협력의 틀에서 개관, 분석하고자 한다. 그리고 그것이 장차 사이버 안보전략 수립에서 가지는 문제와 정책적 함의를 알아볼 것이다.

II. 국내 정책과 제도

1. 사이버 안보 위협과 정의

2008년 중동의 한 미군기지 주차장에 버려진 이동식 USB 드라이브가 이를 무심코 사용한 부대 내 한 개인 컴퓨터를 통해 국방부의 중동 사령부에 접속하여 악성 코드를 심고 군 전체의 기밀 정보 유출 및 보안 시스템이 교란된 사고가 발생한다. 이를 발견한 미군 당국은 14개월에 걸쳐 벅샷 양키(Buckshot Yankee)로 명명된 대규모 작전을 통해 agent.btz라는 바이러스를 제거한다. 미군 역사상 최악의 사이버 공격 피해로 기록된 이 사건 이후 미국 정부는 국방부 산하에 사이버 사령부를 설치하고 21세기의 새로운 전장으로 떠오른 사이버 공간에서의 위협과 공격에 대비한다(Knowlton 2010). 사이버 공격은 국가 간 정보 수집이나 무기 체계에 대한 교란 시도만을 의미하지 않는다. 각종 보도에 따르면 오늘날 개인이나 단체가 영리를 목적으로 민간 산업의 정보나 개인 정보를 훔쳐 이를 범죄에 사용하는 경우가 매일 수천, 수만 건씩 일어나는 것으로 알려졌다. 2008년 미국의 산업계에 의하면 해킹에 의해 도난당한 데이터로 인한 지적재산권의 손실액이 1조 달러에 육박한다고 보고되었다(McAfee 2009). 2013년의 경우 미국 정부에 의하면 최소 3천 개의 미국 기업이 해킹을 당함과 동시에, 4천만 명의 개인 정보가 도난당한 것으로 보도되었다. 2014년 한 해 동안 사이버 범죄가 전 세계 경제에 미친 손해는 4천억 달러에 달하며 앞으로 더욱 증가할 것으로 분석된다(CSIS 2014). 한편 2014년 10월 김정은 정권을 비꼰 영화를 제작한 소니 영화사에 대한 해킹이 발생하여 내부의 기밀문서가 유출되고 일부 컴퓨터 시스템이 파괴되는 사건이 발생했다. 당시 오바마 대통령이 직접 나서서 이것이 북한 정부기관에 의한 공작이었음을 밝히고 강력한 경고와 함께 북한 기업에 대한 제재 및 북한 컴퓨터에 대한 보복 공격을 취하였다(Peterson 2014). 2015년에는 중국 정부기관으로 보이는 조직에 의해 미국 정부 인사관리청의 컴퓨터가 해킹을 당하여 2100만 명이 넘는 정부 업무 관련 인사들의 정보가 유출된 사건에 발생하였다. 그 규모와 내용에서 미국 정부 사상 최악의 정보 유출 사례로 알려진 이 사건 이후 인사관리청의 책임자가 사임하고 미국 정부는 이후 수개월에 걸쳐 인사관리 파일과 시스템을 보완하는 작업을 벌이는 한편 중국 정부에 대한 대응 방안과 수위를 놓고 심각한 딜레마에 봉착한 것으로 알려졌다(Davis 2015).

사이버 안보 위협은 2016년 미국 대선에서도 뜨거운 문제로 부상하였다. 미국과 러시아가 러시아의 크리미아 및 우크라이나 침공, 시리아 내전을 놓고 신냉전에 준하는 갈등을 겪고 있는 상황에서 대선 경합중인 민주당 지도부 인사의 민감한 이메일이 해킹되어 노출된 사건이 발생한 것이다. 민주당 경선이 한창이던 6월에 경선을 관리하는 민주당전국위원회와 민주당 지도부, 힐러리 대선 캠프 측 인사 100여 명의 이메일이 러시아 정부와 연관된 것으로 추정되는 해커 집단에 의해 유출되어 공개되었다. 이 과정에서 공정해야 할 민주당 지도부가 힐러리 측에 유리한 경선 구도를 만들기 위해 노력하였다는 점을 암시하는 메일의 내용이 알려지면서 선거가 혼선에 빠지게 되었다. 특히 러시아 대통령 푸틴에 대해 평소 친근감을 표시한 공화당 트럼프 후보가 공개적으로 푸틴 대통령에게 힐러리 후보의 비리 정보를 캐낼 것을 주문하면서 러시아가 자신들에게 우호적인 후보를 돕기 위해 각종 사이버 공작을 펼치고 있다는 강한 의구심이 제기되었다(Lichtblau and Schmitt 2016). 실제로 미국 정보기관은 러시아의 이러한 공작 가능성에 대한 사전 정보를 입수하여 심각한 우려를 이미 하고 있었으며(Perez 2016), 사건 이후 러시아에 대해 어떠한 공식적인 대응을 할지에 대해 많은 고민을 하고 있는 것으로 보도되었다(Harris and Youssef 2016). 일부에서는 러시아 정부가 대통령 선거 투표 과정에 개입하여 선거 결과를 조작할 가능성까지 제기되었다. 투표 방식이 주마다 다른 상황에서 일부 경합주의 경우 종이 용지를 사용하지 않고 컴퓨터 화면 터치 방식만을 사용하는 상황에서 해커가 이를 조작할 경우 실제 어떤 투표가 이루어졌는지 확인할 방법이 없다는 것이다. 사이버 안보 위협이 미국 대통령 선거 결과를 좌우하는 초유의 상황이 거론된 것이다. 실제 이후 치러진 초박빙의 투표에서 트럼프 후보가 예상을 깨고 근소한 차로 주요 선거 지역을 이기면서 힐러리 후보 진영에 대한 러시아의 이메일 해킹 공작이 어느 정도 영향을 미쳤을 가능성도 제기되었다.

그렇다면 미국이 보는 사이버 안보의 정의는 무엇이며, 어떻게 접근되고 있는가? 미국이 이를 어떻게 정의하고 규정하는지를 알아보는 것은 사이버 안보 전략의 주요한 단초를 제공한다. 일반적으로 사이버 안보란 다양한 "사이버 공격으로부터 정보통신기술(ICT) 체계와 그 콘텐츠를 보호하는 것"을 의미한다. 이 경우 사이버 공격이란 "절취, 교란, 손상, 혹은 다른 불법적 의도에 의해 정보통신기술 체계에 인가되지 않은 개인이 접속을 하려는 의도적 행위"로 정의된다. 그러나 여전히 사이버 안보의 개념은 모호하고 정확한 정의가 어렵다. 그러나 일반적으로 사이버 안보는 다음의 세 가지 중 하나를 의미한다. 첫째, 컴퓨터와 그 네트워크, 혹은 연관된 하드웨어와 장치 소프트웨어 및 그 장치들이 보유하거나 교신하는 소프트웨어, 데이터와 기타 사이버 공간의 요소들에 대한 공격, 교란, 혹은 여타 위협으로부터 보호하려는 일종의 행위와 기타 수단; 둘째, 앞서 언급된 위협으로부터 보호되고 있는 상황이나 그 수준; 셋째, 보호 활동이나 그 수준을 실행하고 개선하기 위한 광의의 노력으로 정의된다(Fischer 2016: 1-2). 한편 사이버 안보는 종종 정보보안이나 개인의 사생활 보호 등과 혼용되기도 하지만 엄밀하게는 다른 개념이다.

한편, 미국이 규정하는 사이버 안보 위협은 크게 다섯 부류로 나뉜다. 첫째, 절취나 갈취와 같은 범죄를 통해 돈을 벌려는 범법자들; 둘째, 정부나 민간단체의 기밀정보나 정보자산을 훔치는 스파이들; 셋째, 특정 국가의 전략적 목적을 지원하기 위해 사이버 공격 능력을 배양하고 감행하는 국가 소속의 전투원들; 넷째, 비금전적인 이유로 사이버 공격을 수행하는 해커 활동가들; 다섯째, 비국가, 혹은 국가 지원의 형태로 사이버 공격을 자행하는 테러분자들이다(Fischer 2016: 2). 이러한 사이버 위협이 끼칠 수 있는 대표적 피해는 사이버 절취 혹은 사이버 간첩 활동을 통해 피해자가 종종 알지도 못하는 사이에 금전적, 자산적 피해를 보거나, 혹은 개인정보가 유용되고 탈취당하는 경우이다. 서비스의 거부(Denial-of-service) 공격은 정당한 사용자의 시스템 접근을 느리게 하거나 방해하는 경우이다. 산업통제시스템에 대한 공격은 발전기나 펌프, 중앙가속기 등의 장비가 파손되거나 교란되는 피해를 입은 경우이다. 실제로 대부분의 사이버 공격은 제한적인 범위의 영향을 가지지만, 주요한 인프라의 일부에 대한 효과적인 공격은 국가안보나 국가경제 전체와 개인의 생명과 안전에 심각한 피해를 가져 올 수도 있다.

2. 사이버 안보 정책 제도와 조직

미국은 2001년 9·11 테러 이후 사이버 테러의 가능성을 심각하게 인지하고 이에 대한 국가정책을 추진하기 시작한다. 신설된 국토안보부(Department of Homeland Security)의 가장 중요한 임무중 하나로 사이버 공격에 대비한 포괄적인 정책을 수립하는 것이 지정되어 2009년 '사이버 안보전략에 관한 국가사이버 안보 종합계획(CNCI: Comprehensive National Cybersecurity Initiative)'을 발표한다(Henning and Rollins 2009). 동시에 오바마 대통령은 취임 이후 사이버 안보를 중요한 정부 과제로 상정하고 '사이버 공간 정책 검토(Cyberspace Policy Review)'를 발표하여 단기, 중기 실행 계획을 제시한다. 이 문서에 의하면 미국 정부가 정의하는 사이버 안보 정책은 "사이버 공간과 그 내부의 운영에 대한 보안에 관계된 모든 기준과 정책, 전략을 포괄하며, 지구적 정보통신 인프라의 보안과 안정에 관여된 컴퓨터 네트워크 운영, 정보 보안, 법 집행, 외교, 군사, 첩보 활동 등을 포함하는 모든 범위의 위협 축소, 취약성 감소, 억제, 국제 교류, 사고 대응, 복원력, 복구 정책과 일체의 활동을 포괄한다"(The White House 2009: 2). 이 보고서에 따르면 미국은 사이버 공간에 대한 심각한 위협과 미국이 가지는 취약성에 대비하기 위해 포괄적이고 장기적인 사이버 안보 정책을 수립하여 시행해 나갈 것이며, 이를 위해 전 연방정부의 모든 부서가 이에 관한 문제의식을 공유하고 각자의 분야에서 대책을 수립하고 이를 수행할 조직과 지침, 예산을 확보할 것을 지시하고 있다. 또한 이러한 연방정부의 노력과 정책은 각 지방 정부와 민간분야와의 협력 없이는 그 목적을 달성하기가 불가능하며, 따라서 정부와 민간, 중앙과 지방을 효과적으로 연결하는 제도와 조직, 법령 등이 필요함을 적시하고 있다.

오바마 행정부의 첫 사이버 안보 정책 지침서인 2009년 '사이버 공간 정책 검토'의 내용을 구체적으로 살펴보면 먼저 사이버 안보의 중요성을 인식하여 연방정부의 최고 책임자인 대통령과 백악관이 직접 리더십을 발휘할 것을 제시한다. 그리하여 대통령은 '사이버 안보 정책관(Cybersecurity Policy Official)'을 별도로 임명하여 국가의 사이버 안보 정책 및 활동을 총괄하고 조정하는 역할을 담당토록 할 것이 제시되었다. 사이버 안보 정책관은 연방정부의 사이버 위기 대응 능력을 강화하고 사이버 안보 관련 기관들의 역할을 검토하여 변동 사항을 제시하는 역할을 하며 대통령에게 국가사이버안보종합계획(CNCI)의 평가 자료와 앞으로의 리더십 역할을 포함한 새로운 안보 전략을 보고한다. 또한 백악관 내의 국가안보회의(NSC)와 국가경제회의(NEC)와 동시에 소통하면서 행정부 내 부처 간 조정 프로세스를 이용하여 각 중앙정부 부처와 협업하고 사이버 안보 정책의 조화를 유도할 것이 제시되었다(The White House 2009: 7-9).

둘째, 백악관은 사이버 안보 정책관을 통해 중앙부처의 사이버 안보 담당 기관들에게 통일된 정책 지침을 제공하며, 연방정부의 각 기관에게 각자의 역할과 책임을 명확하게 분담한다. 이 과정에서 새로 시행되는 사이버 안보 관련법과 정책이 시민의 자유, 개인정보 보호, 공공 안전, 국가 및 경제안보 이해와 조화를 이루도록 충분한 유통성과 다양성을 포용할 것이 요구되었다. 이를 위해 중앙정부는 의회와 긴밀한 협력을 통해 적절한 법과 정책을 수립토록 노력해야 한다(The White House 2009: 10).

셋째, 사이버 안보에 대한 중앙정부의 리더십과 책임을 강화하기 위한 방안으로 중앙정부의 각 부처와 기관이 사이버 안보의 정책을 준수하도록 책임을 이양하여 부처별로 적절한 사이버 안보 절차와 규정을 행하도록 제도화한다.

넷째, 사이버 안보 정책이 중앙정부 차원뿐 아니라 각 미 연방의 50개 주와 각 지방, 그리고 소지역 단위의 행정기관이 자체적인 사이버 안보 리더십과 역할을 개발토록 할 것이 제시되었다. 이를 위해 주, 지방, 소지역의 자치정부는 각각 사이버 안보를 담당하는 리더를 지정하여 Chief Information Officers(CIOs), Chief Information Security Officers(CISOs), State Homeland Security Advisors(HSAs)들 차원에서 자신들의 관할 지역 안의 핵심 기간산업 보호 등에 관한 활발한 사이버 안보 협력을 촉진토록 하였다(The White House 2009: 11).

또한 2009년 보고서는 디지털 국가로서의 역량 구축을 위해 디지털 안전, 윤리 및 보안에 관한 공공교육 등의 사이버 안보에 대한 대중인식 제고, 사이버 안보 교육 체계의 개선, 중앙정부 내에 사이버 안보 지식과 전문성을 갖춘 정보기술 인력 양성, 민간부분 기업 리더십의 새로운 주요 임무의 하나로 사이버 안보 의식 고양 등의 정책과제를 제시한다. 특히, 이 보고서는 사이버 안보의 강화를 위해서는 중앙과 지방의 협력뿐 아니라 정부와 민간 부문의 긴밀한 협력을 강조한다. 사이버 안보 위협의 원천과 동기, 그리고 대상이 전통안보와 달리 국가에만 국한되지 않고 오히려 민간분야의 취약성 및 상대적 역할과 참여가 더욱 중요한 경향을 보이기 때문이다. 따라서 기업의 개인정보 보호에 대한 민감성, 기업의 민감 정보 공유 거부 경향 등을 충분히 인식하면서도 기업의 사이버 공격 관련 정보 공유와 협조가 그 어느 분야보다 중요함을 역설하고 있다(The White House 2009: 17-19).

오바마 행정부는 2009년 사이버 안보 정책 보고서 발표 이후 2013년 이후 주요 기반 시설 안보를 강화하기 위한 행정명령 제13636호(Executive Order 13636)와 대통령 정책지침 제21호(Presidential

Policy Directive 21)를 발표한다. 행정명령 13636호는 정보시스템 구축과 주요 기반시설의 프레임워크 개발의 내용을 다루고 있으며 국토안보부에서 담당하는 정책지침 21은 주요 기반시설 안보와 각 중앙 부처 및 기관의 업무를 제시하고 있다. 현재 미국의 중앙정부는 중앙정부의 시스템을 보호하는 사이버 안보정책을 주관하며 동시에 각 주 정부시스템 보호를 보조하는 역할을 동시에 수행한다. 현행법에 따르면 모든 중앙 정부조직은 자신들의 시스템을 보호할 사이버 안보정책의 책임을 지며, 이들 중 다수가 핵심 기간산업에 대한 특정 분야의 책임을 가진다.

　다음 페이지의 〈그림 1〉은 사이버 안보 관련 중앙정부의 주요부서가 가지는 사이버 안보 책임과 기능을 요약하여 보여 준다. 먼저, 대통령과 백악관은 중앙정부 전체의 사이버 정책을 총괄하며, 이 가운데 국립기술표준연구소(NIST: the National Institute of Standards and Technology)는 연방 정보보안 현대화법(FISMA: the Federal Information Security Modernization Act)에 의거하여 연방민간부분의 정보통신기술에 적용될 표준을 개발한다. 백악관의 예산처(OMB: the Office of Management and Budget)에서는 전체 시행을 감독하는 책임을 진다. 국방부의 주요 임무는 군 분야의 정보통신기술에 대한 보안과 사이버 공간에서의 국가 방어를 책임지며, 기밀정보를 관리하는 국가보안청(NSA: the National Security Agency) 을 통해 국가보안체계에 관한 보호 책임을 진다. 한편 국가보안청은 첩보기관과의 연계를 통해 이들이 수행하는 사이버 안보 관련 정보 수집과 정보 활동에 함께 참여한다. 국토안보부(DHS: the Department of Homeland Security)는 연방정부 민간 시스템을 보호하는 동시에 민간분야의 핵심 기간산업 분야를 보호하는 활동을 조정하는 주무부서이다. 또한 동시에 국립사

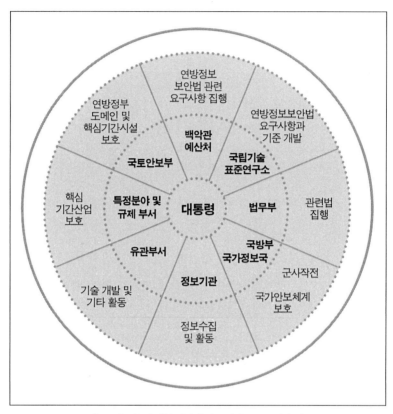

그림 1. 미국 중앙 정부 사이버 안보 담당 주요부서와 역할

이버 안보 통신통합센터(NCCIC: National Cybersecurity and Commu-nications Integration Center)를 통해 민간시스템을 위한 정보 공유의 역할을 담당한다. 법무부(DOJ: the Department of Justice)는 관련 법의 집행을 담당한다.

최근의 미국 정부의 사이버 안보 촉진을 위한 활동으로 첫째, 민관 사이버 안보 정보 공유 활성화를 목표로 하는 사이버 네트워크 보호 법안(PCNA: The Protecting Cyber Networks Act)이 2015년 4월 미국 하원을 통과하여 민간부문과의 협력을 촉진하기 위한 정보공유분석 조직(ISAO: Information Sharing and Analysis Organizations)이 설립되었다. 이 조직은 사이버 범죄 활동에 대한 정보를 공유하며 산업별 기관들에게 정보 제공을 강화한다. 또한 국토안보부 산하 국가사이버 안보통신통합센터(NCCIC)와 ISAO와의 협력 체제를 간소화하여 정보공유 활성화를 지원한다. 둘째, 연방정부의 사이버 안보 거버넌스 체계를 재정립하기 위해 이-거브 사이버(E-Gov Cyber) 설립을 위한 예산을 수립한다. 이를 통해 정부 전반에 걸친 사이버 안보 프로그램에 대한 감독을 강화하고 연방정부의 핵심 사이버 안보 관련자 간의 협의를 통해 연방정부의 사이버 안보가 보다 높은 수준의 관심과 감독, 관리의 대상이 되도록 하였다. 셋째, 2015년 오바마 행정부는 국가정보국(DNI: the Director of National Intelligence)산하에 사이버 위협 정보종합센터(CTIIC: Cyber Threat Intelligence Integration Center)를 설립하여 전체 중앙연방정부 조직을 가로지르는 국가 이익에 관한 사이버 안보 위협과 사고를 종합적으로 분석하여 각 유관 기관에 정보를 제공하는 임무를 부여하고 민관 사이버 안보 정보 공유를 촉진토록 유도하고 있다(Fisher 2016: 3-4). 넷째, 2015년 12월에는 사이버 안보 정보공유법(CISA: Cybersecurity Information Sharing Act)을 공식 발효하여 정부가 사이버 안보를 위해 필요한 경우 민간분야가 소유한 방대한 양의 개인정보를 연방정부 관련 기관에 자발적으로 공유토록 권한을 부여하였다. 이는 사이버 공격의 소지가 있거나 의심되는 개인의 관련 정보와 활동들을 정부가 미리 요구하지 않더라도 민간 분야가 유관 정부기관에 제공토록 함으로써 민관 정보공유를 활성화하고 날로 지능화되는 사이버 공격의 추가 피해를 막기 위한 취지에서 시행되었다. 그러나 법안이 최초 발효된 2009년 이후 4년이 넘도록 개인의 프라이버시를 침해를 우려하는 정치권과 시민사회의 반대 의견과 개인

표 1. 미국 사이버 안보와 IT 예산(단위: 10억 달러)

회계연도	2006	2007	2008	2009	2010	2011	2012	2013	2014	2015
사이버 안보 예산	5.5	5.9	6.2	6.8	12.0	13.3	14.6	10.3	12.7	13.1
전체 IT예산	66.2	68.2	72.8	76.1	80.7	76.0	75.0	73.2	75.6	80.4
전체 IT 예산 대비 사이버 안보 예산 비중(%)	8.3	8.7	8.5	8.9	14.9	17.5	19.3	14.1	16.8	16.3

정보 침해에 대한 책임 소재를 우려하는 기업들의 반발에 의해 법안 통과가 지연되었다. 그러는 사이 사이버 공격 기술은 더욱 진화하여 정작 뒤늦게 통과된 법안이 과연 실질적인 효과가 있을지에 대한 의심이 제기되었다. 한편 구글이나 페이스북과 같은 거대 개인정보를 취급하는 민간 분야로부터는 여전히 개인의 사생활 정보 보호에 대한 우려의 지적이 나오고 있다(Sanger and Perlrothoct 2015).

그 중요성과 더불어 지난 10년간 사이버 안보 관련 예산도 꾸준히 증가하였다. 〈표 1〉은 미국 연방정부의 IT예산과 그중 사이버 안보 예산의 증가와 비중을 정리하여 보여준다. 표에 따르면 2009년까지는 사이버 안보 예산의 비중이 전체 IT예산 대비 8% 남짓에 머물렀으나 오바마 행정부의 2009년 사이버 안보 보고서 이후 그 비중이 두 배 남짓 증가하여 최근에는 16-17%에 이르고 있다. 그런데 이러한 높은 비중은 최근 5년간 예산의 규모가 가장 큰 국방부 IT예산에서 사이버 예산이 22-30%를 차지하게 된 것에 기인한다. 실제 국방부를 제외한 여타 연방정부 부서의 사이버 안보 관련 예산은 전체 IT예산의 평균 6-7%이며, 이는 민간기업의 4-9% 예산 평균과 비슷한 수치이다(Painter and Jaikaran 2016). 한편 2017년 예산에는 전체 연방정부 IT 예산 816억 달러 가운데 190억 달러가 사이버 안보 관련 예산으로 책정되어, 그 비중이 22.3%로 전년도에 비해 가파른 상승을 보이고 있다(Fischer 2016: 6).

3. 사이버 안보와 국가안보

제임스 클래퍼 국가정보국장은 사이버 위협을 2013년 이후부터는 미국이 당면한 최고의 안보 위협으로 정의한다. 이는 2001년 9·11 테러이후 테러 이외의 안보위협이 미국에 가장 위험한 안보위협으로 인식된 초유의 사건이었다(Boyd 2016). 사이버 안보는 전통적 안보 개념을 넘어서는 다른 차원의 복합적인 성격을 가지며 미국의 국가안보 정책에서 새로운 도전과 접근을 요구한다. 이는 특히 전통적인 안보 개념에 바탕을 둔 국방정책 분야에서 많은 과제를 제시한다. 실제 미국군은 전군에 1만 5천여 개의 네트워크, 7백만여 대의 컴퓨터 기기, 9만 명의 관리 인원을 보유하고 군수, 지휘통제, 정보, 작전 등 모든 분야에서 정보통신기술의 활용도 및 의존도가 가장 높은 조직이다. 따라서 사이버 공격의 위협으로부터 이 거대한 조직과 시스템을 보호하는 것 자체가 가장 중요한 임무의 하나로 부상하였다. 미국은 사이버 공간을 육, 해, 공의 전통적 물리적 공간에 준하는 새로운 전장으로 인식하고 2009년 이전까지 느슨한 합동 태스크포스 형태로 유지되던 사이버 대응 조직을 대신하여 독자의 사이버 사령부(US Cyber Command)를 전략사령부(US Strategic Command) 산하에 신설하고 4성 장군을 사령관에 임명하여 그 중요성을 반영하였다(Jackson 2009). 신설된 사이버 사령부는 크게 세 가지의 임무가 부여되었다. 첫째는 사이버 공간에서의 모든 일상적 방어 체계 구축 및 지원, 관리; 둘째는 전군에 걸친 사이버전 자원 관리로 이를 위한 단일 지휘계통을 수립(대통령-장관-전략사령관-사이버 사령관-전군 각급부대)하고, 각 군의 사이버 훈련 감독관(육군 사이버 사령부, 해군 제10함대, 제24공군, 해병대 사이버 사령부)을 신설; 셋째, 대내외 협조체제 구축으로 FBI, 국토안보부, 법무부의 사이버 안보 관련 주요 부처와 사기업 및 민간단체를 아우르는 대내외 협조체제를 구축하는 한편 국방정보시스템청(Defense Info. Systems Agency)과 NSA에 실시간 검색 및 경보 시스템을 구축하여 인트라넷과 인터넷의 인터페이스 관리하는 임무를 주로 맡고 있다(Lynn 2010). 이 세 가지의 주요 임무를 달성하기 위한 구체적 작업으로 먼저 단순 해커와 정보 절도 및 첩보 활동, 정부에 대한 심각한 공격의 구분에 따른 사이버 교전 수칙을 수립하기 위해 노력하고 있다. 동시에 동맹국과의 연계를 통한 예방 능력 강화 방안, 민간의 주요 방위 관련 분야, 특히 군수산업에 대한 사이버 보호망 확대, 사이버 전사를 훈육시키기 위한 방위고등연구계획청(DARPA: Defense Advanced Research Project Agency) 내에 사이버 전투훈련장 설립을 통한 실전 대비, 군내 시스템의 신형 하드웨어 및 소프트웨어 개발을 통한 공격자 우위 상쇄, 사이버 보안 관련 인력양성을 통해 'ethical hacking'을 통한 취약점 개선 등의 과제에 노력을 기울이고 있다.

　미 국방부에 의하면 사이버 위협은 재래식 군사 위협과 다른 세 가지의 특징적 도전을 제시한다. 먼저, 사이버 공격은 재래식 전쟁에서는 일반적으로 방어자가 유리한 경우가 많은 것에 비해 공격자가 비대칭적 우위를 점하는 특징을 보인다. 이는 사이버 공격의 특성상 방어자가 공격 자체를 인지하지 못하는 공격의 양태 때문이다. 따라서 냉전 식의 억제모델을 적용하기도 불가능하다. 대신 끊임없는 대비책 강구 및 강화를 통해 보복이 아닌 예방에 중점을 두는 접근법이 필요하다. 다음으로, 사이버 공격은 전통적인 전쟁에 비해 민-군의 구분이 어렵고 오히려 다양한 행위자와 위협의 원천을 통해 기간산업 등의 물리적 파괴뿐 아니라 지식재산권 및 정보 유출 등 네트워크뿐만 아니라 하드웨어와 소프트웨어를 통한 공격이 가능하다는 점이다. 마지막으로, 사이버 공격은 그 예측의 어려움으로 인해 이를 대비함에서 유연성과 적응성의 극대화가 필요하다는 점이다. 이러한 특징은 재래식 전쟁 개념에 익숙한 군의 사이버 안보 강화 노력에 다른 차원의 도전을 제시한다.

미 국방부는 2015년 보다 종합적이고 구체적인 사이버 안보 대응 전략을 담은 '국방부 사이버 전략(DoD Cyber Strategy)'을 발표한다. 2015 사이버 안보 전략은 사이버 영역에서 국방부의 세 가지 임무를 다음과 같이 보다 구체적으로 명시한다. 1) 국방부 자체의 네트워크, 시스템과 정보 방어; 2) 심각한 결과를 초래할 수 있는 사이버 공격으로부터 미국의 국토와 국익을 수호; 3) 필요시 사이버 군사 작전과 비상사태 대책을 지원하기 위한 통합적인 사이버 역량 제공이다(US Department of Defense 2015: 4-5).

이를 위해 5대 전략 목표가 제시된다. 첫째, 사이버 공간에서의 작전수행 준비태세와 역량을 갖춘 군사력의 건설과 유지를 위한 인력 훈련, 자원 유지, 준비태세 및 장비의 첨단화를 위해 향후 5년간 군사 및 인력 충원, 훈련, 장비에 대한 구체적 목표를 설정하고 실행할 것.

둘째, 국방부 정보 네트워크 방어, 데이터 안보, 임무 위험 감소를 위해 지나치게 광범위한 국방부 네트워크 전선에서 단계별로 중요한 네트워크를 식별, 우선순위 설정, 방어를 통해 효과적 임무 수행을 가능토록 할 것이 제시된다. 이를 위해 국방부의 네트워크와 데이터, 특히 작전 운영과 비상계획 수립에 필요한 핵심 기반시설이 공격당한 경우 악화되고 교란된 환경에서도 운영이 가능하도록 계획과 훈련이 필요하다. 특히 합동정보환경(JIE)에서 더 뛰어난 방어 능력을 갖춘 네트워크 구조를 구축하고 활용하는 등 사이버 방어 능력을 강화함으로써 기술과 혁신을 선도하기 위한 기준을 높일 것이 요구된다. 더불어 민간부문과 협력하여 방위산업 거래 데이터를 보호하고 다른 유관 기관과 협력하여 사이버 공격과 정탐에 대해 대비토록 하고 있다.

셋째, 심각한 결과를 초래할 수 있는 파괴적 사이버 공격으로부터 미국 국토와 핵심 이익을 보호하기 위한 준비태세 마련이다. 그 구체적 임무로 정부, 민간, 동맹국과의 협력을 통해 공격을 미연에 격퇴, 방지, 미국의 이익에 영향이 발생하기에 앞서 정교한 악의적 공격을 무력화하기 위한 정보, 경보, 작전 능력 개발, 세계 네트워크와 시스템, 적의 역량, 밀거래 시장에 대한 자세하고, 예측 가능하며, 행동 가능한 정보 수집이 요구된다.

넷째, 분쟁 격화를 통제하고 모든 단계에서 분쟁 환경 형성을 주도할 수 있는 가용한 사이버 작전의 수립과 관리이다. 여기에는 사이버 공격의 긴장 고조 혹은 분명한 적대행위 발생 시 대통령에게 다양한 위기관리 계획을 제시하고 사이버 작전을 통한 적군의 지휘통제 네트워크 및 군사 역량을 교란토록 해야 한다. 또한 각 군의 긴밀한 공조하에 연계되어 실제 전장에서의 작전과 동조화할 수 있는 사이버 공간에서의 작전 수립을 통해 행동의 통일성을 부여할 것과 사이버 가상 적군을 활용한 훈련으로 실제 적에 대한 폭넓은 작전 수행 역량 육성이 제시된다.

마지막으로 다섯째, 공통의 위협 저지, 국제안보 및 안정 증진을 위한 건실한 동맹과 동반자 관계의 수립과 유지이다. 국방부 사이버 전략 목표의 하나가 동맹국과의 긴밀한 협조인데 사이버 역량에 대한 높은 수요와 상대적 공급 부족으로 인해 미국의 핵심 이익이 걸린 분야에 대해서는 공조 역량 강화가 필수적이라는 것이다. 이를 위해 향후 5년간 중동, 아태 지역 및 나토 동맹국 지역에서 공조 능력 강화를 추진하고 이 과정에서 지속적으로 국제 환경을 평가하고 새로운 과제 및 기회에 대응하기 위한 혁신적 동반자 관계를 구축할 것이 제시된다 (US Department of Defense 2015: 13-15).

4. 향후 주요 과제와 전망

현재 미국 정부가 중점을 두고 있는 사이버 안보 과제는 사이버 공격으로 인한 재앙적 상황이나 간첩 피해 방지, 치명적인 사이버 공격의 충격 축소, 주요 적용 대상 분야 내 혹은 분야 간 공조 향상, 중앙정부 부처의 역할과 책임 소재 명료화, 사이버 범죄 격퇴 등이다. 그러나 이러한 당면 과제와 더불어 설계(design), 보상(incentives), 공감대(consensus), 환경(environment)의 '네 가지 요소(DICE)'와 관련된 장기적 도전에 대한 대비 또한 요구된다.

먼저, 전문가들에 의하면 효과적인 사이버 보안은 정보통신기술의 설계 단계부터 하나의 기본 구성으로 구상되어야 한다. 그러나 지금까지 정보통신기술의 개발은 보안보다는 경제적인 목적을 위한 상품성에 주로 초점이 맞추어져 왔다. 더욱이 설사 보안을 설계 단계에서부터 구상하고 싶어도 미래에 필요한 보안의 수요를 미리 알기도 어렵다.

둘째, 사이버 안보를 진작하기 위한 경제적 보상의 구조 자체가 왜곡되거나 역작용을 하는 경우가 많다는 것이다. 사이버 범죄의 경우는 비용도 적고, 수익성이 높으며, 상대적으로 안전한 반면 사이버 보안은 비싸고, 본질상 불완전하며, 투자의 보상이 불투명한 것이 현실이다.

셋째, 사이버 안보, 혹은 보안 문제에 관해 각각의 이해 당사자마다 그 의미나, 시행 방법, 위험에 대해 다르게 해석되거나 공감대 형성이 어렵다는 점이다. 이러한 문제는 다른 분야나 기관들 사이뿐 아니라 같은 조직 내에서도 종종 나타난다. 안보에 관한 전통적 접근이 엄청난 연결망을 가진 사이버 공간의 환경에서는 적용하기 어려우면서도 그 대안에 대해서도 여전히 증명된 것이 없는 것이 현실이다.

마지막으로, 사이버 공간은 그 크기와 내용에 있어서 인간 역사상 가장 빠르게 진화하는 기술 공간이다. 소셜 미디어, 모바일 컴퓨팅, 빅데이터, 클라우드 컴퓨팅, 사물 인터넷 등의 새로이 등장하는 내용과 응용기술 들은 진화하는 위험 환경을 더욱 복잡하게 만든다. 하지만 동시에 클라우드 컴퓨팅이나 빅데이터 분석에 의한 규모의 경제와 같은 경우는 사이버 안보에 새로운 기회로 작용할 수도 있다. 따라서 이제 그 중요성이 부각되기 시작한 사이버 안보 정책의 장기적 성공을 위해서는 이상의 도전과 기회를 적극적으로 인식하고 대비해 나가려는 접근이 필요하다(Fischer 2016: 9).

III. 사이버 안보와 국제협력

1. 국제전략: 목표와 원칙, 행동강령

국제협력은 다양한 국내정책과 더불어 미국 사이버 안보 전략의 또 다른 중요한 축을 이룬다. 무한대로 열리고 연결된 사이버 공간의 특성상 국내와 국외의 구분이 어렵거나 존재하지 않는 것이다. 2009년 보고서에서 미국은 국제 사이버 안보 정책을 위한 미국의 역할을 확립하고 국제 파트너십 관련 역량을 강화할 것을 제시한다. 그러나 효율적인 국제사회와의 협력이 중요하면서도 어려운 이유는 먼저 사이버 범죄나 위협은 국경을 초월하는 반면 이에 대응하는 사이버 범죄의 수사 및 기소, 데이터 보존, 개인 정보 보호에 관한 법률이 국가마다 다르기 때문에 안전한 디지털 환경을 유지하기 어려운 점이 지적된다. 따라서 미국은 사이버 범죄나 위협에 대한 관할권 허용 기준, 국가의 책임, 무력 사용에 대한 기준에 관하여 다른 국가와 상호 협력하며 공동 대응을 할 수 있는 국제환경 조성에 노력할 것이 제시되었다. 이를 위해 미국과 동맹국들은 공통의 정책 목표를 설정하고 국제전기통신연합(ITU), 국제표준화기구(ISO)와 같이 현존하는 사이버 안보 관련 국제기구 및 지역 포럼에서의 중복되는 역할을 조정하며 포괄적 국제협력 체계 구축을 위한 노력을 해 나갈 것을 제안한다(The White House 2009).

2011년 오바마 행정부는 '사이버 공간의 국제전략(International Strategy for Cyberspace)'이라는 보고서를 펴내고 국제 사이버 안보 정책을 위한 미국의 역할을 확립하고 국제 파트너십 관련 역량 강화를 위한 보다 구체적인 국제협력의 기본 원칙과 전략을 제시한다(The White House 2011). 미국이 제시하는 기본원칙은 크게 3가지이다. 첫째, 미국이 추구하는 근본적 자유(fundamental freedom)로 표현의 자유와 집회, 결사의 자유를 진작하는 모든 사이버 공간의 활동을 진작하면서도 동시에 아동 포르노나 테러 활동 등 이를 악용하는 것에는 관용하지 않는다. 둘째, 사생활의 존중으로 개인에 대한 정보 노출을 지양하며 개인의 권리를 법률에 의거 일관성 있게 보호한다. 셋째, 혁신과 표현의 자유를 위한 정보의 자유로운 흐름을 진작하기 위해 자유무역과 보다 폭넓은 정보의 흐름을 저해하지 않는 각종 국제 사이버 안보 조치와 기준을 위해 노력한다는 것이다(The White House 2011: 6).

국제 사이버 안보 협력을 통해 미국은 궁극적으로 국제적으로 열린, 상호 호환이 가능하고, 안전한, 그리고 신뢰할 수 있는 정보 기반을 추구하여 국제 무역과 통상을 지원하며, 국제 안보를 강화시키고,

표현의 자유와 혁신을 촉진시키는 목표를 추구한다. 이러한 목표를 달성하기 위해, 책임감 있는 사이버 공간의 규범(norms)이 국가의 정책을 제시하고 파트너십을 유지하고 사이버 공간의 법규를 지지하는 환경을 만들 것을 제시한다. 여기서 미국이 의미하는 사이버 규범이란 받아들여질 수 있는 행동에 대한 국가들 간의 공통된 합의가 사이버 공간의 안정성을 강화시키며 국제 행동의 기반을 마련으로 것으로 이는 다음의 다섯 가지 원칙에 의거한다. 첫째, 오프라인은 물론 온라인에서의 근본적 표현의 자유 지향; 둘째, 지재권이나 특허, 저작권 같은 재산권 존중; 셋째, 인터넷을 사용함에서 국가의 간섭으로부터 사생활 보호; 넷째, 사이버 범죄에 대한 색출과 처벌을 위한 국제협력을 통한 사이버 범죄로부터의 보호; 다섯째, 유엔 헌장에 보장된 자위권의 원칙에 의거한 사이버 공격으로부터 국가의 안보를 지킬 자위의 권리이다. 이를 위해 각 국가는 구체적 행동 강령으로 1) 인터넷 접근에 대한 상호 보장; 2) 국제적으로 연결된 인터넷 정보의 자유로운 소통; 3) 개인의 인터넷 접근성에 대한 불간섭을 통한 네트워크 안정성 보장; 4) 정부를 넘어선 다양한 이해당사자에 의한 인터넷 거버넌스의 필요성 인식; 5) 각자 자국의 정보 인프라와 국가적 정보 시스템을 공격이나 피해로부터 보호할 사이버 공간의 기본 책무 수행을 제시한다 (The White House 2011: 9-10).

2. 양자 협력

앞에서 제시된 목표와 원칙, 행동강령을 중심으로 미국은 주요 동맹국들과의 국제사이버 안보 협력외교를 벌이고 있다. 먼전 미일 협력외교로 미국은 일본과 2013년 5월 동경에서 처음으로 각 정부 부처의 사이버 안보 관련 담당자들이 참여하는 '사이버 문제 관련 대화'를 개최하고, 협력 강화 확인 공동성명을 발표한다(US Department of State 2013a). 이는 양국의 사이버 문제에 대한 최초 회의로 사이버 공격 등에 관한 정보 교환 강화 및 중요한 인프라를 사이버 공격으로부터 지키기 위한 대책 마련, 국제적인 규범을 만들기 위한 협력 강화 등의 내용을 다룬다. 이듬해인 2014년 4월에는 미일 방위협력지침을 개정하면서 사이버 안보 부문에서 공조를 강화한다. 2015년 5월에는 세 번째 '사이버 문제 관련 대화'를 통해 미국이 일본에게 이른바 전통적인 '핵우산'에 대응하는 개념의 '사이버 우산'을 제공하기로 합의한다. 공동성명에 따르면 미국은 일본의 군 기지와 사회기반시설에 대한 사이버 공격 위협에 대처할 수 있도록 지원하기로 동의한다(The Ministry of Defense of Japan 2015). 이는 아직 일천한 일본의 사이버 안보 방위 인력에 대한 미국의 지원을 약속한 것으로, 일본 방위성에 따르면 일본 자위대 가운데 사이버 안보군은 90명에 불과한 반면 미국은 6천 명이 넘는 것으로 보도되었다(Kelly 2015).

미국은 영국과도 사이버 안보를 위한 영미 협력외교를 진행하고 있다. 미국은 영국과 사이버 안보 강화를 위해 정보 공유와 컴퓨터 네트워크 방어 업무의 파트너십을 지속적으로 강화해 왔다. 2015년 1월 사이버 보안 강화를 위한 협력 논의를 통해 양국 정상은 주요 인프라의 사이버 보안 강화, 사이버 방어의 연계 강화, 사이버 보안 분야의 학술 연구 및 인재 육성에 관한 협력을 약속하고 주요 인프라 대상 사이버 공격에 관한 정보 교환 실시 및 공동 대응 훈련을 전개할 계획을 수립하였다(The White House 2015). 이어서 2015년 11월에 양국은 합동 사이버 훈련을 실시하였다. 리질리언트 쉴드 작전(Operation Resilient Shield)으로 명명된 합동 훈련은 미국 CERT(Computer

Emergency Response Team)와 영국 CERT가 공동으로 주관하여 영국의 영란은행과 미국의 상대은행에 대한 가상의 사이버 공격 모의 훈련을 통해 시스템과 관련한 정보 공유 및 사건 대응 과정에서의 약점을 찾아내는 데에 집중하였다(Wallace 2015). 2015년 8월에는 인도와의 협력을 위해 공동 노력을 펼치기로 하였다.

한국과의 협력외교의 경우 2013년 9월 국방사이버 정책실무협의회 설치를 위한 약정을 체결하고 사이버 안보 관련 논의를 진행하였다. 양국군은 2015년 7월과 10월 2차례에 걸쳐 합참과 주한미군사령부 주관으로 사이버 공격에 대응한 토의식 연습을 통해 전술지휘통제자동화체계(C4I)에 대한 사이버 공격이 발생했을 경우에 대비한 공동 대응 절차를 논의하였다. 이어서 2015년 10월 한미 국방 사이버 정책회의를 개최하여 북한의 사이버 공격 위협에 대한 공동 대응 방안을 논의하고 한미 간 공조체계를 강화하고 사이버 위협 관련 정보를 공유키로 하였다(이영재 2015). 한편 미국 국부무는 한국의 미래창조부와 2013년부터 2016년 3차에 걸쳐 한미 ICT 정책포럼을 개최하여 한국 측과 회담을 갖고 양국이 사이버 보안 분야 협력 강화를 위해 공동 기술개발, 글로벌 사이버 위협 정보공유 강화, 사이버 보안 정책 공조를 위해 노력하키로 합의 하였다(미래창조과학부 2016).

3. 미중 협력과 과제

미중 간의 양자 협력과 논의는 양국의 사이버 안보뿐 아니라 양국 관계 전반, 나아가 국제사이버 안보 공조 노력과 거버넌스에 중요한 함의를 가진다. 미중의 사이버 안보 대화는 먼저 양국이 서로를 가장 위험한 사이버 위협의 대상으로 삼는 것에서부터 시작한다. 2000년대 후반부터 미국 정부와 언론은 중국 해커들의 공격이 미국의 경제와 국가안보의 근간을 뒤흔드는 위협을 초래하고 있다는 소위 '중국해커 위협론'을 펼치기 시작한다. 앞서 살펴보았듯이 미국은 중국의 해커들이 중국 정부와 군의 지원받아서 미국의 물리적 인프라와 지식정보 자산을 심각하게 침해하고 있다고 판단해왔다. 특히 2010년대에 이후 중국의 해커 공격에 대한 미국 측의 비난의 목소리가 높아지면서 미국과 중국 간의 사이버 갈등이 증폭되기 시작한다.

사이버 안보는 오바마 행정부 취임 직후부터 2009년 이후 양국 간에 진행된 전략경제 대화의 의제 중의 하나로서 다루어졌으며, 좀 더 구체적으로는 미·중 사이버 보안 실무그룹의 협의가 진행되어왔다. 그러나 이러한 협력의 노력에도 불구하고 물 밑에서는 미·중 사이버 갈등은 계속 진행되었다. 대표적으로 미국의 정부, 국제기구, 기업, 연구소 등 72개 기관에 침투한 'Shady RAT' 공격은 중국의 미국에 대한 해킹 사례로 대량의 자료 복제 및 유출이 이루어졌다(Gross 2011). 그 결과 미국 정부의 2011년 국가 방첩 보고서(National Counterintelligence Executive report)는 중국을 "가장 적극적이고 지속적인" 사이버 침투 세력으로 지목하게 된다(Office of National Counter Intelligence Executive 2011: 5). 이후 2013년 2월 미국의 컴퓨터 보안회사인 맨디언트는 76쪽에 걸친 보고서를 통해 그동안 간헐적으로 탐지된 중국군의 사이버 테러와 공격의 실태를 종합적이고 자세하게 보고한다. 이들 공격이 정보통신, 항공우주, 행정, 위성, 통신, 과학 연구, 컨설팅 분야에 집중되었으며, 주로 지적재산권과 연구 개발의 내용을 훔치는 데 주안점을 두었다는 점이 보도된다. 당시 백악관 국가안보보좌관 토머스 도닐런(Thomas Donilon)은 중국에 해킹을 중단하라고 촉구하기에 이른다(The White House 2013). 맨디언트는 2014년에도 비슷한 내용의 보고서를 냈는데, 미국 정부의 요구에도 불구하고 중국이 지속적으로 해킹을 벌이고 있다는 내용이 폭로되었다. 보고서는 여전히 미국 기업들이 보유한 첨단기술과 정보에 대한 중국의 해킹이 심각하다고 밝힌다. 2014년 5월 미국 법무부는 급기야 이와 관련하여 그 배후에 있을 것으로 추정되는 중국군 61398 부대 장교 5명에 대한 정식 기소를 단행하여 양국 간의 외교적 마찰이 정점에 달하는 사건이 벌어진다. 중국은 이에 즉각 반발하며 미국과의 정부 대화를 중단하는 동시에 중국 시장에 진출한 미국 IT 기업들에 대한 규제의 고삐를 죄는 조치를 취한다(Schmidt 2014). 한편 중국은 오히려 자국이 미국으로부터의 사이버 공격에 더 취약하다고 주장한다. 미국해커에 의한 복제 소프트웨어가 만연한 가운데 매년 미국으로부터 3만 4천 건으로 추산되는 사이버 공격이 시도된다고 주장한다. 중국은 미국의 비대칭적 우위로 세계 전체 인터넷 운영에 필요한 13개의 루트 서버 중 10개가 미국에 소재하고 인터넷 프로토콜 주소를 관리하는 ICANN은 미국 정부의 지침에 따라 설립되었다는 점 등을 들어 미국이 사이버 공간에서의 기술 및 자산에서 여전히 절대적인 비대칭적, 구조적 우위에 있으며, 이를 근거로 개인과 국가의 사이버 공격이나 해킹 능력이 중국에 비해 뛰어날 수밖에 없다고 의심한다(Lieberthal and Singer: 4-5).

양국 간의 사이버 공격과 위협에 대한 우려가 심각해지면서 이를 논의하기 위한 노력도 지속되었다. 2015년 9월 시진핑 주석과 오바마 대통령의 백악관 정상회담에서 양국은 "어떤 국가의 정부도 무역 비밀을 포함한 지적재산권 등에 대한 사이버 절도를 지원하지 않는다"고 합의하고 사이버 안보와 관련해 양국이 사이버 범죄 및 관련 문제 등에 대처하기 위한 고위급 공동대화 메커니즘을 설치키로 한다. 또한 사이버 해킹을 막기 위한 제도적 기반을 마련키로 합의한다(Bejtlich 2015).

이어서 2015년 12월에는 정상 간 합의에 대한 구체적 논의를 위해 궈성쿤 중국 공안부장이 미국을 방문하여 제이 존슨 미국 국토안보부 장관과 사이버 안보와 해킹 문제 해결을 논의한다. 이는 사이버 안보에 관한 미중 간의 최초의 실무 장관급 회동으로 미국 측은 중국에 미국 기업에 대한 해킹 방지와 미국의 지적재산권 등에 대한 적극적인 보호 조치를 취해 줄 것을 요청한다. 회담에서 양국은 정부 주도로 사이버 공격을 통해 기업 기밀을 훔치거나 해킹을 지원하지 않기로 합의하고 중국 공안부·국가안전부·사법부와 미국 국토안보부·사법부 등 관련 부처 수장이 향후 정기적인 만남을 통해 보다 논의를 진작시킬 것을 합의하였다. 또한 양측은 미중 '사이버 안보 대책 핫라인 설치'에 합의하며 2015년 일련의 사이버 공격 사건으로 악화한 양국 관계의 회복에 노력한 것으로 보도되었다(Risen 2015). 실제로 보도에 의하면 미국의 기업과 기관 등에 대한 중국군의 사이버 공격이 2015년 5월 이래 급격히 감소했다고 전해진다. 미국 당국자들에 의하면 중국군 장교 5명을 기소한 후 중국군의 해킹 공격이 크게 줄었다는 것이다. 다만 여전히 중국 정보기관인 국가안전부가 미국 기업 등을 겨냥한 사이버 공격을 계속하고 있는 흔적을 포착되고 있다는 점에서 중국발 해킹 행위가 완전히 중단되지는 않고 있음이 지적된다(Nakashima 2016).

　　미중 간의 사이버 안보 협력은 사이버 공간이 가지는 익명성과 다양한 행위자, 공격자 우위 특성, 양국 간 점증하는 전략 경쟁과 관련한 정보 요구 증가 등이 가지는 요소에 의해 어려운 것이 현실이다. 또한 양국 정부가 사이버 안보에 대해 가지는 기본적인 개념과 원칙의 근본적인 입장 차이는 양국 간 대화 노력에도 불구하고 이 분야의 협력을 더욱 어렵게 만든다. 미국이 추구하는 정보의 자유로운 흐름과 개인의 정보 활동과 의사표현의 자유, 사생활 보호 등은 공산당 독재에 대한 반정부 선동, 정부의 통제 약화, 외부의 불순 사상과 문화의 유입 등 중국의 체제 자체를 위협하는 행위로 이해된다. 그럼에도 불구하고 미중 간 사이버 안보 분야의 대화 노력과 협력은 향후 미중의 사이버 문제뿐 아니라 양국의 전반적인 관계와 국제 사이버 안보의 협력을 위해서는 중요한 함의를 가지며, 따라서 향후 협력을 위한 다음의 고려 사항이 제시된다. 첫째, 양국은 다른 분야와 달리 사이버 공간 기술적의 특성으로 인해 가지는 협력의 어려움을 상호 인식해야 한다. 또한 사이버 공간 안에서의 정보의 자유에 관해 양국의 정치체제가 가지는 근본적인 접근의 차이도 솔직히 인정할 필요가 있다. 둘째, 이러한 기술적, 개념적 차이에 대한 인정을 바탕으로 여전히 양국이 공유하는 사이버 안보 문제, 즉 정치적 함의가 없는 사이버 범죄나 사이버 테러 활동에 대한 공조를 확대해 추구해야 한다. 셋째, 이를 위해 환경이나 기후 분야, 금융, 비확산 등 여타 분야에서 양국이 이룩한 다양한 협력 모델의 적용을 논의 할 수 있으며, 넷째, 지구적 차원의 인터넷의 순조로운 기능을 위한 다양한 기술적 규범에 대한 합의와 명문화 노력, 애매한 책임 소재 식별에 대처하려는 노력, 양국이 서로 중대한 갈등을 야기 시킬 수 있는 '마지노선'이나 '적색선'에 대한 상호 인식 노력 등을 시도해야 한다. 마지막으로 이러한 논의를 위해 보다 다양하고 책임 있는 당국자 간의 협의 채널을 구축하여 상호 신뢰와 협력을 증진해야 한다(Lieberthal 2012: 23–31).

IV. 지역 및 글로벌 거버넌스 전략

미국은 당면한 사이버 안보 도전에 대응하기 위한 다양한 양자 외교를

벌임과 동시에 자신이 추구하는 사이버 공간의 가치와 안보 이익을 보
호하기 위한 국제규범과 통치제도의 창출을 위한 지역 협력과 지구적
차원의 거버넌스 형성에 노력을 경주하고 있다. 이를 위해 가치와 이
익을 공유하는 기존의 동맹국들과 협력하여 다음의 전략을 추구한다.
첫째, 사이버 공간과 인터넷 표현의 자유, 개방, 신뢰 등 기본 원칙이
존중되어야 한다. 둘째, 사이버 공간을 사용하고 있는 개인, 산업계,
시민사회 및 정부기관 등 다양한 구성원들의 의견이 수렴된 국제적 규
범을 제정해야 한다. 셋째, 인터넷 및 사이버 공간에도 규범 원칙을 설
정함에서 그 출발은 기존의 국제법을 토대로 하며, 따라서 유엔헌장
등이 사이버 공간을 규율하는 국제규범의 모태가 되어야 한다. 넷째,
상호 간 사이버 공간상의 위협 요소 감축 및 신뢰 증진을 위한 사이버
공간에 적용 가능한 신뢰구축조치(CBMs)의 이행이 필요하다(김소정
2013).

1. 지역협력외교

미국의 국제 전략은 지역차원에서 기존에 존재하는 지역안보기구를
통한 협력체계 구축에 힘쓰고 있다. 유럽안보협력기구(OSCE: Organi-
zation for Security and Cooperation in Europe)는 그 대표적인 예이
다. 냉전 시기 동서 간의 신뢰 구축을 통해 유럽의 공동안보와 협력을
추구한 OSCE의 경험을 살려 사이버 공간에서의 위협요소 감축과 신
뢰 구축에 활용하려 한다. 2012년 4월 이래 미국은 비공식 워킹 그룹
(Informal Working Group)을 설립하고 자신들이 의장으로 역할을 하
면서 유럽 회원국과 미국을 포함한 국가 간 정보통신과 사이버 분야의
신뢰 구축 방안에 관하여 논의를 해오고 있다(OSCE 2014). 2013년 12

월에는 첫 번째 조치로 회원국 간에 사이버 안보 분야의 신뢰 구축을 위한 기본 11개 원칙에 합의안을 내기도 하였다(OSCE 2013). 한편 군축과 사이버 안보는 본질적인 측면에서 다르기 때문에 일방적인 군축 개념을 사이버 안보 분야에 적용시키기 어렵다는 회의적인 시각도 존재한다. 특히 핵무기 등 전통적 안보 개념에서는 억지력 확보 및 신뢰 구축 조치 향상으로 인한 예측성 강화가 결정적인 요소였으나 인터넷과 사이버 분야의 특성상 억지력 확보와 예측성 강화가 불가능할 것이라는 비판적 시각이 있다.

한편, 미국은 유럽의 나토(NATO) 동맹국들과 함께 나토 내에 사이버 안보에 관한 협의체를 설치하고 사이버 공간에서의 안보위협에 전통 군사동맹인 나토가 함께 대응해 나갈 전략과 방안을 수립코자 노력한다. 2008년 NATO 동맹국을 주축으로 이를 처음 제안한 에스토니아의 탈린에 나토 사이버 방위협력센터(NATO CCDCOE: Cooperative Cyber Defence Centre of Excellence)를 설립하고 사이버 방위에 관한 회원국들 간의 정보 교환, 공동 연구, 협력 방안 등을 중점적으로 추구해 왔다. 특히 2009년부터 탈린매뉴얼과정(Tallinn Manuel Process)을 시작하여 3년여에 걸쳐 20명의 국제법 학자들이 참여한 사이버 전쟁에 관한 기존 국제법에 기준한 일종의 사이버 전쟁에 관한 국제법 지침서를 발간한다. 미국 해군대학의 국제법 교수인 마이클 슈미트가 편집 책임을 맡은 이 지침서는 302페이지에 달하는 문건을 통해 주권 개념, 국가책임, 전쟁의 시작에 관한 국제법(jus ad bellum), 국제인권법, 중립에 관한 법 등의 핵심적인 전쟁과 관련한 문제에 관하여 이미 수립된 전통 국제협약이나 관습법이 어떻게 사이버 공간과 사이버 전쟁에 적용될 수 있는 지의 문제를 논의한다(NATO CCDCOE 2013). 이 지침서에 의하면 사이버 공간에서도 전통의 교전 수칙이 적용될 수 있으며, 이러한 원칙에 따라 특정 국가나 개인에 대한 사이버 공격도 그에 상응하는 대응과 조치를 기존 전쟁의 교전 수칙이나 전쟁법에 의거취할 수 있다고 제시한다.

아세안지역포럼(ARF)은 아시아 지역의 사이버 안보 분야의 다자적 지역 협력을 위해 미국이 노력을 기울이는 기구이다. 동남아의 아세안회원국 10개국과 한중일, 미국, 러시아, 유럽연합 등의 27개국이참여하는 대표적인 다자안보협의체인 ARF는 2012년 사이버 안보 진작을 위한 공동선언을 채택한 이후 지역의 각종 사이버 안보 현안에관한 논의가 주로 벌어지는 곳이다. 아세안을 위주로 한 회원국 장관들은 2013년에 사이버 안보 관련 정보 공유와 능력 배양에 관하여 함께 협력할 것을 약속하였다. 이러한 ARF에 대해 미국의 커리 국무장관은 미국이 아시아 국가들의 사이버 안보로부터 우리 모두를 보호하고 사이버 위협의 위험을 줄이기 위한 능력 배양 노력을 매우 적극적으로 도울 의사가 있음을 밝히기도 하였다. 그리하여 미국은 이들을대상으로 사이버 공간에서의 가짜 도용자를 대응하는 세미나를 개최하고 아세안 국가들 간의 사이버 신뢰 구축을 위한 사이버 워크숍, 아세안 사이버 범죄 대응 능력 강화 방안, 첨단범죄 수사와 디지털 유전 분석 프로그램 워크숍 등을 조직하는 등 아시아 지역의 사이버 안보 다자 협력 증진에 적극적인 지지를 보내고 있다(US Department of State 2013b).

2. 글로벌 거버넌스

사이버 공간과 사이버 안보에 관한 지구적 차원의 국제규범과 제도를만들려는 시도는 아직은 시작 단계에 있다. 미국은 당연히 새로이 형성될 사이버 공간의 국제규범을 주도하고, 이 과정에서 미국이 추구하는 사이버 안보 관련 규범, 원칙, 가치를 실현코자 한다. 문제는 미국이 주도하는 사이버 공간의 국제규범과 거버넌스에 대해 모두가 동조하지 않는다는 것이다. 특히 사이버 위협과 공격 행위를 규제할 국제규범과 원칙 설립을 놓고 미국과 영국으로 대표되는 서방 측과 중국과 러시아로 대표되는 비서방 측은 크게 다른 입장을 보인다. 미국이 추구하는 국경을 초월한 정보 접근과 소통의 자유, 개인의 사생활과 지식재산권의 보호 등에 대해 러시아와 중국을 위시한 국가들은 사이버 공간에서도 국가주권은 인정되며 필요시 정보 통제를 허용해야 한다고 주장한다. 이러한 주장의 이면에는 중국 및 러시아 등이 자신들 체제의 안정성 확보를 위해 인터넷 등에서 언론의 자유를 통제하는 것을 미국과 서방 측이 저지하려는 의도가 있다는 이들의 이해를 반영한다. 또한 이들은 기존의 인터넷 체계를 구성하고 주도해 온 서방 측의 의도대로 인터넷과 사이버 공간을 규율하는 체제를 수용할 수 없으며, 사이버 공간의 신뢰 구축 조치 수립이나 이행보다는 국가의 인터넷 통제 강화 등을 내용으로 한 국제정보 보안 행동수칙에 대한 합의가 시급하다는 입장이다(김소정 2013).

부다페스트 사이버 범죄 협약은 미국이 그동안 적극적으로 참여해 온 국제협약의 하나이다. 2001년에 시작하여 인터넷을 사용한 사이버 범죄 행위에 대한 국가 간의 공조와 협력을 통한 대응을 추구하는 이 협약은 2016년 현재 미국과 유럽, 일본 등을 포함한 55개국이 가입하고 있다. 미국은 이 협약을 통해 날로 심각성과 위험성이 증가하는 사이버 범죄에 대해 효과적인 대응을 위해서는 각국이 사이버 범죄에 관한 공통의 규정과 법을 만들고 이를 통해 증거 수집, 범죄인 인도 등에서 공조할 것을 제안한다. 또한 이 협약이 각국이 사이버 범죄

관련 법률을 만들고 현 법률을 개선하는 데 도움이 될 것으로 기대한
다. 그러나 러시아나 중국은 여기에 미온적인 반응을 보이고 가입하고
있지 않다(Council of Europe 2016).

한편 유엔을 중심으로 한 국제 사이버 규범 형성 노력이 러시아
에 의해 시도된 사례도 있다. 1998년 러시아는 "Developments in the
field of information and telecommunications in the context of inter-
national security"라는 결의안을 유엔에 제출하고 이를 총회에서 채택
한 후, 유엔의 군축 및 국제안보 위원회에서 사이버 안보가 논의되기
시작하였다. 그러나 동 결의안에 대해 미국은 처음부터 동조하지 않았
고, 이후로도 소극적으로 사이버 안보 관련 국제협력에 대응해 왔다.
이후 동 위원회는 국제안보 차원에서의 사이버 안보 문제를 논의하기
위해 2004년부터 "국제안보 맥락에서의 IT 분야 개발에 관한 유엔 정
부전문가그룹(GGE)" 회의를 지속해 오고 있다. 지금까지 4회에 걸쳐
열린 사이버 안보 관련 정부전문가그룹(GGE) 회의를 통해 유엔은 러
시아는 물론 미국과 중국, 일본 등의 국가들 간에 사이버 안보에 관한
국제 규범 확립에 관한 공동의 입장을 확인하고 이견을 좁히려는 노력
을 하고 있다. 2015년 7월에 열린 회의에서 미국, 러시아, 중국, 영국,
프랑스, 독일, 브라질 등 20개국이 합의한 내용은 사이버 공간에서 국
가들이 지켜야할 규범, 규칙, 원칙에 대한 기본 원칙과 신뢰 구축 방안,
사이버 안보 능력 배양에 대한 지지이다. 이들이 합의한 원칙을 살펴보
면 각 국가는 정보통신기술을 사용함에서 국제법과 국가주권, 평화적
방법에 의한 분쟁 해결과 내정 불간섭의 원칙을 준수할 것이며, 동시에
각국이 정보통신기술을 사용함에서 기본 인권과 근본적인 자유를 존중
할 의무를 가진다고 규정한다. 또한 국가는 가짜 프락시를 정보통신기
술 활용에 사용하지 않을 것과 자신들의 영토가 비국가 행위자들의 그

러한 행위에 이용되도록 허용하지 않을 것을 합의하였다(UN Office of Disarmament Affairs 2016). 한편, 유엔은 2006년부터 인터넷 거버넌스 포럼(IGF: Internet Governance Forum)을 개최하여 인터넷 안보는 물론 지속가능성, 성장, 개발과 안정성 등 인터넷과 관련된 종합적인 문제에 대해 정부는 물론 이해 당사자들이 모여 인터넷 관련 국제 거버넌스 이슈에 대한 정책적 대화를 나누는 장으로 사용하고 있다.

V. 결론: 정책적 함의

지금까지 살펴본 미국의 국내 및 국제 사이버 안보 전략이 가지는 정책적 함의는 다음과 같다. 첫째, 사이버 공간 및 사이버 안보가 가지는 기술적 특수성으로 인한 정부 차원 대응의 어려움에 대한 인식이다. 사이버 공간은 그 익명성으로 인해 다양한 공격의 목적과 행위자 그리고 공격 목표를 가진다. 가장 일반적인 사이버 범죄나 공격의 목적과 행위자가 금전적 이득을 위한 것이 현실이지만, 동시에 단순한 정보의 탈취나 과시성 해킹도 빈번하게 벌어지며, 이것은 종종 국가에 의한 사이버 공간의 간첩 활동이나 사이버 공격과 구분이 어렵고 경계가 모호한 경우가 많다. 또한 민간과 정부의 구분이 어렵고, 공격 속도에 비해 훨씬 더딘 의사결정 과정, 소수의 해커조직이나 한 개인의 일사불란하고 민첩한 공격에 대해 분산되고 파편화되어 있는 정부 조직, 책임 소재의 불명확성 등은 사이버 안보를 위한 중앙정부 차원의 정책과 전략 마련에 근본적인 도전을 제기한다.

둘째, 사이버 공간에서의 공격의 특수성은 공격보다 이에 대응하는 방어를 더욱 어렵게 만든다. 사이버 공격의 경우는 재래식 공격과 반대로 공격자 우위의 성향을 가지며, 이는 방어 대책 마련과 억제의 어려움으로 직결된다. 재래식 전쟁에서는 방어가 보통 공격자에 비해 3배의 우위를 가지는 것으로 여겨진다. 그러나 사이버 공간에서는 공격자 식별의 어려움, 은밀성, 속도의 우위, 기술 진화의 빠른 전개 등에 의해 공격자가 유리하다. 이는 실제로 공격과 방어 우위 이론에 의하면 선제공격에 대한 인센티브를 강화하는 결과를 초래한다.

셋째, 전통안보 개념 적용의 어려움이다. 전투원과 민간의 구분이 어려움, 공격의 출처 식별의 어려움, 현실 세계의 국경과 전장 구분에 비해 그 경계가 존재하지 않는 사이버 공간의 특수성, 금전적 목적과 국가안보 위협 구분의 모호성, 민간 핵심 기간 시설의 사이버 공격에 대한 취약성으로 인한 공격과 피해의 비대칭성 등은 재래식 전쟁이나 안보 개념에 의한 사이버 안보 접근법의 한계를 극대화한다.

넷째, 따라서 사이버 안보 정책은 국방부나 특정 안보 관련 부분만이 아니라 전체 유관 정부 부처 간의 통합적 소통과 공조를 바탕으로 한 민·관·군의 긴밀한 협조와 공동의 대응을 요구하지만, 현실은 그 시행이 매우 어렵다는 것이다. 사이버 안보상의 민간의 협조를 위한 조치가 개인의 사생활 침해나 기업의 이윤 추구나 소비자 보호 책임에 반하는 결과를 초래하여 정부와 민간, 시민사회 간에 갈등과 논쟁을 불러일으키는 사례가 대표적인 경우이다.

다섯째, 사이버 안보는 국경을 초월하는 개방성과 연결성으로 인해 국내 정책 못지않게 국제적 협력의 중요성도 강조된다. 그러나 각 국가별로 사이버 안보에 대한 접근 방식과 조직, 능력에 많은 차이를 가지는 것이 현실이며 이는 국제공조의 어려움을 야기한다. 더욱이 미중의 경우와 같이 사이버 안보의 근본적인 목적과 원칙에 대한 대조적 접근법은 이들 간 사이버 안보 협력의 필요성과 중요성이 증가함에도 불구하고 사이버 안보를 위한 공동규범의 창출이나 국제 거버넌스 형성을 더욱 어렵게 만든다.

여섯째, 그럼에도 불구하고 미국은 영국, 일본 등 전통적인 동맹국들과 연합하여 사이버 공간에서 미국이 추구하는 목표와 가치를 구현하기 위한 국제규범과 제도, 거버넌스 형성을 위해 지역적, 지구적 차원의 노력을 기울이고 있다. 인터넷 공간의 자유로운 정보의 흐름과 개인의 정보 접근의 자유, 개인의 의사표현의 자유 및 지적재산권 등의 보호를 추구하는 미국은 유엔 등에 확립된 전통적 국제규범과 원칙을 토대로 사이버 공간에서 이를 구현할 지역 협력 및 국제 거버넌스 창출을 주도하기 위해 노력하고 있다.

미국은 사이버 공간의 가장 큰 기술적 리더이자, 수혜자이며, 또한 각종 사이버 공격의 가장 큰 대상이기도 하다. 미국은 정보의 자유로운 소통과 접근, 개인의 의사표현과 정보 습득 권한 보장, 열린 사이버 공간을 통한 개인과 민간, 국가 이익의 증진 등을 목표로 사이버 범죄로부터 이들 가치와 원칙을 지키기 위한 국내정책, 국제협력, 국제규범 창출에 노력하고 있다. 이러한 노력은 사이버 공간이 가지는 기술적 특성으로 인해 기존의 여타 안보정책과 다른 많은 도전과 과제를 제시한다. 또한 국제적 규범 확립을 위한 노력은 이에 대한 다른 이해관계와 접근을 추구하는 중국이나 러시아와의 갈등을 야기하기도 한다. 그럼에도 여전히 사이버 안보 관련 정책과 제도, 기술개발, 국제규범 설립 등에서 선도적 역할을 추구하는 미국의 사이버 안보 전략은 향후 한국을 비롯한 각국의 사이버 안보 전략은 물론 국제 사이버 질서 확립에서도 많은 시사점을 가질 것이다.

참고문헌

김소정. 2013. "사이버 안보 국제협력과 국가전략." *JPI PeaceNet* No. 2013-17.
   제주평화연구원. http://www.jpi.or.kr/kor/regular/policy_view.sky?code=papermo
   rgue&id=5033(검색일: 2016.9.10).
미래창조과학부. 2016. "미래부, 미국과 차세대 ICT 협력 가속화한다: 2차관, 한-미 ICT 정책
   포럼에서 포괄적 협력을 위한 공동선언문 채택." 보도자료 (2016년 9월 11일) http://m.
   msip.go.kr/mobile/cms/contentsView.do?cateId=mssm15_12&artId=1311843&pa
   geNum=1(검색일: 2016.9.15).
연합뉴스. 2015. 이영재, "한미 국방사이버 정책 실무협의, 북 사이버 공격 대응 논의."
   2015.10.27. http://www.yonhapnews.co.kr/bulletin/2015/10/27/0200000000A
   KR20151027072351014.HTML (검색일: 2016.9.10).

Bejtlich, Richard. 2015. "To hack, or not to hack?." Brookings Institute. (September 28,
   2015) http://www.brookings.edu/blogs/up-front/posts/2015/09/28-us-china-
   hacking-agreement-bejtlich(검색일: 2016.9.10).
Boyd, Aaron. 2016. "DNI Clapper: Cyber bigger threat than terrorism." *Federal
   Times* (February 4. 2016) http://www.federaltimes.com/story/government/
   cybersecurity/2016/02/04/cyber-bigger-threat-terrorism/79816482/(검색일:
   2016.9.5).
Center for Strategic and International Studies(CSIS). 2014. "Net Losses: Estimating the
   Global Cost of Cybercrime." http://www.mcafee.com/us/resources/reports/rp-
   economic-impact-cybercrime2.pdf?cid=BHP028(검색일: 2016.9.2).
Council of Europe. 2016. "Chart of signatures and ratifications of Treaty 185,
   Convention on Cybercrime." https://www.coe.int/en/web/conventions/full-list/-
   /conventions/treaty/185/signatures?p_auth=XTRqwS6d(검색일: 2016.9.10).
Davis, Julie Hirschfeld. 2015. "Hacking of Government Computers Exposed 21.5 Million
   People." *New York Times* (JULY 9, 2015) http://www.nytimes.com/2015/07/10/
   us/office-of-personnel-management-hackers-got-data-of-millions.html?action=cl
   ick&contentCollection=Politics&module=RelatedCoverage&region=Marginalia
   &pgtype=article(검색일: 2016.9.2); SANGER, DAVID E. "U.S. Decides to Retaliate
   Against China's Hacking." *New York Times* (JULY 31. 2015) http://www.nytimes.
   com/2015/08/01/world/asia/us-decides-to-retaliate-against-chinas-hacking.html?a
   ction=click&contentCollection=Politics&module=RelatedCoverage&region=Mar
   ginalia&pgtype=article(검색일: 2016.9.2).
Fischer, Eric A. 2016. "Cybersecurity Issues and Challenges: In Brief." CRS Report No.
   R43831. (August 12, 2016).

Gross, Michael Joseph. 2011. "Exclusive: Operation Shady Rat – Unprecedented
　　Cyber-Espionage Campaign and Intellectual – Property Bonanza." *Vanity Fair*
　　(August 2 2011) http://www.vanityfair.com/news/2011/09/operation-shady-rat-
　　201109(검색일: 2016.9.15).

Harris, Shane, and Youssef, Nancy A. 2016. "Pressure Grows on Obama to Name
　　DNC Hackers," *Daily Beast* (July 30. 2016) http://www.thedailybeast.com/
　　articles/2016/07/29/pressure-grows-on-obama-to-name-dnc-hackers.
　　html(2016.9.2).

Jackson, William. "DOD creates Cyber Command as U.S. Strategic Command subunit
　　New post will defend .mil domain." *FCW* (June 24. 2009) https://fcw.com/
　　Articles/2009/06/24/DOD-launches-cyber-command.aspx?Page=1(검색일:
　　2016.9.5).

Kelly, Tim. 2015. "U.S. to bring Japan under its cyber defense umbrella." *Reuters*
　　(May 20. 2015). http://www.reuters.com/article/us-japan-us-cybersecurity-
　　idUSKBN0OF0EL20150530(검색일: 2016.9.10).

Knowlton, Brian. 2010. "Military Computer Attack Confirmed". *New York Times* (August
　　25, 2010). http://www.nytimes.com/2010/08/26/technology/26cyber.html(검색일:
　　2016.9.2).

Lichtblau, Eric. and Schmitt, Eric. "Hack of Democrats' Accounts Was Wider
　　Than Believed, Officials Say." *New York Times* (August 10. 2016) http://
　　www.nytimes.com/2016/08/11/us/politics/democratic-party-russia-hack-
　　cyberattack.html?_r=0(검색일: 2016.9.2).

Lieberthal, Kenneth. and Singer, Peter W. 2012. "Cybersecurity and US-China Relations."
　　Brookings Institute. (February 2012) https://www.brookings.edu/wp-content/uploa
　　ds/2016/06/0223_cybersecurity_china_us_lieberthal_singer_pdf_english.pdf(검색일:
　　2016.9.10).

Lynn, William J. III. 2010. "Defending a New Domain: The Pentagon's Cyberstrategy."
　　Foreign Affairs (September/October 2010)

McAfee. 2009. "Unsecured Economies: Protecting Vital Information." https://www.cerias.
　　purdue.edu/assets/pdf/mfe_unsec_econ_pr_rpt_fnl_online_012109.pdf(검색일:
　　2016.9.2).

Nakashima, Ellen. 2016. "Chinese hacking activity down sharply since mid-
　　2014, researchers say." *The Washington Post* (June 20. 2016) https://www.
　　washingtonpost.com/world/national-security/chinese-hacking-activity-down-
　　sharply-since-mid-2014-researchers-say/2016/06/20/089703e6-36fd-11e6-9ccd-
　　d6005beac8b3_story.html(검색일: 2016.9.10).

NATO CCDCOE. 2013. "Tallinn Manuel Process." https://ccdcoe.org/tallinn-manual.
　　html(검색일: 2016.9.10).

Office of the National Counter Intelligence Executive. 2011. "Foreign Spies Stealing US

Economic Secretes in Cyberspace: Report to the Congress on Foreign Economic Collection and Industrial Espionage 2009–2011." (October 2011) https://www.ncsc. gov/publications/reports/fecie_all/Foreign_Economic_Collection_2011.pdf(검색일: 2016.9.15).

OSCE. 2013. "Decision No. 1106, Initial Set of OSCE Confidence-Building Measures to Reduce the Risks of Conflict Stemming from the Use of Information and Communication Technologie." (December 3. 2013) http://www.osce.org/ pc/109168?download=true(검색일: 2016.9.10).

_____. 2014. "Confidence building measures to enhance cybersecurity in focus at OSCE meeting in Vienna." (7 November 2014) http://www.osce.org/cio/126475(검색일: 2016.9.10).

Painter, William L. and Jaikaran, Chris. 2016. "Perspectives on Federal Cybersecurity Spending." *CRS Report No. R44404* (February 25. 2016); Filkins, Barbara. 2016. "IT Security Spending Trends." SANS Institute, February 2016. https://www.sans. org/reading-room/whitepapers/analyst/security-spending-trends-36697(검색일: 2016.9.5).

Perez, Evan. 2016. "Sources: US officials warned DNC of hack months before the party acted" *CNN* (July 26. 2016) http://www.cnn.com/2016/07/25/politics/democratic-convention-dnc-emails-russia/(검색일: 2016.9.2).

Peterson, Andrea. 2014. "The Sony Pictures hack, explained." *Washington Post* (December 18, 2014). https://www.washingtonpost.com/news/the-switch/ wp/2014/12/18/the-sony-pictures-hack-explained/(검색일: 2016. 9. 2); Korte, Gregory and Jackson, David. 2015. "Obama sanctions North Korea for movie hacking." *USA TODAY* (January 2, 2015) http://www.usatoday.com/ story/news/politics/2015/01/02/obama-north-korea-sanctions-interview-movie/21195385/(검색일: 2016.9.2).

Risen, Tom. 2015. "Hotline Bling: China, U.S. Work to Further Cybersecurity Pact; The two countries aim to set up a 'hotline mechanism' for cybersecurity concerns and are taking other steps to discourage criminal hacking." *US News & World Report* (December. 3. 2015) http://www.usnews.com/news/articles/2015/12/03/hotline-bling-china-us-work-to-further-cybersecurity-pact(검색일: 2016.9.10).

Sanger, David. E. and Perlrothoct, Nicole. 2015. "Senate Approves a Cybersecurity Bill Long in the Works and Largely Dated" *New York Times* (October 27. 2015). http:// www.nytimes.com/2015/10/28/us/politics/senate-approves-cybersecurity-bill-despite-flaws.html?_r=0(검색일: 2016.9.5).

Schmidt, Michael S. and Sanger, David E. 2014. "5 in China Army Face U.S. Charges of Cyberattacks." *New York Times* (May 19. 2014).http://www.nytimes. com/2014/05/20/us/us-to-charge-chinese-workers-with-cyberspying.html(검색일: 2016.9.10).

The Ministry of Defense of Japan. 2015. "Joint Statement of the U.S.-Japan Cyber Defense Policy Working Group." (May 30. 2015) http://www.mod.go.jp/j/press/news/2015/05/30a_1.pdf(검색일: 2016.9.10).

The White House. 2008. "National Security Presidential Directive/NSPD-54 Homeland Security Presidential Directive/HSPD-23." (January 8).

_____. 2009. "Cyberspace policy Review: Assuring a Trusted and Resilient Information and Communications Infrastructure." https://www.whitehouse.gov/assets/documents/Cyberspace_Policy_Review_final.pdf(검색일: 2016.9.5).

_____. 2011. "International Strategy for Cyberspace: Prosperity, Security and Openness in a Networked World." https://www.whitehouse.gov/sites/default/files/rss_viewer/international_strategy_for_cyberspace.pdf(검색일: 2016.9.10), p. 6; pp. 9-10.

_____. 2013. "Remarks By Tom Donilon, National Security Advisor to the President: "The United States and the Asia-Pacific in 2013"." during the Asia Society held in New York (March 11. 2013) https://www.whitehouse.gov/the-press-office/2013/03/11/remarks-tom-donilon-national-security-advisor-president-united-states-an(검색일: 2016.9.15).

_____. 2015. "FACT SHEET: U.S.-United Kingdom Cybersecurity Cooperation." (January 16. 2015) https://www.whitehouse.gov/the-press-office/2015/01/16/fact-sheet-us-united-kingdom-cybersecurity-cooperation(검색일: 2016.9.10).

UN Office of Disarmament Affairs. 2016. "Developments in the field of information and telecommunications in the context of international security." https://www.un.org/disarmament/topics/informationsecurity/(검색일: 2016.9.10).

US Department of Defense. 2015. "The DoD Cyber Strategy." http://www.defense.gov/Portals/1/features/2015/0415_cyber-strategy/Final_2015_DoD_CYBER_STRATEGY_for_web.pdf(검색일: 2016. 9. 5)

US Department of State. 2013a. "Joint Statement on US-Japan Cyber Dialogue." (May 10, 2013) http://www.state.gov/r/pa/prs/ps/2013/05/209238.htm(검색일: 2016. 9. 10)

_____. 2013b. "U.S. Engagement in the 2013 ASEAN Regional Forum." Press Release (July 2. 2013) http://www.state.gov/r/pa/prs/ps/2013/07/211467.htm(검색일: 2016.9.15); Jennings, Peter. 2013. "Rise of the cyber-men in Asia." *The Strategist*. The Australian Strategic Policy Institute (blog). (July 5. 2013) http://www.aspistrategist.org.au/rise-of-the-cyber-men-in-asia/(검색일: 2016.9.10).

Wallace, Tim. 2015. "Bank of England and US authorities to simulate cyber-attack." (November 1. 2015)http://www.telegraph.co.uk/finance/bank-of-england/11968470/Bank-of-England-and-US-authorities-to-simulate-cyber-attack.html (검색일: 2016.9.10.).

제5장

중국의 사이버 안보 전략과 외교[*]

정종필·조윤영

* 본 연구는 『21세기정치학회보』 제26집 4호에 게재된 "사이버안보(cybersecurity)를 위한
중국의 전략: 국내정책 변화와 국제사회에서의 경쟁과 협력을 중심으로" 논문을 수정
보완함.

I. 서론

2013년, 중국 인민군(PLA)이 수년 동안 미국을 포함한 서구 국가의 주요 기관을 해킹한 사실이 전 세계에 드러났다. 글로벌 인터넷 보안 업체 맨디언트(Mandiant)의 보고서는 중국 인민군 3부서(3/PLA) 소속 61398부대의 해킹으로 최소 141개 조직(정부 기관, 기업, 대학 등)의 정보가 유출됐다고 밝혔다. 더욱이 보고서는 2006년부터 지속된 해킹으로 유출된 정보의 양이 수백 테라바이트(TB)에 이른다고 분석하며 전 세계를 충격에 빠뜨렸다. 중국 정부는 군의 해킹 개입을 전적으로 부인하는 가운데, 서구 국가들은 베일에 쌓여있는 중국 해킹 부대의 규모와 기술력에 대해 우려를 표명하고 있다.

정보통신기술(ICT)산업의 후발주자인 중국의 기술 수준이 빠르게 성장한 사실이 드러나자, 사이버영역에서도 '중국 위협론(China threat)'이 확대되기 시작했다. 하지만 중국은 이 같은 시각이 억울하다는 입장이다. 실제로 중국은 정보통신기술의 발전과 사이버 영역의 확장에 비례해 사이버영역의 취약성 또한 심각한 상황이다. 인터넷의 개방성은 활발한 국내외 교류를 통한 중국 경제 성장을 이끌어내는 반면 정치적, 사회적 불안을 가중시키고 있다. 또한 중국은 외부로부터 기술을 유입해 국내화를 통한 기술발전을 추진하지만 여전히 국외 기술에 대한 의존이 높아 사이버 영역의 보호가 요원하다. 이를 바탕으로 중국은 자국의 기술 수준이 서구 국가에 비해 낮다고 인식하고 있기 때문에 군사 영역의 사이버 안보 전략 또한 정보의 무기화보다는 첩보활동에 중점을 두고 있다(Lindsay 2014/15).

따라서 중국은 다른 국가와의 협력을 통해 현 인터넷 거버넌스의 레짐을 개혁하고자 한다. 서구 국가가 사이버 영역에서의 우위를 선점하고 있는 상황에서 독자적으로 중국식 규범을 제안하는 데 한계가 있기 때문이다. 중국은 상하이협력기구(SCO)나 아세안지역포럼(ARF)에서 사이버 안보 관련 논의를 주도하고, 저개발 국가들의 사이버 능력 배양을 위해 기술 지원에 적극적으로 나서며 영향력을 확대해 나가고 있다. 이 같이 범아시아 국가들에 대한 지원을 바탕으로 러시아와의 협력을 확대하며, 유엔 내에서 사이버 관련 국제 제도, 규범 형성을 위해 노력하고 있다. 개별 국가의 정치·사회의 다양성이 인정되고 주권이 보장되는 사이버 환경 구축을 통해 궁극적으로 국내 정치·사회 안정을 유지하고자 하는 것이다.

본 연구는 다음과 같이 구성된다. II절에서 중국의 정보화(信息化) 발전 과정을 사회·경제 영역과 군사 영역으로 나누어 분석한다. 또한 사이버 안보 관련 전략 수립 방향성 구축과 정책 집행의 효율성을 높이기 위한 중앙네트워크안전·정보화영도소조(中央网络安全和信息化领导小组)신설과 법제도(网路安全法) 구축에 대해 살펴본다. III절에서는 미국과의 갈등과 협력, 지역 내 국가들과의 협력 확대에 대해 분석한다. IV절에서는 현 인터넷 거버넌스의 개혁을 위한 정부전문가그룹(GGE) 내 활동과 국제전기통신연합(ITU)에서의 영향력 확대를 살펴본다.

II. 중국의 정보화 발전 과정과 정책 집행의 일원화

중국 인터넷 네트워크 정보 센터(中国互联网络信息中心·CNNIC)에 따르면 2015년 말 기준으로 중국 인구의 48.8%인 6억 6800만 명이 인터넷을 사용하고 있는 것으로 집계됐다. 이는 전 세계 인터넷 사용자의 20%에 달하는 비율이다. 이미 전 세계 인터넷 사용자의 절대 다수

를 차지하고 있는 중국 인터넷 사용자들은 매년 기하급수적으로 늘고
있다. 인터넷 사용자의 증가 속도만큼 IT산업이 중국의 경제 구조에서
차지하는 비중 또한 빠르게 증가하는 추세이다. 중국의 정보통신산업
의 부가가치는 연평균 약 30%씩 성장했으며, 국내총생산(GDP)에서
차지하는 비중도 1%에서 15%로 높아졌다. 그 결과 2000년대 초반 중
국은 컴퓨터·반도체·네트워크 장비 등 하드웨어 산업 부문에서 미국
에 이어 세계 2위에 올랐고, 나아가 소프트웨어 및 통신 서비스 산업
도 급성장할 수 있었다.

1. 중국의 정보화 발전 과정

중국은 1992년 '현대화 전략'을 시작으로 사회·경제영역에서의 정보
화(信息化) 발전을 추진하기 시작했다. 〈표 1〉에서 살펴볼 수 있듯이,
1991년 중국공산당은 제13기 중앙위원회 제7차 전체회의에서 "국민
경제 및 사회발전에 관한 제8차 5개년 계획과 10개년 계획에 대한 당
중앙 건의"를 통과시키며 '경제의 현대화'를 본격화했다. 개혁개방의
확대 속에서 과학기술 발전과 경제를 결합해 경제구조의 체질을 개선
하는 것이 중요하다고 인식한 것이다. 이 같은 방향성에 따라 과학기
술산업 강화의 첫걸음으로 1992년 전자산업부(电子产业部)를 신설했
다. 전자부(电子部)와 산업부(产业部)를 통합한 전자산업부는 국외 기
업의 유입 속에서 국영 전자 기업이 안정적 기술 발전을 이룰 수 있도
록 효율적 지원을 추진해 나갔다. 1993년에는 국가경제 정보화 공동
회의를 결성해 정보통신(IT)의 발전과 네트워크 구축을 시작했다. 이
후 1998년 적극적으로 정보통신 산업을 지원하고 인터넷 사용 확대
를 바탕으로 한 경제의 정보화를 추진하기 위해 정보산업부(信息产业

표 1. 정보화 발전 과정

방침	목표	정책실행
국민경제 및 사회발전에 관한 제8차 5개년 계획과 10년 계획과 8차 5개년 계획에 대한 당 중앙의 건의 (1991)	• 경제 현대화 • 인터넷 도입	• 전자산업부(电子产业部)신설 (1992) – 국영 전자기업 발전 지원 – 국내 기업 보호 통한 경쟁력 강화 • 국가경제정보화 공동회의 결성(1993)
국가정보화"95"계획과 2010년 장기목표 (國家信息化"九五"規劃和2010年远遠境目標) (1997)	• IT 산업 지원 • WTO 가입 준비	• 정보산업부(信息产业部)신설 (1998) – 전자산업, 우전부, 라디오 · 필름 · 텔레비전부 통합 – 정책결정, 규제, 인허가 일원화 • 인터넷네트워크정보센터 설립(中国互联网络网络中心) (1997)
국민경제 및 사회발전에 관한 제10차 5개년 정보화 핵심 사업 계획 (國民經濟和社會發展第十個五年計劃信息化重點專項規劃) (2002)	• 중국 정보화 발전 (信息化帶動工業化)	• 전자상거래 산업 확대 지원 • 소프트웨어 산업 발전 지원 • 첨단기술 제품에 대한 외국인 투자 장려산업 목록 제정
국가 정보화 발전전략 (2006-2020國家信息化發展戰略) (2005)	• 경제 구조 개혁 • 국정운영 효율성 강화	• 전자정부 시스템 도입
국민경제 및 사회발전에 관한 제11차 5개년 계획 요강 (國民經濟和社會發展第十一個五年規劃綱要) (2006)	• 공업화,정보화 융합 추진 (信息化帶動工業化) • 전산망 · 방송망 · 인터넷 융합 추진 • 차세대 인터넷 구축 • 인터넷 문화산업 발전 추구	• 공업정보화부(工业和信息化部)신설(2008) – 우편서비스, 인터넷, 무선, 방송, 통신, 전자 · 정보 상품 생산, 소프트웨어 산업 규제와 발전 추진. – 미디어 산업 규제 권한 분리

部)를 신설했다. 이를 통해 기존의 전자산업, 우정사업, 문화산업 분야를 통합해 정책 결정과 집행의 효율성을 높일 수 있었다. 2000년대 들

어서는 인터넷을 기반으로 한 전자상거래, 소프트웨어 산업을 적극 지원하는 등 정보화 발전을 통한 경제 구조 개혁을 추진하기 시작했다. 2006년 공업정보화부(工业和信息化部)를 신설함으로써 정보화와 공업화를 융합해 지식·기술 집약형 첨단 산업과 정보·통신·인터넷 산업 등의 발전을 주도하고 있다.

현대화 전략을 시작으로 정보화·기계화 복합 발전 전략은 국방·군사 영역에서도 진행됐다. 2013년 이전까지 중국 군(PLA)은 '국가 정보화 발전 전략(2006-2020)'을 바탕으로 PLA 내 정보 인프라 구축, 시스템 개선, 관리 시스템 효율성 강화 등을 추진했다. 2013년부터는 국방백서(《中国武装力量的多样化运用》白皮书)에서 명시한 것과 같이 군사력 다양화 전략을 펼치기 시작했다. 지금까지 군사·국방의 기계화(机械化)에 집중했던 것에서 나아가 정보화를 통한 사이버 공간(网络空间)에서의 경쟁력 강화에 초점을 맞추는 것이다. 특히, 사이버 공간 내에서 상대국의 공격이 있을 경우 보복 공격을 진행해 주권을 지키는 '적극적 방어(积极防御)' 전략 이행을 강조한다.

또한 2015년 국방백서(《中国的军事战略》白皮书)에 따르면 "중국은 사이버 공격의 가장 큰 피해국으로 사이버 공간에서 심각한 위협에 직면해 있기 때문에 사이버 안보를 위한 군사력을 증대하고 전쟁 능력을 강화해야 한다"고 명시한다. 이 같은 기조를 바탕으로 사이버 전쟁(网络战) 발생 시 효율적 대응을 위해 시진핑 중앙군사위원회(中华中央军事委员会) 위원장과 팡펑후이(房峰辉) 중앙군사위원회 총참모장의 직접적 지시를 받는 총참모부(总参谋部)내에 전담부서가 사이버 작전을 수행한다. 가장 대표적으로는 전 세계 네트워크의 취약성을 이용해 사이버 정찰을 수행하는 3부서(3/PLA)가 있다. 3부서는 해외 조직, 군수지원부, 과학기술정보부(科技情报局)등을 관리한다(Stokes 2015: 166).

표 2. 중국 국방백서(国防白皮书)에 명시된 사이버 공간 관련 인식 변화

시기	목표	인식	전략적 정책
2010년 이전	군의 현대화	해양주권과 영토주권 보호 중시	- 재래식 무기 성능 강화 - 군 시설 개선
2010년	국방·군사 현대화	정보화를 바탕으로 방어 능력 강화 중시	- PLA 정보 인프라 강화 - 차세대 위성 네트워크 구축 - 정보기술 관리 시스템 개선 위한 법규 개정 - IT 전문 인력 보충
2013년	군사력 다양화	사이버 공간(网络空间)을 경쟁공간으로 인식	- 과학기술교육 지원 - 군사아카데미, 연구기관 확대 - 사회안정 위한 인력 증원
2015년	적극적 방어	사이버 공간 내 정보전쟁의 중요성 강조	- 교육-군사훈련-전문교육을 통해 정보전쟁 수행할 수 있는 인력 배출 - 국가안보, 사회안정 위한 컨트롤타워 구축

출처: 2000-2015 중국 국방백서 재정리.

또한 4부서(4/PLA)는 공식적으로는 전파방해와 레이더(Electronic Countermeasures and Radar) 전략을 담당하지만 실질적으로는 군의 사이버 전략 추진과 기술 발전을 담당하는 것으로 알려져 있다. 수년 간 미국 정부 기관, 기업 등을 해킹한 것으로 의심을 받고 있는 61398 부대가 3부서 소속이다. PLA는 전문가 양성을 위해 국가 연구 기관과 대학 지원 규모를 확대해 나가고 있다. 허페이(合肥) 소재 중국과학기술대학(中國科學技術大學)과 창사(長沙) 소재 국방과학기술대학(国防科学技术大学)은 국방부의 지원을 받고 있는 대표적 교육기관이다.

2. 사이버 안보를 위한 제도 구축

사이버 영역의 발전으로 사회·경제·안보 등 광범위한 영역에서의 정보 교류가 활발해졌다. 이로 인해 중국 지도부 내에서 체제 위기로 이어질 수 있는 사이버 공간의 불안정성에 대한 우려가 확대됐다. 따라

서 안전한 네트워크 구축과 사이버 공간 내 사회주의 가치를 공고화하기 위해 정책 방향성을 제시하는 중앙네트워크안전·정보화영도소조를 신설했다. 또한 국가인터넷정보판공실(国家互联网信息办公室·CAC)을 설치해 정책 집행의 효율성을 높이기 시작했다. 중국은 기술 발전에 초점을 맞춘 기존의 국가정보화영도소조(国家信息化领导小组)를 확대·발전시킨 새로운 영도소조를 바탕으로 사이버 안보 강화를 위해 국가가 직접적으로 나서기 시작했다. 2014년 2월 1차 회의를 개최한 새로운 영도소조는 정치·경제·군사 영역의 사이버 관련 모든 전략적 계획을 관할하는 역할을 한다.[1] 조장을 맡은 시진핑(习近平) 국가주석은 첫 회의에서 "국가 안보와 국가 발전 측면에서 네트워크 보안 및 정보 기술을 혁신하고 개발하는 것이 중요하다"(新华网 2014.2.27)고 강조하며 인터넷 보안을 바탕으로 한 안전한 네트워크 구축이 향후 중국 국가 이익의 핵심 역할을 할 것으로 전망했다. 영도소조의 정책을 집행하는 국가인터넷정보판공실은 루웨이(鲁炜) 중앙선전부부부장이 주임을 역임한다. 판공실은 국무원 내 공업정보화부, 발전개혁위원회, 국가안전부,

---

1   중국네트워크안전과정보화영도소조(中央网络安全和信息化领导小组)는 조장 시진핑(习近平) 국가주석과 부조장 리커창(李克强) 국무원 총리, 류윈산(刘云山) 상무위원 포함 22명으로 구성돼있다. 마카이(马凯) 국무원 부총리, 왕후닝(王沪宁) 공산당 중앙전면심화개혁영도소조 주임, 류치바오(刘奇葆) 공산당 중앙 선전부장, 판창롱(范长龙) 중앙 군사위원회 부위원장, 멍젠주(孟建柱) 공산당 중앙정법위원회 서기, 리잔슈(栗战书) 공산당 중앙판공청주임, 양징(杨晶) 국가민족사무위원회 주임, 저우시아오촨(周小川) 인민은행장, 팡펑후이(房峰辉) 중앙군사위원회총참모장, 쉬사오스(徐绍史) 국가발전개혁위원회 주임 등 정치국 위원과 고위관료가 포함돼 있다. 그 외 루웨이(鲁炜) 국가인터넷정보판공실주임, 궈성쿤(郭声琨) 공안부장, 팡펑후이(房峰辉) 중앙군사위원회총참모장, 왕이(王毅) 국무원외교부장, 쉬사오스(徐绍史) 국가발전개혁위원회 주임, 위엔귀런(袁贵仁) 국무원 교육부 부장, 왕즈강(王志刚) 국무원 국유자산감독관리위원회 주임, 러우지웨이(楼继伟) 국무원 재정부 부장, 미아오웨이(苗圩) 국무원 공업정보화부부장, 차이우(蔡武) 전국인민정치협상회의부주임, 차이푸차오(蔡赴朝)국가신문출판광전총국 국장 등이 포함돼 있다(Lindsay et al. 2015: 14 참조).

발전연구센터, 중국과학원, 중국인터넷네트워크정보센터, 국가인터넷 응급센터 등의 정책집행을 총괄한다. 또한 중앙군사위원회 내 과학기술교육을 지원하는 역할을 한다.

이와 더불어 2015년 네트워크안전법(网络安全法)을 제정하고 제1장 제1조에서 "사이버 주권과 국가 안전 수호(维护网路空间主权和国家安全)"를 가장 먼저 명시했다. 제2조에서는 "중국 영토 내 네트워크 구축, 운영, 보호, 사용, 관리·감독 등에 적용(在中华人民共和国境内建设, 运营, 维护和使用网络, 以及网络安全的监督管理, 适用本法)한다"고 명시하고 있다. 즉 국내 사회 안정과 경제 이익을 보호하기 위해 국가가 사이버 공간을 포괄적으로 통제할 수 있는 법적 근거를 마련한 것이다.

III. 사이버 안보를 위한 양자·다자 외교

1. 사이버 영역에서의 중·미 관계

1) 양국 간 공격-피해 현황
국가는 물론 시민과 기업, 비영리 기구 등 다양한 행위자가 활발히 활동하는 사이버 공간은 21세기 국제사회와 같이 다원화되어 있으며 갈등의 원인과 양상 또한 새로운 방식으로 진행된다. 이 같은 사이버 공간에서의 문제는 국내외 다양한 영역으로 확대돼 국가의 이익과 안보를 위협하고 있다. 특히 미국과 중국은 최대 피해국인 것과 동시에 최대 가해국으로 국가 간 불신과 경쟁을 가중시키고 있다. 공격 주체를 명확히 찾기 어렵다는 점을 악용해 타국의 정부, 기업, 개인을 대상으로 한 사이버 범죄, 스파이 행위 등을 묵인하고 있는 것이다. 이 같은

표 3. 미국과 중국의 인터넷 위협 행동 비율

연도	국가	전체	악성코드[2]	스팸 좀비[3]	피싱[4]	봇[5]	웹 공격	네트워크 공격
2014	미국	20.7% (1위)	19.8% (1위)	3.9% (9위)	46.6% (1위)	16.1% (2위)	21.1% (1위)	16.6% (2위)
	중국	10.6% (2위)	6.5% (3위)	3.4% (11위)	2.2% (9위)	16.5% (1위)	6.6% (2위)	28.7% (1위)
2015	중국	23.7% (1위)	10.5% (3위)	47.4% (1위)	1.9% (9위)	46.1% (1위)	7.2% (2위)	29.1% (1위)
	미국	18.9% (2위)	13.7% (1위)	8.5% (2위)	50.8% (1위)	8.0% (2위)	18.3% (1위)	14.0% (2위)

출처: 시만텍 2016

중국과 미국 사이의 갈등으로 인해 사이버 안보와 관련한 지역적·국제적 협력은 여전히 요원하다.

　인터넷에서 발생하는 여러 종류의 위협 행위 중 상당 부분 미국과 중국에 지역적 기반을 둔 행위자에 의한 것이다. 〈표 3〉에서 보여 주는 것과 같이 타인의 컴퓨터 시스템을 파괴하거나 웹사이트나 네트워크를 공격하는 등의 모든 위협 행동을 가장 많이 하는 국가로 2014년에는 미국과 중국이 1, 2위이고, 2015년에는 중국과 미국이 1, 2위로 드러났다. 2015년 기준 전 세계 피싱(phishing) 사기의 절반이 미국에 기반을 둔 행위자가 자행한 것이며, 좀비PC를 이용한 스팸 공격의 절반 가까이는 중국 내 행위자가 한 것이다. 또한 양국의 인터넷 위협 행

2　악성코드는 특정 컴퓨터 시스템에 침투해 프로그램 작동을 방해하거나 정보를 유출하는 프로그램으로 대표적으로 바이러스, 트로이 목마, 웜 등을 들 수 있다.

3　스팸 좀비는 봇 프로그램으로 인해 원격 조종 당하며 스팸 메일이나 메시지를 불특정 다수에게 보내거나 특정 웹사이트를 공격하는 것을 의미한다.

4　피싱은 금융기관 웹사이트로 사칭해 불법적으로 개인의 정보를 탈취하고 이익을 챙기는 행위를 의미한다.

5　봇(bot) 프로그램은 타인의 컴퓨터에 잠입해 있다가 원격으로 제어해 시스템을 바이러스에 감염시키는 것을 의미한다.

위는 상대국을 타깃으로 하고 있다.

2014년 미국 NSA의 기밀 자료에 따르면 5년 이상 600개 이상의 기업, 정부 기관이 중국의 정보 유출 행위로 피해를 본 것으로 밝혀졌다. 특히 서부 실리콘밸리와 함께 동부의 워싱턴과 보스턴 지역 내 전력, 통신, 인터넷, 군 시설 등에 피해가 집중됐다. 대표적으로 하이브리드 자동차 제조 기술, 제약 공식과 같은 산업 기술과 군의 항공 교통 통제 시스템, 정부-군의 네트워크 등 모든 분야를 대상으로 중국의 네트워크 공격과 사이버 스파이 행위가 이뤄졌으며 이로 인한 미국의 피해는 심각한 수준이라고 강조한다(NBCNEWS 2015.7.30). 2015년 미·중 경제안보심사위원회(USCC: U.S.-China Economic and Security Review Commission)의 보고서는 중국 정부와 연관돼 있는 조직이 미국의 기업, 정부 기관, 학계 등에 미치는 피해가 심각한 수준임에도, 예상하지 못한 새로운 방식의 공격에 제대로 된 방어 체계를 갖추지 못하고 있다고 지적한다. 또한 중국 정부가 자국 시장에서 미국 기업 퇴출을 유도하기 위해 인터넷 검열(censorship) 강화 정책을 펼치는 것에 우려를 표명한다. 즉 중국 정부의 지원을 받는 사이버 범죄로 인해 미국의 안보와 국익을 침해한다고 보는 것이다.

중국이 미국을 대상으로 한 사이버 범죄가 처음 알려진 것은 2013년이다. 미국 보안 전문 업체 맨디언트(Mandiant)의 '중국의 사이버 스파이 활동 조직 공개(APT1: Exposing One of China's Cyber Espionage Units)보고서'가 단초가 됐다. 중국 상하이 푸둥(浦东)지역 내 금융 구역에 위치한 인민군 소속 해킹 부대는 2006년부터 미국과 서구 국가의 공공-민간 기관을 대상으로 수백 테라바이트의 정보를 유출했으며, 그 중 81%가 미국 기업이나 공공 기관을 대상으로 한 것으로 밝혀졌다. 같은 해 4월 미국 통신회사 버라이즌(Verizon) 위기대응팀(RISK Team) 또한 '데이터 유출 조사 보고서(Data Breach Investigations Report)'를 통해 미국 정부, 기업 데이터 유출의 96%가 중국 내 정부 산하 기관에 의한 것으로 결론지었다. 5월에는 미국 국방부가 연례 보고서를 통해 중국이 미국의 방어 프로그램을 지원하는 외교, 경제, 방위산업 등을 대상으로 컴퓨터 네트워크 공격 능력을 이용한다고 명시하며 중국으로 밝혀진 사이버 범죄가 중국 정부와 연관돼 있다고 주장한다. 이후 미국 정부는 2013년 처음으로 자국 정부 기관, 기업, 시민 등을 대상으로 한 중국의 사이버 범죄 행위를 공식화하며 이에 대한 대응책 마련을 논의하기 시작했다.

중국은 이 같은 미국의 주장을 부인하며 오히려 미국발(發) 해킹에 대해 유감을 표명했다. 중국은 기본적으로 네트워크와 정보 보호 능력이 취약하다는 것이다. 실제로 국가인터넷응급센터(国家互联网应急中心·CNCERT/CC)의 2016년 '사이버 보안 상황 총론'에 따르면 2013년 이후 국내발 악성코드, 봇넷(botnet) 공격은 급격히 줄어든 반면 국외로부터의 공격은 매년 급증하고 있다. 2013년 2만 9146대의 컴퓨터가 공격을 받았으나 2015년에는 6만 4274대의 컴퓨터가 공격을 받아 약 3배 가까이 증가했다(CNCERT/CC 2016: 6). 이 중 다수가 미국 IP주소를 기반으로 한 컴퓨터인 것으로 드러났다. 중국 인터넷 네트워크 정보센터의 '전 세계 중국어 사이트 피싱 추세 분석 보고서'는 '.com' 도메인을 기반으로 한 중국어 피싱사이트가 전체의 62%를 차지한다고 집계했다. 미국을 기반으로 한 대부분의 공격은 정부와의 직접적 연관성이 드러나지 않았지만, 미국 NSA가 직접 시행한 해킹과 공격이 드러난 사례도 있다. 전직 요원 에드워드 스노든의 폭로에 따르면 미국 정부는 2013년까지 4년간 중국 내 주요 통신사를 해킹해 수백만 건의 문자메시지 정보를 훔쳤다. 또한 중국 최고의 교육·연

표 4. 미국과 중국의 상호 공격 사례

중국 → 미국		미국 → 중국	
공격주체	공격대상 및 목적	공격주체	공격대상
중국인민군 (2006-2010)	미국 기업, 정부기관 등	NSA (2009)	팩넷(Pacnet) 홍콩 지부
중국인민군 (2014.5)	핵, 태양열 발전소 등을 대상으로 한 정보 유출	NSA (2010-2013)	칭화대 서버 공격 (대표적 교육,연구 네트워크)
중국기반 IP (2014.11)	미국 우정청 직원 개인 정보 유출	NSA (2013)	중국 주요 통신회사 문자메시지 정보
중국 정부 (2015.04)	미국 웹사이트 (GitHub, GreatFire) 대상 디도스 공격		
중국 정부 (2015.04)	중국 관련 언론인, 반체제 인사 경제 자료, 군 조직 대상 공격		
중국인 해커 (2015.05)	MIT, 존스홉킨스 대학, 펜실베니아 주립대 등의 공과 대학을 대상으로 한 해킹		

출처: USCC 2015: 8; SCMP 등 참고

구 기관인 칭화대(清华大学)의 컴퓨터를 주기적으로 해킹하고 네트워크를 공격한 것이 드러났다(SCMP 2013). 칭화대 네트워크는 중국의 6대 주요 네트워크 중 하나로 세계에서 가장 큰 국가적 연구 허브로 성장해 왔다. 이 같이 중국의 주요 통신, 네트워크 정보가 지속적으로 미국에 유출된 것이다.

하지만 중국이 가장 우려하고 있는 것은 이른바 '뒷문(back-door)' 공격이다. 중국 내 전기통신 설비를 기술력이 좋은 외국 기업이 차지하는 것이다. 중국의 검열 프로그램(GreatFirewall)을 만든 팡빈싱(方濱興) 북경대 우편통신학과 교수는 외국 통신 설비가 국가 안보를 위협할 수 있다고 지적 해왔다(SCMP 2013). 중국 전문가들은 중국 기업의 경쟁력이 외국 기업들에 비해 약한 상황에서 외국 기업의 국내 기반 시설 장악은 사이버 공간의 불안정성을 가중시킬 수 있다는

것이다. 이 같은 인식 속에서 2013년 중국의 주요 통신사들과 계약을
체결한 아태지역 최대 광케이블 회사 팩넷(Pacnet)의 홍콩지부 컴퓨터
가 NSA에 해킹당한 것이 드러나며 중국의 우려는 더욱 커지고 있다.

2) 중·미 간 사이버 안보 협력을 위한 노력

2013년 이후 미국과 중국 사이 핵심 협상 이슈로 '사이버 안보(cyber-
security)'가 급부상했다. 2013년 2월 처음으로 중국이 미국 정부, 기
업, 대학 등을 대상으로 사이버 범죄를 저지른 혐의가 드러나며 중국의
사이버 기술 수준에 대한 미국의 우려가 표면화되기 시작했다. 같은 해
5월에는 미국 국가안보국(NSA) 소속 요원 스노든(Edward Snowden)
의 폭로로 미국이 수년간 중국의 통신·인터넷 기업, 대학의 인터넷 서
버 등을 해킹하고 공격한 사실이 공개됐다. 이와 관련해 양국 사이 마
찰이 심해지는 가운데, 국제사회의 사이버 안보 확립을 위해 7월 중-미
사이버 워킹 그룹 대화(China-U.S. Cyber Working Group Dialogue)
를 개최하고 사이버 워킹 그룹(CWG)을 설치하기로 합의했다. 2013
년부터 본격적으로 미-중 전략 경제 대화(U.S.-China Strategic & Eco-
nomic Dialogue)에서 사이버 안보 관련 이슈를 논의하며 안전한 사이
버 공간 구축을 위해 노력하고 있지만 대승적 합의만을 반복하고 있다.
오히려 서로에 대한 해킹 의혹은 더욱 심화되고 있으며 사이버 공간에
서의 군비경쟁(arms race) 또한 가속화되는 상황이다.

　　2013년 7월 열린 제5차 대화에서는 미국 NSA의 프리즘(Prism)
프로그램 사건과 중국 오로라 작전(Operation Aurora) 작전이 쟁점
으로 작용했다. 프리즘 프로그램은 미국 정부가 타국의 정부 기관, 기
업, 언론 등을 도청한 사건으로 NSA 소속 요원인 스노든의 폭로로 알
려졌다. 중국의 오로라 작전은 맨디언트(Mandiant), 시만텍(Syman-

표 5. 중·미 경제 안보 대화 내 입장 차

	쟁점	중국입장	미국입장
2013.7. 제5차 대화	스노든 사건	미국의 도청 문제 해명 요구	스노든 도피책임 유감 표명
		구체적 합의 X	
2014.7. 제6차 대화	사이버 해킹	양제츠 국무위원 "사이버 공간을 다른 국가 이익 침해 수단으로 사용해서는 안 된다."	캐리 국무장관 "해킹에 의한 지적재산권 침해는 안 된다."
		서로에 대한 비난 심화	
2015. 6. 제7차 대화	사이버 해킹	해킹 부인, 미국의 이중적 태도 비난	4월 미국 공무원 정보 해킹 배후로 중국 해커 지목
		'사이버 행동강령(code of conduct)' 제정 합의	

tec) 등 글로벌 인터넷 보안 업체가 보고서를 통해 중국군(PLA)의 주도하에 산업 스파이 활동이 진행되고 있음을 밝혀 공식적으로 드러났다. 이와 관련해 중국 정부는 도청 사건에 대한 미국 정부의 명확한 해명을 요구하는 것과 동시에, 중국군과 정부는 해킹, 스파이 행위를 엄격히 규제한다고 강조했다. 미국은 내부 고발자인 스노든이 도피할 수 있도록 중국 정부가 지원했다는 의혹에 대한 유감을 표명했다. 그 결과 사이버 안보와 관련해 구체적 합의를 이루지 못했다.

2014년 7월에 열린 제6차 대화의 사이버 안보 관련 쟁점은 산업 스파이와 해킹 문제였다. 중국 정부는 미국이 중국을 포함해 보안 기술이 취약한 국가의 인터넷이나 네트워크를 공격해 국가 이익을 침해한다고 주장하며, 사이버 공간을 이익 침해 수단으로 사용해서는 안 된다고 강조했다. 반면 미국 정부는 중국 정부의 지원을 받는 군, 민간 해커 등의 미국 기업에 대한 스파이 행위가 급증하고 있다고 주장했다. 또한 미국의 군사 기술, 정부 기관을 해킹 배후에 중국 정부가 있다고 주장했다. 양제츠 국무위원과 캐리 국무장관이 직접 상대국을 비난하며 사이버 안보 관련 합의 사항은 도출하지 못했다. 2015년 6월 제7차 대화에서도 비슷한 문제가 쟁점이 됐지만 사이버 행동강령(code of conduct) 제정에 합의했다. 사이버 행동강령은 국가 경제, 안보에 악영향을 미칠 수 있는 사이버 산업스파이 행위와 정부기관, 기업 해킹 행위에 대한 규제와 처벌을 주 목적으로 한다. 이 같은 목적의 행동강령 제정 합의에는 2015년 발생한 미국인사관리처 해킹 사건이 영향을 미쳤다. 그 결과 사이버 공간 내 전장, 사이버 무기 규제 관련 내용보다는 스파이 행위 및 해킹 행위 금지를 통한 산업 피해 최소화와 관련된 내용을 포함하는 것으로 미국의 입장이 좀 더 반영된 강령 제정을 합의 했다고 볼 수 있다.

2. 사이버 안보를 위한 지역협력외교 현황

중국은 미국과의 적극적 협력이 요원한 상황에서 아시아·태평양 지역 내 국가들과 사이버 안보에 대한 의견 교류를 바탕으로 구체적 합의, 협력을 이끌고 있다. 미국이 지식 재산권 보호, 사이버 범죄 억제에 초점을 맞춰 국제 공조를 이끌어 내려는 것과 달리 중국은 사이버 테러, 인터넷·네트워크 기술의 군사적 사용 등을 제한하는 규범을 만들고자 한다. 이를 위해 역내 국가들과의 사이버 안보 관련 협력에 적극적으로 나서고 있는 것이다. 특히 중국과 러시아가 주도하는 지역 협력 기구는 두 국가의 인식을 반영해 사이버 안보를 군사적 수준에서 인식하며 사이버 무기, 사이버 전쟁을 막기 위한 합의가 필요하다고 주장한다.

1) 상하이협력기구
상하이협력기구(SCO)는 2001년 정치, 군사, 경제 협력을 목적으로 설립한 기구로 특히 테러(terrorism), 분리주의(separatism), 극단주의(extremism)에 대항하고자 한다.[6] 중국·카자흐스탄·키르기스스탄·러시아·타지키스탄·우즈베키스탄 등 6개국이 회원국으로 참여하고 있다. 2000년대 중반부터 SCO는 사이버 안보를 위한 지역 협력을 강조하고 있다(다음 페이지의 〈표 6〉 참고). 2009년에는 "국제 정보 보안 강화 협력 합의"를 체결했다. 2011년에는 중국·러시아·타지키스탄·우즈베키스탄 등 4개국이 "정보 보안을 위한 국제적 행동 강령 초안(Draft International Code of Conduct for Information Security)"을 유엔 총회에 제출했다. 이를 바탕으로 사이버 안보와 관련한 중국과 러시아의 인식을 알 수 있다. 두 국가는 사이버 안보의 주된 위협을 사이버 무기 개발 및 사용을 통한 정보전 준비와 실행으로 규정하고 있다. 또한 국제 평화 유지를 위해 사이버 공간에서의 국가의 책임과 권리를 강조한다. 다른 국가들의 정치·경제 체제, 사회·문화 환경을 불안정하게 만드는 행위를 위협으로 간주하고 이를 막기 위해 노력해야 한다고 인식하는 것이다. 2015년에는 카자흐스탄과 키르기스스탄이 참여해 6개국이 합의한 새로운 초안을 유엔 총회에 제출했다. 이는 2011년에 유엔 총회에 제출한 행동 강령을 수정·보완한 것으로 사이버 공간에서의 국가의 역할 강화를 강조하고 있다. 하지만 사이버 무기, 특정 국가의 사이버 영역 지배를 금지해야 한다는 사항은 삭제했다. 기술적 우위를 바탕으로 다양한 사이버 무기를 보유한 미국과의 마찰을 불러일으킬 수 있기 때문이다.

〈표 6〉에서 알 수 있듯이 SCO 회원국들은 사이버 공간을 기존 주권이 적용되는 영토 공간의 연장선이라고 인식하고 있다. 따라서 사

6   Declaration on the Establishment of the SCO (2001.6.15)

표 6. SCO의 사이버 안보 협력 현황

연도	합의 사항	내용
2009.6.16	국제 정보 보안 강화 협력 합의	• 주요 위협 정의 - 사이버 무기(information weapons) 개발 - 사이버 전쟁(information war) 준비 - 사이버 테러(information terrorism) - 사이버 범죄(information crime) - 사이버 공간에 대한 특정 국가의 지배 - 타국의 정치·사회·경제 체제에 위협을 가하는 정보 보급 행위 - 정보기반시설(information infrastructure) 위협
2011.9.12	정보 보안 국제 행동 강령 (66회 유엔 총회 제출)	• 사이버 공간 내 국가의 권리와 책임 확인 - 사이버 공간에서도 모든 국가의 주권, 정치적 독립성, 영토를 인정 - 국제 평화를 깰 수 있는 사이버 무기 확산과 정보통신 기술 사용을 금지 - 국가의 안정을 위협하는 테러, 분리주의, 극단주의를 조장하는 정보통신 기술 사용 억제를 위해 국가 간 협력 강화 - 사이버 공간과 기반시설 보호를 위한 국가의 권리와 책임 재확인 - 국가 간 정보격차를 줄이고, 저개발 국가의 사이버 능력 강화를 위해 지원
2013.4.2	'사이버 테러' 억제 방안 합의	비공개
2015.1.13	정보 보안 국제 행동 강령 (69회 유엔 총회 제출)	• 사이버 공간 내 국가의 권리와 책임 확인 (66회 UN 총회 제출 행동강령 수정·보완) - 사이버 무기 관련 내용 삭제 - 모든 국가는 국제 인터넷 거버넌스와 관련해 동등한 역할과 책임 이행 - 모든 국가는 사이버 안보 강화를 위해 다른 이익 집단과 협력 강화
2015.4.15	'사이버 테러' 방지 계획 제정	비공개
2015.7.10	SCO 회담(Ufa)	사이버 안보 관련 기존 인식을 재확인

출처: 조윤영·정종필 2016: 164; https://ccdcoe.org/sco.html

이버 공간을 보호하고 나아가 각국의 정치·경제·사회 체제의 독립성을 유지하기 위해 국가의 역할이 중요하다고 본다. 하지만 이는 미국과 유럽 국가들이 강조하는 것과는 차이가 있다. 서구 국가들은 사이

버 공간, 기반 시설을 보호를 통한 개인의 인권 보호와 표현의 자유 확
대를 궁극적 목적으로 한다. 따라서 지적재산권 보호 방안, 네트워크
기반 경제 활성화를 위한 협력과 관련해 우선적으로 논의한다. 또한
사이버 무기나 사이버 전쟁의 가능성이 희박하다고 인식하며, 사이버
범죄와 사이버 스파이 행위 억제를 위한 노력이 시급하다고 강조한다.
이 같이 중국과 러시아는 사이버 안보와 관련해 서구 국가와 다른 인
식을 갖고 있기 때문에, 지역 협력체를 통해 인식을 공유하고 글로벌
사이버 영역에서의 영향력을 확대해 나가고자 한다.

2) 아세안지역안보포럼

아세안지역포럼(ARF)은 아시아·태평양 지역 국가들이 역내 안정을
추구하기 위해 1994년 출범한 다자간 정치·안보 협의체이다. 아세안
(ASEAN) 10개국, 아세안 대화 상대국 10개국, 기타 아시아 지역 국
가 7개국이 회원국으로 가입했으며 2000년대 중반 이후 중국의 적극
적 참여와 2010년 미국의 회의 참여로 영향력이 확대되고 있다.[7] 사이
버 안보를 위한 국가 간 협력에 대한 논의는 2012년 캄보디아에서 열
린 19회 포럼부터 ASEAN에서 ARF로 옮겨와 확대됐다. 1990년대 후
반부터 ASEAN은 비전통적 안보 이슈와 초국가 범죄의 맥락에서 사
이버 영역에 대한 논의를 이어 왔다. 2003년부터는 경제 공동체, 정
치·안보 공동체, 사회·문화 공동체로 구조화해 이를 바탕으로 정보

---

7   2013년 기준 아세안(ASEAN; 동남아시아국가연합) 10개국(필리핀, 말레이시아, 싱가포르,
     인도네시아, 태국, 브루나이, 베트남, 라오스, 미얀마, 캄보디아)을 중심으로 아세안 대화 상
     대국 10개국(유럽연합 의장국, 미국, 일본, 중국, 러시아, 한국, 호주, 캐나다, 뉴질랜드, 인도),
     기타 7개국(스리랑카, 파키스탄, 방글라데시, 동티모르, 북한, 몽골, 파푸아뉴기니) 등 27개국
     이 회원국으로 가입돼 있다.

기반 시설의 안보와 통합에 대한 논의를 증진시키기 시작했다.[8] 대표적 활동으로 컴퓨터 침해 사고 대응반(CERTs: Computer Emergency Response Teams)의 설립을 들 수 있다. 2008년 '아세안 경제 공동체 청사진(ASEAN Economic Community Blueprint)'에서는 지역 내 정보 기반 시설 보호의 중요성과 연결성 강화를 언급한 이후 이에 대한 국가 간 협력을 강화하고자 한다.

이후 2012년 19회 ARF에 참가한 각국의 외교부 장관들은 '사이버 안보 보장 협력 성명서'를 채택했다.[9] 성명서에는 "ARF 내 모든 국가가 국가의 정보 기반 시설 보호를 위한 체계적 방안에 참여할 필요성이 있다"는 내용이 포함되어 있다. 또한 "국제 안보 차원에서 범죄와 테러를 목적으로 하는 ICT 사용 방지를 목적으로 하는 정보통신 분야의 발전과 관련된 유엔 총회의 결의안을 고려한다"고 명시하고 있다. 이와 더불어 "유엔 GGE의 컨센서스 리포트를 주목해야 한다"고 강조한다. 2013년 7월 브루나이에서 열린 20회 ARF에서는 대테러 작전과 초국가 범죄와 관련해 사이버 안보 이슈가 핵심 의제로 논의됐다. 특히 정보 공유와 능력 배양을 바탕으로 한 지역 내 국가 간 협력 강화의 중요성을 재확인했다.[10] 같은 해 9월에는 사이버 안보 강화 조치에 관한 ARF 워크숍이 중국과 말레이시아의 주최로 베이징에서 열렸다. 중국이 처음으로 주최한 이 워크숍에는 ARF 회원국 내 정부 관리, 전문

---

8   ASEAN. 2004. "Vientiane Action Programme 2004-2010"
     https://ccdcoe.org/sites/default/files/documents/ASEAN-041129-VientianeAction-
     Programme.pdf
9   "ASEAN REGIONAL FORUM STATEMENT BY THE MINISTERS OF FOREIGN AF-
     FAIRS ON COOPERATION IN ENSURING CYBER SECURITY" Adopted by 19th ARF.
10   ASEAN Regional Forum "Chairman's Statement Of The 20th ASEAN Regional Forum
     2 July 2013," July 2, 2013.

가, 학자 등은 물론 유엔 마약·범죄사무소 대표도 참석했다. 이들은 인터넷 발전을 위한 법제도와 문화적 다양성 존중의 필요성에 대해 논의하며 ARF 회원국 간 협력의 필요성을 강조했다.[11] 중국은 ARF의 사이버 안보 논의와 협력 강화에 적극적으로 나서는 것은 물론 사이버 국력 차이(digital divide)를 완화할 수 있도록 IT 산업이 취약한 국가에 대한 인터넷·네트워크 인프라 지원을 약속했다.

중국의 이 같은 행보에 미국 또한 ARF 회원국으로서 사이버 안보 관련 활동에 적극적으로 참여하기 시작했다. 캐리 국무장관은 "미국은 ASEAN 국가들이 사이버 위협에 대처할 수 있는 능력 강화를 위해 적극적으로 도울 것"이라고 강조하며,[12] 사이버 워크숍에 적극적으로 참여해 아세안 국가들과의 신뢰를 구축하고 있다. 또한 양자 관계 강화에 적극적으로 나서고 있다.

IV. 국제규범과 글로벌 거버넌스 과정에의 참여

중국은 스스로 사이버 공격의 피해자이며 다른 사이버 공격에 중국이 포함돼 있지 않음을 강조하기 위해 두 가지 입장을 강조한다. 우선 사이버 공간의 평화, 안보, 개방, 협력을 위한 신뢰를 구축하고 이를 실현하기 위해 미국을 포함한 국제사회와 협력할 준비가 돼 있음을 국제사회에 보여주고자 한다. 따라서 지역협력기구 내 사이버 안보에 대한 논의에 적극적으로 참여하는 것은 물론 국제기구 내에서의 사이버 안보 관련 활동에도 적극적으로 나서고 있다. 이를 바탕으로 중국은 유

11   http://www.fmprc.gov.cn/mfa_eng/zxxx_662805/t1079387.shtml
12   http://www.state.gov/r/pa/prs/ps/2013/07/211467.htm

엔이 사이버 안보와 관련해 국제사회 규범과 규칙을 숙고하고 형성하는 데 가장 적합한 기구라고 본다(Swaine 2013).

1. 정부전문가그룹 활동

유엔의 사이버 안보 관련 활동은 다양한 정부 간 조직과 관리 기구에 의해 파편적으로 이뤄지고 있다. 유엔 산하 많은 기구들이 결의안을 발의하지만 실질적으로는 유엔 총회나 안전보장이사회에 의해 채택되어야 법적 구속력을 가질 수 있다. 이 같은 상황에서 사이버 안보 이슈와 관련된 결의안이 안보리에서 채택된 경우는 없다. 사이버 안보를 다루는 다양한 성격의 결의안이 3개의 주요 위원회(군비축소·국제안보 위원회, 경제·금융 위원회, 사회·인도주의·문화 위원회)에 의해 유엔총회에 상정됐다. 이 중 중요한 결의안은 중국, 러시아, 미국이 첨단 기술을 이용한 사이버 안보 위협에 대해 적극적 논의를 펼치고 있는 군비축소·국제안보 위원회에서 다룬 것이다. 특히 중국은 러시아의 행보에 지지를 표하며 적극적으로 협력하고 있다.

1998년 이래로 러시아는 매년 '안보 관점의 정보 통신 분야의 발전(Developments in the field of information and telecommunication in the context of security)'을 주제로 하는 첫 위원회에 결의안 초안을 제출하고, 매년 유엔 총회에서 비강제적 결의안(non-binding resolution)으로 채택되고 있다. 2001년 결의안에서 러시아는 15개 국가의 전문가들로 구성된 '정부전문가그룹(GGE)'의 설립을 제안했다. 동등한 지역 배분을 바탕으로 구성된 국가들의 전문가들은 정보 안보 영역에서의 잠재적 위협에 대해 논의하고 이를 해결하기 위한 협력 방안 마련을 목표로 한다. 2004년 유엔군축사무소(UNODA: UN Office for

Disarmament Affairs)의 지원하에 GGE가 처음 설립됐다. 이후 2009 년에 2차 활동이 이뤄지고, 2012년에 3차 활동이 진행됐다. 중국은 1 차, 2차, 3차, 4차 GGE 참여국으로 선정돼 GGE 활동을 주도하고 있 는 러시아와 사이버 안보와 관련한 인식을 공유하고 있다.

다음 페이지의 〈표 7〉에서 알 수 있듯이 1차 GGE는 여러 쟁점에서 미국과 중국·러시아의 의견 불일치로 인해 사이버 안보 관련 대승적 합의를 이뤄 내지 못했다. 우선 정보통신기술(ICT)이 국가 안보와 군 사 영역에 미치는 영향력에 대한 인식 차이를 들 수 있다. 중국은 사이 버 공간은 기술력에 따라 불균형적인 공간으로 인식하며, 사이버 공간 의 군사화로 인한 사이버 무기 개발, 사이버 공격 가능성을 억제해야 한다고 주장한다. IT 기술 발전의 후발 주자로서 이미 미국을 포함한 서구 국가가 사이버 공간에서 우위를 선점했기 때문에 중국이 위협에 노출 될 가능성이 크다고 보는 것이다. 따라서 중국, 러시아 등 ICT 발 전의 후발 주자들은 국가가 적극적으로 나서서 국내 사이버 공간에 대 한 보호가 필요하고, 국제사회에서의 협력을 통한 기술 강국들의 사이 버 무기 개발 등의 행위를 억제해야 한다고 주장한다. 반면 미국은 인 권, 자유 등 기본 가치를 바탕으로 사이버 공간을 보호해야 한다고 인 식하고 있다. 따라서 사이버 범죄, 사이버 스파이 행위 근절을 주목적 으로 국가, 비국가 행위자의 협력이 필요하다고 주장한다.

다음으로 국가안보 측면에서 정보 기반 시설과 관련한 논의에 초 점을 맞출 것인지, 정보의 내용으로 논의를 확장할 것인지에 대한 주 장이 다르다. 중국과 러시아는 외부에서 사이버 공간을 이용하여 특정 이념과 사상을 국내에 유포해 국가 체제를 위협하려는 행위를 차단해 야 한다고 주장한다. 특히 중국은 정보의 자유로운 공유로 인해 국내 사이버 영역이 외부의 공격에 노출될 위험이 높아진다는 인식하에 인

표 7. 유엔 GGE 활동 결과

GGE 활동	참여국	결과
1차 (2004/2005)	벨라루스, 브라질, 중국, 프랑스, 독일, 인도, 요르 단, 말레이시아, 말리, 멕 시코, 대한민국, 러시아, 남아프리카공화국, 영국, 미국	• 의견 불일치로 합의점 도출 실패 (GGE 리포트 A/60/202) - 국가 안보와 군사 영역에서의 정보통신기술(ICT) 영향력에 대한 인식 차이 - 정보 기반시설 측면으로 논의를 한정해야 하는지 정보 내용과 관련한 논의도 포함해야 되는지에 대 한 의견 차이 - 저개발국가의 사이버 능력 강화와 이를 위한 기술 이전에 대한 의견 차이
2차 (2009/2010)	벨라루스, 브라질, 중국, 에스토니아, 프랑스, 독일, 인도, 이스라엘. 이탈리아, 카타르, 대한민국, 러시아, 남아프리카공화국, 영국, 미국	• 유엔 총회에 보고서 제출 (GGE 리포트 A/65/201) - 주요 기반시설 보호와 위험 감소를 위한 국가의 ICT 사용 규범에 대한 담화 - 분쟁에 ICT 논의를 포함해 신뢰 구축 방안 마련 - 국가 별 ICT 관련 법, 전략, 정책, 기술 정보 공유 - 저개발국가의 ICT 사용 능력 강화 지원 - 정보 안보 관련 일반 용어, 정의 구체화
3차 (2012/2013)	아르헨티나, 오스트레일리 아, 벨라루스, 캐나다, 중 국, 이집트, 에스토니아, 프랑스, 독일, 인도, 인도 네시아, 일본, 러시아, 영 국, 미국	• 유엔 총회에 보고서 제출 (GGE 리포트 A/68/98*) - 유엔헌장과 같은 국제법을 사이버 영역에 적용할 수 있으며, 국제법은 ICT 환경의 개방성, 보안, 평화, 접근 가능성을 위해 필수적이라는 인식을 동의함 - 국가의 ICT 관련 활동 수행, 영토 내 ICT 기반 시설 에 대한 관할권과 관련해 국가 주권 적용 합의 - ICT 보안은 인권과 자유 존중과 관련 돼야 함을 설 명하기 위한 국가의 노력 필요 - 국가는 국제사회에 악영향을 미치는 행위를 하는 행위자(proxies)를 지원해선 안 되며, 비국가 행위 자들이 영토 내에서 ICT 기술을 사용해 불법적 행 위를 하는 것을 금지해야 함 - UN은 회원국들의 사이버 담론을 증진시키기 위해 중요한 역할을 해야함
4차 (2014/2015)	벨라루스, 브라질, 중국, 콜롬비아, 이집트, 에스토 니아, 프랑스, 독일, 가나, 이스라엘. 일본, 케냐, 말 레이시아, 멕시코, 파키스 탄, 대한민국, 러시아, 스 페인, 영국, 미국.	• 유엔 총회에 보고서 제출 (GGE 리포트 A/70/174) - 3차 활동 보고소 내용을 보완함 - ICT 사용에 있어서 국가는 국제법 원칙, 주권, 평 화적 분쟁 해결 수단, 내정불간섭 등 다른 원칙들을 준수해야 함

출처: 조윤영 · 정종필 2016: 168-169; 유엔 군축사무소, 유엔 총회 자료 재정리

터넷 검열 프로그램(The Great Firewall of China)을 운영 중이며, 이
와 관련한 국제 규범이 필요하다고 강조한다. 이 같이 서로 다른 인식
을 갖고 있는 국가들이 평행한 노선을 이어나갔다. 더욱이 유엔군축사
무소 산하 GGE 활동에 선도적 역할을 한 러시아와 중국이 사이버 공
간에서 국가의 역할을 강조하는 방향으로 논의를 이어 나가려 하자 미
국은 1차 GGE에서 유엔 총회에 제출하는 결의안에 지속적으로 반대
표를 던졌다.[13]

하지만 2차 GGE 활동에서는 사이버 안보를 위한 국가의 역할 강
화와 국가 간 신뢰 구축 방안이 구체적으로 논의되기 시작했다. 이는
2007년 에스토니아가 외부로부터 사이버 공격을 받아 피해를 입은
후,[14] 많은 국가들이 자국의 사이버 영역 보호를 위한 국가 간 협력의
필요성을 느끼기 시작한 것이다. 신뢰 구축 방안 마련, 사이버 안보 관
련 용어의 정의, 국가별 사이버 안보 전략, 정책, 기술 등을 공유하고
관련 국제법 구축 필요성의 내용을 담은 리포트를 제출했다. 이후 3차
활동에서는 사이버 공간에서의 국가 주권 인정, 국제법 적용, 외부로
부터의 공격에 대한 국가 자위권 사용 가능, 비국가 행위자의 사이버
위협에 대한 국가의 책임 등 핵심 쟁점에 있어서 상당 부분 합의가 이

---

13 A/RES/60/45, A/RES/61/54, A/RES/62/7, A/RES/63/37
    http://unbisnet.un.org:8080/ipac20/ipac.jsp?session=1475PG47Y4369.53333&me
    nu=search&aspect=power&npp=50&ipp=20&spp=20&profile=voting&ri=1&
    matchopt=0%7C0&source=~%21horizon&index=.VW&term=Developments+i
    n+the+Field+of+Information+and+Telecommunications+in+the+Context+
    of+International+Security&x=14&y=7&aspect=power

14 2007년 4월, 3주간 지속된 디도스 공격으로 에스토니아의 주요 기관(의회, 정부, 은행, 언
    론사등)의 홈페이지와 전산망이 마비돼 모든 행정업무와 금융업무가 1주일 이상 중단됐
    다. 이로 인해 수 천 만 달러의 피해를 입은 것으로 추정된다. 에스토니아 정부가 사이버
    공격의 배후로 러시아를 지목하며 나토(NATO)가 나서서 조사를 했지만 명확한 배후를
    밝혀내지 못한 채 조사는 종결됐다.

뤄졌다. 3차 GGE 활동의 결과가 국제사회에서 사이버 안보에 대한 논의의 방향성을 제시했다고 볼 수 있다. 지금까지 중국은 미국의 반대 입장에서 러시아와 공조를 하는 모습을 보여 왔지만, 핵심 쟁점에 대한 합의가 어느 정도 이뤄진 상황에서 자국의 이익을 위해 사이버 안보 관련 국제 규범 형성에 있어서 독자적 목소리를 낼 가능성이 높다. 사이버 공격에 대한 국가의 자위권 행사, 사이버 스파이 활동, 사이버 전력 강화 등에 있어서 우선하는 사안이 다르기 때문이다.

2. 국제전기통신연합 내 영향력 강화

중국은 역내·역외 국가와의 협력 강화를 통한 사이버 영역에서의 국제 제도 구축만큼 정보통신기술(ICT) 영역에서의 영향력 확대도 중요한 부분으로 인식하고 있다. 하지만 미국이 사이버 기술 개발 및 표준화에 있어서 우위를 선점하고 있는 상황에서 중국이 영향력을 확대하기란 쉽지 않다. 따라서 미국 상무부의 지원을 받으며 전 세계 기술 표준화를 주도하고 있는 국제 인터넷주소 관리기구(ICANN)를 견제하며 미국과 기술 표준 경쟁을 이어나가기 위해 유엔 산하 기구인 국제전기통신연합(ITU)에서의 영향력 강화에 집중하고 있다. ITU는 글로벌 사이버 안보 어젠다(GCA)를 통한 국제 협력과 사이버 기술 개발 및 표준화 설정을 주도하는 기구이다. 특히 미국이 2014년 ICANN의 인터넷 관리 주소 권한을 국제기구에 이양하겠다고 발표하며, 기존의 체제를 확대 강화하려 하자 중국의 견제가 구체화 됐다. 중국은 안정적 인터넷 거버넌스 구축을 위해 유엔 산하 기구인 ITU가 기존 ICANN의 역할을 대신 해야 한다고 주장하고 있다. 더욱이 2014년 ITU의 자오허우린(赵厚麟) 사무차장의 새 사무총장 당선은 글로벌 인터넷 거버넌스 구축에 있어서 중국의 영향력이 확대될 가능성이 높아졌음을 시사한다.

V. 결론

지금까지 살펴본 바에 따르면 중국의 정보통신기술의 발전 과정은 다음과 같다. 중국은 2000년대에 들어와 전자·정보 산업 발전에 따른 인터넷 보급 확대와 국내외 정보 교류가 활발해졌다. 1990년대 중국의 정보화 발전은 사회·경제 영역의 현대화를 목적으로 진행됐다. 1991년 중국공산당은 제13기 중앙위원회 제7차 전체회의에서 "국민경제 및 사회 발전에 관한 제8차 5개년 계획과 10개년 계획에 대한 당중앙 건의"를 통과시키며 '경제의 현대화'를 본격화했다. 이후 1998년 본격적으로 정보 통신 산업을 적극 지원하고 인터넷 사용 확대를 통한 경제의 정보화를 추진하기 위해 정보산업부를 신설했다. 기존의 전자산업, 우정사업, 문화산업 분야를 정보산업부로 통합함으로써 정책 결정과 집행의 효율성을 높일 수 있었다. 2006년 공업정보화부 신설을 바탕으로 정보화와 공업화를 융합해 지식·기술 집약형 첨단 산업과 정보·통신·인터넷 산업 등의 발전을 이루어 왔다.

하지만 이 같은 발전으로 사이버 안보의 취약성이 심화됐다. 따라서 사이버 공간의 보호를 위해 정보화 전략을 바탕으로 국방·군사 시스템 개선, 효율성 강화를 추구하고 나아가 사회 안정을 유지하고자 한다. 이 같은 사회·경제·군사 정보화 발전은 중국 공산당 정치국 상무위원회(中国共产党中央政治局常务委员会) 내 국가정보화영도소조, 중앙군사위원회, 국무원(国务院) 내 공업정보화부에서 주로 담당했다.

2014년 이후부터는 중국네트워크안전·정보화영도소조와 국가인터넷
정보판공실(国家互联网信息办公室)로 일원화되었다. 이 같은 조직 개편
을 통해 정치적·사회적 안정을 유지하고자 한다.

　이를 바탕으로 봤을 때 중국의 사이버 안보 인식은 다른 국가들과
유사함을 알 수 있다. 국가 안보, 기업·개인 경제활동 등에 악영향을
미치는 활동을 차단해 인터넷을 보호하고자 하는 것이다. 하지만 중국
은 국내 인터넷 보호를 위해 국가의 주도적 역할을 강조하는 국가 중
심적 전략을 취한다는 점에서 미국을 포함한 서구 국가와 큰 차이를
보인다. 특히 중국은 국내외 사이버 공격으로부터 자국의 인터넷을 보
호하고 나아가 이념·문화의 공고화, 사회 안정을 추구한다. 각 국가
의 특수성을 인정해줘야 한다는 것이다. 이러한 인식은 사이버 공간의
개방성, 포괄성, 상업성의 특징을 중요하게 생각하는 미국과의 마찰
을 불러일으키고 있다. 기술적 우위에 있는 미국이 자국 인터넷 공격
의 배후에 있다는 의심을 바탕으로 자국의 사이버 안보를 지킨다는 명
목하에 사이버 스파이 행위, 해킹 등 첩보활동에 관대한 입장을 취하
고 있는 것이다. 또한 미국의 사이버 안보 전략과 시스템 독점을 비판
하면서 다양한 국가의 이익이 반영된 거버넌스 구성의 필요성을 강조
한다. 그럼에도 불구하고 중국은 미국과의 신뢰구축, 협력의 중요성을
인식하고 매년 '전략경제대화'에서 사이버 안보에 관한 대화를 이어나
가고 있다.

　중국은 사이버 안보영역에서 미국과의 양자협력만큼 국제기구를
통한 다양한 국가와의 협력, 사이버 안보 레짐 형성에 적극적이다. 국
가 간 기술 격차가 심각하게 작용하는 사이버 영역에서 저 개발국가
에 대한 기술 지원, 후발 국가들과의 공통된 이해관계를 바탕으로 이
들 국가와의 협력을 이끌어 내 국제 제도 형성에서 목소리를 높이고

기술 선진국인 서구 국가들을 견제 하려 하는 것이다. 중국은 사이버 테러, 인터넷·네트워크 기술의 군사적 사용 등을 제한하는 규범을 만들기 위해 SCO, ARF를 통한 역내 국가들과의 사이버 안보 관련 협력에 적극적으로 나서고 있다. 이와 더불어 현재 미국이 주도하고 있는 정보 통신 관련 민간 기구인 ICANN 내에서의 영향력을 강화하기 위해 노력하고 ITU를 통한 인터넷 거버넌스 개혁에 적극적이다. 중국은 사이버 안보를 위해 국가 간 협력만큼 민관 협력을 위해서도 노력하고 있다. 2014년 중국이 신설한 세계인터넷대회(世界互联网大会·World Internet Conference)에서 각국의 인터넷 주권을 강조하고, 이를 안전한 사이버 공간을 구축하기 위한 국가-비국가 간 연대를 주장한다. 중국은 ICT 발전의 후발주자로서 자국의 경제적 이익을 증진시키고 군사 영역에서의 안보 강화, 정치·사회 영역의 안정을 유지하기 위해 다양한 차원에서 국제 협력을 강화하기 위해 노력하고 있다.

국제협력을 강조하는 중국의 이 같은 행보는 후발 주자인 우리나라에도 여러 가지 시사점을 제공한다. 특히 미국과 중국이 사이버 안보 영역에서 다른 입장을 취하고 있는 상황에서 우리나라 현실에 맞는 전략이 필요한 상황이다. 한·미 간 양자 협력은 물론 사이버 안보 관련 국제 레짐 형성, 인터넷 거버넌스 구축을 위한 국제적 합의 과정에 적극적으로 나설 필요가 있다. 특히 러시아와 중국이 주도하고 있는 GGE 참여는 좋은 전략이 될 수 있다. 한국은 1차, 2차, 4차 GGE 활동에 참여했는데 향후 진행될 GGE 활동에 적극적으로 참여함으로써 논의의 방향성을 살피고 이에 따른 국내 전략 구축 마련이 필요할 것이다. GGE 활동은 2009년 이전까지 미국의 결의안 채택 반대로 그 영향력이 한정돼 있었지만, 이후 미국도 동조하기 시작하며 활동에 탄력을 받고 있다. 특히 3차 GGE 리포트에서 알 수 있듯이 사이버 영역에서의 국가 주권 강화에 대한 논의가 합의를 이룬 상황에서 이 같은 방향으로 국제 규범이 형성되고, 국제법이 정비될 가능성이 크다. 이 과정에서 한국도 이익을 극대화 할 수 있는 방향으로 전략을 수립해 영향력을 행사할 필요가 있다.

참고문헌

김상배. 2012. "정보화시대의 미·중 표준경쟁-네트워크 세계정치이론의 시각."
　　『한국정치학회보』 46(1), pp. 383-410.
_____. 2014. 『아라크네의 국제정치학-네트워크 세계정치이론의 도전』. 한울.
_____. 2015. "사이버 안보의 미중관계-안보화 이론의 시각." 『한국정치학회보』 49(1), pp.
　　71-97.
민병원. 2012. "신(新)안보딜레마와 네트워크 국제정치." 『평화연구』 20(1), pp. 31-69.
_____. 2012. "안보담론과 국제정치: 안보개념의 역사적 변화를 중심으로." 『평화연구』
　　20(2), pp. 203-240.
서진영. 2008. 『21세기 중국정치; '성공의 역설'과 중국적 사회주의의 미래』. 폴리테이아.
장노순. 2014. "사이버 안보에서 갈등구조와 신뢰구축." 『정치정보연구』 17(2), pp. 87-112.
_____. 2014. "사이버 무기와 안보딜레마의 전이." 『국제지역연구』 17(4), pp. 379-403.
_____. 2016. "사이버 안보와 국제규범의 발전-정부전문가그룹(GGE)의 활동을 중심으로."
　　『정치정보연구』 19(1): 1-28.
장노순·한인택. 2013. "사이버 안보의 쟁점과 연구 경향." 『국제정치논총』 53(3), pp. 579-
　　618.
조윤영·정종필. 2016. "사이버안보(cybersecurity)를 위한 중국의 전략: 국내정책 변화와
　　국제사회에서의 경쟁과 협력을 중심으로." 『21세기정치학회보』 26(4), pp. 151-177.

Andres, Richard B. 2012. "The Emerging Structure of Strategic Cyber Offense, Cyber
　　Defense, and Cyber Deterrence." in D. S. Reveron(ed.), *Cyberspace and National
　　Security*. Georgetown University Press.
Chang, Amy. 2014. *WARRING STATE: CHINA'S CYBERSECURITY STRATEGY*. Center for a
　　New American Security.
Cordesman, Anthony H., Steven Colley. "Chinese Strategy and Military Modernization in
　　2015: A Comparative Analysis." *A Report of the CSIS Burke Chair in Strategy*, CSIS,
　　October 5.
Eneken, Tikk-Ringas. 2012. *Developments in the Field of Information and
　　Telecommunication in the Context of International Security. : Work of the UN first
　　Committee, 1998~2012*, ICT for Peace.
Finnemore, Martha. 2011." Cultivating International Cyber Norms." In K. M. Lord et al.
　　eds. *America's Cyber Future: Security and Prosperity in the Information Age, Vol.
　　II*, Center for a New American Security, June.
FireEye. 2013. WORLD WAR C: Understanding Nation-State Motives Behind Today's
　　Advanced Cyber Attacks.(September 30)
Goldsmith, Jack. 2010. "Can We Stop the Cyber Arms Race?" *Washington Post*(Feburary

1): 1-3.

_____. 2011. "Cybersecurity Treaties: A Skeptical View." Hoover Institution.

Hjortdal, Magnus. 2011. "China's Use of Cyber Warfare: Espionage Meets Strategic Deterrence." *Journal of Strategic Security* 4(2), pp. 1-24.

Holder, Eric. 2014. "Attorney General Eric Holder speaks at the Press Conference announcing U.S. Charges Against Five Chinese Military Hackers for Cyber Espionage." Department of Justice.

House, W. 2009. *Cyberspace policy review: Assuring a trusted and resilient information and communications infrastructure.* White House, United States of America, pp. 1-5.

Lam, Lana, Stephen Chen. 2013. "NSA tapping mainland phones; Text messages mined, while servers at Tsinghua University attacked." *South China Morning Post* (June 23).

Lee, Ella. 1998. "Conflicts cloud new mainland ministry." *South China Morning Post* (March 17).

Lee, Mark. 2011. "China Reports 68% Jump in Cyber Attacks on Government Websites." Bloomberg(march 10). http://www.bloomberg.com/news/2011-03-10/china-reports-68-jump-in-hacking-attacks-on-government-websites-in-2010.html(검색일: 2016.3.15)

Lindsay, Jon R. 2014/15. "The Impact of China on Cybersecurity: Fiction and Friction." *International Security* 39(3), pp. 7-47.

Lindsay, Jon R., Tai Ming Cheung, and Derek S. Reveron(eds.) 2015. *China and cybersecurity: espionage, strategy, and politics in the digital domain.* Oxford university press.

Mandiant. 2013. *APT1: Exposing One of China's Cyber Espionage Units.* (Feburary)

Nye Jr, Joseph S. 2011. "Nuclear Lessons for Cybersecurity?" *Strategic Studies Quarterly* 5(4), pp. 18-38.

Owens, William A., Kenneth W. Dam, and Herbert S. Lin. 2009. *Technology, Policy, Law, and Ethics Regarding U.S. Acquisition and Use of Cyber attack Capabilities. National Research Council of The National Academies.* Washington: The National Academies Press.

SCO. 2009. "Agreement between the Governments of the Member States of the Shanghai Cooperation Organization on Cooperation in the Field of International Information Security." https://ccdcoe.org/sites/default/files/documents/SCO-090616-IISAgreement.pdf(검색일: 2016.09.10).

Singer, P.W. and Allan Friedman. 2014. *CYBERSECURITY AND CYBERWAR what everyone needs to know.* Oxford University Press.

Stokes, M. A. 2015. The Chinese People's Liberation Army Computer Network Operations Infrastructure'. Lindsay, Cheung and Reveron eds, *China and*

Cybersecurity, 175.

Swaine, Michael D. 2013. "Chinese Views on Cybersecurity in Foreign Relations." *China Leadership Monitor* 42, pp. 1–27.

Symantec. 2013. Hidden Lynx-Professional Hackers for Hire. (September 17)

United Nations Development Programme. 1994. *HUMAN DEVELOPMENT REPORT 1994*. New York: Oxford University Press.

United Nations General Assembly. 2011. *Letter dated 12 September 2011 from the Permanent Representatives of China, the Russian Federation, Tajikistan and Uzbekistan to the United Nations addressed to the Secretary-General.* (September 14)

_____. 2015. Letter dated 9 January 2015 from the Permanent Representatives of China, Kazakhstan, Kyrgyzstan, the Russian Federation, Tajikistan and Uzbekistan to the United Nations addressed to the Secretary-General. (January 9)

U.S. Department of State. 2014. Joint U.S.–China Press Statements at Conclusion of the Strategic & Economic Dialogue. (July 10)

U.S. Senate Committee on Armed Service. 2014. SASC investigation finds Chinese instrusions into key defense contractors. (September 17)

USCC. 2012. Report to Congress of the U.S.–China Economic and Security Commission(November).

_____. 2013 Report to Congress of the U.S.–China Economic and Security Commission(November).

_____. 2015 Report to Congress of the U.S.–China Economic and Security Commission(November).

Wolter, Detlev. 2013. "The UN Takes a Big Step Forward on Cybersecurity." *Arms Control Today* 43 (September 2013).

Yan. 2010. "Accusation of Chinese government's participation in cyber attack "groundless": Ministry." *Xinhuanet*(January 25). http://news.xinhuanet.com/english2010/china/2010-01/25/c_13149276.htm(검색일: 2016.8.1)

中国互联网络信息中心.「第36次中国互联网络发展状况 统计报告」. 2015年 7月.

国家计算机网络应急技术处理协调中心.「2014年 中国互联网 网路安全报告」. 2015年 6月 2日.

《中国的军事战略》白皮书 (2015年 5月)

《中国武装力量的多样化运用》白皮书 (2013年 4月)

《2010年中国的国防》白皮书 (2011年 3月)

《2008年中国的国防》白皮书 (2009年 1月)

《2006年中国的国防》白皮书 (2006年 12月)

《2004年中国的国防》白皮书 (2004年 12月)

《2002年中国的国防》白皮书 (2002年 12月)

《2000年中国的国防》白皮书 (2011年 3月)

http://www.mod.gov.cn/regulatory/node_47121.htm(검색일: 2016.3.15).

"信息化帶動工業化要先打基礎" http://people.com.cn/BIG5/paper1668/7986/757514.
　　html(검색일: 2016.3.15)

"中央网络安全和信息化领导小组成立." 2014年 2月 28日 http://news.xinhuanet.com/
　　info/2014-02/28/c_133148759.htm(검색일: 2016.3.15)

"习近平:把我国从网络大国建设成为网络强国." 2014年 2月 28日 http://news.xinhuanet.com/
　　politics/2014-02/27/c_119538788.htm(검색일: 2016.3.15)

http://www.cert.org.cn/publish/main/index.html(검색일: 2016.7.1)

http://www.internetworldstats.com/stats.htm(검색일: 2016.7.1)

http://www.cnnic.cn (검색일: 2016.7.1)

http://www.rferl.org/a/russia-putin-shanghai-cooperation-organization-summit-brics-
　　ufa/27120442.html(검색일: 2016.7.1)

https://ccdcoe.org/sco.html(검색일: 2016.7.1)

http://www.itu.int/en/Pages/default.aspx(검색일: 2016.7.1)

http://www.fmprc.gov.cn/mfa_eng/zxxx_662805/t1079387.shtml(검색일: 2016.7.1)

http://www.state.gov/r/pa/prs/ps/2013/07/211467.htm(검색일: 2016.7.1)

https://ccdcoe.org/asean-regional-forum-reaffirming-commitment-fight-cyber-crime.
　　html(검색일: 2016.7.1)

http://giplatform.org/actors/un-group-governmental-experts-developments-field-
　　information-and-telecommunications-context(검색일: 2016.7.1)

제6장

일본의 사이버 안보 전략과 외교 [*]

이승주

[*] 이승주. 2017. "일본 사이버안보 전략의 변화: 사이버 안보의 전통 안보화와 전통 안보의 사이버 안보화." 『국가안보와 전략』 17(1): 183–202.

I. 서론

일본은 2014년 사이버안보기본법을 제정함으로써 사이버 안보 정책의 기본 방향을 제시하게 되었다. 일본 정부는 기본법의 제정을 통해 사이버 안보의 개념을 명시하고, 정부, 지방정부, 기타 이해관계자들의 역할을 규정하였다. 국가 사이버 안보를 위한 명령과 통제 기구로서 사이버 안보 전략본부를 설치하여, 국가행정기구에 대한 강력한 권위(勧告権等の権限)를 부여하였다(Government of Japan 2015). 이로써 일본의 사이버 안보 전략과 외교는 새로운 단계에 진입했다는 평가를 받게 되었다. 이를 계기로 일본은 일본 방위 정책의 변화와 더불어 사이버 안보의 기반을 강화할 것으로 예상된다.

일본이 이처럼 사이버 안보 전략을 강화하게 된 배경에는 사이버 위협의 증가에 따른 인식의 전환이 자리 잡고 있다. 또한 일본 정부가 사이버 안보 전략과 외교는 일본의 새로운 국가안보전략 변화와 연계되어 진행되는 경향이 있으며, 더 나아가 중국의 부상에 대응하고, 이 과정에서 역내 국가들과의 협력을 강화하는 수단이라는 의미가 있다. 예를 들어, 사이버 위협은 기본적으로 초국적으로 이루어지는 경향이 있기 때문에 아베 정부가 추구하는 집단적 자위권의 수단이 될 가능성이 있다. 또한 일본은 사이버 안보 외교를 추진하는 가운데 보편적 가치를 공유하는 국가들 사이의 협력을 강조하고 있는데, 이는 일본이 부상하는 중국에 대해 대응하는 기본 방향과 일치한다. 이처럼 일본의 사이버 안보 전략과 외교는 그 자체로도 중요한 의미를 갖지만, 일본의 국가안보전략, 미일 동맹의 강화, 중국의 부상에 대한 대응과 같은 일본 외교안보의 중요 요소들과 긴밀하게 연계된다는 특징을 갖는다.

이 글은 다음과 같이 구성된다. II절에서는 일본의 사이버 전략의 구조적 환경이라고 할 수 있는 아베 정부의 국가안보전략을 검토한다. III절에서는 일본 사이버 안보의 현황과 추진 체계를 검토한다. 여기에서는 일본이 직면하고 있는 사이버 위협 현황, 사이버 시큐리티기본법, 사이버 안보 추진 체계를 구성하고 있는 기관들 사이의 역할과 기능을 주로 검토하는 데 목적이 있다. IV절에서는 일본 사이버 안보 외교의 주요 내용과 특징을 검토한다. 이 장에서는 특히 일본의 사이버 안보 외교의 기본 방향에 대한 검토를 바탕으로, 군사안보 분야의 사이버 안보 전략을 분석한다. 이와 더불어 양자 및 다자 차원에서 추진된 일본 사이버 안보 외교의 주요 내용을 고찰한다. 마지막으로 V절에서는 이 연구에서 설명된 내용들을 바탕으로 일본 사이버 안보 전략 및 외교의 주요 특징과 시사점을 논의한다.

II. 아베 정부의 국가안보전략과 사이버 안보

일본의 사이버 안보 전략 및 외교는 아베 정부의 안보 및 외교 전략과 맥을 같이한다는 점에서 아베 정부의 국가안보전략을 검토할 필요가 있다. 아베 정부가 추구하는 다차원적 보통국가화의 핵심은 국가안전보장전략, 신방위대강, 중기방위력정비계획 등 이른바 '안보 3종 세트' (安保3点セット)에 잘 나타난다. 아베 정부는 군사적 차원에서 동적 방위력을 형성하기 위해 미국 등 동맹국과의 협력을 통한 신속대응체제를 구축하겠다는 목표를 표방하였다. 사이버 안보는 특히 미국과의 협력에 기반한 신속대응체제의 한 차원을 구성할 것으로 보인다.

외교안보 정책 면에서도 사이버 안보는 아베 정부가 표방하는 집단적 자위권과 적극적 평화주의를 추진하는 수단으로서 기능할 가능

성이 있다. 아베 정부는 '국가안전보장전략'을 2013년 12월 의결하면
서 기존의 전수방위 원칙에서 벗어나 '지역과 세계의 평화, 안정, 번영
을 위해 공헌하고, 국제사회의 주요 행위자로서 적극적인 역할을 해야
할 필요가 있다'는 적극적 평화주의를 표방하였다(国家安全保障会議決
定 2013). 이를 위해 헌법 제9조 2항에 대한 새로운 해석을 통하여 자
위대를 국방군으로 변경할 뿐 아니라, 자위대의 전력 증강을 위해 방
위 예산을 GDP의 1%를 초과하는 수준으로 늘리겠다는 방침을 정했
다. 더 나아가 전시 동맹국을 지원할 수 있는 권리인 '집단적 자위권'
을 확보하기 위해, 주요국들의 이해와 협력을 구하고 있다. 사이버 안
보는 사안의 성격상 동맹국 또는 주변국들과의 협력이 필수적이기 때
문에 일본 정부가 집단적 자위권의 명분을 확보하는 데 유용한 수단이
될 수 있다. 특히 미국이 일본의 사이버 방위 능력의 향상을 요청하고
있는 현실은 사이버 안보 분야가 아베 정부의 숙원인 집단적 자위권의
실현 수단으로서의 의미를 갖는다.

　아베 정부는 또한 이러한 외교안보전략의 변화를 국내적으로 뒷
받침하기 위해 제도적 개혁에 착수하였는데, 국가안전보장회의의 설
치가 대표적인 사례이다. 국가안전보장회의는 총리를 수반으로 하고,
내각관방장관, 내각관방부장관, 내각관방부장관보로 이어지는 수직
적 체계와 내각관방장관, 4대신회의, 9대신회의, 긴급사태대신회의가
수평적으로 협의하는 체제로 구성되어 있다(〈그림 1〉 참조). 이 가운데
사이버 안보 전략은 국차장급인 내각관방부장관보가 관할하도록 되어
있다. 이처럼 아베 정부는 국가안전보장회의의 설치를 통해 외교안보
정책에 대한 총리의 권한을 강화하는 가운데, 사이버 안보 등 새로운
안보 위협에 대한 대응 체제를 강화하는 개혁을 실행하였다.

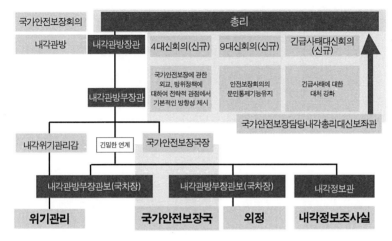

출처: 防衛省·自衛隊 2013

그림 1. 일본 국가안전보장회의 조직도

III. 일본의 사이버 안보 현황과 추진 체계

1. 사이버시큐리티기본법의 제정

일본 정부는 상호연결되고 융합된 사회(連接融合情報社会)가 출현함에 따라, 사이버 공간은 기회와 위험을 동시에 증가시키는 것으로 이해 한다. 사회 구성원들이 혁신적 서비스와 새로운 가치를 기하급수적으 로 빠른 속도로 창출할 수 있는 반면, 물리적 공간과 사이버 공간이 고 도로 통합된 데 따른 위험 역시 크다는 것이다. 다시 말해, 물리적공간 과 사이버 공간이 통합된 환경을 적극 활용하기 위해서는 잠재적 위협 에 대해 적절한 조치를 취할 수 있는 능력을 갖추는 것이 필수적이다 (サイバーセキュリティ戦略 2015). 이러한 위협 인식에 기반하여, 기본

법은 '자유롭고, 공정하며 안전한 사이버 공간의 확보를 위해 노력'한 다는 데 목표를 설정하고 있다. 사이버안보기본법(Act No. 104 of November 12, 2014) 제1조에 따르면, 기본법은 "사이버 안보 정책의 기본원칙 규정, 정부, 지방 정부, 기타 공공기관의 책임 명시, 사이버 안보 전략의 형성, 사이버 안보 전략본부의 설치 등 사이버 안보 관련 근본 정책을 규정"함으로써 사이버 안보 정책을 포괄적이고 효과적으로 증진한다는 점을 명시하고 있다.

사이버시큐리티기본법은 또한 일본 정부가 사이버 시큐리티 정책을 효과적으로 추진할 수 있는 법적 기반을 강화한 것으로, 사이버 시큐리티 정책의 이념, 기본 전략, 추진 체계를 명확하게 설정하고 있다. 조직 체계 면에서 기본법은 내각에 설치된 사이버시큐리티전략본부를 중심으로 사이버 안보 전략의 기본 방향을 설정하고, 정부 부처들이 효과적으로 실행할 수 있는 체계를 마련하고자 하였다. 또한 정부 부처뿐 아니라, 도로, 철도, 통신, 은행 등을 담당하는 기관과의 협력을 제고할 수 있는 법적 기반을 마련하였다는 데 의의가 있다(박상돈 2015).

이러한 인식에 기반하여 사이버 시큐리티 전략에서는 (1) 경제적·사회적 활력의 향상과 지속가능한 발전에 기여; (2) 국민들이 안전한 삶을 영위할 수 있는 사회 건설; (3) 국제사회(international community)의 평화와 안정 및 국가안보를 확보라는 세 가지 정책 목표를 달성하고자 하였다(サイバ-セキュリティ戦略 2015). 그리고 이를 달성하는 방안으로 (1) 반응적 정책에서 선제적 정책으로(後手から先手へ); (2) 수동적 정책에서 능동적 정책으로(受動から主導へ): 민간 행위자들의 자율적 활동 촉진; (3) 국제 공헌; (4) 사이버 공간에서 융합공간으로(サイバ-空間から融合空間へ) 등을 제시하고 있다(サイバ-セキュリティ戦略 2015).

2. 사이버 안보 관련 현황

국제사이버 정책센터(International Cyber Policy Center)에서 발간한 '2015년 아시아태평양지역의 사이버 성숙도(Cyber Maturity in the Asia-Pacific Region 2015)' 보고서에 따르면, 일본의 사이버 성숙도는 총점 85.1을 기록하여 조사 대상국 중 미국(90.7점)에 이어 2위를 기록하였다. 일본은 전반적으로 사이버 정책에 대한 포괄적이고 정부 부처 간 횡적 접근(cross-departmental approach)을 하고 있다는 평가를 받고 있다. 또한 사이버 관련 입법 조치와 이로 인한 정부 권능의 강화도 긍정적인 평가를 받는 요인으로 작용하였다. 일본 자위대의 경우, 국가 네트워크의 취약성을 규명하고 완화하는 기구를 보유하고 있다는 점에서 좋은 평가를 받았다(〈표 1〉 참조).

평가 부문별로 보면, 이 조사에서 일본은 대부분의 영역에서 좋은 평가를 받았으며, 특히 컴퓨터비상대응팀(CERTs: Computer Emergency Response Team)과 인터넷 침투(internet penetration) 부문에서 10점 만점을 받았다. 반면, 군사적 응용(military application) 부문에서 상대적으로 낮은 7점을 받았다(International Cyber Policy Center 2015).[1] 다만, 사이버 정책과 안보에서 군대의 역할에 관한 것으로 일본이 방위성이 자위대 네트워크에 대한 침투와 위협 데이터의 수집과 분석을 담당하는 사이버 방위대(Cyber Defense Unit)를 설치하고 있는 점과 방위성, 자위대, 민간 부문 사이의 소통을 촉진하는 사이버 방

---

1   이 평가는 조직 구조, 법률과 규제, 국제 협력, 비상사태 대응, 금융 사이버 범죄, 군사적 응용, 정부와 기업 간 대화, 디지털 경제, 대중의 인식, 인터넷 침투율 등 모두 10개 항목에 대한 가중치를 부여하는 방식으로 총점을 산출하였다(International Cyber Policy Center 2015).

표 1. 아시아태평양지역의 사이버 성숙도 비교

	조직 구조	입법/ 규제	국제적 관여	비상사태 대응 (CERTs)	금융 사이버 범죄	군사적 응용	정부와 기업 간 소통	디지털 경제	대중의 인식	인터넷 침투율	총점
호주	7	8	9	8	9	7	7	8	8	9	79.9
브루나이	6	6	4	6	5	4	5	5	3	7	51.6
캄보디아	3	3	3	2	1	1	2	1	4	1	20.7
중국	8	7	9	6	5	8	5	6	5	5	64.0
피지	2	4	4	0	4	2	3	4	3	5	30.7
인도	7	5	7	4	4	4	5	6	6	2	50.0
인도네시아	6	5	5	6	4	5	4	5	4	2	46.4
일본	8	8	9	10	8	7	8	9	8	10	85.1
라오스	4	3	3	3	1	1	2	2	2	2	23.3
말레이시아	7	7	8	8	6	5	7	7	6	7	68.3
미얀마	3	4	4	3	2	5	1	2	2	1	26.9
뉴질란드	8	8	6	7	7	5	6	8	9	9	72.8
북한	3	1	2	0	0	8	0	1	1	1	16.4
파푸아뉴기니	3	3	3	0	1	2	2	1	5	1	20.3
필리핀	5	5	5	3	5	3	4	6	6	5	46.8
싱가포르	9	8	7	7	7	8	9	9	9	9	81.8
대한민국	8	8	7	8	7	9	9	9	9	9	82.8
태국	6	6	5	5	4	5	3	6	5	4	49.1
미국	9	8	9	8	10	10	9	9	10	9	90.7
베트남	6	7	5	6	6	4	4	6	4	5	53.6

출처: International Cyber Policy Center 2015

위 위원회(Cyber Defense Council)를 설치한 데 대해 긍정적인 평가
를 받고 있다(International Cyber Policy Center 2015).

한편, 2010년대 이후 일본에서 사이버 공격의 위험과 그에 따른
인식의 변화가 나타나고 있다. 일본은 특히 사이버 안보를 순수한 기

술적 문제가 아니라 경제와 안보 문제와 긴밀하게 연관된 문제로 이해하는 인식의 전환기를 맞이하고 있다. 2013년 12월 제정된 국가안보 전략에서도 이러한 인식이 재확인된다:

"사이버 안보는 사이버 공간에서 정보의 자유로운 유통을 통한 경제성장과 혁신을 위해 필요하다. 사이버 공간의 보호(방호)는 … 국가안전보장의 만전을 기한한다는 관점에서 보면 불가결하다."

우선, 특히 중국, 북한, 러시아의 사이버 활동을 감안할 때, 일본은 매우 큰 사이버 안보 리스크에 직면하고 있다. 중국과 러시아는 사이버 스파이 행위와 공격에서 세계적 능력을 갖춘 국가들이고, 북한 역시 일본보다 우월한 사이버 능력을 갖춘 것으로 알려져 있다. 중국은 일본 기업들을 대상으로 한 경제 첩보 활동을 특히 활발하게 하고 있다. 중국은 군사 및 민간 기술을 습득하여 기술 기반을 확대하고 있는 것으로 알려지고 있다. 러시아는 이른바 '하이브리드 전투(hybrid warfare)' 능력을 신장시키기 위한 노력의 일환으로 사이버 기술을 활용하고 있다. 북한 역시 사이버 능력을 강화하기 위해 투자를 늘리고 있는 것으로 알려져 있다(Lewis 2015).

사이버 공격의 위험은 일본 경제 및 사회 시스템에 미치는 영향도 지대하다. 2014년 기준 주요 기간 시설에 대한 사이버 공격이 133건 발생하였는데, 이는 전년에 비해 약 75% 증가한 수치이다. 피해 규모 역시 빠르게 증가하여 2013년 전년보다 86% 늘어난 약 196억 엔에 달하였다. 사이버 관련 피해 규모가 감소하고 있는 미국과 대조적이다. 이는 사이버 보안 관련 정부 예산은 2012년-2014년 기간 중 369억 5천만 엔에서 542억 3천만 엔으로 상당히 증가하였으나, 민간 차원

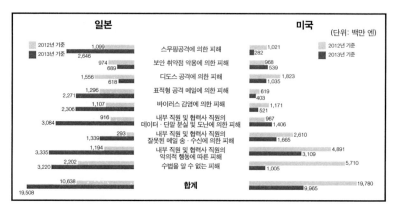

그림 2. 일본의 사이버 보안 피해 현황(미국과 비교)

의 사이버 보완 관련 투자가 미흡한 데 그 원인이 있는 것으로 보인다
(한국인터넷진흥원 2014a).

　이처럼 일본에서는 대규모 사이버 관련 사고가 급증하고 있을 뿐
아니라, 2011년 동일본 대지진과 같은 자연재해로 인한 사이버 사고
의 가능성도 상존하고 있는 실정이다. 더욱이 일본은 2012년 런던 올
림픽의 사례를 참고할 때 2020년 도쿄 올림픽 기간 중 발생할 수 있는
사이버 공격에 대한 대비 태세를 강화해야 할 필요성이 커지고 있다.
런던 올림픽 진행 기간 중 공식 사이트에 대한 공격이 2억 건을 초과
한 것으로 보고되었다(한국인터넷진흥원 2014b). 일본이 사이버 안보
기본법을 제정하고 효과적인 대응 시스템을 구축하는 한편, 사이버 외
교를 위한 노력을 강화한 데는 이러한 요인들이 작용하였다.

3. 사이버 안보 추진 체계

일본의 사이버 안보 추진체계는 대체로 다음과 같이 구성되어 있다. 우선, 사이버 보안정책위원회(ISPC: Information Security Policy Council)를 중심으로 내각관방 산하에 IT 통합전략본부를 설치하였다.[2] 이 본부의 구성은 총리가 본부장, 정보통신기술정책 담당장관, 내각관방 장관, 총무성 장관, 경제산업성 장관을 부본부장으로 하며, 기타 부처 장관과 전문가들을 위원으로 하고 있다. 전문가 그룹은 대부분 학계와 토요타, NTT 사장 등이다(高度情報通信ネットワーク社会推進戦略本部名簿).

　　사이버시큐리티기본법은 내각관방 산하의 사이버 시큐리티센터 (NICS)가 정책, 전략, 작전을 조정하고 정부 부처와 주요 인프라 기업에 대하여 보고 의무를 명시하는 등 그 역할을 대폭 강화하였다.[3] 사이버 시큐리티센터(NISC)는 IT 통합전략본부와 긴밀히 연계하여 정책을 총괄하는 기능을 수행한다. 사이버 시큐리티센터는 기본 전략 그룹, 국제전략그룹, 정부기관종합대책그룹, 정보총괄그룹, 중요 인프라 그룹, 사안대처분석그룹이 각각 임무를 수행하고 있다(〈표 2〉 참조).

　　사이버 시큐리티센터는 또한 (1) 정보시스템에 대한 부정 행위의 감시, 감사, 원인규명조사 등 집행; (2) 국내외 사이버 안보에 대한 정보 수집과 분석; (3) 국제 협력; (4) 인재 양성 등 정부 기관의 능력 배양; (5) 산관학 및 정부 기관의 정부 공유 등 협력 강화; (6) 민간 기관

2　이 본부의 공식 명칭은 '고도정보통신 네트워크사회 추진전략본부'로 2000년 고도정보통신 네트워크사회의 추진을 위한 기본법에 근거하여 설치되었다.

3　사이버 시큐리티센터의 구호는 '알고(知る), 지키고(守る), 계속하는(続ける)' 것으로 사이버 위협의 근원을 파악해서 방어하는 노력을 지속하는 것이 중요하다고 보고 있다. http://www.nisc.go.jp/

표 2. 사이버시큐리티센터의 조직 체제 및 활동 내용

	활동 내용
기본 전략 그룹	중장기 계획 및 연차 계획 입안 기술 동향 등에 대한 조사 · 연구 분석
국제전략그룹	국제 협력의 창구 기능
정부기관종합대책그룹	정보 시큐리티 대책을 추진하기 위한 통일적 기준 책정, 운용 및 감사
정보총괄그룹	사이버 공격 등에 대한 최신 정보 수집 · 집약 정부기관 정보 시큐리티 횡단 감시 · 신속조정팀(GSOC)
중요인프라그룹	중요 인프라 행동 계획에 기반한 정보 시큐리티 대책을 위한 민관 협력
사안대처분석그룹	표적형 메일 및 부정 프로그램의 분석 기타 사이버 공격 사안의 조사 분석

출처: 内閣サイバーセキュリティセンター 活動内容. http://www.nisc.go.jp/active/index.html.

과의 협력 강화:[4] (6) 카운터 사이버 인텔리전스(カウンター-サイバー-イ
ンテリジェンス) 등 정보 수집 및 분석 기능 강화 등을 수행하고 있다.

2005년 내각부에 설치된 내각 사이버시큐리티센터와 정보보안정
책위원회(Information Security Policy Council)는 국가안보와 비상사
태에 대한 대응을 담당하고 있다. NISC는 사이버 안보 표준 초안을 작
성하고, 정부 정책에 대한 제안을 하며, 내각부에 보고서를 제출하도
록 되어 있다. NISC는 또한 정부 정보 시스템을 모니터하고 센터의 지
침을 실행하는 Government Security Operation Coordination Team
의 지원을 받고 있다.

개별 정부 부처의 역할은 두 종류로 나누어진다. 방위성, 경제산
업성, 총무성, 경찰청은 정보 보안을 담당하고, 국토교통성, 후생노동

---

4   일본 게이단렌 역시 정보 공유 증진을 위한 방안으로 CEPTOAR-Council(Capability for
Engineering of Protection, Technical Operation, Analysis and Response)과 같은 주요 인프라
대표들의 정보 공유와 분석을 위한 민관 협력의 필요성을 강조하고 있다(Keidanren 2015).

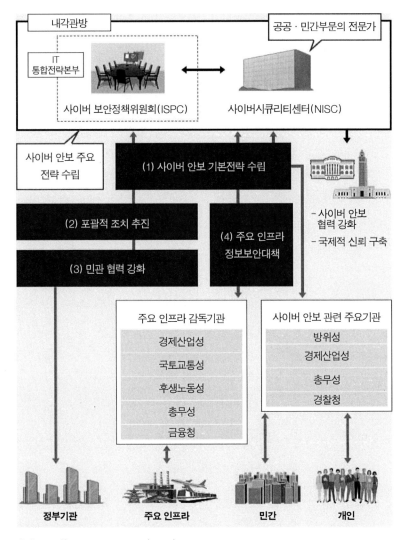

출처: http://www.space-cyber.jp/cyber/

그림 3. 일본의 사이버 안보 추진 체계

성 등은 기간 시설의 보호를 담당한다(〈그림 3〉참조). 정보 보안의 경우, 정책 별로 4개 부처가 분담하는 형식으로 구성되어 있는데, 군사

관련 사이버 정책은 방위성, 산업 정책은 경제산업성, 통신 네트워크 정책은 총무성, 사이버 범죄 정책은 경찰청이 각각 담당하도록 되어 있다(한국인터넷진흥원 2014a). 경제산업성 산하에 설치된 정보처리추진기구는 산업 발전을 위한 사이버 역량 강화를 추진하는 기구로서 사이버 보안 확립, IT 시스템의 신뢰성 향상, IT 인재육성 등에 초점을 맞추고 있다(한국인터넷진흥원 2014a).

일본 정부는 또한 '주요 인프라의 정보보안대책에 관한 3차 행동계획'을 제정하여 주요 인프라의 분야를 특정하고, 이에 기반한 안전기준의 정비, 연습 및 훈련 실시, 관민의 정보공유체제의 강화 대책 등 마련하는 한편, 정부기관 보호의 기본틀을 수립하였다. 공격을 전제로 한 정보시스템의 방어력 강화와 다층적 대책, 회복력 있는 조직대응능력의 강화, 기술 진보와 사업 수행 방식의 변화에 대한 대응, 감시 대상의 확대 등 종합적 대책 강화 등이 그것이다(サイバ―セキュ…リティ戦略: 18).

IV. 일본의 사이버 안보 외교

1. 기본 방향과 주요 내용

1) 기본 방향

일본 정부는 기본법에서 사이버 안보 외교의 기본 방향을 제시하고 있다. 우선, 국제적 규칙과 규범의 형성을 위해 주도적 역할을 하기 위해, 유엔의 정보안보 정부전문가그룹(GGE)과 인터넷 거버넌스에 관한 국제적 논의에 적극 참여한다는 것이다. 또한 일본 정부는 '국제적

신뢰 조성을 위한 조치(国際的な信頼醸成措置)', '국제 테러조직에 대한 대응', '사이버 분야의 능력 구축(キャパシティビルディング)' 등을 사이버 안보 외교의 기본 방향으로 설정하고 있다.

한편, 사이버 외교를 추진하는 데 있어서 법치를 특히 강조하고 있다. 기본법에서도 이 점을 부각하고 있는데, 사이버 공간에서도 법치의 원칙이 적용되어야 하며, 일본은 국제 규칙과 규범의 개발과 실행을 위해 적극 노력하겠다는 의지를 천명하였다. 이는 아베 정부의 외교정책 기조와 일치하는 것으로 이른바 자유와 민주주의라는 보편적 가치를 공유하는 국가들과의 협력을 바탕으로 사이버 안보 협력을 이루어 나가겠다는 것으로 해석된다.

2) 주요 내용

일본의 사이버 안보 외교는 두 가지 종류로 나누어진다. 군사안보전략 차원에서 사이버 안보 협력을 강화하려는 시도와 사이버 관련 국제 규범과 규칙의 수립을 위한 외교로 나누어진다. 전자는 사이버 안보와 관련하여 공동 위협에 직면한 국가들 사이의 협력을 강화하는 데 초점을 맞추고 있다. 일본 정부는 전통 안보와 마찬가지로 사이버 안보에서도 공동 위협에 직면하거나 안보 목표를 공유하고 있는 국가들 사이의 협력이 효과적이라는 판단에서 사이버 협력 강화를 위해 노력하고 있다. 일본이 사이버 분야에서도 미국과의 협력을 강조하고 있는 이유는 이 때문이다. 일본 정부는 특히 정보 교환 및 소통 강화 등 미국과의 협력을 통해 사이버 안보 위협에 대한 대응 시스템 구축과 사이버 분야 국제 규범과 국제법의 수립을 위한 협력에 초점을 맞추고 있다.

일본 사이버 안보 외교의 두 번째 차원은 글로벌 전개와 글로벌 협력으로 나누어진다. 글로벌 전개는 사이버 안보 관련 일본의 국제적 영향력을 확대하는 데 초점이 맞추어져 있다. 특히 일본 정부는 사이버 안보의 강화를 위한 국가 간 협력 체제를 수립하는 한편, 사이버 공격에 대한 대응을 해외에 진출한 자국 기업에 확대 적용하려는 양면 전략을 추구하고 있다. 이 과정에서 일본 정부는 자국 IT 기업들이 해외 진출하는 것을 측면에서 지원하는 부수적 효과도 기대하고 있다. 이를 위해 아시아 지역을 협력과 진출이 상대적으로 용이한 지역으로 보고, 이 지역에서의 협력을 우선적으로 추진하고 있다. 일본이 일-아세아 사이버 안보 정책회의에 상당한 노력을 기울이는 것도 이 때문이다(한국인터넷진흥원 2014a).

글로벌 협력은 사이버 범죄 등의 분야에서 공동 대응과 협력을 위한 체제를 강화하는 데 목적을 두고 있다. 사이버 범죄가 초국적화하는 경향을 보이고 있기 때문에, 이에 대한 대응 역시 초국적 협력을 필요로 한다는 점을 인식하고, 일본 정부는 긴밀한 국제 협력을 강조하고 있다. 즉, 사이버 공격 및 범죄가 초국적화하고 있기 때문에 일본 자체의 노력만으로는 효과적으로 대응하기 어렵고 국제 협력 체제를 수립하는 것이 필수적일 뿐 아니라, 더 나아가 사이버 안보 대응을 위한 국제 규범과 국제법을 확립하는 외교적 노력이 필요한 것이다. 경찰청이 타국과의 정보 교환 등 신속한 협력 체제를 추진하고, 형사공조규약을 체결한 국가들과 공동 대응 체제를 만드는 것도 이러한 맥락이다(Government of Japan 2015).

사이버 안보는 국가안전보장의 확보를 위해 필수적이라는 게 일본 정부의 판단이다. 고도의 사이버 공격을 방어하기 위해서는 예방, 탐지, 대처 등 모든 단계에서 즉각적이고 적절한 대책을 실행하는 것이 중요하다는 것이다. 수평적으로 파편화된 시스템이 사이버 공격에 취약하기 때문에, 개별 기관의 능력을 강화할 뿐 아니라 모든 공격에 대한 다층적 방어 시스템을 갖출 필요가 있다는 것이다(Government of Japan 2015).

　이러한 배경에서 방위성과 자위대가 군사 부문의 사이버 공격에 대한 포괄적 대응 조치를 마련하고 있는 데 주목할 필요가 있다. 2016년 '일본 방위백서'는 중국, 러시아, 북한 정부가 사이버 공격에 관여하고 있으며, 기술적으로 더욱 교묘해지고 있다고 평가하면서, 사이버 안보가 가장 중요한 안보 이슈 가운데 하나가 되어 가고 있다고 지적하고 있다(Ministry of Defense 2016: 8). 이러한 환경에 대응하여 방위성과 자위대는 사이버 공격에 대한 포괄적 방어 조치를 여섯 개의 기본 축을 중심으로 구상하고 있다.

　첫째, '정보 시스템의 안전 확보'로 방화벽과 바이러스 탐지 소프트웨어 도입, 군사정보인프라(defense information infrastructure)를 개방 네트워크와 폐쇄 네트워크로 분리, 시스템 감사의 실행을 포함한다. 둘째, '사이버 공격에 대한 특수부대의 대응'으로 사이버 방위 그룹(Cyber Defense Group), 시스템보호대(GSDF), 커뮤니케이션보안그룹(MSDF), 컴퓨터보안평가대(Computer Security Evaluation Squadron)의 네트워크와 정보 시스템에 대한 24시간 모니터링 시행을 의미한다. 세 번째 기둥은 '사이버 공격에 대한 대응 태세 개발'로 보안 조치 기준의 수립, 사이버 정책 검토 위원회의 수립 등을 포함한다. 넷째, '첨단 기술 연구'로 사이버 관련 훈련 환경을 발전시킬 수 있는 기술 연구이다. 다섯째, '인적자원 개발'로 인적자원의 개발을 위해 미국 카네기 멜론 대학(Carnegie Mellon University)의 관련 기관에서 해외 연수프로램을 실행하고, 보안 의식을 제고하기 위해 직장 또는 방위대학교에서 전문 교육을 제공하는 것을 포함한다(〈그림 4〉 참조).

　방위성은 사이버 방어 태세를 효과적으로 실행하기 위해 2014년

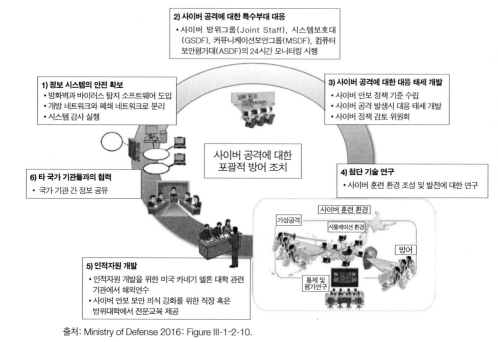

출처: Ministry of Defense 2016: Figure III-1-2-10.

그림 4. 방위성과 자위대의 사이버 공격에 대한 포괄적 대응 조치

90명 규모의 사이버 방위대를 창설하였으며, 자위대에서 군사용 컴퓨터 시스템을 보호하는 임무를 수행하는 수백 명 규모의 인원도 양성하고 있다.[5] 방위성의 사이버 방위대는 사이버 방위 능력을 군사 부문에 통합하고, 기술 및 훈련 지원을 제공하며, 사이버전에 대한 연구를 수행할 것으로 알려져 있다.

일본은 이처럼 최근 몇 년간 사이버 안보 태세를 증진시키는 데 상당한 성과를 거두었다. 그럼에도 일본은 자원 부족, 부처 간 조정의 어려움, 사이버 안보의 위험성을 과소평가하거나 때로는 과도하게 보

---

5   그러나 이러한 규모는 미국 국방부의 사이버 전문 인력이 약 6천 명에 달하는 것과 비교할 때 여전히 작은 규모이다(Gady 2015.6.2).

수적인 접근을 하는 등의 문제를 여전히 갖고 있다. 중국과 러시아는 사이버 공격을 이미 보유하고 있고, 북한은 주요 시설 및 서비스를 교란시킬 수 있는 일부 능력을 갖고 있는 것으로 파악된다. 따라서 현 수준의 사이버 방위 능력으로는 사이버 안보 위협을 감당하기에 충분치 않다는 견해가 지배적이다(Lewis 2015).[6]

2. 일본의 사이버 안보 외교의 전개

1) 사이버 안보 국제협력을 위한 체제의 형성

일본 정부는 2013년 정보시큐리티정책회의는 정보의 자유로운 유통, 점차 심각성을 더해가는 리스크에 대한 새로운 대응, 리스크의 근원에 대한 대응 강화, 사회적 책무에 입각한 행동과 공조라는 4대 기본 원칙하에 사이버 국제협력을 강화할 것을 결의하였다. 일본 정부는 이러한 정책 방향을 대내외적으로 공표하기 위해 사이버 시큐리티 국제협력을 위한 체제를 갖추는 것을 목표로 하고 있다(情報セキュリティ政策会議 2013). 이 체제를 구축하기 위해 지구적 공통인식의 점진적 배양, 지구적 소통을 위한 일본의 공헌, 기술 프론티어의 지구적 확산 등을 기본 방침으로, 다층적 정보공유체제의 강화, 사이버 범죄에 대한 적절한 대응, 사이버 안전보장을 위한 협력 체제의 확립, 능동적 대응을 위한 '기초 체력'의 향상, 사이버 시큐리티에 대한 국제적 규칙의 작성 등을 위해 노력할 것을 명문화하였다(情報セキュリティ政策会議 2013).

---

6   북한도 일본의 10배를 초과하는 사이버 인력을 보유하고 있는 것으로 알려져 있다 (Lewis 2015).

표 3. 일본의 양자 사이버 안보 협의

2014년 12월	일본-에스토니아 사이버 협의
2014년 12월	제2차 일본-영국 사이버 협의
2014년 12월	일본-프랑스 사이버 협의
2014년 11월	일본-이스라엘 사이버 협의
2014년 10월	한중일 사이버 협의
2014년 10월	일본-EU 사이버 협의
2014년 4월	제2차 미일 사이버 협의
2012년 6월	일본-영국 사이버 협의
2012년 11월	일본-인도 사이버 협의
2014년 9월	미일정책대화

출처: 일본 사이버 시큐리티센터 홈페이지, http://www.nisc.go.jp/active/kokusai/torikumi.
html#nikoku

2) 양자 협력을 위한 체제 구축

일본 정부는 양자 수준의 협력 체제를 구축하기 위해 노력해왔는데,
특히 사이버 시큐리티에 관한 주요 정책과 조직 체계에 대한 정보 교
환, 주요 인프라에 대한 공통 위협에 대응하는 체제 및 계획에 대한 논
의에 초점을 맞추고 있다. 일본 정부가 현재까지 진행해 온 양자 협의
는 다음과 같다(〈표 3〉 참조).

(1) 미일 사이버 안보 협력

일본이 특히 미국과 사이버 안보 협력의 핵심은 미일동맹의 기반 위에
상대국과의 협력을 추구한다는 것이다. 현재 일본의 사이버 방어 능력
을 감안할 때, 미국과의 긴밀한 협력 없이 이를 방어하는 것은 거의 불
가능하다. 이러한 배경에서 2011년 6월 일본은 정부는 미국과 사이버
안보 협력에 관한 전정부적 대화를 선언한 바 있다.

한편, 미일 양국의 사이버 분야의 협력은 2014년 4월 미일방위지
침 개정에서 나타나듯이, 미일 양국의 방위협력의 전반적 조정과 궤

를 같이 한다. 미일방위지침을 개정해야 했던 이유 가운데 하나는 집단적 자위권, 무기 금수 조치의 완화, 우주와 사이버 안보 분야의 정책 수립 등 일본의 군사안보전략이 변화하는 현실을 반영할 필요성이 증대했다는 점과 관련이 있다(Sakoda 2015). 새로운 미일방위지침의 요체는 '물 샐 틈 없고 강건하며 유연하고 효과적인(seamless, robust, flexible, and effective)' 양국 간 대응 체제를 구축하는 데 필요한 총체적 프레임워크를 만들자는 것이다. 이를 위해, 미일 양국은 조정과 계획 능력을 강화하기 위해 '동맹조정메커니즘(Alliance Coordination Mechanism)'을 수립하고자 하였다. 미일 양국이 이러한 합의를 하게 된 이유는 안보 위협의 성격이 점차 유동화되고 초국적으로 변화하고 있다는 공통의 인식에 도달했기 때문이다.

신방위지침은 일본의 방위에 직접적으로 영향을 미치는 상황에 대한 양국 간 협력을 명확하게 하는 한편, 양국이 지역 또는 지구적 차원의 안보 위협에 공동 대응하기 위해 협력한다는 것이다. 또한 미일 양국은 미군이 일본 자위대와 협력을 하는 데 있어서 이른바 회색지대를 명확히 함으로써 협력의 시기와 방법을 구체화하였다.

사이버 안보는 이러한 차원에서 양국 간 협력을 한층 강화할 수 있는 대표적인 분야로 대두되었다. 그러나 양국 간 사이버 방위 능력에 상당한 격차가 있기 때문에 일본의 사이버 방어 능력을 우선 확충해야 할 필요성이 제기되었다.

미국 정부는 최근 일본을 포함한 동맹국들과 집단적 사이버 방위를 위한 구조와 능력을 구축하기 위해 노력해 왔다. 이를 위해 방어를 사이버 공간의 안정과 보안을 위한 세계 전략의 틀 속에 통합시키려고 시도하고 있다. 미국은 일본과의 긴밀한 관계를 기반으로 미국의 거시적 세계 전략을 구성하는 핵심 요소로 미일 상호 사이버 방위를 활용하려는 것이다(Lewis 2015).

한편, 일본의 관점에서도 사이버 안보는 집단적 자위(collective self-defense)를 위해 매우 중요하다. 동맹의 양측이 이 문제에 공동으로 대처해야 사이버 안보를 효과적으로 관리할 수 있다.[7] 이러한 측면에서 미국 측은 일본이 효과적인 방어를 위해 일정 수준의 공격 능력(some offensive cyber capabilities)을 갖추기를 기대하고 있다. 미일 상호방위협력 및 안보조약 5조는 "일본 영토 내 어느 한 측에 대한 무장 공격은 평화와 안전을 위협할 뿐 아니라, 헌법상의 규정과 절차에 따라 공동의 위험에 대처하기 위한 조치를 취할 것"을 규정하고 있다. 그러나 이 문제는 군대의 역할과 자위의 범위와 관련한 헌법 규정에 대한 논쟁과 연결되기 때문에 상당한 논란이 예상된다.[8] 특히 무장 공격에 대한 해석이 매우 중요한데, 무장 공격에 준하는 사이버 공격이 무엇인지에 대해서는 아직 견해의 차이가 상당하다.

일본은 미일 사이버 대화(Japan-U.S. Cyber Dialogue), 미일 인터넷 경제에 대한 정책협력대화(Japan-U.S. Policy Cooperation Dialogue on the Internet Economy), 미일 사이버 방위 정책 워킹 그룹(Japan-U.S. Cyber Defense Policy Working Group) 등 미국과 사이버 협력을 다양한 수준에서 진행해 왔다. 일본은 이를 통해 사이버 관련 정책 및 사이버 공격에 관한 정보 공유와 활용, 사이버 사고에 대한 대응, 사이버

---

7 미국 정부 역시 사이버 안보 분야가 미일 동맹에서 가장 취약한 분야 가운데 하나로 양국의 사이버 안보 협력이 강화되어야 한다는 입장을 견지하고 있다. 일본 정부는 미일상호방위원조협정(Mutual Defense Assistance Agreement)에 규정된 협력을 강화하기 위해서는 최근의 성과를 바탕으로 사이버 방위 능력을 증진해야 한다는 것이 미국의 기본 시각이다(Lewis 2015).

8 루이스는 사이버 방위에서 공격 능력의 중요성이 점차 부각되고 방어적 목적에 국한되기 때문에 일본 헌법에 관한 기존 해석으로도 일본이 사이버 공격 능력을 갖추는 것이 가능하다고 주장한다(Lewis 2015).

위협 관련 정보 공유, 공동 훈련, 인적자원 개발을 위한 협력, 미일 신 방위협력지침에 따른 자위대와 미군의 협력 강화 등을 모색하고 있다.

2014년 4월 미국 워싱턴 DC에서 개최된 제2차 미일 사이버 대화 에서는 중요 인프라에 대한 방호, 역량 강화, 사이버 범죄 등 사이버 안보와 관련한 광범위한 논의가 이루어졌다(第2回日米サイバ‐対話の 開催).[9]

미일 양국의 국방장관이 주재하는 미일 합동 사이버 방위정책 워 킹 그룹(the Joint US-Japan Cyber Defense Policy Working Group) 회 의에서는 양국의 사이버 방위 역량 강화와 정보 공유에 논의가 광범 위하게 이루어졌다. 2013년 10월에 설치된 이 워킹 그룹은 악의적 사 이버 행위자들의 기술 수준이 높아지는 데 특히 주목하여 정부, 민간, 군대에 중요한 주요 인프라와 서비스에 대한 방어의 필요성에 대한 인 식을 같이 하였다. 미 국방부와 일 방위성이 사이버 안보와 관련한 사 이버 정보 공유를 다양한 수준에서 향상시켜야 한다는 데 의견을 같이 한 것은 이 때문이다. 이를 위해, 구체적으로 쌍방향적 정보 공유와 양 국 공통의 사이버 위협 지수를 개발하기 위해 노력하기로 합의하였다 (Gady 2015.6.2). 2014년 10월 개정된 미일 방위협력지침 개정 중간보 고서(Interim Report on the Revision of the U.S.-Japan Guidelines for Defense Cooperation)에서도 역시 사이버 위협과 취약성에 관한 정보 공유를 통해 사이버 안보 협력을 강화하기로 하였다(Gady 2015).

(2) 일본-호주 협력

호주 역시 일본의 중요한 사이버 협력 대상이다. 2015년 7월 일본과

---

9   http://www.mofa.go.jp/mofaj/press/release/press4_000833.html

호주 양국은 제1차 사이버 정책 대화를 통해 사이버 공간에 대한 국제 규범의 발전과 국제법의 적용을 위해 협력할 것을 합의하였다. 양국은 또한 ARF에서 사이버 분야의 신뢰구축 조치를 발전시키기 위해 협력할 것을 재확인하는 한편, 다양한 지역 또는 국제 협의의 장에서도 협력을 지속하기로 하였다(Joint Media Release for "Inaugural Japan-Australia Cyber Policy Dialogue" 2015.7.25).

일본과 호주 양국은 사이버 범죄 퇴치, 정보 인프라 방호, 2020년 도쿄 올림픽과 같은 주요 행사에 대한 사이버 안보 등 다양한 분야에서 가능한 모든 협력을 추진하기로 하였다. 이어 양국은 아태 지역 국가들의 사이버 역량 강화를 지원하기 위해 함께 노력하기로 하였다(Joint Media Release for "Inaugural Japan-Australia Cyber Policy Dialogue" 2015.7.25). 일본은 또한 삼자 협력의 틀을 통해서도 호주와의 사이버 협력을 강화하기로 하였다. 2014년 11월 G20 정상회의에서 아베 총리는 미 오바마 대통령 및 호주 토니 애보트(Tony Abbott) 총리와 사이버 분야의 삼자 협력을 한층 강화하기로 합의한 바 있다.

3) 다자협력체제의 수립: 아세안과의 협력 강화

사이버 안보 위협이 초국적으로 가해지는 만큼, 다자 차원의 협력의 중요성은 아무리 강조해도 지나치지 않다. 유엔, OECD, APEC 등 주요 국제기구뿐 아니라 사이버 안보 관련 다자간 국제 협의에 적극 참가하여, 각국 정부 및 민간 부문과 사이버 안보를 제고하기 위한 방안을 다각적으로 검토하는 데 초점을 맞추고 있다(일본 사이버 시큐리티센터 홈페이지, "多国間の9組みによるサイバーセキュリティ確保のための取組").[10]

---

10   http://www.nisc.go.jp/active/kokusai/torikumi.html#nikoku

일본은 특히 아세안 국가들과의 협력을 심화시킴으로써 기술 협력, 인재 육성, 공동 의식 계발 등을 통해 지역 차원의 사이버 안보를 향상시킬 수 있는 체제를 만들어 나가는 외교적 노력을 강화하고 있다(內閣官房情報セキュリティセンター・總務省・経済産業省 2014). 아세안과의 협력은 다양한 의미를 갖는다. 아세안과 사이버 공격에 대비한 공동훈련을 통해 사이버 방어 능력을 지역 차원에서 향상시키는 한편, 기본 가치관을 공유하는 지역 전략적 파트너와의 협력이라는 부수적 효과도 창출할 수 있다.

일본은 아세안과 2009년 2월 양자 간 정책 대화를 개시한 이래, 2015년 제8차 일-아세안 정보보안정책회의(日・ASEAN情報セキュリティ政策会議)를 개최하는 데까지 이르고 있다.[11] 제1차 회의에서는 양측이 '지식경제시대에 안전한 사업 환경을 창출하고', '안전한 정보통신 활용을 위한 환경을 구축하며', '정부 주도의 정보보안 전략을 수립'하기 위해 협력하기로 합의하였다. 2010년 3월 태국 방콕에서 개최된 제2차 회의에서는 정부 주도의 중요성을 재확인하였다. 2011년 3월 일본 도쿄에서 열린 제3차 회의에서는 지역 차원의 공통 이슈에 대한 논의와 양측 간 협력 분야에 대한 심도 있는 논의가 이루어졌다. 가장 최근 2015년 10월 인도네시아 자카르타에서 개최된 제8차 정책회의에서는 일본과 아세안의 사이버 안보 현황과 사이버 안보를 강화하는 데 필요한 공통의 인식을 광범위하게 검토하고, 향후 사이버 안보와 관련된 협력 분야를 발굴하기로 합의하였다. 이 정책 회의는 일-아세안 정부 네트워크 안보 워크샵(Japan-ASEAN Government Network Security Workshop)과 일-아세안 정보보안훈련 (Japan-ASEAN Information

---

11   일본 정부는 아세안 개별 국가들의 사정을 감안한 양자 협력도 병행하고 있다.

Security Training)을 함께 운영하고 있다. 워크샵은 정부 네트워크 보안을 위한 작전 능력, 역량 강화, 정보 보안 인식 제고를 위한 정부의 주도적 역할을 주로 논의한다(日·ASEAN情報セキュリティ政策会議).[12] 일본과 아세안 양측 장관들은 특히 2016년 7월 회의에서 동남아와 태평양 국가들의 역량 강화를 위해 공동으로 노력할 것과 유엔 GGE 및 ARF 등의 국제회의에서 양측이 공동 보조를 취하는 등 협력의 수준을 강화하기로 하였다(Office of Spokesperson 2016.7.25).

일본 정부는 이와 별개로 일-아세안 사이버 범죄 대화(ASEAN-Japan Cybercrime Dialogue)를 운영하고 있다. 이 대화는 2013년 12월 일-아세안 기념 정상회의(ASEAN-Japan Commemorative Summit)의 후속 조치로 시행된 것으로 사이버 범죄 퇴치, 사이버 범죄 관련 국제 협력, 사이버 범죄 대응을 위한 역량 강화 등을 위한 정보 공유와 일본-아세안 통합기금(Japan-ASEAN Integration Fund)을 활용한 구체적 활동 방향의 제시하는 데 목적이 있다(The Inaugural ASEAN-Japan Cybercrime Dialogue 2014.5.27).

V. 결론

지금까지 일본의 사이버 전략과 외교의 주요 내용, 추진 체계, 추진 과정 등을 중심으로 살펴보았다. 이 글에서는 일본이 이처럼 사이버 안보 전략과 외교를 강화하게 된 원인을 네 가지 차원에서 설명하였다. 첫째, 사이버 위협에 대한 새로운 인식이다. 일본은 사이버 위협이 빈

---

12   http://www.nisc.go.jp/eng/fw_top.html

발함에 따라, 사이버 위협이 경제 및 사회에 미치는 영향을 새롭게 인식하게 되었다. 일본 정부는 규제와 프라이버시의 보호 사이에서 적절한 균형을 유지하는 가운데 정보의 자유로운 유통을 보장하기 위한 방편으로 사이버 안보를 위한 효과적인 대응 체제를 갖출 필요성을 인식하게 되었다. 이와 관련한 일본 정부의 접근은 개별 행위자들의 역량을 강화하는 것과 동시에 다양한 행위자들의 사이의 협력(多樣な主体の連携)을 강화하는 것이다. 사이버 활동과 관련한 주체들이 창의성을 발휘하는 가운데 질서를 유지를 유지할 수 있는 자율적 거버넌스(self-governance)를 기본으로 하되, 다양한 주체들 사이의 관계를 적절히 조정하는 것은 정부의 책임이라는 것이다(サイバーセキュ…リティ戦略 2015).

둘째, 일본의 사이버 전략과 외교는 일본 외교안보정책과의 연계라는 관점에서 이해할 필요가 있다. 아베 정부는 집권 이래 외교안보 전략을 강화하여 일본의 정상국가화를 위해 다각적인 노력을 전개하였다. 아베 정부는 국가안전보장전략의 의결을 통해 적극적 평화주의를 추진해 왔는데, 사이버 안보는 일본의 이러한 목적에 매우 부합하는 분야이다. 특히 미국이 사이버 안보 분야에서 일본의 능력 증대와 협력 강화를 기대하고 있다는 점은 일본으로서는 사이버 안보를 통해 미일 동맹을 강화할 뿐 아니라, 집단적 자위권을 확대 적용할 수 있는 수단의 확보라는 부수적 효과를 기대할 수 있다.

셋째, 일본은 사이버 안보 전략과 외교에서 국제 협력을 강조하는 대표적인 국가이다. 일본은 특히 사이버 안보 외교를 다양한 차원에서 추진하는 가운데 가치를 공유하는 국가들과 사이버 분야의 국제 질서와 규범을 확립하는 데 주도적 역할을 하겠다는 의지를 반복적으로 천명한 바 있다. 이러한 외교 전략 기조는 최근 남중국해 분쟁에 대한 일본의 대응 과정에서도 발견된다. 즉, 일본이 해양뿐 아니라 사이버 분야에서도 보편적 가치와 국제 규범의 수립을 강조하는 것은 기본적으로 중국에 대한 대응책이라는 의미를 갖는다고 할 수 있다. 미국 및 아세안과의 사이버 협력을 강조하는 이유는 이러한 일본의 외교정책기조의 연장선에서 이해할 수 있다.

넷째, 일본의 사이버 안보 전략과 외교는 민관 협력을 강조하고 있는데, 그 이유는 두 가지를 들 수 있다. 일본이 기업들이 초국적 공급 사슬을 형성하고 있기 때문에, 국내 기업뿐 아니라 그 대상을 외국에 위치한 자국 기업으로 사이버 안보의 대상을 확대해야 할 현실적 필요성이 커졌다는 점을 지적할 수 있다. 또한 일본 정부는 아시아의 개도국들과 사이버 안보를 위한 국제 협력을 심화, 확대하는 가운데 일본 IT 기업의 해외 진출을 측면 지원할 수 있다는 점을 고려하고 있다.

참고문헌

김성철. 2015. 미일동맹의 강화와 미일방위협력지침의 개정. 세종연구소.

박상돈. 2015. "일본 사이버 시큐리티기본법에 대한 고찰: 한국의 사이버 안보 법제도 정비에 대한 시사점을 중심으로." 『경희법학』 50(2), pp. 145-175.

박휘락. 2015. 미일방위협력지침. 데일리안. 5월 1일.

한국인터넷진흥원. 2014a. "일본 정부의 사이버 보안 강화 전략 분석." 『인터넷 및 정보보호 동향』 3, pp. 5-24.

_____. 2014b. "미국·일본, 민간 기업의 사이버 보안 관련 피해 양상 차이 발생." 『인터넷 및 정보보호 동향』 4, pp. 66-69.

Gady, Franz-Stefan. 2015. "Japan and the United States to Deepen Cybersecurity Cooperation." The Diplomat. June 2.

Government of Japan. 2015. Cyber Security Strategy. Cabinet Decision. September 4.

International Cyber Policy Center. 2015. Cyber Maturity in the Asia-Pacific.

Joint Media Release for "Inaugural Japan-Australia Cyber Policy Dialogue." 2015. February 13, 〈http://www.mofa.go.jp/a_o/ocn/au/page3e_000299.html〉.

Keidanren. 2015. Proposal for Reinforcing Cybersecurity Measures.

Lewis, James Andrew. 2015. U.S.-Japan Cooperation in Cybersecurity. A Report of the CSIS Strategic Technologies Program. Center for Strategic and International Studies.

Ministry of Defense. 2016. Defense of Japan 2016. Ministry of Defense.

Office of the Spokesperson. 2016. Joint Statement of the Japan-United States-Australia Trilateral Strategic Dialogue. July 25, 〈http://www.state.gov/r/pa/prs/ps/2016/07/260442.htm〉.

Sakoda, Robin. 2015. The 2015 U.S.-Japan Defense Guidelines: End of the New Beginning. CSIS. Asia Maritime Transparency Initiative. April 30.

The Inaugural ASEAN-Japan Cybercrime Dialogue. 2014. May 27, 〈http://www.mofa.go.jp/press/release/press23e_000019.html〉.

The 2nd Japan-Australia Cyber Policy Dialogue. 2016. August 8, 〈http://www.mofa.go.jp/a_o/ocn/au/page4e_000484.html〉.

Tsuchiya, Motohiro. 2014. Japan is Ready for an International Alliance Against Cyber Threats. December 23.

国家安全保障会議決定 2013.

高度情報通信ネットワーク社会推進戦略本部 名簿. 2016. http://www.kantei.go.jp/jp/singi/it2/pdf/kousei.pdf.

防衛省·自衛隊. 2013. 『防衛白書: 平成25年版』. 防衛省 自衛隊.

情報セキュリテイ政策会議. 2013. サイバーセキュリテイ国際連携取組方針 ～j-initiative for
　　　Cybersecurity～ 10월 2일.
内閣官房情報セキュリテイセンター・総務省・経済産業省. 2014. 第7回 日・ASEAN
　　　情報セキュリテイ政策会議の結果.
日・ASEAN情報セキュリテイ政策会議〈http://www.nisc.go.jp/eng/fw_top.html〉.
サイバーセキュ…リテイ戦略. 2015.

제7장

러시아의 사이버 안보 전략과 외교[*]

신범식

[*]   이 글은 한국슬라브학회 『슬라브학보』 32권 1호(2017)에 게재되었던 내용을 수정하였음.

I. 머리말

사이버 공간은 국가들 간의 전략적 경쟁의 공간이다. 모든 디지털적인 것들이 정치화되는 과정에는 국가와 관련하여 제기되는 몇 가지 문제들이 있다(Nocetti 2015).

우선, 적지 않은 정부들은 국가 주권이 영토 공간에서와 같이 사이버 공간에서도 실현되는 것을 선호하고 있다. 또한, 기술의 빠른 발전을 법제(法制)의 변화 과정이 좇아가지 못하여 국민국가를 중심으로 하는 베스트팔렌(Westphalia) 체제에 대한 의구심이 제기되고 있고, 나아가 사이버 공간을 둘러싼 21세기 국가 간 및 국가–국민 간 관계의 재정립 과정이 심각하게 진행되고 있다.

이와 같은 변화의 과정에서 인터넷 공간은 서구 중심적인 것이 아니라 국제적 성격을 띠게 되었으며, 그 결과 적지 않은 국가들이 미국이 사이버 공간과 도메인(domain)을 관리하는 것에 대한 정당성에 의문을 제기하면서 미국과 경쟁하려는 국가들이 등장하고 있다.

그 가운데 러시아는 가장 대표적인 미국의 사이버 공간에서의 경쟁자이다. 이러한 러시아의 사이버 안보에 대한 인식과 입장 그리고 그 실제적 적용의 모습은 어떤 것인가?

정보기술 강국 러시아의 사이버전 능력의 진화에 대한 관심이 높아지고 있다. 서방과는 다른 체계에서 발전해 온 러시아의 경우, 보안 기술과 정보부처 중심으로 보안체계가 구축되어 있는 관계로 러시아의 사이버 보안 및 공격 능력은 매우 발전해 있는 것으로 알려져 있다. 중국이 사이버 범죄·테러와 관련된 움직임이 지속적으로 포착되는 데 비하여 러시아 관련 조직 및 행위자의 움직임과 흔적은 잘 포착되지 않고 있는데, 이는 러시아 해커들의 높은 수준 때문인 것으로 추정된다. 하지만 중대한 국익이 달린 사안과 관련하여 러시아는 매우 파괴력 높은 사이버 공격을 감행해 왔으며 앞으로도 그럴 수 있는 사이버 테러의 강국임에 분명해 보인다.

월드와이드웹(www)이 사용되기 시작한 1990년대 중반 무렵 러시아 내 체첸 전이 시작되었는데, 체첸 인들은 사이버 선전을 적극 활용하는 선구자가 되었고, 러시아인들은 그들의 웹사이트를 폐쇄하기 위해 커다란 노력을 기울였던 경험이 있다. 1998년에 러시아의 동맹국인 세르비아가 나토로부터 공격을 받았을 때, 친(親)세르비아 해커들은 나토를 대상으로 한 디도스(DDoS)공격을 감행하기도 했다. 러시아의 그 해커들은 2007년에 발생한 악명 높은 국제적인 사이버 공격을 주도한 것으로 알려져 있다. 에스토니아가 소비에트의 일원이었음을 상징하는 조각상을 수도 탈린 중심부에서 주변으로 옮긴 데에 대한 보복 타격을 가하기 위해 해커들은 디도스 공격을 사용하였다. 소련군 동상이 철거되자 러시아 해커들이 에스토니아 정부, 언론, 방송, 금융전산망 등을 대상으로 대규모 사이버 테러를 감행하여 2개월간 행정업무를 마비시키는 등 국가적 혼란을 야기한 것으로 악명이 높다(Geers 2008). 이 사건을 통해서 전세계적으로 사이버 테러의 파괴력에 대한 인식이 현격히 고양되었다.

2008년에는 러시아–그루지야 전쟁 중 러시아 사이버 범죄조직('러시아비즈니스네트워크')이 그루지야 대통령 홈페이지와 의회, 국방부, 외교부 사이트에 대한 서비스거부 공격을 실시하여 국가 행정을 마비시킨 사례도 보고되었다. 일부 연구자들은 2008년에 컴퓨터 네트워크 작전이 그루지야를 공격하는 동안 러시아의 진군을 지원하는 역할을 했다는 명확한 증거를 찾아내었다고 주장한다(U.S. Cyber Consequence Unit 2009). 2008년에 러시아는 린(William Lynn) 미 국방부차관이 "미국군 컴퓨터에 대한 가장 중대한 침해"라고 단정한 공격을 실시했다는 혐의를 받았으며, 이 공격은 감염된 USB 드라이브를 통해서 미국 중부사령부에 전달된 것으로 알려졌다(Lynn 2010).

러시아의 사이버 범죄자들은 2009년 기후변화 문제를 해결하기 위한 국제적 협상 과정을 방해하기 위하여 대학 연구실의 서버에 침투한 소위 "클라이밋 게이트(Climategate)"에 대해서도 혐의가 짙다는 비난을 받기도 했다(Stewart and Delgado 2009; RT News 2011.11.23). 2009년 한 러시아 해커가 키르기스스탄 내 미 공군기지 주둔 등에 항의하는 정치적 목적으로 주요 인터넷서비스 사업자 전산망을 대상으로 사이버 공격을 감행한 것으로 알려졌다. 나토와 유럽연합은 2010년에 러시아의 사이버 공격이 증가하는 것에 대해 경고를 보냈고, 미 연방수사국(FBI)은 마이크로소프트사에서 소프트웨어 검사자로 일하던 카렌트니코프(Alexey Karetnikov)가 러시아의 정보원일 가능성이 있는 것으로 보고 그를 추방했다(Ustinova 2010).

러시아는 2013-2014년 이후로 우크라이나 사태를 거치며 사이버전 군 전력을 효과적으로 활용하는 모습을 보이고 있다. 특히 러시아는 우크라이나 사태와 관련하여 포괄적이며 파상적인 사이버 공격 및 정보 수집 등의 다양한 사이버 전술을 구사함으로써 더욱 진일보한 사이버전의 양상을 개척해 나가고 있는 것으로 평가되고 있다(Blank 2016). 더욱이 지난 몇 년간 러시아의 사이버 군에 소속된 해커들은 프랑스의 TV 네트워크, 폴란드 주식시장, 미국 국무부 등 서방의 주요 목표물들에 침투하는 데에 성공한 것으로 알려지고 있다(Foxall 2016). 따라서 러시아는 향후 각 지역에서 서방과의 갈등을 포함해 분쟁 상황에 직면하게 될 경우, 사이버 군 전력이 한층 강화된 하이브리드 전술을 활용할 것으로 보인다.

그리고 최근 진행된 미국 대통령 선거 과정에 대하여 러시아는 트럼프 후보의 승리를 위해 사이버 공간에서 상당한 공을 들였다는 소식이 들릴 정도로 적극적으로 이 수단을 활용하려 하고 있으며, 미국 정보 및 안전 당국은 미국 대선에서 러시아의 사이버 공격을 대비하여 비상대비 체제를 운영했을 정도로 사이버 공간에서의 러시아의 존재는 위협적으로 인식되고 있다.

정리해 보면, 실제로 러시아의 사이버전의 전력은 세계 정상급의 수준인 것으로 평가된다. 서방 측은 러시아가 최근 재래식 전쟁과 사이버 작전을 동시적으로 수행해 온 거의 유일한 군사강국인 점을 들어, 러시아의 사이버전 군 전력으로부터의 위협에 관해 상당히 우려하는 분위기가 고조되고 있다.

한편 이와 같은 사이버 공격과 달리 일반인들에 대한 감시 등에서도 러시아 관련 사이버 범죄의 가능성이 포착되었다. 러시아의 사이버 보안 회사인 카스퍼르스키연구소(Kaspersky Lab)는 2012년에 전 세계적으로 광범위하게 전파되어 수백만의 정보를 캐내는 스파이웨어인 '붉은 10월(Red October)'을 발견했다고 발표했다(Kaspersky Lab 2013). 이 캠페인의 공격 목표에는 대사관, 연구소, 군사 시설, 에너지 회사, 핵 관련 조직 및 중요 기반시설 등이 포함되어 있었다고 한다(Lee 2013). 일부 연구자들은 2013년에 러시아 및 러시아어가 사용되는 주변 국가들의 안드로이드 기기를 사용하는 과정에서도 악성코드가 발견되었다고 한다. 이를 근거로 일부 연구자들은 러시아 정부가 자국민과 주변국 국민들을 감시하고 있다고 주장하기도 한다(Higgins 2013).

한편 러시아는 사이버 범죄 및 테러와 관련하여 자국의 안보적 취약성에 대해서도 깊이 인지하고 있는 것으로 알려져 있으며, 이에 대비하려는 깊은 주의를 기울이고 있으며, 또한 그와 관련된 국제협력을 이끌어 내기 위해 매우 적극적인 입장을 보이고 있다. 미국과 러시아는 2013년에 사이버 긴장의 완화시키고 향후 컴퓨터 및 사이버 공간의 위기 발생을 방지하기 위하여 핵 위기 발생 방지 목적으로 냉전기에 사용되었던 것과 유사한 사이버 "핫라인"에 대한 협정을 체결하기도 했다(Gallagher 2013). 그러나 러시아의 사이버 안전·안보를 위한 대책들을 보면, 공공기관의 사이버 안전을 위해 구식 타자기를 구입하는 극단적 방어 조치를 취하기도 하는 등의 모습을 보이는 한편(Ingersoll 2013), 2013년에 러시아군을 주축으로 미국, 중국, 이스라엘이 그랬던 것처럼 사이버 전쟁을 전담하는 부대를 창설하기도 하였다(Gorshenin 2013).

이 글에서는 전술한 바에서 나타나듯이 이처럼 한편 놀라우면서도 다른 한편 혼란스럽기까지 한 러시아의 사이버 안보에 대한 국가전략과 대외적 대응의 고리들을 이해하기 위해서 다음과 같은 질문에 답해 보고자 한다. 러시아의 사이버 안보 전략의 기저에 있는 위협인식과 대응 패턴은 무엇이며, 그에 기반한 정책적 수단들을 무엇인가? 러시아가 자국의 사이버 안보와 관련하여 주변국들과는 어떤 협력 내지 견제의 노력을 기울이고 있는가? 러시아는 자국의 사이버 전략을 달성하기 위한 글로벌 거버넌스를 어떤 모습으로 그리고 있으며, 그를 위한 노력으로는 어떤 것들이 시도되고 있는가? 그리고 이와 같은 사이버 전쟁의 강국 러시아의 사이버 안보 전략이 한국과 같은 중견국에 시사하는 정책적 함의로는 어떤 것들이 있는가?

II. 러시아의 사이버 안보 전략과 정책

1. 국가안보와 사이버 안보에 대한 인식

러시아의 사이버 안보에 대한 인식을 살펴보기 위해서는 국가안보 및 사이버 안전 등에 대한 문건들을 살펴볼 필요가 있다. 러시아의 사이버 안보에 대한 인식적 구도는 '국가안보'에 대한 사고로부터 깊은 영향을 받아 형성되어 왔다고 볼 수 있다. 러시아의 국가안보에 대한 사고와 인식의 기본적 구조는 「러시아연방 국가안보 전략」(2009, 2015) 및 「러시아 대외정책 개념」(2013) 그리고 「러시아 군사독트린」(2010, 2014) 등과 같은 안보관련 문건들을 통해 파악할 수 있으며, 이에 대한 연구들은 이미 많이 나와 있다(ITAR-TASS 2015.5.5; RT 2015.5.6; Sputnik International 2016.1.30).[1]

사이버 안보와 관련하여 러시아는 2000년대 들어 보다 체계적인 틀을 갖추기 위한 노력을 기울여 오고 있다. 특히 「러시아연방 정보 안보 독트린(Information Security Doctrine of the Russian Federation)」(2000)을 발표한 이후 2010년대 들어 더욱 구체화된 사이버 안보 전략을 발표하고 있다. 가령, 2011년 「러시아연방 군사력의 정보공간에서의 활동에 관한 개념적 조망(Conceptual Views Regarding the Activities of the Armed Forces of the Russian Federation in the Information Space)」(2011)을 발표하였고, 2013년에 「러시아연방의 국제 정보 안보 분야에서의 국가정책의 기본원칙(Basic Principles for State Policy of the Russian Federation in the Field of International Informa-

---

[1]   최근 러시아 국가안보 및 군사 전략과 그 이면에 깔린 인식의 변모를 잘 보여주고 있는 공식적인 자료들이다.

tion Security)」(2013)을 발표하였으며, 2014년에 「러시아 사이버 안보 전략 개념(Concept of Russia's Cyber Security Strategy)」(2014)을 발표하였다. 상기 문건들의 분석을 통하여 러시아의 사이버 안보에 대한 기본적인 위협인식과 대응 등에 대하여 살펴볼 수 있다(Giles 2012).

우선 러시아의 정보 안보와 사이버 안보에 대한 인식이다. 2011년 「러시아연방 군사력의 정보공간에서의 활동에 관한 개념적 조망」은 사이버 공간에서 러시아의 군의 역할에 대해 규정한 러시아 최초의 규범이라 할 수 있겠다. 이 문건에는 러시아의 사이버 공간 및 정보 안보에 대한 용어들이 잘 정리되었다. 정보전쟁, 합법성에 대한 용어의 정리뿐 아니라 사이버 공간 및 관련 이슈에서 군사력의 역할이 상술되어 있다. 또한 「러시아 사이버 안보 전략 개념」은 러시아의 정보 안보와 사이버 이슈에 대한 러시아의 인식과 접근을 잘 표현하고 있다. 이들 문건에서는 특히 정보의 확산을 통해 국민들의 인식에 강력한 영향력을 미칠 수 있다는 점에 깊은 주의를 기울이고 있다는 점에서 시민사회의 이니셔티브보다는 국가의 정책적 이니셔티브를 강조하는 기조를 보인다.

러시아 정부는 국내적 안보의 문제와 연관하여 사이버 공간에 주목해 온 것이 사실이다. 이와 관련하여 러시아 정부가 큰 위협으로 느끼고 있는 부분은 인터넷을 이용한 외부적 개입이 정부가 조직적으로 활용하는 '국민들에 대한 정보 상쇄 캠페인'을 약화시키는 힘을 가질 수 있다는 점이다. 러시아 국내의 반(反)정부 세력은 '브콘탁테(Vkontakte)' 등과 같은 여러 인터넷 사이트를 통해 국민들에게 영향을 끼치기 위한 활동을 시도하였지만, 정부는 이를 사실상 효과적으로 차단하여 왔다. 물론 러시아 정부는 공식적으로 페이스북(Facebook)이나 트위터(Twitter)를 아예 차단하려고 하지는 않는다. 하지만 푸틴 정부는 특히 지난 대통령 선거 이후 정보의 흐름과 사이버 공간에 대한 관리 강화 필요성을 깊이 인식하고 이같은 노력을 강화해 오고 있으며, 이에 대하여 서방은 러시아가 사이버 및 정보 관련 정책과 관련하여 상이한 입장을 가지고 있음을 더 깊이 인식하게 되었다.

이같은 국내정치와 관련된 문제 이외에도 러시아는 대외적 위협을 증폭시키는 요인으로서 정보 안보 내지 사이버 안보[2]에 주목하고 있다. 2000년대 들어 탈(脫)소비에트 공간에서 벌어진 색깔혁명으로부터 시작하여 2008년 그루지야 전쟁과 2011년 나토에 의한 리비아 사태에 대한 개입에 이르기까지 서방의 선전과 정보 공세에 의한 국제 정세의 유동성은 러시아로 하여금 새롭게 대응하여야 하는 위협에 대한 우려를 가중시켰던 것이 사실이다. 특히 러시아는 두 가지 위협에 대해 민감한 반응을 보였다. 첫째는 주권국가 내부 정책에 대한 비판을 통해서 그 국가의 내정에 개입하여 궁극적으로 그 레짐을 변화시키려는 시도였고, 둘째는 그러한 개입이 결과적으로 이익이 연계된 이웃나라와의 전쟁의 원인이 될 수 있었다는 것이다. 이는 색깔혁명의 과정에서 서방이 사용한 민주주의 확산 전략이 결국 러시아의 국익에 심각한 위협이 되었다는 인식과 궤를 같이 하는 것으로 볼 수 있다.

이와 같은 인식의 차이에 따라 러시아와 서구 간에는 사이버 안보 및 사이버 공간 등과 관련하여 입장이나 규범 그리고 용어가 일치하기 어려웠기 때문에 상호 협력이 쉽지 않아 보인다. 정보보안문제연구소 (Institute of Information Security Issues)에서 제기하고 있는 두 가지

---

2   사실 러시아는 용어의 사용에 있어서 비교적 최근까지 '정보 보안' 내지 '정보 안보'라는 용어의 사용을 선호하였다. 하지만 우크라이나 사태 이후 총체적인 전쟁의 가능성 속에서 정보공간을 파악하는 인식이 확산되면서 미국과 서방 진영이 주로 사용하던 용어인 '사이버 안보'를 수용하게 되었다.

문제, 즉 "정보통신기술을 통해 타국 내정에 대한 개입 시도를 제한하는 것"과 "사이버 공간에서 유리한 위치를 차지하고 있는 것"이 안보와 불가분의 관계에 있다는 점을 앞서 언급한 문건들이 강조하는 이유는 이미 러시아어와 영어의 차이에서부터 드러난다. 러시아는 이와 같은 정보 공간에서 미국이 압도적인 우위에 기반하여 조작을 실시할 가능성에 대하여 깊은 우려를 표하고 있다(Modestov 2003).

결국 가장 근본적인 러시아와 서구의 대립은 '정보의 자유로운 유통'에 대한 서방의 개인주의적 접근과 러시아의 공공안전을 우선시하는 입장의 차이에서 기인하는 인식의 격차에서 발생한다. 러시아 정부는 '정보의 자유로운 유통'이 의회 입법과 반테러주의의 필요에 의해 제약될 필요가 있다고 보는 것이다(Giles 2011; Interfax 2011). 특히 테러 및 사이버 테러에 대한 러시아의 입장은 서구의 그것과 큰 차이를 노정하면서 양측이 공동의 대책을 마련하기 힘든 커다란 난제로 작용해 왔다(Taliharm 2010; Michael 2010; Monaghan 2010). 사이버 안보에서 서구와 러시아 간 의견 차이의 기저에는 바로 러시아가 느끼고 있는 '위험 인식'이 존재하고 있다. 러시아식으로 말하자면 '사회적으로 영향을 줄 수 있는 위험'이 존재하고 있기 때문에, 러시아는 이 문제에 대한 개방적 입장을 완전히 수용하기는 어렵다는 것이다.

이와 같은 두 진영 사이의 인식 차이는 러시아의 인터넷 주권과 사이버 안보에 대한 인식을 대략적으로 규정짓는 기조가 된다. "인터넷 주권"의 문제야말로 러시아와 서구가 가장 합의하기 어려운 문제 중의 하나이다. 러시아와 그 동조국(sympathizer)들은 인터넷 공간 관리를 정부가 하는 것을 선호한다. 인터넷 공간에서 정보의 자유로운 흐름이 제한될 수 있다는 점에서 미국은 러시아의 이와 같은 입장을 비판해 왔다. 특히 앞서 언급된 "테러" 문제와 "외부 국가에 의한 정보 공간에 대한 접근"과 관련하여 중요한 의견 차가 존재한다. 앞서 언급한 문건들은 서구에서와 같이 인터넷 거버넌스를 정부에서 관리하지 않는 정보의 자유로운 흐름을 지지하는 규범에 기초하는 방식과 러시아와 동맹국들이 선호하는 사이버 공간에서의 국가주권의 역할을 강화하는 방식의 차이점을 제시하면서 이 양자 간의 차이를 강조한다.

러시아의 입장에 따르면 "인터넷 주권"의 보장, 즉 국가가 정보 공간에 대해 기본적인 영향력을 가져야 한다는 것이 핵심 주장이다. 물론 러시아가 사이버 공간을 명백하고도 노골적으로 통제하고 관리하는 방법을 선호하는 것 같지는 않다. 중국에서 특징적으로 나타나는 이와 같은 명백한 관리가 러시아에서는 이루어지지 않고 있다. 하지만 러시아 정부에 의해 모니터링과 관련된 소프트웨어의 개발에 대한 투자가 집중적으로 이루어지고 있는 상황은 러시아가 외부의 간섭으로부터 자유로운 인터넷 환경을 구축하기 위한 노력을 기울이고 있음을 잘 보여준다.

특히 위키리크스(WikiLeaks) 문제가 터졌을 때 러시아는 한편으로 서구의 실패와 곤란을 즐겼을 수도 있었겠지만, 다른 한편으로 러시아 정치엘리트들은 자신들이 지닌 약점 또한 깨닫게 되었던 것으로 보인다. 따라서 많은 정치 엘리트들은 러시아의 사이버 공간을 방어적으로 인식하고 외부 위협을 적시에 찾아 방어하기 위한 체제를 구축하려는 노력을 지지하고 있으며, 동시에 사이버 범죄를 방지하기 위한 기술과 소프트웨어를 개발하는 정책 등에 대한 강한 지지를 보내고 있다.

하지만 이와 같은 수준에서 마련되는 대책으로 안보가 보장되지 않을 경우 군사력을 방어 노력과 연관 짓는 것을 러시아도 심각하게 고려하게 되었다. 특히 외부의 개입을 통해 집단적 심리가 작동하게 되는 과정에서 국가와 사회가 불안정해지는 상황은 정보공간의 문제가 국가안보와 연결되는 지점으로 러시아가 매우 중요하게 생각하는 부분이며, 이에 대해서 국내법 및 국제법의 법리성과 내정불간섭의 원칙 등에 근거한 군사력의 활용이 정당화될 수 있다는 입장을 견지하고 있다(Giles 2012). 물론 정보공간에서 군사력의 활동은 위협과 연관된 신뢰할 만한 정보의 수집과 도덕적 및 심리적 집단의 동요를 방지하고 국가와 사회의 위협에 적절히 대처하는 과업과 관련되어 있다(Miles 2011).

2. 국내정치와 사이버 안보 관련 수단들

앞서 제기한 러시아의 주권과 사이버 안보에 대한 인식은 결국 인터넷의 국내정치적 영향에 대한 우려와 깊은 연관을 가진다. 2010년대 미국과 이스라엘이 이란의 핵시설을 스턱스넷(Stuxnet)을 통해 사이버 공격한 사건이나 아랍의 봄이 촉발되고 확산되는 과정에서 이들 국가에 대한 서방의 인터넷을 통한 개입과 그 국내적 동학이 혁명의 전반적 과정과 결과에 심대한 영향을 미치는 것을 깨닫게 되었다. 특히 푸틴 정부에 대해서 비판적인 블로거로 유명한 변호사 나발니(Alexei Navalny)를 비롯하여 정부 측 및 반정부 측을 망라하여 러시아의 정치 엘리트들은 인터넷으로 구축되는 네트워크의 힘에 대해 깊이 사고하게 되었다. 그 결과 2012년 이후 푸틴 정부에서는 인터넷과 관련된 여러 종류의 관리 및 규율에 대한 법 제도 도입을 둘러싼 논의가 활발히 진행되어 관련 법제가 신속히 마련되었다. 2013년 6월 스노든(E. Snowden)에 의한 미 정보당국의 자료 공개 사건은 러시아 정부 당국자들로 하여금 정보의 국내정치적 의의를 재고(再考)하도록 하였고, 이후 러시아는 인터넷 관리를 더욱 강화하게 되었다.

한편 러시아 국민들과 관련된 측면에서 페이스북과 트위터 같은 인터넷 서비스가 러시아에 대한 미국의 공격이라고 하는 로고진(D. Rogozin) 등의 주장 내지 유사한 의견이 국내적으로 반향을 일으킬 수 있는 것은 러시아가 서방과 대립적 구도에 위치하고 있다는 데 대한 일반 국민들의 정서와 인식이 강하게 작용하고 있다는 점을 보이고 있다. 이러한 점은 러시아의 사이버 안보 정책에 깊은 영향을 미치게 되었다. 러시아는 국내 이메일 서비스를 적극적으로 개발하였으며, 로컬 수준에서 인터넷을 관리하는 기술을 개발하고, 마이크로소프트(Microsoft)사의 기동프로그램인 윈도우(Windows)에 대한 의존도를 줄여가려는 노력을 기울이고 있다. 이와 같은 독립적 인터넷 체계의 구축을 위한 노력은 러시아의 국내적 반(反)서방 정서에 힘입어 지지를 얻고 있는 것이 현실이다.

따라서 국내정치와 사이버 안보의 연관성을 이해하려면, 러시아 인터넷 정책에 대한 국내정치적 요인이 미치는 영향을 고려해야 한다. 러시아의 인터넷 정책과 관련하여 국내적으로 크게 두 개 그룹이 나뉘어져 있는 것으로 보인다(Nocetti 2015).

첫째, 1990년대 러시아에 인터넷을 도입하는 데 결정적인 역할을 하였고 러시아 인터넷 체제인 루넷(Runet)을 시작한 기술위원회 중심의 '비둘기파'이다. 이들은 인터넷을 혁신과 근대화를 위한 중요한 수단으로 인식한다. 메드베데프(Dmitri Medvedev) 대통령 시기 대통령 비서실, 전자정부 프로젝트 추진한 정보통신부의 관료들 및 일부 외무성 관료들이 모두 이에 속한다. 특히 비영리기관 및 IT 기업, 블로거들 등과 같이 지속적인 현대화와 혁신을 선호하고 정부 관리와 별개로 인터넷 거버넌스를 선호하는 사람들이 이 그룹에 있다. 이들 중에는 차다예프(Alexey Chadayev)처럼 인터넷 직접 민주주의를 주장하는 인

사도 있다.

둘째, 러시아가 아직은 젊은 국민국가(nation-state)이기 때문에 주권과 안보를 고려해서 인터넷 거버넌스에서 주권적 관리를 강화하는 접근이 필요하다는 생각을 가진 보수적이며 국가주의적 성향을 지닌 인사들이 있다. 아랍의 봄과 스노든 사태 이후 러시아에서는 사이버 공간에서의 정보교환에 대한 다양한 우려가 봇물처럼 터져 나왔다. 이들은 인터넷이 담고 나르는 '정보 자체가 위협(content as threat)'이라는 인식을 가지게 되었고, 이와 같은 인식하에 '정보 안보'에 대한 총체적 접근의 필요성을 강조하게 된다. 본래 러시아의 문화적 성격은 외부 영향에 대해 취약한 특성을 지닌다. 우크라이나 사태 이후 이와 같은 보호주의적 경향이 강화될 수밖에 없는 조건들이 형성되었으며, 러시아 정부가 추진하는 '정보주권'에 대한 프로젝트를 정당화하게 되었다. 2014년 4월에 푸틴 대통령이 인터넷을 '미중앙정보국의 기획(CIA project)'이라 규정하면서 러시아의 블로그 및 인터넷서비스 사용자들에게 DNS 서버가 러시아 내에 위치한 서비스를 사용하도록 당부한 점은 러시아의 이와 같은 분위기를 잘 반영한다.

전반적인 결론은 러시아가 국가안보에 기초한 사이버 안보 정책을 발전시켜 왔다는 것이다(이연수 외 2008). 이와 같은 기조 위에서 러시아는 기본적으로 국가안보 중심의 통제에 대한 기제를 발전시켜 왔다.

러시아가 주로 전략목표 시설과 국가운영 정보통신기반시설의 보호 문제에 우선적 관심을 보였던 것은 자연스러운 현상으로 연방보안부(FSB), 연방기술수출통제국(FSTEK), 정보보안센터(ISC) 등과 같은 정보 관련 기관들은 각종 법률에 기반하여 사이버 안보 관련 활동을 활발히 벌이고 있다. 연방보안부는 국가기밀 급의 주요 정보를 보호하기 위한 통제는 물론이고, 외국 정보기관, 각종 사회단체, 범죄 집단 및 개인들이 기술적 수단을 이용하여 FSB가 수집·보존하고 있는 각종 첩보에 침투하려는 행위들을 차단하고 이에 대한 예방 조치활동들을 펴고 있으며, 러시아의 주요 기업들의 영업 및 기업 비밀을 보호하는 대책을 맡고 있다. 또한 이와 같은 기업 사이버 안전 대책을 마련하고자 하는 기업이나 각급 기관들에게 다방면으로 기술적인 지원을 하고 있으며, 특수 부서를 중심으로 보안 기자재의 설계와 생산 등 기술적이며 물리적인 지원을 담당하고 있다고 한다.

그리고 '연방기술수출통제국'에서는 국가정책의 시행과 부처 간 정책 조정 및 협조 그리고 정보보호 문제 등에 대한 통제 기능을 수행하고 있으며, 정보 분야에서 국가안보에 핵심 기능을 제공하는 정보 및 정보통신 기반시설 시스템에 대한 보호업무도 수행하고 있다. 연방 보안부 산하 '정보보안센터'는 통신보안업무와 정보보호시스템의 평가 및 인증을 총괄 조정하고, '침해 사고 전담 대응팀(RU-CERT)'을 운영하고 있으며, 사이버 위협 및 취약점 분석, 사이버 보안기술 연구개발, 정보보호제품 평가인증업무 등도 수행하고 있으며, 비밀리에 사이버전 전담부대를 설치하여 공격기술을 개발하고 각급 정보를 수집하는 업무까지 담당하고 있다고 한다.

한편 러시아 정부는 사이버 테러 및 컴퓨터 범죄와 관련하여 독립국가연합(CIS) 구성원들과 협력하여 관련 법제의 정비를 진행하였는데, 1996년 2월 제7차 CIS 연합의회 전체 회의에서는 기본형법을 채택하는 과정에서 컴퓨터 범죄에 대한 형사상의 책임을 적시하였고, 2001년 6월 컴퓨터 정보영역에서의 범죄에 대한 독립국가연합국가들 간의 협력협정을 벨라루스의 수도인 민스크에서 맺었다. 이를 통하여 러시아와 우크라이나, 벨라루스, 카자흐스탄 등 독립국가연합의 주요

국들이 관련 법령을 통합하여 사이버 테러와 컴퓨터 관련 범죄에 힘을 모아 대응하는 새로운 체제를 구축하였다.

관련된 대표적 기관인 '연방정부통신정보부(FAPSI)'는 이 분야와 관련하여 가장 많은 예산을 사용하고 있는 것으로 알려지고 있는데, 신호정보(SIGINT), 전자정보(ELINT), 비통신 신호정보 수집업무와 정부 통신암호 보안업무를 주로 담당하고 있다. 관련 법률로 2006년 7월 27일부터 발효된 러시아연방법률「정보, 정보기술 및 정보보호법(149-f3호)」을 들 수 있으며, 이는 각급 기관에서 정보시스템을 구축할 때에 러시아 보안시스템 내부의 정보를 보호하기 위하여 불법적인 타자의 정보에 대한 접근, 삭제, 수정, 차단, 복제, 배포에 대한 보안대책을 마련하고, 여타 접근이 제한된 정보의 비밀성을 지키고, 동시에 적절한 정보 접근을 실현하기 위하여 법률적 및 기술적 조치를 취할 것을 명시하고 있다.

「러시아연방 형법」에는 컴퓨터 범죄에 대한 형사적 처벌 규정이 있는데, 이는 타자의 컴퓨터 정보에 관한 불법적 접근, 유해 컴퓨터 프로그램의 제작, 사용 및 유포 등을 처벌하는 법적 근가가 되고 있으며, 컴퓨터 시스템 및 네트워크 운용을 위한 규정을 위반하는 데 대한 처벌 규정도 두고 있다.

이처럼 러시아에서 정보보안 및 관련제도의 발전은 국제적 기준보다는 주로 독자적인 발전방향으로 정립되었고, 이러한 정보안전과 관련된 정보통신시스템에는 전체 비용의 10-20%가 투여되고 있다고 한다. 특히 최근 수년간 정보보안과 관련된 시장이 45% 성장하면서 정보보안과 관련된 전문가들에 대한 수요도 급속히 성장하고 있다고 한다. 이같은 성장세는 IT시장의 통상적 성장세를 추월한 것이며, 러시아 내 정보보안 관련 지출은 유럽 국가들의 평균 지출보다 5배 이

상 많이 지출되고 있는 것으로 알려지고 있다. 또한 정보보호 문제에
대한 주요 관심도 응용프로그램 개발에 집중되고 있는 등 높은 수준에
도달해 있다고 한다.

3. 사이버 안보 및 사이버전을 위한 군사력 사용

언론 매체 등에 따르면 사이버 안보와 관련하여 가장 최근에 나타난
변화는 사이버 군 창설 문제이다. 러시아의 사이버 군 창설 과정을 살
펴보면, 인터넷 및 사이버 공간에 대한 위협인 사이버 전쟁·테러·범
죄와 관련된 대응체계라는 관점에서 볼 때에 인터넷 및 사이버 공간에
대한 위협의 대응체계의 핵심 담당부서가 정보관련 기관으로부터 군
으로의 중심이동이 일어나고 있다는 해석이 가능하다.

2013년 7월 5일 푸틴 대통령은 사이버 위협에 대한 대책 마련의
필요성을 강조하면서, "사이버 공간에서 발생하는 위협에 대해 효과적
인 대응 태세를 갖출 필요가 있다. 관련 기간시설들, 특히 전략적 요충
시설의 방호 수준을 격상시켜야 한다"고 밝혔다. 푸틴 대통령은 사이
버 공격이 이미 정치, 군사적으로 활용되고 있으며 그 효과는 전통적
전쟁을 넘어설 수도 있다는 사이버 위험 및 위협에 대한 높은 인식을
보여 주었다. 이와 같은 사이버 위험에 대한 문제는 2020년까지의 중
장기 러시아군 현대화 계획이 논의된 국가안보회의(Security Council)
에서 다뤄졌었다고 한다(러시아포커스 2013.7.18).

리아노보스티(RIA Novosti: Russian International News Agency)
는 2013년 국방부가 사이버 안보를 전담할 특수부대를 창설할 계획을
수립하고 있다고 보도했다. 이 부대는 기본적으로 국가 외부에서 유입
되는 정보를 감시하고 사이버 위협을 차단하는 임무를 수행하여 미국

이 창설한 사이버 부대와 유사한 기능을 감당하게 될 것으로 전망된다. 사이버 부대 창설은 2012년과 2013년 로고진 부총리와 쇼이구 국방장관이 각각 총참모부 산하 특정 부대들에게 사이버 사령부의 창설을 준비하도록 제안한 이후 추진된 것으로 보인다. 쇼이구 장관은 "사이버 안보는 군뿐 아니라 국가 전체, 모든 정보부처의 책임이다. 사이버전이 이미 진행 중이기 때문에 사이버 사령부는 방어는 물론이고 필요한 경우 대응 타격을 할 수 있도록 태세를 갖춰야 한다"고 밝힌 것으로 알려져 있다(러시아포커스 2013.7.18). 하지만 이러한 러시아의 사이버 부대 창설을 위한 움직임도 다소 늦은 감이 있다는 비판이 제기되기도 하였다.

정보 공간의 군사화를 두고 전문가들 사이에서 논쟁이 일기도 했지만, 정보 공간에서의 군의 역할에 대한 인식도 점차 이를 지지하는 방향으로 선회하였다. 적지 않은 전문가들은 이제 사이버 무기가 핵무기 다음으로 중대한 의미를 지니게 된 것을 인정하고 있으며, 최근 벌어지고 있는 거의 대부분의 군사적 충돌에서 사이버 무기가 전략적이고 적극적으로 사용되고 있다는 점이 러시아의 뒤처짐에 대한 자극이 된 것으로 보인다. 특히 미국의 리비아 사태 개입 과정이 중대한 계기가 된 것으로 볼 수 있는데, 당시 미국은 리비아 영공은 물론이고 방송통신 체제까지 장악하여 리비아 지역 주민을 위한 텔레비전 방송까지 내보냈다는 사실은 러시아 정보 및 사이버전문가들에게 뒤처짐의 의식을 자극한 것으로 보인다. 결국 2014년 5월 러시아는 군지휘통신체계 보안을 위한 사이버전 전담 부대의 창설을 결정하게 된다(러시아포커스 2013.7.18).

한편 이와 같은 사이버 부대의 창설이 의미하는 바는 단순한 군조직의 개편 이상의 것으로 보는 것이 타당해 보인다. 러시아·미국·폴란드·독일·중국의 컴퓨터 사용자들의 사이버 위협 노출 정도에 대한 보고에 따르면 러시아 일반인 사용 컴퓨터의 55%가 악성 바이러스 프로그램에 감염될 위험에 노출되어 대단히 취약한 것으로 드러났다. 이에 러시아 정부는 다방면의 사이버 공격 가능성 문제를 심각하게 받아들이게 되었고, 이후 러시아 정부의 사이버 보안/안보를 위한 움직임이 신속해지기 시작했다(러시아포커스 2015.6.26).

푸틴 대통령은 「러시아 연방 정보자원에 대한 사이버 공격의 탐지·예방·차단을 위한 국가체계 구상」을 2014년 12월 12일에 승인하였고, 이 규정에 따라 연방보안부(FSB) 산하에 '국가 사이버 범죄 조정본부'가 설치되어 러시아연방 국가기관들의 인터넷 홈페이지의 보안을 강화하는 조치가 취해졌다. 이 본부에는 각급 지역 기관이 설치되어 되어 러시아의 주요 기관에 대한 사이버 공격을 탐지·예방·차단을 위한 병력 및 부대를 관할하게 되었고, 이들은 첨단 솔루션을 탑재한 기술적 장비를 완비하여 실전을 감당하는 한편, 이들 각급 지방 부대들은 중앙에서 통합적으로 관리하는 체제를 갖추었다. 이어서 쇼이구 국방장관은 '2020 러시아군 정보통신기술 발전 구상'을 2015년 2월에 발표하였다. 이로써 러시아의 사이버 부대에는 수학, 프로그래밍, 암호학, 통신 및 무선전자전 분야의 최고 전문가들을 참여하게 되었고, 러시아의 사이버 전력은 사이버 전문그룹과 육상 군관 및 해군함대 등이 참여하는 다면적 구성을 갖추게 된 것으로 알려져 있다. 그리고 2015년 3월 10일 로고진 부총리는 모스크바대학에서 개최된 사이버 관련 회의를 통해 러시아의 사이버 안보 체제가 향후 스마트무기에 기초하여 구축될 것이며, 이같은 무기는 고도의 기술이 집약된 과정을 통해서 생산될 것이라고 밝혔다. 이는 향후 러시아군이 사이버전 역량의 강화에 더욱 매진할 계획임을 드러낸 것이다(러시아포커스

2015.6.26).

결국 러시아의 사이버 부대의 창설은 그동안 국내적 위협에 대하여 러시아 정부가 수동적인 입장에서 정보 안보와 연관된 도전과 위협을 분석하는 방어적 정책으로부터 탈피하여 그에 대응하고 방지하는 적극적 공세적 정책으로 전환하게 된 상징적 사건으로 이해될 필요가 있다(ITAR-TASS 2009.1.29).

이와 같은 러시아의 사이버 군의 창설은 러시아의 사이버전의 수행능력을 고도화하게 된 중요한 계기로 볼 수 있을 것이다. 이와 같은 사이버전 역량의 강화 과정은 변화는 러시아의 사이버전 수행방식을 근본적으로 바꾸어 놓았다고 할 수 있다.

2007년 에스토니아 공격이 민간인이 주도해서 국가를 대상으로 대규모 봇넷(botnet)과 디도스 사이버 공격을 벌인 공식적이고도 공개적으로 알려진 최초의 사례라고 한다면, 2008년 그루지야 공격은 비슷한 맥락에서 더욱 정교해진 공격의 특성을 보인 것이 사실이다. 그런데 그루지야 전쟁 사례의 특징은 정부와의 연관성이 있어 보이지만, 러시아 정부가 이를 부인하는 가운데 그것을 밝힐 만한 증거가 없다는 점이다. 다만 그루지야에 대한 사이버 공격에서 더 흥미로운 점은 적을 대상으로 심리적, 군사적 공격과 병행해서 사이버 공격이 진행될 수 있다는 것을 보여준 군사적 공세와 사이버 작전이 결합된 최초의 사례라는 점이다(Heickeroe and Peterson 2012).

위의 사례들은 미래 사이버 분쟁에서 발생할 수 있는 새로운 작동방식의 주요한 부분을 보여 주었다고 할 수 있을 것이다. 이론적으로 민족주의적 해커를 활용하여 전략적 이익을 취하지만 위험은 공유하지 않는 방식의 전쟁의 조직이 가능하다는 점을 보여주었다는 점에서도 흥미롭다고 할 수 있다. 또한 사이버 무기가 적에 대한 심리적 압박으로 사용될 수 있다는 것도 증명해 주었다. 이와 같은 새로운 사이버 전쟁 작동방식의 등장은 발전된 정보 안보와 국제적 수준에서 사이버 공격을 경감시킬 협력이 필요하다는 것을 부각시켜 주었다.

　러시아 국방부는 2015년 10-11월경 크림 반도에 독립적인 사이버 부대를 창설할 계획을 발표했다. 타스 통신이 국방부 내 소식통을 인용한 보도에 따르면 이 신설 부대의 목표에는 정보 네트워크상에서의 사이버 안보를 유지하고 필요한 경우 잠재적 적국의 군 지휘체계를 교란시키기 위해 적국의 정보네트워크를 공격하는 것이 포함된 것으로 추정되고 있다(러시아포커스 2015.6.26).

　이로써 러시아는 본격적으로 사이버 부대 및 그 관련 조직을 가동시키면서 러시아가 규정하는 사이버 위협에 대응하고, 나아가 국가이익의 확보를 위한 적극적 개입에까지 나설 효과적인 군사조직을 갖추게 되었다. 이러한 사이버 부대의 활약은 최근 러시아가 우크라이나에서 벌이고 있는 군사력과 결합된 정보전의 효율적 결합에서 잘 나타나고 있다.

　우크라이나 사태와 연관된 사이버 공격의 경우, 사이버전은 사이버 영역뿐 아니라 지정학적 맥락 안에서 해석되어야 함을 여실히 보여주었다. 러시아 정부는 사이버 전략을 국정 운영, 강압, 그리고 갈등 상황에 투입할 도구로 적극 사용하게 되었다. 러시아는 사이버 전략과 컴퓨터 네트워크 착취를 통합한 스파이 작전이 가능하도록 인력과 기술적 자산 확보에 투자를 많이 했고, 그 결과 상대국의 공적 부문에서 갈등의 담론을 구성할 때에 이를 적극 활용할 수 있다는 이점을 가지게 되었다. 이와 같은 통합전략은 사이버 공격을 국내외 공공 여론의 장에서 우위를 확보·유지하기 위한 전략의 일부로 보는 러시아 군사 독트린과 일치한다고 볼 수 있을 것이다(Weedon 2015).

　우크라이나 사태의 경우에서 볼 수 있듯이, 러시아의 행태에서 나타난 흥미로운 변화는 러시아 정부가 우크라이나 사태 과정에서 광범위하고 명백한 사이버 공격을 추구하지는 않았다는 점이다. 러시아는 에스토니아, 그루지야 때와는 달리 국제적 비난을 피하고자 했으며, 따라서 전략적 목적을 달성할 수단으로 소규모의 제한적인 사이버 작전을 상당히 활용하였다. 따라서 러시아-우크라이나 갈등에서 컴퓨터 네트워크 작전은 '파괴적' 사이버 전쟁이 아니라 정보의 절도와 조작으로 이루어진 전쟁으로 묘사된다. 러시아는 사이버 스파이 캠페인을 통해 적을 파악, 예측, 조종하는 데 큰 이점을 획득하게 되었고, 이와 같은 접근은 디도스나 다른 파괴적인 공격 방식의 필요성을 상당히 약화시킨 것으로 평가된다.

결국 러시아는 수차례의 굵직한 정보전 내지 사이버전을 통하여 강·온의 효과적인 통합 전력을 창출하는 내적 능력을 배양하였고, 이와 같은 역량 구축은 그의 경쟁자들로 하여금 러시아를 더욱 위협적 존재로 느끼게 하는 요인으로 자리잡고 있다.

III. 러시아의 사이버 안보 국제협력

러시아가 일국중심적 사이버 전력의 증강에만 관심을 쏟고 있는 것은 아니다. 러시아는 러시아의 사이버 안보를 증진하기 위한 국제협력 분야에서도 목소리를 높이고 있다. 러시아가 국가 중심적 접근법을 취하고 있는 것이 사실이지만, 국제적 협력의 필요성을 가장 먼저 역설한 국가라는 사실도 흥미롭다. 러시아는 미국과 사이버 안보 확립을 위한 사이버 핫라인 개설 등을 포함한 사이버 안보 상호협정을 체결한 바 있으며, 스노든 사태에도 불구하고 상호 지속적인 협력을 계속해 온 것으로 알려지고 있다. 또한 중국과의 협력에도 적극적이다.

하지만 러시아와 미국의 사이버 협력은 우크라이나 사태 이후의 미-러관계가 악화되면서, 사이버전에 대한 대비태세가 더 강화되고 있다는 관측이 나오고 있다.

최근 러시아의 한 정보전문가는 미국과 러시아 간의 사이버 전쟁이 이미 시작되었다는 주장을 하였는데, 미국의 2015년 국가안보전략을 살펴보면 이미 세계는 사이버 전쟁에 돌입해 있다는 것이 명백해진다는 것이다. 이미 한 국가의 안보와 경제는 물로 개인적인 건강도 IT기술에 기반하고 있는 네트워크 인프라와 깊이 연관되는 방향으로 발전해 왔고, 지구적 발전 방향에 대해 반대하는 국가들 및 이같은 인프라를 활용하여 악한 목적을 달성하려는 사이버 범죄자들이 이 인프라에 커다란 위협으로 등장하고 있다는 것이다. 미국이 말하는 이 문제 국가들로는 러시아, 이란, 북한 및 매우 제한적으로 중국을 지칭하는 것으로 보인다. 서방 전문가들은 미국이 러시아를 주요 위협으로 보고 있다는 점에 모두 동의할 것이다. 2015년 5월 뉴스위크(News Week)는 '러시아의 가장 훌륭한 무기는 해커'라는 기사를 게재했는데, 이 기사에 따르면 미국은 본격화되고 있는 사이버 전쟁의 가장 강력한 도전자로 러시아와 중국을 꼽고 있다는 점을 알 수 있다. 러시아의 해커들은 이 분야에서 가장 창의적이고 뛰어난 사이버 전사로 언급되고 있는데, 이와 같은 인식은 러시아에 대한 미국의 경계를 반영하는 것으로 해석될 수 있을 것이다(중앙일보 2015.6.26).

이같은 변화는 특히 우크라이나 사태를 전후하여 양국 간 관계가 악화된 것과 궤를 같이하여 최근 미국과 러시아의 사이버 협력 분위기는 급속히 악화되었다. 양국 간에 체결된 바 있는「사이버 공간의 신뢰조치에 관한 협정」과 사이버 공간에서의 신뢰에 관한 양자 간 대통

령자문위원회[3]도 2014년 여름에 폐지되고 말았다. 사이버 공간이 국
제적 분쟁과 연관되면서 결국 국가들 간의 각축의 장이 되는 상황을
피할 수 없었던 것이다. 2015년 4월 미국 국방부는 새로운 사이버 보
안 전략을 발표하고 미국 국방부 네트워크를 해킹한 주체는 러시아 해
커라고 밝혔고, 미 사법당국은 상대의 국적에 상관없이 사이버 범죄에
강경 대응하겠다는 방침을 공식적으로 천명하였다.

이와는 대조적으로 러시아와 중국의 사이버 이슈와 관련된 협력
은 심화되고 있다. 2015년 5월 러시아는 중국과 사이버 안보와 관련된
협약을 체결하였다. 이 협약에는 중국과 러시아가 사이버 공간에서 상
호 감시를 지양하고 각국의 관련 기관들을 통해 사이버 안보와 관련된
기술을 전수하고 정보를 공유하는 협력을 증진시켜 나가는 데 대한 내
용을 담고 있는 것으로 알려지고 있다.

이와 같은 러시아와 중국의 사이버 협력에 대한 미국의 반응이 흥
미롭다. 미국은 두 국가의 협약 내용은 중요하지 않으며 결국 미국의
힘을 축소시키고 힘을 합쳐 미국에 대한 내정개입을 위한 것이라고 파
악하고 있다. 월스트리트저널(WSJ)은 "두 국가가 손을 잡은 것은 표
면상으로 첫째, 사회질서를 어지럽힐 수 있는 신기술에 공동대응하기
위해서이고, 둘째, 공공질서를 방해하는 요소들에 대응하기 위해서이
며, 셋째, 그럼으로써 보다 나은 내정의 안정을 위해서"라고 보도하였
다(Wall Street Journal 2015.5.8.). 트렌드마이크로(Trend Micro)의 켈
러만(Tom Kellerman) 사이버 보안 책임자는 "러시아와 중국의 경제
및 군사적 관계는 지난 2001년에 상하이협력기구(SCO)가 설립된 이
후 지속적으로 발전하고 있다. 이번 협약의 목적 중 첫 번째는 일본의

---

3   이는 2009년 러시아 메드베데프 대통령과 미국 오바마 대통령이 합의하여 발족시켰던
     조직이다.

자위대를 정당화하는 평화헌법을 미국이 지지하고 있는 국면을 전환하기 위함이고, 두 번째는 미국의 새로운 공격적인 사이버 보안 전략에 대응하기 위함이다."라고 언급하였다. 국가 간 경쟁과 분쟁은 점차 사이버 공간에까지 확대되고 있는 것으로 볼 수 있다.

이와 같은 중-러 협력은 인터넷 거버넌스와 관련하여 민간, 시민사회, 정부가 함께 국경과 같은 경계선 없이 개방하자는 주장에 반대하여, 주권은 인터넷 및 사이버 공간에서도 존중되어야 할 규범이라는 주장을 강조하는 러시아의 입장과 틀 속에서 종합적으로 이해하는 것이 타당해 보인다. "러시아는 중국이 인터넷 거버넌스에 대해 어떤 입장을 취할 것인지에 대해 설득하고 있으며", "중국은 그냥 모든 일에 미국에 대해 반대의 입장에 서고 싶어서 러시아와 함께 한 것으로 보인다"는 의견이 있을 정도이다. 미국 브루킹스연구소의 베틀리시(Richard Bejtlich) 선임연구원은 "러시아와 중국이 생각하는 '정보 안보(Information security)'의 개념은 '정보 통제(information control)'에 가깝다. 물론 검열과 감시도 포함된다. 그러면서도 두 국가의 정보 통제 전략은 다소 다른 면이 있다. 중국은 검열을 시행하는 데에 상당히 거침없는 모습이다. 반면 러시아는 감시에 집중하고 있는 가운데 필요 시 무력까지 행사할 수 있다는 전략을 지향하고 있다"라고 분석하였다. 또한 "해당 협약은 두 국가가 서로 중대한 인프라 만은 건드리지 말자고 암묵적으로 약속한 것으로 보인다"고 언급하기도 했다(Russia Direct 2015.5.21).

한편, 지역적/소다자(小多者) 사이버 협력과 관련된 러시아의 노력도 시도되고 있다. 러시아는 자국의 사이버 안보 관련 문건에서 우호적인 국가들 및 국제기구와 함께 국제적 사이버 안보 관련 법체계를 구축해 나갈 것을 천명하고 있다. 즉 "같은 성향의 동류(同類) 국가들

(like-minded countries)"과의 협력을 강화하자는 것이다. 그러한 우호적인 국가들로 구성된 기구들로는 집단안보조약기구(CSTO), 상하이협력기구(SCO), 독립국가연합(CIS) 등을 들 수 있을 것이다. CSTO 국가들 간에는 정보 안보 증진 체제의 구축을 위한 연합행동 프로그램을 실행하고 있으며, SCO 국가들 사이에는 국제정보 안보 분야에서의 협력에 관한 협약이 체결되어 있다. 특히 SCO에서는 인터넷과 사이버 안보 및 인터넷 테러 같은 문제들을 논의하면서 인터넷 거버넌스에서 정부의 역할을 증대시키려는 노력을 도모하고 있다. 이외에도 러시아는 브릭스(BRICs) 국가들과의 국제적인 사이버 안보의 증진을 위한 공동의 노력을 경주하기 위한 협의를 진행하여 왔으며, 사이버 안보와 인터넷 거버넌스에서의 국가주권을 강화하려는 협력이 이루어지고 있다(Russia And India Report 2016.9.16). 2015년 러시아는 브릭스 및 상하이협력기구 정상회의에서 국제정보보안협약(Convention on International Information Security)을 제안하여 사이버 안보와 관련된 새로운 국제적 거버넌스의 구축을 위한 동류국가들 사이의 협력구도를 한층 강화하려는 노력을 기울이고 있다.

하지만 이러한 우호적 국가 이외에도 러시아는 좀 더 넓은 맥락에서의 국제적 협력을 강화하기 위하여 지역적 수준에서 유럽안보협력기구(OSCE)나 아시아안보포럼(ARF)의 사이버 안보 관련 협의에도 적극적으로 참여하고 있다.

IV. 글로벌 사이버 안보 거버넌스 구축과 러시아

오늘날 인터넷은 점점 더 국제화되어 가고 있다. 2020년에 인터넷 사용자의 90% 이상은 비서구 국가, 특히 비OECD 국가에 거주할 것으로 예상되는데, 이는 미국이 인터넷 공간에 대해 행사하는 리더십에 강한 의문을 제기할 것으로 러시아는 인식하고 있는 것 같다. 그래서 그런지 러시아는 '글로벌 공공재'로서 인터넷의 성격을 강조하면서 인터넷 공간 관리를 국제화하자고 주장한다. 2010년 키릴문자로 도메인을 만든 것도 라틴문자의 독점을 완화하는 데 도움을 주었다. 하지만 러시아는 인터넷 거버넌스의 시장중심적 변수를 공개적으로 비판하지는 않는다.

글로벌 사이버 안보 거버넌스를 구축하는 문제를 두고 두 개의 커다란 진영이 형성되어 있는 것으로 볼 수 있다. 미국을 위시한 서방과 러시아와 중국이 주도하고 있는 상하이협력기구가 그것이고, 양측 간의 사이버 공간에 대한 접근법은 근본적인 차이를 보이고 있다.

가장 중요한 문제는 국가가 주도하는 사이버 공격 행위를 어떻게 규제 및 저지할 것인지에 대한 국제적 규범을 제정하는 것과 관련하여 자국 이익에 부합하는 문제를 두고 치열하게 경쟁하게 된 것이다. 미국과 영국 등 서방 측과 중국과 러시아 등 반(反)서방 측은 인터넷 공간을 규율하는 규범 및 원칙 설립에 큰 이견을 보이고 있는데, 그 기본적인 차이를 정리해 보면 다음과 같다.

서방은 인터넷과 사이버 공간에서 표현의 자유, 개방, 신뢰 등을 기본 원칙으로 정립하여야 한다는 점을 강조한다. 그리고 사이버 공간을 사용하고 있는 개인, 산업계, 시민사회 및 정부기관 등 다양한 구성원들의 모든 의견이 조화롭게 수렴된 국제적인 규범을 제정할 필요가 있다는 점도 중요하다. 특히 기존의 국제법, 가령 유엔헌장 등이 사이버 공간을 규율하는 국제규범의 모태가 되어야 한다는 점을 들어 다른 원칙을 강조하는 흐름에 대해서 반대하고 있다. 도리어 서방을 새로운

표 1. 유엔 정보 안보 논의 과정에 나타난 두 진영의 관점 차이

	러시아 중심 SCO 참여국	미국 중심 서방세계 국가
사이버 보안의 정의와 개념	정보통신기반시설과 정보 자체에 대한 위협 감소와 안정성 향상	표현의 자유 권리를 기반으로 정보가 아닌 정보통신 인프라와 네트워크 보안에 집중
논의 범위	ICT의 범죄, 테러 그리고 군사적 사용에 대한 논의	글로벌 커뮤니케이션, 경제 협력, 지적재산권 등 정보보호 전반에 대한 논의 필요
위협에 대한 인식	정보 자체가 무기가 될 수 있으며 정보무기, 정보전 등은 대량살상무기와 같이 논의 필요	정보전과 정부무기는 실현 가능성이 적어 군축, 확산방지 차원이 아닌 범죄 차원의 논의 강조
유엔 제1위원회 역할	ICT의 군사적, 범죄, 테러 목적의 사용 전반을 다루는 역할 수행 가능	유엔 제1위원회는 국제안보 등 보다 제한된 범위를 다루는 것을 선호
국제 규범	정보통신 기술 발전에 따라 새로운 국제 규범 마련 필요	ICT 활용과 개발을 저해할 수 있어 국제 규범은 불필요하며 기존 규범 적용 가능

출처: 장규현 · 임종인 2014: 33

규범의 제정보다는 사이버 공간 상에서 위협 요소를 감축하고 신뢰 증진을 위하여 사이버 공간에 적용 가능한 신뢰구축조치(CBMs)의 제정 및 이행이 훨씬 중요하다는 점을 강조한다. 이와 같은 서구의 기본적인 입장은 중국 및 러시아 등이 언론의 자유를 제한하고 통제하는 등 인터넷을 이용하여 국내정치에서 통치도구로서의 활용성을 강조하는 데 대한 견제의 의도를 담고 있는 것으로 이해되기도 한다.

이에 반하여 러시아와 중국이 주도하는 반서방 진영에서는 사이버 공간에서도 국가 주권은 인정되어야 하며 필요한 경우 정보통제가 가능한 공간으로 남아 있어야 한다는 것이다. 그래서 인터넷 체계와 사이버 공간에서 서방이 일방적으로 주도권을 행사하는 것을 수용할 수 없으며, 사이버 공간상에서 보다 공정한 새로운 세계질서를 구축해야 한다는 것이다. 신뢰구축조치 등과 관련해서도 이들은 국가의

인터넷 통제 등을 바탕으로 국제적 정보보안 행동수칙에 대한 합의가
더 시급하며, 그 이후에야 이런 조치들이 효과가 있을 것이라는 입장
이다. 현재 러시아는 브릭스 및 상하이협력기구 파트너들과 함께 유엔
협조 하의 인터넷 거버넌스 국제화와 모든 국가들의 디지털 평등 및
주권의 보장을 촉구하는 진영의 선두에 서 있다고 할 수 있다. 특히 디
지털 주권을 가지기 위해서는 국가가 구글에 선두 자리를 내주지 않으
려는 만큼 자체 검색 엔진을 가져야 하며 자체 사회소통망(SNS)과 강
력한 인터넷 접속 제공자도 있어야 한다고 주장하고 있다(장규현·임
종인 2014).

이와 같은 커다란 두 진영 간의 기본적인 입장의 차이와 그로부
터 오는 경쟁은 사이버 공간을 둘러싼 지구적 균열구도를 형성하게 되
었고, 이를 극복하는 과제가 사이버 안보와 관련된 지구적 거버넌스를
구축하는 것이다.

전술한 바와 같이 러시아는 사이버 공간과 인터넷을 신홉스주의
적(new Hobbesian) 시각에 따라 디지털 베스트팔렌 체제가 지배하는
공간으로 파악하고 있다. 그래서 러시아는 글로벌 사이버 공간은 상위
정치가 다룰 이슈로 취급되어야 한다고 주장하며, 러시아는 국가들 간
의 세력균형의 원리를 사이버 공간에서도 적용하여야 할 중요한 원리
로 여긴다(Nocetti 2015). 따라서 현 러시아 정부는 글로벌 인터넷 거
버넌스에 대한 두 가지 접근법의 차이 사이에 형성되는 전선에서 밀리
지 않기 위한 비상한 노력을 기울이고 있으며, 사이버 공간에 대한 국
가의 관리를 증대시키고 다른 국가가 타국 내부 정책에 개입을 금하는
것을 원칙으로 일국의 인터넷 공간과 주권을 보호하는 원칙을 확립하
려는 입장을 견지하고 있다.

또한 러시아는 미국을 위시한 서방이 중심이 되어 글로벌 인터넷

레짐을 관리하는 것에 대하여 매우 불편한 심기를 감추지 못하고 있다. 러시아의 국가중심적 접근법과 미국의 '자유로운 정보의 흐름'에 대한 옹호 입장이 부딪히면서 러시아는 자유로운 정보유통을 미국의 정보공간에서의 패권 유지를 위한 주문처럼 인식하는 경향을 보인다.

이와 같은 대립구도 속에서 미국 중심적인 글로벌 사이버 공간 관리를 개선해 나가는 방법으로 러시아는 새로운 국제기구의 설립을 통한 정부 간 관리체제를 구축하는 방안 혹은 국제통신연합(ITU)을 통한 사이버 주권을 강화하는 방안 등에 대한 관심을 가지고 접근하고 있다.

지구적 수준에서도 국제사회는 사이버 안보에 대한 논의와 협력의 필요성을 일찍이 인식하고, 1990년대부터 다양한 노력을 기울여왔다. 2001년 체결된 부다페스트 사이버 범죄 협약(Convention on Cybercrime)은 그 대표적 성과라 할 수 있을 것이다. 저개발 국가들의 사이버 역량 강화를 위한 G20을 중심으로 하는 논의와 사업에도 러시아는 적극적으로 참여하고자 한다. 특히 인터넷 공간과 관련하여 지구적인 거버넌스를 구축하는 문제와 관련하여 러시아의 입장을 면밀히 살피는 일을 향후 지구적 사이버 거버넌스의 미래를 예측하는 데에도 크게 도움이 될 것이다.

이미 설명하였듯이 사이버 안보 환경을 관리하는 두 가지 방향의 접근법 가운데, 러시아는 국가의 사이버 공간에 대한 영향력을 강화하고 사이버 공간을 정치화·주권화 하려는 입장에 가까운데, 이를 달성하는 수단과 관련해서 러시아는 기본적으로 국제적 및 지역적 수준에서 진행되는 사이버 관련 이슈들을 인터넷안보와 사이버 안보 관리를 유엔 등 국제기구를 중심으로 하는 통일적 거버넌스의 구축의 접근법을 선호한다(장규현·임종인 2014).

우선, 러시아는 국제적 수준에서 인터넷주소관리기구(ICANN: Internet Corporation for Assigned Names and Numbers) 등의 국제포럼을 적극 활용하고자 하며, 러시아의 이와 같은 주장은 국제통신연합(ITU)의 적극 지지를 받고 있다. 일반적으로 국제기구는 주로 인터넷의 기술적 관리에 집중해 왔는데, 러시아 입장에서 불만스러운 부분은 1998년 출범한 ICANN은 물론이고 IANA(Internet Assigned Number Authority), IETF(Internet Engineering Task Force), IESG(Internet Engineering Steering Group), IAB(Internet Architecture Board) 등과 같은 인터넷 기술적 실무 및 기준 설정과 관련된 그룹들이 상당히 정치화되어 있으며 특히 서방의 기술 관료들에 의해 주도되고 있다는 점이다. 그 중에 IETF는 러시아와 중국이 집중적으로 비판하고 있는 대표적 기구로 비판의 여러 이유가 있겠지만 미국의 영향력이 너무 크다는 점이 강조된다. 이에 2011년에 러시아는 중국, 우즈베키스탄, 타지키스탄 등과 함께 '정보 안보를 위한 기본원칙'의 정립에 대한 제안서를 유엔에 제출하였다. 이것은 정부에 의한 인터넷 관리의 권한을 강화하자는 제안이었다.

유엔 총회 산하 제1위원회인 군축 및 국제안보위원회(Disarmament and International Security Committee)는 핵확산 방지 문제, 대량살상무기 문제, 우주공간의 군축(disarmament of outer space) 문제 등과 더불어 사이버 안보에 대해 취급하는 회의로 러시아가 제안한 사이버 공간에 대한 의제를 다루는 중심 토론장이다. 1998년 러시아가 "국제안보 맥락에서의 정보 및 통신 분야의 발전(Developments in the field of information and telecommunications in the context of international security)"이라는 결의안 초안을 유엔에 제출하면서 인터넷과 사이버 공간의 글로벌 거버넌스 구축에 대한 국제적 논의가 상기 위원회와 유엔군축사무소(UNODA)를 중심으로 본격화되었다(Prakash 2014; 장노순 2015). 미국을 위시한 서방 국가들은 처음부터 러시아식의 의견에 동조하지 않았으며, 소극적으로 사이버 안보 관련 국제협력에 대응해 왔다. 이는 미국을 중심으로 한 서방과 러시아를 중심으로 하는 반서방적 입장의 차이에서 비롯된 대립이 지속되면서 나타난 결과이기도 하다.

이와 같은 팽팽한 대립 가운데 한동안 소강상태를 보이던 유엔의 군축·국제안보 위원회는 국제안보 차원에서의 사이버 안보 문제를 논의하기 위해 2004년부터 "국제안보 맥락에서의 정보 및 통신 분야의 개발에 관한 정부전문가그룹(GGE)" 회의를 4차례 진행하였다. 지난 한 토론의 과정을 통하여 2013년 12월 상기 결의안이 최종 수정안으로 채택되었다. 유엔 GGE 권고안은 국제안보 차원에서 사이버 안보와 관련된 최초의 국제적 합의라는 점에서 커다란 의미를 부여할 수 있을 것이다. 내용면에서도 이 권고안에는 사이버 보안과 관련된 국제협력을 추진하기 위한 기초로서 사이버 안전 역량강화 및 신뢰구축 조치를 비롯하여 향후 이 분야에 있어서의 국제적 협력을 발전시켜 나갈 수 있는 원칙과 기반을 조성하였다는 점에서 중요한 의미를 지닌다고 할 수 있을 것이다.

이 과정에서 러시아의 역할을 평가하는 일은 추후 사이버 안보 관련 지구 거버넌스의 구축에 대하여 시사하는 바가 크다. 다만 우크라이나 사태 이후 악화된 미-러관계가 이에 대한 부정적 영향을 미칠 것이 분명해 보이는 가운데, 미-러 사이의 이슈별 분리접근 및 협력가능성 모색이라는 유연한 전략적 접근이 요청된다고 할 수 있다.

V. 맺음말

인터넷 거버넌스는 현재 가장 첨예하게 대립되고 있는 외교정책 이슈 중의 하나이다. 2000년대에 인터넷 거버넌스를 통한 미국의 영향력 강화를 목도한 러시아는 인터넷 거버넌스에 대한 미국 중심적 정책을 완화시키기 위한 노력을 지속해 오고 있다. 특히 스노든 사태 이후 이런 경향은 더욱 강화되었으며, 이는 마치 새로운 인터넷 냉전의 시작이라고 할 수 있을 것이다.

비록 사이버 안보의 지구적 거버넌스 구축을 위한 일정 정도의 진전이 있었던 것은 사실이지만, 러시아와 미국 간 사이버 정책 관련 협력은 아직까지 원활하게 이루어지지 않고 있다. 러시아가 체질적으로 미국이 추구하는 시장중심적인 사이버 관련 정책을 받아들이기는 쉽지 않아 보인다.

양국의 전문가들이 사용하는 사이버 관련된 용어도 차이가 난다. 러시아에서 정보 안보와 정보공간(information security and information space)이라는 용어를 더 많이 쓰는 반면, 미국에서는 사이버 안보와 사이버 공간이라는 용어를 주로 쓴다. 미국에서 사이버 공간을 볼 때 기술 중심으로 보는 반면, 러시아에서는 철학적이고 정치적 의미에서 고려하는 점도 눈에 띈다.

미국과 러시아 간 사이버 분야의 협력이 아예 없었던 것은 아니다. 양국의 사이버 안보 담당자 간의 사이버 핫라인을 설치하기도 했다. 하지만 이것은 오래 가지 못했고, 푸틴 대통령은 '2020년 국제 정보 안보 전략'을 만들기에 이른다. 미국이 평화로운 사이버 공간을 만든다고 하지만 러시아는 미국이 사이버 사령부를 설치하여 인터넷을 군사화하고 있다고 비판한다. 결국 러시아도 '부랴부랴' 사이버 사령부를 창설했다.

결국 현재 지구적 인터넷 거버넌스 및 사이버 안보와 관련하여 미국과 러시아는 사이버/정보 공간의 주권적 성격을 규정하는 데에 합의하지 못함으로써 냉전기에나 볼 법한 적대적 정책의 특징이 21세기 사이버 공간에서도 작동하는 양태를 연출하고 있다. 이는 결국 사이버 공간이 20세기적 속성 또한 가지고 있음을 웅변하고 있는 것이 아닌가 싶다.

이와 같은 불꽃 튀는 경쟁의 장이 되고 있는 사이버 공간을 두고 한국과 같은 국가들이 어떤 입장을 취하고 바람직한 지구적 사이버 거버넌스를 구축할 수 있는가도 중요한 도전이 되고 있다. 사이버 안보의 문제를 군사적 한미동맹 체제를 기반하여 협력을 구축하게 될 경우 군사적 운용 및 기존 협력체제의 시너지 확대라는 관점에서 기대되는 이득을 예상해 볼 수 있다. 반면 선진국의 표준설정과 기술적 우위에 입각한 독점적 인터넷 거버넌스의 운영방식에 대한 개선으로부터 기대할 수 있는 이익도 예상해 볼 수 있다. 이와 같은 문제와 관련하여 인터넷 안보와 인터넷 경제가 발전하고 있는 인도와 브라질 등의 국가들은 '스윙국가'라는 이름으로 불릴 만하다. 이들은 서방의 입장과 러시아 등의 입장을 절충하면서 자국의 이익을 조화하는 지구적 거버넌스를 구축하기 위한 노력을 기울이고 있다. 한국의 입장에서는 이 같은 중간국가들의 지구적 인터넷 거버넌스 각축의 장에서의 성장과 전략이 향후 미국 등을 위시한 서방과 러시아와 중국으로 위시한 진영 사이의 팽팽한 경쟁에 어떤 변화를 미칠지 예의 주시해 볼 필요가 있어 보인다.

참고문헌

박찬수·박용석. 2015. "사이버전의 역량평가 개선과 역량 강화 방안에 관한 연구."
　　『한국정보통신학회논문지』 Vol.19 No.5.
이연수·이수연·윤석구·전재성. 2008. "주요국의 사이버 안전관련 법·조직체계 비교 및
　　발전방안 연구." 『국가정보연구』 1권 2호.
장규현·임종인. 2014. "국제 사이버 보안 협력 현황과 함의: 국제안보와 UN GGE 권고안을
　　중심으로." 『정보통신방송정책』 26권 5호.
장노순. 2015. "사이버 안보와 국제 규범 구축의 외교전략: 정부전문가그룹(GGE)의 활동을
　　중심으로." 한국국제정치학회 하계학술대회 발표논문.

Blank, Stephen J. 2016. "Information Warfare A La Russe," in Phil Williams, Dighton
　　Fiddner (eds.), *Cyberspace: Malevolent Actors, Criminal Opportunities, and
　　Strategic Competition*. SSI & US Army War College.
Foxall, Andrew. 2016. "Putin's Cyberwar: Russia's Statecraft in the Fifth Domain," *Russia
　　Studies Centre Policy Paper* No.9 . London: The Henry Jackson Society.
Gallagher, S. 2013. "US, Russia to install 'cyber-hotline' to prevent accidental cyberwar."
　　Ars Technica. June 18.
Geers, K. 2008. "Cyberspace and the Changing Nature of Warfare." Hakin E-Book 19-3.
　　SC Magazine No.6, pp. 1-12.
Gorshenin, V. 2013. "Russia to create cyber-warfare units" *Pravda* No.14. August 29.
Heickeroe, Roland & Peterson, Martin. 2012. "Towards a New Modus Operandi? - The
　　Estonian and Georgian Cyber War Experiences" in *The Dark Sides of the Internet
　　On Cyber Threats and Information Warfare*, Frankfurt: Peter Lang GmbH,
　　Internationaler Verlag der Wissenschaften.
Higgins, K, Jackson. 2013. "Anatomy of a Russian Cybercrime Ecosystem Targeting
　　Android." *Dark Reading*. August 3.
Ingersoll, G. 2013. "Russia Turns to Typewriters to Protect against Cyber Espionage."
　　Business Insider. July 11.
Kaspersky Lab. 2013. "The 'Red October' Campaign—An Advanced Cyber Espionage
　　Network Targeting Diplomatic and Government Agencies" *GReAT*. January 14.
Keir Giles. 2012. "Russia's public stance on Cyberspace issues," presented at the 4th
　　International Conference on Cyber Conflict in C. Czosseck, R. Ottis, K. Ziolkowski
　　Eds. Tallinn NATO CCD COE Publications.
Keir Giles. 2011. "Information Troops: A Russian Cyber Command?," in Third
　　International Conference on Cyber Conflict, CCDCOE.
Lee, D. "Red October' cyber-attack found by Russian researchers." *BBC News*. January 14.

Lynn, W. J. 2010. "Defending a New Domain: The Pentagon's Cyberstrategy," *Foreign Affairs*, 89-5. 97-108.

Michael. A. 2010. "Cyber Probing: The Politicization of Virtual Attack," Defence Academy of the United Kingdom. Shrivenham.

Nocetti, Julien. 2015. "Contest and conquest: Russia and global internet governance." *International Affairs*, 91-1.

Prakash, Rahul and D. M. Baruah. 2014. "The UN and Cyberspace Governance." *ORF IUssue Brief*, No.68.

Stewart, W. & Delgado, M. 2009. "Were Russian security services behind the leak of 'Climategate' emails?" *Daily Mail*. December 6.

Talihärm. A.-M. 2010. "Cyberterrorism: in Theory or in Practice?" *Defence Against Terrorism Review*, 3-2. 59-74.

U.S. Cyber Consequences Unit. 2009. "Overview by the US-CCU of the Cyber Campaign against Georgia in August of 2008." August.

Ustinova, A. 2010. "Microsoft Says 12th Alleged Russian Spy Was Employee," *Bloomberg* No.13. July 14.

Weedon, Jen. 2015. "Beyond 'Cyber War': Russia's Use of Strategic Cyber Espionage and Information Operations in Ukraine." NATO Cooperative Cyber Defence Center of Excellence Tallinn Estonia.

С. Модестов. 2003. "Пространство будущей войны(The Space of Future War)," Вестник академии военных наук. No. 2.

Interfax, 2011. 1. 20. "Shchegolev. I. in London Conference on Cyberspace. Shchegolev: tsenzury Interneta v Rossii ne dopustyat," (http://www.interfax.ru/print.asp?sec=1448&id=226823).

Foreign and Commonwealth Office & The Rthon William Hague(영국 정부). 2011. (http://www.fco.gov.uk/en/news/latest-news/?view=PressS&id=685663282)

ITAR-TASS. 2009. January 29.

ITAR-TASS. 2015. "Russia to Adjust National Security Strategy due to Ukraine Crisis." May 5. (http://tass.com/russia/793125)

Miles. D. 2011. "Doctrine to Establish Rules of Engagement Against Cyber Attacks." October 20. (http://www.defense.gov/news/newsarticle.aspx?id=65739)

Miles. T. 2011. "Army activates first-of-its-kind Cyber Brigade." December 9. (http://www.army.mil/article/70611/Army_activates_fi rst_of_its_kind_Cyber_Brigade/).

Monaghan. A. 2010. "The Moscow metro bombings and terrorism in Russia." June. (http://www.ndc.nato.int/research/series.php?icode=1)

RT. 2011. "Global warning: New Climategate leaks." November 23. (https://www.rt.com/news/global-warming-climate-controversy-009)

_____. 2015. "Николай Патрушев: Из-за новых угроз Россия меняет стратегию национальной безопасности до 2020 года," May 6. (https://russian.rt.com/article/89838)

Russia and India Report. 2016.9.16. (https://in.rbth.com/news/2016/09/16/brics-security-advisers-agree-to-enhance-cyber-security_630559)

Sputnik International. 2016. "How Could Russia Respond to New Threats in Military Doctrine?" January 30. (https://sputniknews.com/russia/201601301033969541-new-russian-military-doctrine/)

Wall Street Journal. 2015.5.8. (http://blogs.wsj.com/digits/2015/05/08/russia-china-pledge-to-not-hack-each-other/)

_____. 2015.5.21. (http://www.russia-direct.org/analysis/china-russia-cyber-security-pact-should-us-be-concerned)

IT월드. 2016.2.16. "러시아 사이버스파이 그룹, 간단하고 효과적인 리눅스 트로이목마 사용."(http://www.itworld.co.kr/news/97864)

ZDNET. 2015.5.19. "러시아, '제3 OS'로 美 애플ㆍ구글 견제."(http://www.zdnet.co.kr/news/news_view.asp?artice_id=20150519070901&type=det&re=)

데일리시큐. 2016.3.31. "러시아 지하시장에서 거래되는 말하는 랜섬웨어 'CERBER'" (http://www.dailysecu.com/news_view.php?article_id=13503)

동아뉴스. 2014.10.29. "러시아 해커부대 APT28 존재 밝혀져…中 61398부대와 차이는?" (http://news.donga.com/3/02/20141029/67520047/1)

러시아의 소리. 2014.10.21. "러시아-중국, 가까운 시일내 사이버안전협약 체결."(http://kr.sputniknews.com/korean.ruvr.ru/news/2014_10_21/278988387/)

러시아포커스. 2013.7.18. "'뒤늦은 양병(養兵)'…러시아도 올해 안에 사이버 부대 창설." 아나스타시야 페트로바, 브즈글랴드紙, (http://russiafocus.co.kr/military_and_tech/2013/07/18/42527)

_____. 2015.6.26. "'세계는 사이버전쟁 중' … 러, 스마트 무기 기반 준비태세 강화."(http://russiafocus.co.kr/politics/2015/06/26/47471)

보안뉴스. 2015.7.30. "탐지, 방지 다 어렵게 하는 러시아 새 무기, 해머토스."(http://www.boannews.com/media/view.asp?idx=47236&kind=4)

_____. 2015.11.24. "지난 3년간 7억 달러 훔친 러시아 사이버 갱단들."(http://www.boannews.com/media/view.asp?idx=48645&kind=4)

중앙일보. 2015.6.26. "가장 센 사이버전사 보유 러시아 전력 가장 위협적…중국은 과대 평가된 듯."(http://news.joins.com/article/18108558)

쿠키뉴스. 2015.3.20. "BBC 러시아정부, '사이버 댓글부대' 은밀하고 치밀하게 운영."(http://news.kukinews.com/article/view.asp?arcid=0009257953&code=41111111&cp=nv)

팩트TV. 2015.8.19. "푸틴-러시아 정부 찬양 '댓글부대' 폭로한 '18원 소송'."(http://facttv.kr/facttvnews/detail.php?number=11648&thread=21r07)

Platum. 2013.4.3. "러시아, 초등학교 1학년부터 사이버 안전교육을 정규과목으로!"(http://platum.kr/archives/9153).

제3부

한반도의 사이버 안보: 현황과 과제

제8장

북한의 사이버 안보 역량과 전략

황지환

I. 머리말: 북한의 사이버전 활동

한국에 대한 사이버 공격 활동은 2009년 7월의 디도스 공격 이후 정부 주요인사 스마트폰 해킹까지 다양하게 진행되어 왔다. 사이버전 활동의 특성상 한국에 대한 모든 사이버 공격 활동이 북한에 의한 것이라고 단정할 수는 없다. 하지만, 공격의 대상과, 형태 및 방식 등에서 북한의 대남 사이버전 활동이라고 추정할 수 있는 근거는 많다.

2009년 7월 7일의 디도스 공격 때는 악성코드에 감염된 수만 대의 컴퓨터가 동시에 한국과 미국의 주요 인터넷 사이트 26개를 공격하여 청와대, 백악관, 국정원, 한국의 주요 언론사와 정당 및 포털의 홈페이지 등이 디도스 공격을 받아 서버가 다운되었다. 국가정보원은 이 공격의 배후가 북한과 그 추종세력으로 추정된다고 사건 직후 발표했다. 당시 국정원은 "북한이 한국과 미국을 겨냥한 사이버전에 대비하여 1998년부터 사이버 전담부대인 '기술정찰조'를 확대해 500-600명의 해킹 요원을 운용 중이며 이는 매년 100여 명의 해킹 전문요원을 배출하고 있다"고 밝힌 바 있다(보안뉴스 2009.7.9). 당시 디도스 공격은 한국과 미국을 포함한 여러 국가의 IP 주소에서 시작되었기 때문에 진원지 자체를 하나로 특정하기는 어려운 점이 있었다. 하지만 IP 주소의 특성상 스푸핑(Spoofing: 자신의 IP 주소를 속여서 접속하는 공격)이 쉽기 때문에 실제 공격의 배후를 알아내기는 쉽지 않다. 이에 대해 국가정보원은 10월 말 국회 정보위 국감조사 결과 보고를 통해 7월의 디도스 공격 진원지가 북한 체신청이라고 밝힌 바 있다. 디도스 테러에 사용된 인터넷 주소가 북한 체신청이 중국에서 빌려 사용해 온 것과 동일한 것이라는 근거였다(YTN 2009.10.30).

북한의 사이버 공격이라고 추정되는 사건은 이후에도 여러 차례 발생했다. 2011년 4월에는 악성 코드가 심어진 컴퓨터를 통해 농협 전산망 서버가 파괴되었으며, 2013년 3월에는 APT 공격으로 KBS 등 방송국과 금융사의 내부 시스템 파괴 시도가 발생하기도 했다. 2014년 4월에는 GPS 전파 교란으로 항공기, 함정, 선박 등이 피해를 입기도 했으며, 12월에는 한국수력원자력에 대한 해킹 사건이 발생하기도 했다. 특히 2014년 12월에는 미국의 소니 픽처스 해킹 사건의 배후로 북한이 지목되기도 했다. 2016년 들어서도 1월의 정부인사 이메일 계정을 이용한 외교안보 관련 인사에 대한 해킹 메일 유포, 2월의 철도 운영기관 직원들을 대상으로 피싱 메일을 유포하여 철도관제 시스템에 대한 탈취 시도, 보안소프트웨어 업체의 전자인증서 해킹, 3월의 정부 주요 인사들 수십 명의 스마트폰 공격 및 해킹, 4월의 GPS 교란, 6월의 대기업 SK네트웍스와 대한항공 전산망 침투, 7월의 인터넷 쇼핑몰 인터파크 해킹 등 북한의 공격으로 추정되는 사건들이 다양하게 발생해 왔다.

북한은 물론 한국의 북한 진원지 주장에 대해 강력하게 부인해 왔다. 북한은 2011년 4월의 농협 전산망 해킹, 2013년 3월의 방송·금융 전산망 사이버 테러, 2014년 8월의 서울대 병원 전산망 해킹, 2014년 12월의 한국수력원자력 해킹 등에 대해 "우리에게 사이버 테러의 감투를 씌우고 그것을 구실로 동족 대결 소동을 극대화하기 위한 또 하나의 도발 광대극"이라고 비판했다(로동신문 2016.6.19). 물론 한국에 대한 모든 사이버 공격을 북한에 의한 것으로 단정할 수는 없다. 하지만, 해킹 공격의 중국 선양 경유지 IP, 범행에 사용된 악성코드의 구성과 동작 방식, 협박 이메일의 표현 등을 고려하면, 상당수가 북한이나 북한 추종 세력들에 의한 공격으로 추정된다. 한국 정부는 특히 종합적으로 검토해 볼 때 대부분 북한 정찰총국 소행으로 판단하고 있다

(경향신문 2016.7.28).

　　남북관계가 불안정하고 북한의 핵과 미사일 위협이 가중되는 상황에서 북한의 사이버 안보 역량은 우리에게 또 하나의 커다란 위협요인을 제공해 주고 있다. 미국 역시 소니 픽처스 해킹 사건 이후 북한의 사이버 역량과 공격에 대해 커다란 관심을 가지고 있다(Kim 2015). 이러한 관점에서 이 글은 북한의 사이버 안보 역량과 전략을 살펴보고 한국의 대응 방향을 살펴본다. 북한의 사이버 안보 역량과 전략에 대해서는 그동안 많은 연구가 진행되어 왔다(Jun et al. 2015; Mansourov 2014; 정민경·임종인·권헌영 2016; 김인수·KMARMA 2015; 임종인·권유중·장규현·백승조 2013; 신창훈 2015; 배달형 2015). 이 글에서는 이러한 기존의 연구를 재검토하고 현재 진행되고 있는 북한의 재래식 위협 및 핵 위협에 더하여 북한의 사이버전 위협이 국제정치의 관점에서 어떠한 영향을 미칠 것인지를 고찰한다.

II. 북한의 사이버전 인식과 역량

1. 북한의 사이버전 인식

사이버 공격의 속성상 북한의 사이버 전략을 전쟁 전략의 관점에서 이해하기는 어려운 점도 있다. 이러한 관점에서 일부에서는 북한의 사이버전(cyber warfare) 개념과 사이버 전쟁(cyber war) 개념을 구별해야 한다는 주장도 있다(Mansourov 2014). 이 글에서 북한의 사이버전 개념은 북한이 사이버 공간에서 목표 달성을 위해 행하는 공격 행위를 의미하는 것으로 제한한다. 국가정보원에 의하면, 북한의 김정은 노동당 제1비서는 "사이버전이 핵, 미사일과 함께 인민군대의 무자비한 타격 능력을 담보하는 만능의 보검"이라고 언급하며 사이버전의 중요성을 강조했다고 한다(조선일보 2013.11.5). 김정은은 또한 "적공일꾼들은 비가 오나 눈이 오나 사회주의 제도 옹위의 전초선을 믿음직하게 지켜가고 있다"며 대남 심리전을 크게 격려하기도 했다(로동신문 2013.11.12). 적공부(적군와해공작부)는 조선인민군 총정치국 산하의 대남 심리전을 담당하는 기관으로 적군의 전투 의지를 무력화시키기 위한 선전, 선동, 삐라살포, 유인, 기만활동 등을 하며, 사이버 심리전에 집중하고 있다고 알려져 있다.

북한은 특히 1991년 걸프전쟁 이후 현대전에서 전자전의 중요성을 인식하기 시작하여 조선인민군 총참모부 산하에 '지휘자동화국'을 설치하였고, 각 군단에 '전자전 연구소'를 설치했다고 한다. 또한 2003년 이라크 전쟁에서 미국의 '사막의 폭풍작전'을 보고 첨단 정보기술의 중요성을 인식하며 사이버전 관련 기술을 본격적으로 개발하기 시작했다고 한다. 특히 함흥컴퓨터기술대학 강좌장을 역임한 것으로 알려진 김흥광에 따르면, 김정일은 당시 "지금까지의 전쟁이 총알전쟁, 기름전쟁이었다면 21세기 전쟁은 정보전"이라고 말하며, "누가 평소에 적의 군사기술 정보를 더 많이 장악하고 있는가, 그리고 전장에서 적의 군사지휘 정보를 얼마나 강력하게 제어하고, 자신의 정보력을 충분히 구사할 수 있는가에 따라 전쟁의 승패가 좌우된다"고 강조한 것으로 알려져 있다(김흥광 2011). 이러한 관점에서 북한은 "최첨단 과학기술 수단의 하나인 컴퓨터가 자본주의 나라에서 사람들에게 불안과 공포를 주는 파괴무기가 되고 있다"며 "특히 사이버 테러는 일반적인 현상으로 자리 잡았다"고 언급하며 사이버 공간에서의 위협과 공격에 관심을 가지기 시작했다(로동신문 2013.4.12).

김정일은 "인터넷은 국가보안법이 무력화되는 특별한 공간"이라
며 한국 내 사이버 공간 공략의 교시를 내린 것으로 알려져 있으며(주
간조선 2013.4.1), 2009년에는 "사이버 부대는 나의 별동대이자 작전
예비전력"이라며 사이버 공격력을 대대적으로 증강할 것을 지시했다고
전해진다(동아일보 2013.3.21). 이러한 노력을 반영하듯 2009년 이후
북한 언론에서 전자정보전, 컴퓨터 네트워크전, 심리전, 정보전 등의
용어가 급속하게 증가되었다고 한다(Mansourov 2014).

2. 북한의 사이버 안보 능력

그동안 북한이 사용했던 것으로 알려진 사이버 공격 방식은 분산서비
스 거부 공격(DDos, 디도스), 맬웨어(Malware), 봇넷(Botnets), 지능
형 지속가능 위협(APT) 등 다양하다. 디도스는 불특정 다수의 컴퓨터
에 악성코드 등 공격 도구들을 먼저 몰래 심어놓고 이들 컴퓨터들이
동시에 목표물에 엄청난 양의 명령과 정보를 보내게 하는 방법으로 시
스템을 마비시키는 사이버 공격 방식이다. 맬웨어(malware)는 시스
템 오작동을 일으키는 악성 소프트웨어를 의미하는 것으로 네트워크
가 발달하면서 이메일이나 인터넷을 통해 감염되는 경우가 많아졌다.
봇넷은 인터넷에 연결되어 악성 소프트웨어에 감염된 컴퓨터들의 집
합을 의미하는 것으로 보안이 파괴되어 방어가 되지 않고 제3자에게
권한이 양도된 컴퓨터들이다. ATP는 해커가 특정 대상의 네트워크에
접근하여 다양한 보안 위협을 통해 컴퓨터를 장악한 뒤 공격을 가하
여 기밀정보 등을 파괴하거나 탈취하는 것을 의미한다. 다른 한편, 북
한은 본격적인 사이버 공격 방식 이외에도 GPS교란, 전파교란과 같은
비교적 쉬운 방법으로도 한국의 민간과 군에 커다란 혼란을 일으켜 왔

표 1. Technolytics 군 사이버 역량 평가(5점 만점)

국가	역량목적	공격역량	정보수집	역량등급
중국	4.2	3.8	4.0	4.0
미국	4.2	3.8	4.0	4.0
러시아	4.3	3.5	3.5	3.7
인도	4.0	3.5	3.5	3.7
이란	4.1	3.4	3.4	3.6
북한	4.2	3.4	3.3	3.6
일본	3.9	3.3	3.5	3.6
이스라엘	4.0	3.8	3.0	3.6
한국	3.5	3.0	3.2	3.2
파키스탄	3.9	2.7	2.6	3.1

출처: 강정민 외 2012: 1040

다. 실제 GPS 신호는 약한 전파 세기로 인해 작은 재머(Jammer: 전파
교란을 일으키는 장치)로도 쉽게 교란시키는 것이 가능하다고 하는데,
특히 2016년 4월의 GPS 교란이 이런 경우에 해당된다.

미국의 사이버보안 전문기관인 테크놀릭티스 연구소(The Tech-
nolytics Institute)는 2009년 사이버 무기 및 첩보 활동을 하는 160여
개 국가의 군 사이버 역량을 평가하고, 공개된 사이버 공격 사례를 바
탕으로 군 사이버 공격 역량을 산정한 바 있다(Technolytics 2011). 이
에 따르면, 2009년 당시 북한군의 사이버 역량은 〈표 1〉에 나타나고
있는 것처럼 중국, 미국, 러시아, 인도에 이은 5위권이었다. 다른 한
편, 사이버 공격 역량은 〈표 2〉에 나타나고 있는 것처럼 중국, 미국, 이
스라엘, 러시아, 일본, 이란, 인도에 이은 8위권이었다. 북한군의 사이
버 역량은 한국보다 더 높은 수준이었으며, 사이버 공격 역량은 한국
과 비슷하게 평가되었다.

표 2. Technolytics 군 사이버 공격 역량 평가(5점 만점)

국가	공격경험	공격역량 등급	정보수집 경험	역량등급
중국	4.2	3.5	4.2	4.0
미국	4.2	3.6	3.8	3.9
러시아	4.4	3.0	3.2	3.5
인도	3.2	3.5	3.0	3.2
이란	3.4	3.4	3.0	3.3
북한	3.1	3.0	3.0	3.0
일본	3.0	3.3	3.5	3.3
이스라엘	3.8	3.8	3.8	3.8
한국	3.0	3.0	3.1	3.0
파키스탄	3.0	2.9	2.8	2.9

출처: 강정민 외 2012: 1040

다른 한편, 리처드 클라크(Richard A. Clarke)는 〈표 3〉에 나타난 것처럼, 2010년에 각국의 사이버 역량을 공격, 방어, 의존이라는 세 가지 범주에 의해 평가한 바 있다(Clarke 2010). 여기서 공격(Offense)이란 타 국가를 공격할 수 있는 능력을 의미하며, 방어(Defense)는 공격에 대한 저지 및 완화 능력을 의미하고, 의존(Dependence)은 국가 기반시설이 네트워크에 연결된 정도를 의미하여 전산화가 덜 될수록 높은 점수를 부여받는 항목이다(강정민 외 2012: 1041). 클라크는 이 세 가지 분야에 대해 자신의 주관적인 판단에 기초하여 점수를 부여하고 각 분야의 점수를 더하여 각국의 사이버 역량을 평가하였다. 여기서 북한은 중국보다 효과적이고 용이한 방식으로 사이버 공간 연결을 제한할 수 있으며, 공격에 활용될 수 있는 사이버 공간에 연결된 시스템이 거의 없어서 방어 및 의존 점수가 상당히 높았다. 이는 물론 주관적인 평가이며 의존과 방어에 큰 점수를 부여하여 수용하기 어려운 측

표 3. Richard A. Clarke 사이버 역량 평가

국가	공격	의존	방어	총합
미국	8	2	1	11
러시아	7	5	4	16
중국	5	4	6	15
이란	4	5	3	12
북한	2	9	7	18

면이 있지만, 북한의 사이버 능력 성격을 잘 드러내 주고 있다.

국가보안기술연구소 소장을 지낸 손영동 고려대 교수 역시 북한의 사이버 전력을 높이 평가한다. 손 교수는 북한의 사이버 능력을 "세계 3위, 최소 세계 5위 안에 드는 사이버전 강대국"이라며 한국보다 한 단계 높게 평가했다. 그는 특히 "북한은 미국, 러시아, 중국, 이스라엘 수준의 사이버 전력을 갖추고 있다. 사이버전을 위해 양성된 정예 병력만 1000명이다. 이는 세계 최고의 사이버전 능력을 가지고 있는 미국과 똑같은 숫자다. 여기에 비해 우리나라는 최정예라고 부를 수 있는 인력이 많이 잡아야 200명에 불과하다"고 주장했다(주간조선 2013.4.1). 또한 북한의 인터넷 망은 매우 제한적이어서 중국을 통해서 들어가는 망으로만 접속이 가능하기 때문에 사이버전 방어력도 매우 높다고 평가하면서, "북한은 통제된 인트라넷으로 연결되기 때문에 위기 시에는 외부와의 연결고리를 쉽게 끊을 수 있고, 인터넷 의존도가 낮아 사이버 공격을 받더라도 피해가 미미할 것"이라고 설명했다. 이러한 이유로 북한에서 사이버 능력은 김정은의 언급대로 핵, 미사일과 함께 인민군의 3대 수단으로 간주되며, 사이버 전력은 핵·미사일, 게릴라전과 함께 북한의 3대 비대칭 전력으로 평가받고 있다.

북한이 이러한 다양한 사이버 공격 능력을 발전시키는 것은 현대

세계 안보 환경에서 사이버전의 점증하는 중요성을 인식하고 있기 때문이다. 특히 한반도에서 재래식 첨단 무기를 비교하면 북한은 한미 연합 능력에 크게 뒤져 있다고 평가된다. 따라서 북한은 재래식 전력의 열세를 극복하기 위해 핵과 미사일 프로그램과 더불어 사이버 전력에 집중하고 있는 것이다.

하지만, 북한의 사이버전 능력은 일정한 한계를 갖고 있는 것도 사실이다. 북한 내에 인터넷 기반 시설이 부족하여 사이버전 능력을 발전시키는 데 어려움을 가지고 있는 것이 첫 번째 한계이다. 이러한 기반 시설의 한계를 극복하기 위해 중국에 대한 의존성이 큰 것이 장래에 부담이 될 수 있다. 향후 북중 관계가 변화하거나 중국이 대북제재를 강화한다면, 북한의 사이버전 인프라가 상당히 취약해질 가능성도 존재하기 때문이다. 하지만, 북한은 정권 안정 차원에서 국내의 사이버 환경 및 인터넷 시설을 발전시키는 데 한계가 있기 때문에 정권 차원이 아닌 민간 차원의 사이버 능력의 발전을 기대하는 것이 불가능하다.

더구나 북한의 사이버 능력을 제한적으로 이해하는 의견도 존재한다. 한국내에서는 북한의 사이버 공격을 최악의 시나리오로 상정하면서 '사이버 진주만(Cyber Pearl Harbor)'이라고 인식하는 경향이 강하지만, 그 능력을 지나치게 과대평가하는 것에 대한 비판도 존재한다(Lewis 2010). 물론 북한의 사이버 능력은 다른 부분의 국가수준보다는 상당히 발전된 것으로 평가되지만, 그 능력을 지나치게 과대평가하는 경우에 문제점이 발생할 수 있기 때문이다(Mansourov 2014: 3). 미국 역시 대체로 북한의 사이버 공격 위협을 강조하기는 하지만, 이를 전쟁의 관점보다는 테러의 관점에서 대응하는 경향이 강한 것도 이러한 이유 때문이다.

III. 북한의 사이버 안보 조직과 전략

1. 북한의 사이버 안보 조직체계

북한은 1990년대 초반 걸프전쟁 이후 조선인민군 총참모부 산하에 '지휘자동화국'을 설치하고, '전자전 연구소'를 설치한 후 사이버전 능력을 강화하기 위한 노력을 오랫동안 지속해 온 것으로 알려져 있다. 북한은 노동당 통일전선부, 국방위원회 산하 정찰총국, 조선인민군 총참모부 산하 지휘자동화국 등에서 사이버전과 심리전을 담당해 온 것으로 알려져 있다. 최근 이러한 노력은 주로 정찰총국과 총참모부를 중심으로 이루어져 왔다(Jun et al. 2015).

정찰총국은 북한의 해외 사이버 활동을 포함한 대부분의 사이버 능력을 총괄하고 있는 것으로 알려져 있는데, 특히 2014년의 소니 픽처스 해킹 사건이 정찰총국의 공격이라고 전해진다. 그 중에서도 121국인 전자정찰국 사이버전지도국이 그 중심된 역할을 하고 있으며, 110호 연구소로 알려진 컴퓨터기술연구소가 한국 금융기관의 해킹 능력을 보유하고 있다고 알려져 있다. 그 외에도 작전국 414 연락소, 128 연락소 등이 다양한 사이버 능력을 배양하고 있다고 하는데, 몇몇 기관들은 현존 여부가 불투명하다고 주장되기도 한다. 특히 정찰총국은 그동안 국방위원회의 지휘를 받은 것으로 알려져 있었으나, 2016년 6월 말 최고인민회의에서 국방위원회가 폐지되고 국무위원회로 개편됨으로써 사이버 안보 조직에도 변화가 있었을 것으로 예상된다.

정찰총국과 함께 북한 사이버 능력의 또 다른 축은 조선인민군 총참모부이다. 조선인민군 산하 작전국이 작전계획을 담당하고 있는데, 총참모부는 정찰총국처럼 직접적인 사이버 공격을 위한 것은 아니지만,

기존의 군사작전을 지원하는 사이버 작전 능력을 준비하는 것으로 알려져 있다. 총참모부 산하 지휘자동화국은 해킹 및 통신 프로그램 개발을 담당하는데, 31소는 맬웨어 개발을 맡고 있고, 32소는 군사용 소프트웨어 개발을 담당하고, 56소는 군사 지휘 통제 소프트웨어를 담당하고 있다고 한다. 또한 김정은이 언급한 바 있는 적군와해공작국은 선전, 선동, 기만 활동 등을 담당하고 있는 것으로 알려져 있다. 또한, 1980년대 중반에 설립된 전자전국은 모든 전자전과 전자 정보자산 관리를 맡고 있다. 또한 통일전선부는 2012년 대남간첩공작을 담당하는 225국을 흡수하여 '구국전선' 및 '우리민족끼리' 등의 웹사이트를 통해 북한 체제를 홍보하고 한국사회에서 사이버 심리전을 담당하고 있다고 한다.

다른 한편, 북한의 사이버 관련 기술과 산업 발전을 위해 1990년에 설립된 조선콤퓨터센터가 국가 IT 산업의 연구개발 중심 연구소의 역할을 하고 있다. 또한 1986년에 설립된 평양정보센터는 소프트웨어 프로그램을 담당하고 있는 것으로 알려져 있다. 북한은 사이버 능력 함양을 위해 영재학교를 통해 선발된 우수 학생들을 프로그래밍과 컴퓨터 하드웨어를 교육시키는 금성중학교 컴퓨터 영재반에 우선적으로 진학시키며, 졸업 후에는 평양의 지휘자동화대학에 진학시켜 네트워크 시스템 해킹 기술을 집중 교육하는 것으로 알려져 있다.

2. 북한의 사이버 안보 환경

북한의 사이버 안보 환경 및 거버넌스는 2014년 4월 호주전략정책연구원(ASPI: Australian Strategic Policy Institute)이 발표한 보고서의 '사이버 성숙도(cyber maturity)'라는 지표에 잘 나타나 있다(ASPI 2014). 이 보고서는 '사이버 성숙도'라는 지표를 산출하기 위해 1) 거버

표 4. 남북한의 사이버 성숙도(cyber maturity)

	1. 거버넌스			2. 군	3. 디지털 경제 및 사업		4. 사회적 참여		총점
	조직 구조	입법	국제적 참여	사이버 안보 지원 서비스	사이버 공간에서 군의 역할	정부 비즈니스	디지털 경제	대중의 인지도	인터넷 연결도	가중치를 둔 총점
한국	7	6	7	8	7	8	8	9	9	75.5
북한	3	1	2	0	7	1	2	1	1	20.7

넌스, 2) 군(military), 3) 디지털 경제 및 사업, 4) 사회적 참여를 수치화 해 평가하는 방식 채택하였다. 〈표 4〉에서 나타나는 것처럼, 북한의 사이버 성숙도는 한국에 비해 상당히 낮은 것으로 평가된다. 전술한 것처럼 북한의 사이버 능력의 인프라가 크게 떨어지기 때문에 사이버 환경의 성숙도는 한국과 비교할 수 없을 정도로 열악하다. 하지만, '사이버공간에서 군의 역할'에는 남북한의 차이가 없다는 점은 북한의 사이버 환경이 군에 집중되어 있으며, 그 역할도 공격 능력에 가장 우선순위를 두고 있을 것이라는 사실을 암시한다. 따라서 군사적인 측면에서 북한의 사이버 능력에 대한 대응이 시급하다는 점을 잘 말해준다.

IV. 북한의 사이버 전략과 대외관계

1. 북한 사이버 능력의 전략적 속성

1) 비대칭 전략으로서의 안보전략
우선, 북한이 사이버 안보 전략에 초점을 두는 이유는 사이버 공간의 속성상 보복이나 위기 고조의 가능성을 최소화하면서도 한국의 안보 취약성을 공략할 수 있기 때문이다. 북한은 그동안 한미의 재래식 전력에 대응하여 군사적 균형을 맞추어 나가는 데 커다란 어려움을 겪어왔다. 특히 냉전이 종식된 1990년대 이후 이러한 군사적 열세 상황을 극복하기 위해 핵과 미사일 능력에 초점을 두어 왔다. 이러한 관점에서 사이버 능력은 김정은의 언급대로 "핵, 미사일과 함께 인민군대의 무자비한 타격능력을 담보하는 만능의 보검"이 될 수 있을 것이다. 북한의 전략은 기존의 재래식 전력을 상쇄하기 위해 비대칭적(asymmetric), 비정규적(irregular) 군사작전을 강조하기 때문에 사이버 전략은 북한의 안보전략의 관점에서 커다란 도움이 될 수 있다. 특히 북한이 평시에 위기를 고조시키지 않고 한반도의 안정을 뒤흔드는 저강도 분쟁을 야기하는 데 적절한 정책이다(Jun et al. 2015: 11-17).

2) 저비용, 저위험의 안보전략

둘째, 한국의 인터넷 산업이 크게 발전하고 군사적으로도 사이버 기술에 크게 의존하고 있는 상황에서 북한은 사이버 전략을 저비용(low-cost), 저위험(low-risk)의 전략으로 생각하고 있다. 한미에 재래식 공격이 군사적 비용이나 위험성의 측면에서 상당한 부담이 있는 반면, 한미에 대한 사이버 공격은 비교적 효과적인 공격 수단을 제공해 주기 때문이다. 전술한 바와 같이 북한의 사이버 환경은 상대방의 공격에 활용되도록 연결된 시스템이 거의 없기 때문에 방어에 상당히 유리하여 한미에 대해서 비교적 위험부담이 적다고 평가된다. 북한은 한미를 사이버 공격하기 쉽지만, 한미는 북한에 대한 사이버 공격 및 방어가 제한되기 때문이다(Jun et al. 2015: 17-25).

3) 기존 군사전략과의 조화

셋째, 사이버 전략은 북한의 기존 군사전략과 조화되는 측면이 있다. 사이버 전략은 전술한 바와 같이 속성상 비대칭, 비정규적인 전략이기 때문에 기존에 북한이 추구해 온 한반도에서의 군사전략과 호응하는 측면이 강하다. 더구나 전시에도 북한이 추구하는 속전속결 전략과 결합될 수 있기 때문에 기존 군사전략의 연장선상에서 이해될 수 있는 부분이 강하다. 특히 많은 군사전략가들은 북한의 사이버 안보전략이 한미의 C4ISR(Command, Control, Communications, Computers, Intelligence, Surveillance, and Reconnaissance)을 취약하게 만들 수 있다고 인식하고 있다(Jun et al. 2015: 26–34).

2. 북한의 사이버 관련 대외관계

북한은 사이버 능력 개발을 위해 그동안 중국, 러시아, 이란 등과 협력해 온 것으로 알려져 있다. 하지만 최근에는 북한의 사이버 공격으로 의심되는 사건이 늘어나면서 한국 및 미국과 다양한 갈등을 겪고 있다.

1) 북한의 사이버 관련 대외 협력

북한의 대외 사이버 협력의 대표적인 국가는 중국이라고 평가할 수 있다. 북한의 사이버 환경 인프라가 매우 취약하기 때문에 중국은 사이버전과 관련된 서버, 라우터 등 하드웨어를 제공해 왔을 뿐만 아니라 기술교육 등을 통해서도 북한의 사이버전 능력을 지원해 온 것으로 알려져 있다. 중국의 동북지역의 발전하는 사이버 인프라는 인터넷 기반이 취약한 북한이 용이하게 사이버전을 수행할 수 있는 곳이었다. 특히 북한의 사이버전 부대인 정찰총국의 전자정찰국(121국)이 심양을 중심으로 임무 수행을 해 왔다고 알려져 있다(김인수 2015: 137-138).

하지만, 최근 한국 및 미국에 대한 북한의 사이버 공격 능력 및 활동에 대해 중국이 큰 부담을 느끼고 있다는 점이 향후 협력의 변수가 될 수 있다. 특히 성 김(Sung Kim) 미 대북정책 특별대표의 의회 증언에 따르면, 중국은 특히 2014년 말의 소니 픽처스 해킹 사건 이후 북한에 대외 사이버 공격 관련하여 경고 메시지를 보냈다고 한다(Kim 2015).

다른 한편, 북한은 러시아 및 이란과도 긴밀한 사이버 협력을 해 왔던 것으로 알려져 있다. 러시아는 프룬제 군사학교 출신 교수 25명을 파견하여 북한의 사이버 전문가 양성 교육을 지원하였다고 한다. 또한, 러시아의 전자파 공격 기술과 인터넷 통제 기술이 북한에 제공되었다고도 알려져 있다(연합뉴스 2013.10.9; 김인수·KMARMA 2015: 137-138). 이란의 경우에도 북한과의 사이버 기술교류협정을 체결하여 관련 기술을 공유하고 합동 연구 및 학생 교환을 실시하였다고 알려져 있다(김인수·KMARMA 2015: 138).

2) 북한의 사이버 관련 대외 갈등

하지만 북한의 사이버 공격 활동이 증가하자, 특히 북미 간 사이버 관련 갈등이 증가하기 시작했다. 특히 2014년 12월 미국은 소니 픽처스 해킹 사건의 배후로 북한을 지목하였다. 미국은 소니 픽처스 해킹이 표현의 자유를 침해하였다고 조사를 진행하여 북한의 행동이라고 발표하였다. 미국이 북한 소행이라고 발표했던 근거는 2013년 3월의 한국에 대한 사이버 테러 당시 사용되었던 악성코드와 유사한 것이 사용되었으며, 이 악성코드와 북한 관련 IP가 교신했다는 점을 근거로 삼았다(정민경·임종인·권헌영 2016). 미국은 동일보복 조치(retaliation in kind)에 따라 대응하겠다는 방침을 발표하였는데, 마침 3일 후 북한의 인터넷 망이 마비되는 사태가 발생하기도 했다. 또한 2014년 12월 27일에는 북한 3G 이동통신망이 4시간 이상 불통되기도 했는데, 이 것이 미국의 대북 사이버 공격의 결과라는 설이 있었지만, 미국은 이 를 공식 확인하지는 않았다. 미국은 이후 2015년 1월 2일 북한 무기 산업에 대한 금융제재 조치를 발표하면서 '보복의 첫 조치(first step in retaliation)'라고 언급하기도 했다.

미국은 소니 픽처스 해킹 사건의 배후로 북한을 지목한 이후 북한 의 사이버 공격에 대한 관심을 고조시키면서 대북정책에서 핵 및 미사 일, 인권에 이어 사이버 문제에 대해 강조하기 시작했다. 소니 픽처스 해킹 사건 직후 개최되었던 성 김 대북정책 특별대표의 미 하원 외교 위원회 청문회에서도 북한의 사이버 관련 논의는 핵 및 미사일 문제와 함께 중요한 어젠다로 다뤄졌다(Kim 2015). 성 김 대사는 청문회에서 소니 픽처스 해킹 사건이 북한 정찰총국의 소행임을 다시 한번 강조하 면서 미국의 보복 조치를 강력하게 언급하였다.

제임스 클래퍼(James R. Clapper) 미국 국가정보국 국장은 2015 년 2월 26일 상원 군사위원회의 청문회에서 전세계의 위협분석에 대 한 증언에서 북한이 사이버 공격부문에서 이란 등과 함께 매우 예상 하기 어려운 행위자임을 언급하며, 북한의 위협을 강조하기도 했다 (Clapper 2016).

V. 결론 및 정책제언

사이버 영역의 속성상 북한의 사이버 공격을 방어하는 것은 쉽지 않 다. 하지만 향후 사이버 공격이 한국의 안보에 미치는 영향이 점점 더 증대할 것이라는 사실은 분명하다. 따라서 사이버 공격에 대한 국제적 대응경향을 참고하여 북한의 사이버 공격을 방어하려는 다양한 정책을 만들어 나가는 것이 필요하다.

우선, 북한의 사이버 공격은 한국 혼자서 방어하기는 쉽지 않으며, 다양한 국제협력을 추진할 필요가 있다. 북대서양조약기구의 사이버방어센터가 사이버 공격을 억지하기 위해 탈린 매뉴얼을 발간한 것처럼 북한의 사이버 공격에 대응하기 위한 국제규범을 적극적으로 활용할 필요가 있다. 또한 사이버안보 국제회의에서 북한의 공격 사례를 환기시킴으로써 북한이 핵 및 미사일 위협뿐만 아니라 사이버 영역에서도 커다란 안보 위협을 제기하고 있음을 강조할 필요가 있다.

둘째, 북한의 사이버 공격에 대응하기 위한 방법으로서 국제사법재판소에 기소하는 방안도 검토해 볼 필요가 있다(정민경 외 2016: 74). 이는 북한의 사이버 공격에 대한 국제사회의 여론을 환기시키는 데도 커다란 역할을 할 수 있으며, 국제사회의 압력으로 사이버 공격 자체를 억지하는 데도 일정한 효과가 있을 수 있다.

셋째, 북한문제는 그 속성상 정보공유의 한계가 있다. 이는 사이버 영역이 가진 정보 공유의 한계에 더해 북한의 사이버 공격에 대응하는 데 커다란 어려움을 가져다 주고 있다. 이러한 관점에서 정부기관과 민간분야 사이에 사이버 보안과 관련된 정보 공유의 노력이 필요하다. 이는 북한의 사이버 공격에 대한 위협을 사전에 탐지하고, 대응하는 데 반드시 필요한 내용이다.

넷째, 북한의 사이버 공격을 북한의 대외안보전략의 관점에서 분석하고 대응책을 마련할 필요가 있다. 북한의 대외정책은 어느 한 분야에서 독립적으로 진행된다기보다는 여러 분야가 서로 결합된 측면을 보이고 있다. 이러한 관점에서 북한이 기존에 전개해 오고 있던 비대칭적, 비정규적 군사전략이나, 대남 통일전선 전술 등과 연계된 북한의 사이버 안보전략을 분석할 필요가 있다.

참고문헌

강정민 외. 2012. "국가 사이버 역량 평가 방법론 연구." 『정보보호학회논문지』 제22권,
　제5권.
경향신문. 2016. "경찰 '인터파크 해킹 북한 소행 판단'." 『경향신문』 2016.7.28.
김인수·KMARMA. 2015. "북한 사이버전 수행능력의 평가와 전망." 『통일정책연구』 제24권
　제1호.
동아일보. 2013. "北, 영재들 모아 사이버공작원 3000여명 양성." 『동아일보』 2013.3.21.
로동신문. 2013. "조선인민군 최고사령관 김정은 동지께서 제4차 적공일군 열성자회의
　참가자들과 함께 기념사진을 찍으시었다." 『로동신문』 2013.11.12.
로동신문. 2016. "사이버테러 장본인들의 파렴치한 나발." 『로동신문』 2016.6.19.
배달형. 2015. "4세대전쟁 및 비대칭 위협 관점의 사이버전 및 사이버심리전 발전방향."
　『전략연구』 제22권 1호.
보안뉴스. "국정원, 'DDoS공격 배후, 북한과 그 추종세력으로 추정' 발표." 『보안뉴스』
　2009.7.9.
신창훈. 2015. "북한의 사이버 공격과 위협에 대한 우리의 대응: 2014년 11월 소니(Sony)
　사건의 교훈." 아산정책연구원 Issue Brief 2015-5(April 2015).
연합뉴스. 2013. "북한의 사이버전 능력과 위협 전망." 『연합뉴스』 2013.10.9.
월간조선. 2011. 김흥광, "북한의 정보전 전략과 사이버 전력: 돈 없는 북한의 최후 선택
　사이버 전쟁." 『월간조선』 2011년 6월호.
임종인·권유중·장규현·백승조. 2013. "북한의 사이버전력 현황과 한국의 국가적 대응전략."
　『국방정책연구』 제29권 제4호.
정민경·임종인·권헌영. 2016. "북한의 사이버 공격과 대응방안에 관한 연구."
　『한국IT서비스학회지』 제15권 제1호.
조선일보. 2013. "김정은 '사이버전은 만능의 보검' 당 산하에 7개 해킹조직 1700명."
　『조선일보』 2013.11.5.
주간조선. 2013. "북한 사이버전력 세계 5위권 국가 차원 컨트롤타워 급하다."(손영동 전
　국가보안기술연구소 소장 인터뷰) 『주간조선』 2250호 2013.4.1.
YTN. 2009. "DDos 테러 진원지는 북한 체신청." 『YTN』 2009.10.30.

ASPI. 2014. "Cyber Maturity in the Asia-Pacific Region 2014." April 2014.
Clapper, James R. 2016. "Opening Statement on the Worldwide Threat Assessment."
　Hearing before Senate Armed Services Committee, Feb 9, 2016.
Clarke, Richard A. 2010. "Cyber War: The Next Threat to National Security and What to
　Do About It." Copyrighted Material.
Jun, Jenny, Scott Lafoy and Ethan Sohn. 2015. "North Korea's Cyber Operations: Strategy
　and Responses." A Report of the CSIS Korea Chair, (Washington, DC.: CSIS, December

2015).

Kim, Sung. 2015. Special Representative for North Korea Policy, "The North Korean Threat: Nuclear, Missiles and Cyber." Testimony before the House Foreign Affairs Committee, Washington, DC. January 13 2015.

Lewis, James. 2010. "Speak Loudly and Carry a Small Stick: The North Korean Cyber Menace." 38 North, September 7 2010.

Mansourov, Alexandre. 2014. "North Korea's Cyber Warfare and Challenges for the U.S.–ROK Alliance." Academic Paper Series (Korea Economic Institute of America, December 2014).

Technolytics. 2011. "Cyber Commander's eHandbook version 2.0." Technolytics.

제9장

한국의 사이버 안보 전략과 외교[*]

김상배

[*] 이 장의 제3절과 제4절은 김상배(2017). "사이버 안보의 주변4망(網)과 한국: 세력망의 구조와 중견국의 전략." 『국제정치논총』, 57(1)의 일부 내용을 수정 보완하여 작성하였음.

I. 머리말

사이버 안보의 문제가 전통안보의 문제만큼이나 중요한 국가안보의 사안으로 새롭게 조명받고 있다. 글로벌 차원에서 벌어지는 해커들의 사이버 공격이나 이를 방지하기 위한 국제협력의 필요성에 대한 세계 각국의 관심도 점점 더 커지고 있다. 한국의 입장에서 보면 사이버 안보의 문제는 추상적인 위협과 대응의 문제가 아니라 엄연히 실재하는 위협이 아닐 수 없다. 그도 그럴 것이 최근 북한의 소행으로 추정되는 사이버 공격이 늘어나면서 이러한 위협이 일단 유사시에 재래식 전쟁이나 핵전쟁의 시나리오와 결합되면 무슨 일이 벌어질까 하는 우려를 낳고 있기 때문이다. 그런데 사이버 공격은 잘 알려지지 않은 컴퓨터 바이러스나 악성코드를 사용할 뿐만 아니라 그 공격의 수법도 점점 더 교묘하게 바뀌고 있어 단순히 기술적으로 방어벽을 쌓는 것만으로는 막아내기 어렵다. 이러한 맥락에서 군사적인 차원에서 방어와 억지의 역량을 구비하고, 좀 더 넓은 의미에서 추진체계의 정비와 법제도적 여건을 정비하려는 노력들이 활발히 이루어지고 있다.

이와 더불어 주변국들과 사이버 공격 관련 위협 정보를 공유하고 더 나아가 글로벌 및 지역 차원에서 협력하기 위한 체제도 가동되고 있다. 사이버 위협에 대한 방어와 억지 역량의 구축이나 추진체계 정비와 법제정의 노력만으로 초국적 사이버 공격에 대한 대응 방안을 충분하게 마련하기 어렵기 때문이다. 사이버 안보 분야의 기술구조적 특성상 기술·전략과 제도·법을 통해서 구축된 '그물망 방패'는 아무래도 빈틈이 있을 수밖에 없다(Deibert 2013). '버추얼(virtual) 창'을 떠올리게 하는 사이버 공간의 보이지 않는 공격을 막아내기 위해서는 국제적인 차원에서 관련 주체들의 협력과 공조가 필요하다. 이러한 관

점에서 볼 때, 여태까지 일국적 차원의 대응체계를 마련하는 데 주안
점을 두었던 한국의 대응 방안도 이제는 좀 더 적극적으로 미국, 중국,
일본, 러시아 등과 같은 주변국들과의 협력을 벌일 필요가 있다. 이러
한 모색의 과정에서 관건이 되는 것은 주변국들과 정보공유체계를 만
들고, 사법공조를 위한 외교적 노력을 펼치거나, 사이버 안보의 국제
규범 형성에 참여하고, 국제사회에 호소하고 도움을 요청하는 외교적
역량의 발휘이다.

사실 인터넷의 보급이 매우 미미하여 보안 층위를 크게 중시하지
않던 초창기에는 컴퓨터 보안이나 정보보호는 컴퓨터 전문가나 소프
트웨어 엔지니어들의 몫이었다. 그러나 최근 사이버 안보는 여러 가지
면에서 명실상부하게 국제정치학의 핵심 논제가 되었다.[1] 컴퓨터 해킹
기술이 빠르게 확산되면서 사이버 공격이 물리적 공격만큼 큰 재난을
야기할 가능성을 인식하고 이를 방지하기 위한 국가 간 또는 국제기구
차원의 협력이 모색되고 있다. 최근 새로운 틀을 모색하고 있는 글로
벌 인터넷 거버넌스의 과정에서도 사이버 안보는 가장 논쟁적인 어젠
다 중의 하나이다. 최근 사이버 안보 문제는 21세기 세계패권을 놓고
다투고 있는 미국과 중국 양국관계에 중요한 현안으로서 거론되기에
이르렀다. 특히 양국은 해킹과 도청 등의 문제를 놓고 갈등의 싹을 점
점 키워가고 있다. 사이버 안보는 최근 나타난 신흥이슈임에도 전통적
으로 미중 관계를 지배해 온 분야 못지않게 양국의 국가안보를 위협할

---

1   이 글은 사이버 안보의 세계정치와 국가전략에 대한 논의를 펼침에 있어서 주로 (국제)
정치학의 시각을 취하였다. 따라서 기술·전략이나 거버넌스·법에 대한 논의를 하더라
고 그러한 대응방안들이 지니는 권력적 함의와 국가전략적 의미를 드러내려는 시각을 취
하고 있다. (국제)정치학의 시각에서 사이버 안보를 보는 국내연구로는 이상현(2008), 최
인호(2011), 조현석(2012), 장노순·한인택(2013), 김상배(2014a: 제11장; 2014b; 2015a;
2015b; 2015c; 2016), Kim(2014), 민병원(2015), 장노순(2016) 등을 참조하기 바란다.

수 있는 문제로 간주되고 있다.

한국은 이른바 '인터넷 강국'으로서 첨단 정보통신 기기와 글로벌 최고 수준의 인터넷 인프라를 자랑하지만, 북한의 사이버 공격 앞에서는 취약하다. 북한의 사이버 공격을 막기 위한 역량을 키우는 것은 중요한 과제가 아닐 수 없다. 그렇지만 사이버 안보의 게임은 기본적으로 공격이 방어의 우위에 서는 게임이다. 아무리 훌륭한 방어 기술과 전문 인력을 갖추고 있고, 또한 이를 지원하는 법제도를 구비하더라도 사이버 공격의 목표가 되는 빈틈을 모두 막을 수는 없다. 따라서 사이버 공간의 안보를 확보하기 위해서는 기술적·제도적 조치만으로는 안되고 주변의 관련 국가들과의 협력을 통해서 문제를 정치적·외교적으로 풀어나가려는 노력이 병행되어야 한다. 이러한 맥락에서 이 글은 사이버 안보 분야에서 한국이 모색해야 할 국제안보 및 외교전략의 방향과 이 분야에서 부상하고 있는 국제규범 형성에 참여하는 과정에서 해결해야 할 과제들을 살펴보았다.

이러한 문제의식을 가지고 볼 때, 현재 한국은 사이버 안보의 전략과 외교를 모색하기 위한 세 가지 과제를 안고 있다. 첫째, 지속되는 사이버 위협에 대응하여 사이버 안보 관련 기술을 개발하고 인력을 양성하려는 노력을 기울일 뿐만 아니라 이를 효과적으로 뒷받침하는 추진체계와 법제도를 정비할 과제를 안고 있다. 이러한 고민과 맥을 같이 하여 최근 다양한 대응방안이 검토 또는 모색되고 있다. 예를 들어, 2014년 말 한국수력원자력(이하 한수원) 사태와 소니 영화사에 대한 북한의 해킹 사건(이하 소니 픽처스 해킹 사건) 이후 2015년에 접어들면서 청와대 안보특보의 임명, 사이버안보비서관의 신설 등을 포함하여 사이버 안보 추진체계가 정비되었고, 다양한 기술개발과 인력양성을 위한 재정적·제도적 지원책들이 논의되었다. 또한 북한의 해킹 공격을 국가안보에 대한 중대한 위협으로 보고 이를 억지하기 위한 능력을 확보하려는 고민도 깊어 가고 있다. 그러나 전 세계적으로 가장 높은 사이버 공격의 위협에 처해 있음에도 불구하고 사이버 안보 관련 법규 제정이 난항을 겪고 있는 현실은 한국 정치사회가 안고 있는 아이러니컬한 문제가 아닐 수 없다.

둘째, 사이버 방어가 지니는 기술적 난제를 보완하는 차원에서 미국, 중국, 일본, 러시아 등 주변4망(網) 국가들과의 협력과 공조체제를 구축할 과제를 안고 있다. 전통적인 한미동맹을 염두에 둘 때 사이버 안보 분야에서도 한미 간에는 밀접한 협력이 필요함은 물론이다. 그러나 북한과 특수한 관계에 있는 중국과의 협력도 사이버 공격의 진원지를 색출하고 북한에 외교적 압력을 넣는다는 차원에서 필수적이다. 최근에는 사이버 안보 분야에서 갈등의 양상을 보이고 있는 미중 사이에서 한국은 어떠한 노선을 취해야 할까? 또한 미국의 아태전략과 동아시아 지역의 사이버 협력 사이에서 한국이 취할 수 있는 선택지는 무엇일까? 좀 더 구체적으로는 사이버 안보 분야에서 일본이나 러시아와 같은 주변 국가들과의 관계는 어떻게 풀어나가야 할까? 이런 점에서 사이버 안보의 주변4망의 이해관계와 세력구도를 제대로 읽고 그 속에서 한국이 차지하는 위상과 역할을 파악하는 일은 시급한 과제가 아닐 수 없다.

끝으로 사이버 안보 분야 국제규범 형성에 적극적으로 참여하여 중견국으로서 한국의 외교적 역량을 발휘하는 과제를 안고 있다. 최근 사이버 안보 논의의 장으로 크게 주목받고 있는 유엔 군축 및 국제안보 위원회 산하 정보보안 관련 정부전문가그룹(GGE)의 활동뿐만 아니라 사이버공간총회와 같은 선진국들의 정부 간 협의체, 그리고 글로벌 인터넷 거버넌스를 주도해 온 ICANN(Internet Corporation for

Assigned Names and Numbers)의 틀에 이르기까지 다층적으로 작동하고 있는 사이버 규범의 모색 과정을 예의주시하고, 그러한 다층적 구조 속에서 한국이 차지하는 위상과 그에 적절한 역할을 찾는 노력이 필요하다. 특히 미국과 서구 국가들로 대변되는 서방 진영과 러시아, 중국 등의 비서방 진영 사이에서, 그리고 선진국 클럽과 개도국 그룹 사이에서 한국이 중견국으로서의 외교적 역할을 적극적으로 수행할 가능성은 얼마나 있을지에 대한 본격적인 고민이 필요하다.

이 글은 크게 세 부분으로 구성되었다. II절은 사이버 위협에 대한 한국의 인식과 이에 대응하기 위해서 펼치는 기술개발과 인력양성 및 전략개발의 문제, 그리고 이러한 연속선상에서 현재까지 추진된 사이버 안보의 추진체계와 법제정을 둘러싼 논란 등을 살펴보았다. III절은 사이버 안보 분야에서 진행되고 있는 주변국들의 협력과 갈등의 현황, 그리고 이에 대처하는 한국의 외교적 과제를 살펴보았다. 북한의 사이버 공격과 한미동맹의 과제, 북중 변수와 미중 사이 한국의 딜레마, 미국의 아태전략과 한일 사이버 협력, 한중일 사이버 협력과 동아시아 담론, 미러경쟁과 중러협약 사이의 한국 등의 주제들을 검토하였다. IV절은 사이버 안보 분야에서 다층적으로 진행되고 있는 국제규범 형성의 움직임과 그 안에서 엿보이는 갈등과 협력의 동학, 그리고 이 분야에 참여하는 과정에서 제기되는 과제들을 중견국 외교론의 시각에서 살펴보았다. 맺음말에서는 이 글에서 제시한 한국의 사이버 안보 전략과 외교에 대한 주장을 종합·요약하고 이러한 과제를 해결하는 것은 21세기를 헤쳐 나가는 미래 국가전략의 사안임을 강조하였다.

II. 사이버 안보의 인식과 역량 및 제도

1. 사이버 위협에 대한 인식

최근 글로벌 및 동아시아 차원에서 사이버 안보에 대한 관심이 정책서
클뿐만 아니라 학계와 대중 사이에서도 크게 늘어나고 있다. 한반도
에서도 2010년대로 접어들면서 북한의 소행으로 추정되는 사이버 공
격이 지속적으로 발생하고 있다. 크게 밝혀진 것만 보아도 2009년 7
월 7일 7·7 디도스 공격, 2011년 3월 4일 3·4 디도스 공격, 2011년 4
월 12일 농협 전산망 해킹 사건, 2012년 6월 9일 중앙일보 해킹 사건,
2013년 3월 20일 3·20 방송·금융사 침입 사건, 2013년 6월 25일 6·
25 디도스 공격 등이 있다. 가장 최근에 사이버 안보에 대한 국내의
관심을 증폭시킨 사례로는 2014년 12월 한수원에 대한 해킹 사건이
있었다. 이상의 사이버 공격들은 한국의 공공기관이나 금융사 및 언론
방송사 등의 전산망에 존재하는 빈틈을 노리고 수십만 대의 좀비 PC
를 동원하여 분산서비스거부(DDoS, 디도스) 공격을 벌이거나 좀 더
교묘하게 이루어지는 지능형지속위협(APT) 공격을 가하는 방식으로
이루어진 것으로 알려졌다.[2]

　한반도 밖에서도 2014년 11월에 발생한 소니 픽처스 해킹 사건
으로 북미 간에 긴장감이 감돌았다. 미국은 북한의 소니 픽처스 해킹
을 자국의 국가안보에 대한 중요한 도전으로 간주하고 즉각적인 반응
을 보였다. 오바마 대통령은 북한의 해킹 공격을 '사이버 반달리즘'이

2　북한의 사이버 공격 역량에 대해서는 탈북 컴퓨터 공학자인 김흥광의 증언(김흥광,
　 2011)과 임종인 외(2013), Mansourov(2014), 그리고 최근 미국의 CSIS(Center for Stra-
　 tegic and International Studies)에서 나온 보고서인 Jun et al(2015)을 참조하기 바란다.

라고 비판하며 이른바 '비례적 대응'을 천명했다. 이후 북한의 인터넷 접속이 전면 불통되고 이동통신망이 마비되는 일이 벌어졌으며, 북한에 대한 금융제재를 위한 행정명령이 내려지기도 했다. 이런 와중에도 미국은 중국 해커들에 의한 자국 정보인프라와 지적재산에 대한 공격에 맞서 단호한 대응의 자세를 보였다. 게다가 미중 양국은 모두 사이버 안보와 관련된 국내법을 제정하려는 움직임에도 박차를 가하고 있어 그 경쟁의 양상이 21세기 패권경쟁의 한 단면을 보는듯한 모습으로 발전하고 있다. 사이버 안보 분야의 특성상 제한된 정보만이 공개되고 있음에도, 현재 미국과 중국 사이에서 보이지 않는 사이버 공방이 벌어지고 있는 것을 미루어 짐작하는 일은 어렵지 않다.

이러한 일련의 사태 전개 속에서 한국 정부는 북한의 사이버 공격을 심각한 위협으로 인식하고 있다. 정부는 통일부 대변인 성명을 통해 "북한이 다양한 경로를 통해 한수원 관련 자료를 절취한 후 우리 국민의 생명과 안전을 볼모로 원전을 파괴하겠다고 위협하고 관련 자료를 여러 차례 나누어 공개함으로써 우리 사회의 혼란을 야기하려 한 것은 우리 안보에 대한 명백한 도발"이라는 수사결과를 발표했다. 정부는 "이번 사건을 포함해 북한이 우리와 국제사회에 대해 사이버 테러를 지속적으로 감행하고 있는 것에 대해 규탄하며 즉각 중단할 것을 촉구한다"고 밝혔다. 이에 앞서 정부 합동수사단은 한수원 공격에 쓰인 악성코드가 북한 해커 조직이 쓰는 것과 구성 및 동작 방식이 비슷하고 범행에 사용된 IP가 북한과 연관된 점 등을 들어 이 사건이 북한 해커조직의 소행으로 보인다는 내용의 중간 수사결과를 발표한 바 있었다(아주경제 2015.3.17). 이러한 위협인식은 그 후 사이버 공격에 대한 체계적인 대응 및 대비 체제를 갖추는 차원에서 사이버 안보비서관의 신설로 이어지기도 했다.

북한의 사이버 위협에 대응하는 한국 정부는 기술적인 대책을 포함하여 동원 가능한 모든 수단과 방법을 적절히 원용하겠다는 입장을 취하고 있다. 특히 사이버 공격이 갖는 기술적 특성이나 한반도 및 동북아의 지정학적 특성을 고려할 때, 주변국가 및 국제사회와의 긴밀한 협력이 필요하다는 인식을 갖고 있다. 예를 들어, 한수원 사태가 발생하기 1년여 전인 2013년 10월 서울에서 열린 사이버공간총회 개회식 축사에서 박근혜 대통령은 "인터넷 환경이 발달할수록 개인정보 유출과 스팸, 악성코드 유포를 비롯한 사이버 보안에 대한 위협도 갈수록 커지고 있다"며 "사이버 공간의 개방성을 최대한 보장하면서도 이런 위험을 방지할 수 있는 국제적 규범과 원칙을 함께 만들어야 한다"고 주장했다. 또한 "우리가 직면한 이러한 도전과제들은 어느 한 국가 차원을 넘어 전 세계가 함께 글로벌 협력과 네트워크를 통해 해결책을 찾아야 할 것"이라며 "이번 서울총회를 계기로 사이버 공간의 건전한 발전을 위한 국제협력과 행동을 구체화하게 되기를 기대한다"고 말한 바 있다(경향비즈 2013.10.17).

2. 사이버 방어의 역량과 전략

실질적으로 한국이 취할 수 있는 사이버 공격에 대한 대응의 첫 단계는 기술적인 측면에서 방어의 역량을 강화하는 데 있을 수밖에 없다. 북한의 사이버 공격에 대해서 한국이 선제공격 또는 보복공격 등을 통해서 방어의 효과를 올리기에는 정보 인프라 면에서 너무나도 큰 '비대칭적 취약성'이 한국 측에 존재하기 때문이다. 북한에는 공격할 정보 인프라도 없을 뿐만 아니라 자칫 잘못 공격하다가는 물리적 전쟁으로 비화할 가능성이 있는데다가, 한국의 발달된 정보 인프라로 인해 손해 볼 것이 너무 많다. 이런 맥락에서 볼 때, 북한의 사이버 공격에 대처하는 방안의 핵심은 기술적인 차원에서 방패를 짜서 방어력을 키우는 것이다. 그런데 여기서 문제가 되는 것은 그 방패가 '비닐막'이 아니라 '그물망'이라는 데 있다. 이러한 그물망은 아무리 잘 만들더라도 빈틈을 없앨 수 없다. 그럼에도 그물망 방패를 만드는 것 이외에는 딱히 다른 묘책이 없는 상황이라면, 일단은 그러한 방패를 가능한 한 촘촘히 짜서 사이버 공격을 막아내려는 노력을 벌일 수밖에 없을 것이다.

이렇게 사이버 공격을 막아낼 방패를 만들기 위해서 필요한 것은 기술역량의 증대를 위한 재정적·제도적 지원이다. 이러한 인식을 바탕으로 최근 연구개발을 위한 예산지원을 늘리고, 정보보호 산업의 육성을 위한 민간 및 정부 지원사업의 확대를 위한 대책들이 강구되고 있다. 이러한 맥락에서 2015년 6월 22일 공포된 '정보보호 산업의 진흥에 관한 법률안'이 낳을 효과가 기대되고 있다. 이 법률에는 정보보호 제품에 대한 제값주기, 보안성 지속 대가 신설, 가격 대신 성능 중심 제품 선택, 정보보호 투자 기업에 대한 인센티브 제공 등 정보보호 산업을 위한 다양한 경제적 지원책이 담겨 있다. 물론 이 법률만으로 정보보호 산업이 갑자기 활황을 맞으리라는 기대를 하지는 않더라도, 이 조치가 국내 정보보호 시장 확대와 정보보호 산업의 융합 촉진에 크게 기여할 "최소한의 마중물 역할은 해 줄 수 있지 않나"라는 것이 전문가들의 기대이다(디지털타임즈 2015.5.13; 아이티비즈 2015.7.2).

사이버 보안기술 전문가들에 의하면, 그물망 방패의 구축은 크게 세 가지 역량의 증대에 초점이 맞춰져야 한다고 한다. 첫째, 공격을 미리 예측하고 사고 발생을 최소화하는 예방력을 키우는 것이다. 이와 관련해서 이른바 '사이버 보안 인텔리전스 네트워크 기반의 국가 통신망 모니터링 체계'의 구축이 거론된다. 둘째, 해킹 공격 루트에 대해 수사하고 공격자를 확인하는 탐지력을 키우는 것이다. 이는 근원지를 역추적하고 공격자의 신원을 식별하며, 사이버 공격 증거들을 확보하고 공격 원점을 타격하거나 동일한 수준의 목표물에 대해 부수적 피해 없이 동일한 수준의 대응공격을 할 수 있는 능력을 증대시키는 것이다. 끝으로, 공격이 발생했을 때 최단시간 내에 차단하여 피해를 최소화하고 빠르고 원활하게 복구하는 복원력(resilience)을 키우는 것이다. 그동안 보안 분야의 주된 관심과 투자가 사이버 공격을 막거나 예방하는 데 있었다면, 앞으로는 공격을 당하더라도 피해를 최소화하자는 것이다(임종인 외 2013; 전자신문 2013.3.26).

이러한 방어기술의 역량을 강화하는 데 있어 인력양성은 중요한 이슈가 아닐 수 없다. 사이버 보안기술 전문가들은 효과적인 사전 예방과 사후 대응을 위해서는 하드웨어, 소프트웨어, 네트워크, 정보보호, 디지털 포렌식 등의 지식을 두루 갖춘 고도의 전문가가 필요하다고 역설해 왔다. 그러나 현재 국내 상황은 이들 인력이 부족한 상황이다. 다시 말해, "사이버 전사를 양성하기 위한 국가적인 차원의 체계적인 계획이 부족하고 이들에 대한 활용계획과 적절한 대우와 포상정책 또한 없으며, 사이버 전사들을 효과적으로 활용하기 위한 사이버 병과도 없는 상황"이라는 것이다(임종인 외 2013). 민간 영역에서도 주요 기반시설의 보안관리와 정보보호 산업에 종사할 전문 인력 육성의 필요성도 강력하게 제기되고 있다. 그러나 현재는 정보보호 전문기업 대부분이 중소업체 위주로 되어 있고, 대학의 전문인력 배출도 미흡한 상황이다. 이러한 상황을 인식하고 정부는 공공 및 민간 부문에서 이른바 '화이트 해커'로 알려진 사이버 전문인력을 양성하기 위한 대책들을 내놓고 있다(조선닷컴 2015.7.25).

한편, 사이버 공격과 방어 전략을 마련하는 차원에서, 적극적으로 맞받아치는 공격은 아니더라도 상대방이 공격하려고 해도 반격이 두려워 공격하지 못하게 하는 억지력의 보유가 필요하다는 주장이 제기되었다. 최근 냉전기의 핵억지 개념에서 유추한 '사이버 억지' 개념을 원용하자는 것이다(Morgan 2010; Lupovici 2011; Singer and Shachtman 2011; Nye 2011; 2013; 장노순·한인택 2013). 2012년 5월 미 국무부는 이러한 억지 개념에 입각하여 사이버 공격의 배후지를 제공한 국가의 주요시설에 대해서 사이버 보복을 가하거나 또는 그 가능성이 있는 국가에 대해서 사이버 선제공격을 가하겠다고 엄포를 놓은 바 있다. 또한 2014년 12월 북한의 소니 해킹 이후 미국은 북한의 통신망을 마비시키거나 금융제재 조치를 단행한 것으로도 알려졌는데, 이는 복합적인 대응을 통해서 미국에 대한 사이버 공격이 어떠한 보복을 야기할 수 있는지를 보여주려 한 것으로 해석된다. 최근 한국에서도 이러한 사이버 억지의 개념을 원용하는 방안이 거론되고 있다. 그러나 냉전기의 지정학적 핵억지 개념에서 유추한 사이버 억지의 개념을 원용하는 것은 어느 정도까지 가능할 것인가의 문제는 여전히 논란거리이다.

3. 사이버 안보의 추진체계와 법제도

국내 인프라와 정보자산을 대상으로 이루어지는 사이버 공격에 효과적으로 대응하기 위해서는 이상에서 지적한 기술개발과 인력양성 및 억지능력을 뒷받침하는 추진체계의 정비와 관련법을 마련하는 것은 필요하다. 앞서 언급한 바와 같이, 2014년 말 한수원 해킹 사건을 계기로 남북관계뿐만 아니라 북미관계에서도 사이버 안보의 중요성이 크게 강조되면서 사이버 안보 추진체계의 정비가 급물살을 타고 진행된 바 있다. 특히 2015년 들어 청와대는 사이버 보안기술 전문가를 대

통령 안보특보로 임용하여 이 문제의 중요성을 적시하였으며, 이어서
청와대 국가안보실 산하에 사이버안보비서관을 신설하여 청와대가 실
질적인 사이버 안보 컨트롤타워 역할을 수행함으로써 이를 기반으로
공공기관들의 협력체계가 실질적으로 가동할 추진체계를 갖춘 바 있
다. 이러한 추진체계에는 최상위에 위치한 컨트롤타워(청와대 국가안
보실)를 주축으로 국가정보원(이하 국정원), 미래창조과학부(이하 미래
부), 국방부, 경찰청, 검찰청 등이 기타 정부기관들과 협력하는 이른바
'국가사이버안전체계'를 이루었다.

　이러한 추진체계의 운영과 관련하여 국정원의 위상과 역할을 어
떻게 설정할 것인가의 문제는 아직도 해결되지 않은 논란거리 중의 하
나이다. 또한 국무조정실이 관장하는 주요 기반시설 보호체계와 청와
대 국가안보실 주도의 국가사이버안전체계를 조율하는 문제도 지적되
고 있다. 중앙행정기관, 지자체와 주요 기반시설 관리기관의 보안능력
확충을 위해 사이버 보안 전담조직을 신설·확대하자는 안도 거론된
다. 또한 효율적인 민·관·군 사이버위협 정보공유 및 공동 대응체계
를 확립해야 한다는 주장도 제기된다. 이러한 위협정보 공유체계를 구
축하기 위해서는 공공 부문의 대책 마련과 더불어 정부와 민간 부문의
긴밀한 협력이 필요하다. 사이버 안보의 중장기 국가전략을 수립하여
공표할 필요성도 지속적으로 거론되고 있다. 그 동안 정부는 북한의
사이버 공격이 있을 때마다 종합대책, 마스터 플랜, 강화 방안 등의 형
태로 대책을 마련해 왔지만 단기적인 수습 방안에 주안점을 두었던 것
이 사실이기 때문이다.

　한편 사이버 위기 발생 시 체계적이고 효율적인 대응을 위한 법적
근거를 마련해야 한다는 주장도 주기적으로 제기되고 있다. 현재 한국
의 사이버 안보 관련 법제는 대통령 훈령으로 만든 '국가사이버안전관

리규정'이 전부인데, 그나마 사이버 위기가 발생했을 때 상황 전파 등
에 관한 내용만을 다루고 있다는 평가가 있어 왔다. 또한 전자정부법,
정보통신기반보호법, 정보통신망법 등에 사이버 안전 관련 규정이 산
재해 있지만, 이는 일상적인 정보 보호에 중점을 둔 것이어서 사이버
공격에 대응하기에는 역부족이라는 우려도 제기되어 왔다(조선닷컴
2015.7.25). 이러한 법제정의 필요성에 동조하여 국회 차원에서 '국가
사이버테러 방지에 관한 법률안'(서상기 의원 발의), '국가 사이버안전
관리에 관한 법률안'(하태경 의원 발의), '사이버위협정보 공유에 관한
법률안'(이철우 의원 발의) 등이 발의되었지만 국정원의 권력남용이나
프라이버시 침해에 대한 우려 등을 이유로 그 처리가 지연되었다.

　　이러한 사이버 안보 관련 법률 제정 과정에서 관건이 되는 것은
국정원의 위상과 역할이다. 찬성하는 측의 주장은, 1) 국가차원의 사
이버 위기관리 등을 위한 법제가 시급히 요구된다는 점, 2) 현재 사이
버안보마스터플랜과 훈령에 따라 국정원이 실제 컨트롤타워 역할을
수행하고 있는 부분을 법률에 규정함으로써 그 기능을 강화할 수 있
다는 점, 3) 국정원은 국내에서 사이버 공격 등에 대한 분석 및 대응에
있어 최고의 기술력과 노하우가 있다는 점 등을 강조하고 있다. 이에
비해 반대하는 측의 주장은 1) 국정원의 사이버 공간에 대한 통제력
이 과도하게 될 위험이 있다는 점, 2) 국정원의 활동이 민간의 영역에
까지 개입하게 되는 빌미를 제공할 수 있다는 점, 3) 민간과 공공 간의
정보공유 과정에서 개인정보가 유출되어 프라이버시가 침해될 수 있
다는 점 등을 들고 있다(허영호, 2014). 그런데 최근 국정원이 정부 입
법으로 제정을 추진하고 있는 '사이버안보기본법'에는 그 동안 논란이
되어왔던 '사이버위협정보공유센터'를 국정원이 아닌 국무조정실 소
속으로 두는 안이 담겨있다(중앙일보 2016.8.3).

사이버 안보의 추진체계를 정비하고 법제도를 제정할 필요성을 충분히 인정하더라도 그 과정에서 지나친 기술효율성의 논리나 사이버 공간의 군사화 담론으로 경도되거나 국가안보 담론을 과장하고 정파적 이해관계를 투영하여 지나치게 정치화될 가능성은 경계되어야 한다. 다시 말해, 사이버 안보의 국가전략을 모색하는 과정에서 나타날 수 있는 과잉 안보담론(hyper security discourse)의 출현을 경계해야 한다(Hansen and Nissenbaum 2009; Rid 2013). 이런 맥락에서 김상배(2015c)는 네 가지 과잉 안보담론의 위험성을 지적하였다. 첫째, 기술합리성과 효율성의 논리에 지나치게 매몰되는 과잉 안보화, 둘째, 사이버 공간의 활동을 지나친 냉전논리와 군사논리로 이해하는 과잉 군사화, 셋째, 사이버 안보 문제를 지나친 정치적 논리, 특히 국가권력의 논리나 좌우이념의 논리로 몰고 가는 과잉 정치화, 끝으로 국가 행위자들이 벌이는 제로섬 게임의 양상을 과장하는 과잉 현실주의 담론 등이 그것이다. 이러한 과잉담론들은 모두 사이버 안보의 문제가 지니는 복합적인 성격을 간과하고 단순 발상에 입각해서 추진되는 정책들의 소산이라는 것이다.

III. 사이버 안보 주변4망(網) 속의 한국

사이버 안보의 대응 전략을 마련하는 데 있어 국내적으로 기술과 전략 및 법제도 대책을 마련하는 문제를 넘어서 주변 국가들과의 외교적으로 협력하는 것은 중요한 과제이다. 특히 한국의 경우에는 전통적으로 이른바 주변4강(强)으로 불려온 미국, 중국, 일본, 러시아 등과의 양자 및 다자간 협력이 중요한 변수가 될 수밖에 없다. 그러나 사이버 안보 분야에서 이들 네 나라는, 자원권력의 잣대로 본 '강(强)'이라는 표현보다는 네트워크 권력 개념을 원용해서 보는 주변4망(網)으로 파악하는 것이 좀 더 적절하다. 사이버 안보 분야에서 이들 국가들이 생성하는 구조는, 물질권력의 분포로서의 '구조'라기보다는 행위자들의 상호작용이 생성하는 관계구도, 즉 네트워크 구조라고 할 수 있다. 특히 탈(脫)지정학적 공간으로서 사이버 공간을 배경으로 벌어지는 사이버 안보 이슈의 성격을 보건대 더욱 그러하다. 이 장에서는 사이버 안보의 관계구도로서의 세력망(NoP: network of powers)의 내용을 살펴보고, 이 네트워크 안에서 한국이 처해 있는 위상과 역할에 대한 논의를 펼쳐보고자 한다.[3]

1. 한미 사이버 안보 협력의 과제

사이버 안보 주변4망 중에서도 사이버 선진국이자 우방국인 미국과의 기술과 정보공유 및 협력체계를 구축하는 문제가 핵심이다. 2014년 11월 북한의 소니 해킹 사건이 발생했을 때에도 미국이 북한의 소행을 밝혀내는 과정에서 한국의 기술적인 협조가 있었던 것으로 알려져 있다(보안뉴스 2015.7.17), 미국은 사이버 공격에 동원된 수단이 2013년 3월 20일 발생했던 한국의 금융기관과 언론사에 대한 공격 수법과 유사하다는 사실을 밝혀냈는데, 이는 수사단계에서 한미 간에 정보공유가 이루어졌음을 보여준다. 그럼에도 한국은 미국으로부터 충

---

3   이 글에서 탐구하는 사이버 안보의 네트워크 구조에 대한 연구와 맥이 닿는 소셜 네트워크 분석(SNA, social network analysis)을 행한 연구로는 Kim et al(2015)을 참조하기 바란다. Kim et al(2015)은 2009년부터 2014년까지의 동북아 5개국(미-일-중-러-한국) 간의 신뢰구축조치(CBMs)를 중심으로 세력망 구도를 엿보게 하는 작업을 했다.

분한 기술과 정보를 제공받는 것이 원활하지 못하다는 비판이 일각에
서 제기되기도 했다. 한 언론매체에 의하면, "미국 상무부의 산업보안
국(Bureau of Industry & Security)은 미국 내 최고(最高) 해킹 관련 업
체인 이뮤니티가 해킹 프로그램을 한국에 팔 때 반드시 허가를 거치도
록 하고 있다"며, 이는 사이버 전쟁에서 미사일과 같은 무기인 최고급
해킹 프로그램을 한국에게 팔지 못하도록 제한한 것"이라고 주장했다.
한국이 해당 해킹 프로그램을 도입하려면 2-6개월가량 허가를 기다려
야 하는 것으로 알려졌다(조선일보 2015.7.24).

　실무 차원에서 진행되는 한미 사이버 협력의 굴곡과는 별개로 한
미 정상 차원에서는 사이버 안보 분야의 협력관계 구축 및 확대를 위
한 합의가 이루어져왔다. 한미 정상은 두 차례에 걸친 회담에서 사이
버 안보 문제를 논의한 바 있는데, 2014년 4월 한미 정상회담에서는
개방적이고 상호 운용이 가능하며 안전하고 신뢰 가능한 사이버 공간
이라는 공동의 비전을 촉진해 나갈 것에 합의하였다. 2015년 10월 한
미 정상회담에서는 사이버 안보를 포함한 포괄적 동맹관계를 더욱 공
고히 하는 차원에서 청와대와 백악관 사이에 '사이버안보 협력채널'을
신설하고 국제사회에서 사이버안보 관련 국제규범을 선도하기로 합의
하였다. 특히 사이버위협 정보공유, 사이버범죄 수사공조, 군사적 사
이버협력 심화 등의 문제에 대해서 동맹 차원에서 협력하고 사이버 역
량 강화를 위해 공동연구, 교육, 기술협력에 나서기로 했다(연합뉴스
2015.10.17).

　정부 차원에서도 외교부, 국방부, 미래부 등이 주도하는 사이버
안보 협의가 진행되고 있다. 먼저, 외교부 국제안보대사가 참여하는
한미 사이버정책협의회가 2012년 9월 제1차 회의가 열린 이후 2013
년 7월 제2차, 2014년 8월 제3차에 이어서 2016년 6월에는 제4차 회

의를 열어 사이버 안보 등 관련 정책에 대한 의견을 교환하였으며, 국
가 정보통신망 보호, 사이버 공간에서의 신뢰구축조치, 사이버 범죄
대처 방안 및 북한에 의한 사이버 테러 대비 방안 등을 협의하였다. 한
편 국방부 차원에서도 정책기획관급이 참여하는 국방사이버정책실무
협의회가 2014년 2월 제1차 회의가 서울에서 열렸으며, 2015년 2~3월
에는 제2차(워싱턴), 2015년 10월에는 제3차 회의를 갖고 한미 간 공
조체계를 강화하고 사이버 위협 관련 정보를 공유하는 방안 등을 논
의하였다. 이외에도 미래부 차원의 한미 사이버 협의도 진행되었는데,
2013년 양국 정상회담의 합의사항에 따른 후속조치 차원에서 제1차
한미 ICT정책포럼이 2013년 11월 워싱턴에서 열렸으며, 2015년 10월
에는 서울에서 제2차 포럼이 열려 양국의 ICT 정책과 미래 유망기술
교류·협력을 활성화하기 위한 다양한 협력방안 등을 논의했다.

이러한 과정에서 한미 사이버 협력의 쟁점은 북한에 대한 사이버
억지력을 보강하는 차원에서 한미 상호방위조약의 틀 내에 사이버 안
보의 문제를 포함시켜 미국의 이른바 '사이버 우산'을 빌려 쓸 것이냐
의 문제이다. 국내 일각에서는 오프라인 동맹의 경우처럼 온라인에서
도 한미 사이버 동맹을 구축하는 차원에까지 협력을 강화해 나가야 한
다는 주장이 제기되기도 하였다. 그러나 탈냉전 이후 세계정치의 시대
적 상황과 사이버 안보 문제가 지니는 쟁점의 교유한 성격, 그리고 지
정학적 문제가 복합적으로 작용하는 주변4망과의 관계 등을 고려할
때, 한국의 입장에서 한미 사이버 협력을 무조건 동맹 수준으로 격상
시키는 것만이 능사가 아님을 명심할 필요가 있다.

기존 한미동맹의 맥락에서 사이버 협력을 적극적으로 자리매김하
는 것은 맞지만, 이를 정치군사동맹으로서 한미동맹, 그것도 한미 상
호방위조약의 틀에 넣는 것에 대해서는 좀 더 깊은 고민이 필요하다.

한미 사이버 협력은 냉전기의 단순동맹의 틀이 아니라 탈냉전 이후 새롭게 모색되고 있는 복합동맹의 맥락에서 이해해야하기 때문이다. 더욱이 사이버 공간의 복합 네트워크를 바탕으로 해서 발생하는 사이버 안보 분야의 고유한 특성은 양국 간의 협력도 복합적인 시각에서 보게 만든다. 그도 그럴 것이 한미 양국이 재래식 공격이나 핵공격을 받았을 때 서로 돕는다는 것의 의미와 사이버 공격을 받았을 때 서로 돕는다는 것, 그것도 오프라인의 상호방위조약을 준수하는 차원에서 돕는다는 것의 의미는 사뭇 다를 수밖에 없다. 그야말로 협력영역, 협력주체, 협력정도 등이 복합화되는 비대칭 복합동맹이라는 맥락에서 한미 사이버 안보 협력에 접근할 필요가 있다.

이러한 복합동맹의 접근은, 국내 일각에서 제기하는 바와 같이, 한미 사이버 협력을 저층위 협력에서 시작해서 고층위 협력으로 발전시켜 가자는 이른바 기능주의적 접근과는 그 성격이 다르다. 사실 이러한 기능주의적 접근은 이른바 '아시아 패러독스'를 해소하기 위한 방안으로 연성안보 영역의 협력에서 시작해서 경성안보의 협력으로 가자는 '동북아평화협력구상'의 고민과 맞닿는다. 그렇지만 사이버 안보 분야의 협력은 저층위에서 고층위로 나아가는 일방향 모델을 설정할 성질의 것이 아닐 뿐만 아니라, 만약에 가능하더라도 무작정 정치군사 동맹 수준의 고층위 협력모델을 지향할 문제도 아니다. 오히려 다층위에서 복합적인 협력의 틀을 만들어내는 것이 더 유용할 수도 있다. 네트워크 이론에서 말하는 바처럼, 네트워크상에서는 강한 고리(strong ties)만이 능사가 아니라 경우에 따라서는 약한 고리(weak ties)가 더 유용할 수도 있다. 다른 말로 하면 사이버 안보 분야에서는 근접중심성을 강화하는 시도 이외에도 연결 중심성과 매개 중심성의 강화를 복합적으로 고려하는 발상이 필요하다. 이러한 맥락에서 보면,

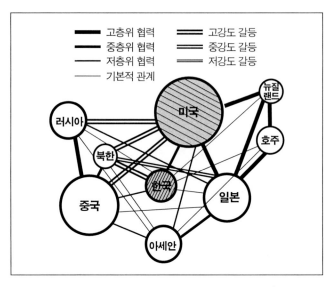

그림 1. 사이버 안보 세력망 속의 한미동맹 (가상도)[4]

한미 사이버 협력은 〈그림 1〉에서 가상도를 그려본 바와 같이, 동아시
아 사이버 안보 세력망의 복합적인 맥락 속에서 그 미래를 설정해야
하는 문제라고 할 수 있다.

---

4   〈그림 1〉은 노드와 링크에 대한 엄밀한 데이터를 대입해서 그린 것이라기보다는 대략의
     데이터를 염두에 두고 직관적으로 그린 가상도이다. 다른 크기의 원으로 그려진 노드들
     은 국가 행위자들을 의미하는데, 군사력이나 경제력, 기술력 등과 같은 대략적인 국력의
     크기를 염두에 두고 그려 보았다. 〈그림 1〉에서 좀 더 중요한 것은 굵기의 차이로 표현
     된 링크의 속성인데, 이는 각국 간에 벌어지고 있는 사이버 안보 관련 협력과 갈등의 정
     도를 표시했다. 사이버 안보 분야의 협력을 고층위, 중층위, 저층위의 셋으로 나누었으
     며, 사이버 갈등도 고강도, 중강도, 저강도의 셋으로 나누었다. 특별한 협력과 갈등의 양
     상을 보이지 않는 기본적 관계는 그냥 실선으로 표시하였다. 아쉽게도 〈그림 1〉에서 링
     크의 길이는, 이른바 근접중심성을 가능한 한 표현하는 방향으로 그렸지만, 평면에 그림
     을 그리는 제약 때문에 이를 엄밀하게 반영하지는 못했다.

2. 미중경쟁의 구도에서 한국의 딜레마

이렇게 복합적 시각에서 한미 사이버 협력의 문제를 풀어나가는 데 있어서 제일 큰 고민거리는 중국이다(Lindsay et al(eds.) 2015). 최근 미국이 사이버전 능력을 강화하면서 한국과 일본, 호주 등 전통적 동맹국에 사이버 협력을 요청했을 때 한국 정부는 머뭇거리면서 적극적인 참여를 유보했던 것으로 알려져 있는데, "미국과 사이버 동맹을 맺으면 중국이 반발할 것이란 우려 탓에 제대로 판단하지 못했다"는 지적이 제기되었다(조선닷컴 2015.7.24). 북한이 사이버 거점으로 활용하는 국가라는 점에서 중국 변수는 사이버 안보 분야에서도 한국이 무시할 수 없는 변수이다. 전 대통령 안보특보 임종인 교수에 의하면, "2014년 말 한수원 사태 때 정부 합동수사단은 해커의 공격 IP가 중국 선양지역이라는 것을 찾아냈지만 중국 정부의 협조를 얻지 못해 더 이상 수사를 하지 못하고 중단했다. 중국 선양에서 무슨 일이 있었는지 원격 수사를 할 수 있는 역량도 없었고, 중국 정부의 협조를 이끌어낼 만한 사이버 외교력도 부족했다. 그러니 공격의 배후를 북한이라고 '추정'만 할 뿐 증거도 찾지 못하고 더 이상의 후속조치도 취하지 못했다"고 한다(디지털타임즈 2015.5.13).

　　이러한 맥락에서 볼 때, 한중 양국 간 사이버 수사공조와 사이버 안보 협력을 성사시키는 것은 중요할 수밖에 없다. 이러한 외교적 고려에서 진행되는 것은 아니지만, 현재 다양한 채널을 통해서 한중 사이버 협력이 진행 중이다. 그러나 한미 사이버 협력의 경우와는 달리 군사적 차원보다는 미래부가 중심이 되어 기술·경제적 협력의 형태를 띠고 있다. 예를 들어, 2015년 10월 중국 베이징에서 미래부와 중국의 공업신식화부(공신부)는 '한중 사이버보안 국장급 협력회의'를 개최했

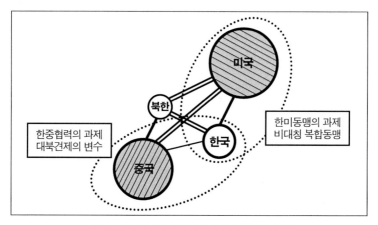

그림 2. 한미동맹과 한중협력 사이의 한국(가상도)

는데, 이는 2014년 10월 미래부와 공신부가 체결한 '사이버보안 협력 강화를 위한 양해각서'의 실질적 이행을 위해 첫걸음을 떼는 자리로서, 사이버 보안 정책, 사이버 침해사고 대응 및 정보공유, 주요 기반시설 보호, 보안산업 진흥 등 주요 정책과 공동 관심 현안에 대한 협력 강화방안을 논의했다. 한편 2015년 12월에 열린 제3차 한중 ICT협력 장관급 전략대화에서도 해킹 등 인터넷 안전에 위협이 되는 정보를 공유하고 대처하기 위한 플랫폼 구축에 합의했으며, 사이버 위협에 대한 대응력을 높이기 위해 사이버 위협 관련 URL, IP, 악성코드 샘플 등 구체적 정보도 공유하기로 했다.

현재 미국과 중국이 사이버 안보 분야에서 갈등하고 경쟁하는 상황에서 한국은, 〈그림 2〉에서 보는 바와 같이, 한미동맹과 한중협력의 사이에서 형성되는 이 분야의 구조적 조건을 파악하고 그 안에서 전략적으로 적절한 위치를 설정해야 하는 과제를 안고 있다. 그러한 과제가 쉽지 않은 것은 두 강대국 사이에서 중견국 외교의 딜레마가 발생할 가능성이 있기 때문이다. 예를 들어 한국은 사이버 안보 분야에서 경합하는 미국과 중국의 상이한 기술표준 사이에서 기회와 도전을 동시에 경험할 가능성이 있다. 중국이 사이버 안보 분야에서 기술표준의 공세를 벌일 경우 마이크로소프트의 운영체계와 인터넷 익스플로러, 시스코의 네트워크 장비 등과 같은 미국의 기술표준에 크게 의존하고 있는 한국은 어떠한 결정을 내려야 할까? 실제로 이와 유사한 사태가 2014년 초 중국의 통신업체인 화웨이로부터 한국의 정보통신기업인 LG 유플러스가 네트워크 장비를 도입하려 했을 때 미국이 나서서 만류했을 때 나타난 바 있다. 이러한 상황은 양국의 인터넷 관련 정책과 규제제도, 즉 인터넷 거버넌스 상의 차이와 관련하여 미국의 민간 주도 모델과 중국의 국가 개입 모델 사이에서 한국이 어떠한 선택을 해야 하는 상황을 창출할 수도 있다. 더 나아가서는 글로벌 인터넷 거버넌스와 과정에서 나타나고 있는 양국의 입장 사이에서의 고민으로 발전할 수도 있다.

3. 아태 지역동맹과 동아 지역협력 사이의 한국

미국이나 중국 변수와 함께 한국이 사이버 안보 분야의 국제협력을 고민하는 데 있어서 빼놓을 수 없는 변수가 일본이다. 그런데 일본은 그 특성상 최근 사이버 안보 분야에서도 협력체계를 갖추어 가고 있는 미일동맹의 맥락에서 보아야 한다. 미국과 일본은 2015년 4월 양자동맹을 사이버 공간과 우주까지 확대하는 방위협력지침 개정안을 발표하였다. 2015년 5월 공개된 미일 양국의 공동성명에 의하면, 미국은 군사 기지와 사회 기반시설에 대한 사이버 공격에 대처할 수 있도록 일본을 지원하기로 했다. 이밖에도 미일 간에 사이버위협안보그룹의 설치, 사이버 합동훈련 실시, 사이버 훈련 기술협력과 인적교류 등에 이르기까지 다양한 협력과 공조가 진행 중이다(Lewis 2015).

이러한 미일동맹의 변화는 미국이 사이버 안보를 포함하여 새로이 강화하고 있는 아태 지역동맹 전략의 연속선상에서 이해해야 한다. 2015년 5월 애슈턴 카터(Ashton B. Carter) 미 국방장관은 기후, 북한, 사이버 안보 등 불안정 요인들을 예시하며 군사·경제 차원에서 한국, 일본, 호주, 인도, 필리핀, 베트남, 말레이시아 등 역내 동맹 및 파트너 국가들과의 협력강화를 통한 재균형 정책의 실천의지를 표명한 바 있다(한국일보 2015.6.4). 2015년 7월 마틴 뎀프시(Martin. E. Dempsey) 미 합참의장은 '2015 군사전략보고서'를 통해 러시아, 이란, 북한, 중국 등 4대 위협국을 거론하며, 나토, 호주, 일본, 한국과 같은 파트너들과의 '하이브리드 분쟁'에 대한 억지와 대응을 강조하였다. 특히 북한에 의한 핵과 미사일 위협뿐만 아니라 한국과 일본, 미국 본토에 대한 사이버 공격에 대한 강력한 대응을 언급하였다(문화일보 2015.7.2). 이러한 맥락에서 미국은 일본 이외에도 호주와도 사이버 협력을 진행하고 있는데, 2011년 9월 '호주·미국 국방·외무장관 합동회의(AUSMIN)'에서는 양국이 미·호 동맹을 무역 및 개발 분야까지 포괄하는 다원적 동맹으로 발전시키고 사이버 공간까지 범위를 확대시키기로 합의하는 공동 선언문을 발표한 바 있다.

이렇게 강화되고 있는 미국 주도의 아태 사이버 지역동맹의 틀 중에서 상대적으로 가장 미미한 고리는 한일 사이버 협력이다. 현재 동아시아 주변4망의 구도에서 한일관계는 일종의 '구조적 공백(structural hole)'이라고 할 수 있다. 그러나 전통적인 한미관계나 최근 활발해지고 있는 한중관계의 맥락에서 볼 때 일본은 중요한 변수가 아닐 수 없다. 또한 아세안이나 아태 지역공간을 활용한다는 차원에서도 일본이 지니는 의미는 크다. 그러나 2012년 6월 한일 정보보호협정(GSOMIA)을 둘러싼 논란을 보면, 사이버 안보 분야에서의 한일협력에 대한 전망이 그리 밝지 않다. 2016년 3월 워싱턴에서 열린 한미일 3국 정상회의에서도 미일 양국은 GSOMIA 체결 필요성을 거듭 강조했지만, 한국 측은 국내정치의 부담감을 이유로 일본과 거리를 두고 속도를 조절하려는 태도를 보인 바 있다(조선일보 2016.4.4). 그럼에도 2016년 10월 한일 간에 처음으로 사이버정책협의회를 열고 사이버 분야에서의 협력 방안, 사이버 공간상 국제규범 및 신뢰구축조치 등에 대해 의견을 나누는 자리를 마련해 귀추가 주목된다(연합뉴스 2016.10.28).

궁극적으로 한국의 입장에서 볼 때 관건은 이렇게 미국이 주도하는 아태지역 동맹체제의 구축과정에 한미동맹이라는 양자 협력 차원을 넘어서 얼마나 더 적극적으로 참여할 것이냐의 문제일 것이다. 우선은 미국이 주도하여 아태지역에 건설하려는 질서의 성격이 무엇인지를 정확히 이해할 필요가 있다. 유럽지역에서 탈린 매뉴얼(Tallinn Manual)의 사례에서 보는 바와 같이, 미국은 나토와 같은 집단적 자위 모델을 아태지역에 도입하려는 것은 아닌지 예의주시할 필요가 있다. 다시 말해, 탈린 매뉴얼에서 보이는 나토의 실험은 기본적으로는 오프라인 냉전동맹 모델의 온라인으로의 확장이라는 점에서, 만약에 미국이 이러한 나토 모델을 원형으로 하여 아태지역에서 사이버 협력체제를 구축하려 시도한다면 북한과 대치하고 있는 특수한 상황에 처한 한국의 입장에서는 조심스러운 일이 아닐 수 없기 때문이다. 유럽에서 나토가 상정하는 적 개념이 러시아의 사이버 공격이라면 아태 지역에 상정하는 적 개념은 무엇이며, 그리고 대결의 구도에서 한국이 취할 수 있는 입장은 무엇인지에 대한 고민이 필요할 것이다.

그럼에도 한국이 사이버 안보 전략을 모색함에 있어서 아태지역에서의 협력은 중요하지 않을 수 없다. 그리고 실제로 한국은 아태지역 국가들과의 협력을 추진하거나 APEC 차원의 사이버 협력을 주도하고 있다. 예를 들어, 한국과 호주 간에는 사이버 안보 협력이 진행 중인데, 2014년 8월에는 외교부 국제안보대사를 수석대표로 하는 제1차 한-호주 사이버정책 대화를 가졌고, 2014년 4월 한-호주 양 정상이 합의한 사이버 분야 협력 강화의 후속조치로서 아태 지역체제 내에서 협력과 양국 간 국방 사이버 협력, 사이버 범죄에 대한 공동 대응 등의 다양한 의제에 대해 협의하였다. 또한 아태지역 협력 차원에서도 한국은 2011년 9월 제3차 APEC 사이버보안 세미나를 서울에서 개최하였는데, 이는 2008년 처음 한국에서 제안된 세미나로 APEC 역내 경제 협력 국가 간 정보보호 동향 파악 및 정책 공유를 위해 개최되고 있다. 한편 2015년 9월 아태지역 국방 차관급 다자안보협의체인 제4차 서울안보대화(SDD: Seoul Defense Dialogue)에서는 첫 안건으로 사이버 안보를 선정해 논의하기도 했다. 2012년 11월 처음 개최된 서울안보대화는 한반도를 포함한 아태지역 내 안보환경 개선과 다자간 군사적 신뢰 구축을 위해 각국 국방차관이 참여하며 대화를 이어가고 있다.

　　아태지역 국가들이 역내 안정을 추구하기 위해 1994년 출범한 다자간 정치·안보 협의체인 아세안지역포럼(ARF) 차원에서 진행되는 사이버 협력에도 주목할 필요가 있다. ARF에는 아세안 10개국, 아세안 대화상대국 10개국, 기타 아시아 지역 국가 7개국이 회원국으로 가입했으며 2000년대 중반 이후 중국의 적극적 참여와 2010년 미국의 참여로 영향력이 확대되고 있다. 2007년에는 한국의 주최로 ARF 사이버 테러 세미나를 서울에서 개최하였으며, 2012년 제19차 프놈펜 회의에서는 중국의 주도하에 사이버위협에 공동 대처하기 위한 합동 전략개발 협력에 합의했다. 2015년 8월 ARF 외교장관회담에서는 회원국간 신뢰구축을 통해 분쟁을 방지하고, 상호 이해를 제고하기 위해 사이버안보 작업계획(work plan)을 채택했다. 한국도 ARF의 사이버 신뢰구축조치 노력에 적극 부응하여, 2012년 9월 서울에서 관련 세미나를 개최하고, 2013년 9월과 2014년 3월에 개최된 ARF 차원의 사이버 이슈 관련 워크샵 등에 지속적으로 참여하였다.

이상에서 살펴본 아태지역 차원의 사이버 협력 이외에 동북아 지역 차원에서 한중일이 중심이 되어 가동하고 있는 사이버 협력도 주목할 필요가 있다. 사실 역사적으로 볼 때 동북아에서 한중일 3국은 IT장관회의를 통해 협력해온 경험이 있다. 한중일 IT장관회의는 2002년에 모로코에서 제1차 회의가 개최된 이후 2003년에 제주에서 제2차 회의와 2004년에 일본 삿포로에서 제3차 회의가 개최되었고, 2006년 3월에 중국 샤먼에서 제4차 회의가 개최된 바 있다. 그러던 것이 2000년대 후반 3국간 IT협력이 다소 소강상태를 거치고 나서 최근 사이버 위협에 대한 공동대응의 차원에서 협력의 필요성에 대한 논의가 다시 피어나고 있다. 예를 들어, 2014년 10월 베이징에서 사이버 분야의 3국 간 첫 고위급 회의로서 제1차 한중일 사이버정책협의회가 열렸는데, 각국별 사이버 정책 및 제도, 사이버 공간에 적용 가능한 국제규범, 지역적·국제적 사이버 협력, 3국 간 향후 협력이 가능한 분야 등에 대한 논의를 펼쳤다. 제2차 한중일 사이버정책협의회는 2015년 10월 서울에서 열렸는데, 이 회의에서는 사이버 안보 환경, 각국 사이버 전략·정책, 사이버 공간 국제규범 및 신뢰구축조치, 지역적·국제적 사이버 협력, 사이버 범죄·테러 등과 같은 3국간 협력 의제에 대해서 논의했다. 제3차 한중일 사이버정책협의회는 2016년 하반기 일본에서 개최될 예정이다.

이러한 한중일 사이버 협력이 진행되는 과정에서 아세안은 한중일 3국이 적극적으로 고려해야 할 중요한 변수이다. 앞서 살펴본 바와 같이, 아세안은 아태지역 사이버 협력이라는 차원에서 ARF라는 아태지역 프레임을 활용하는 동시에 아세안+3의 동남아시아와 동북아시아를 합한 프레임에서 중요한 축을 담당한다. 한중일 3국 중에서 아세안과의 사이버 협력에 가장 적극적으로 나서는 나라는 일본이다. 일본과 아세안의 사이버 보안 정책협력회의는 2009년부터 시작되었는데, 국장급이 참석하는 '고위급정책회의'와 과장급 및 실무담당자를 대상으로 하는 '네트워크보안 워크숍'과 '정보보호 훈련'으로 나누어 개최되고 있다. 특히 2013년 9월에는 사이버 보안에 관한 장관급회의가 개최되어 사이버 공격에 대한 공동대응을 위한 합의문이 발표된 바 있다. 아세안과 일본은 사이버 공격의 위협에 공동으로 대처하기 위해, 공격을 예지하거나 바이러스 감염을 탐지해 경고를 울리는 시스템을 연계 개발한다는 내용을 골자로 한 공동성명도 발표했다.

이상의 논의를 바탕으로 해서 볼 때, 한국의 사이버 외교가 당면한 쟁점과 과제는, 〈그림 3〉에서 보는 바와 같이, 미국이 주도하는 아태지역 협력체제와 미국과는 상이한 프레임을 짤 가능성이 있는 한중일 사이버 협력이나 동아시아 지역협력의 독자적 움직임 사이에서 어느 정도의 비중을 가지고 두 진영에 관여할 것이냐의 문제이다. 물론 다채널 협력의 틀이 형성되면 더할 나위 없이 좋겠지만, 최근의 경향은 동아태의 지역질서 아키텍처를 어떻게 짤 것이냐의 문제를 놓고 미국과 중국의 영향력이 이면에서 충돌하고 있는 점을 볼 때, 경우에 따라서는 불가피한 선택을 해야만 하는 중견국의 딜레마가 한국에게 닥쳐올 가능성도 없지 않다. 이는 앞서 언급한 바와 같이 미국과 중국의 양자관계 사이에서 전략적 선택을 하는 문제보다도 좀 더 복합적이고 입체적인 차원에서 발생하는 문제가 될 터인데, 미국이 짜는 네트워크

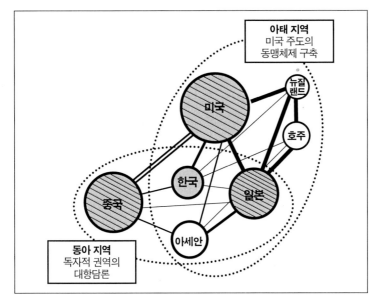

그림 3. 아태 지역동맹과 동아 지역협력 사이의 한국 (가상도)

와 중국이 형성하는 네트워크의 사이에서 한국의 동아태 전략을 설정하는 망제정치(inter-network politics)의 과제가 될 것이다. 이러한 딜레마는 최근 미중 간에 쟁점이 되고 있는 북핵 실험과 사드 미사일의 한반도 배치 문제 등으로 나타난 바 있다.

4. 미러경쟁과 중러협약 사이의 한국

주변4망의 마지막 변수인 러시아는 상대적으로 동아태 지역에서는 존재감이 그리 크지 않다. 이는 러시아가 유럽이나 글로벌 차원에서 미국과 경쟁하면서 세력망의 구조를 형성해가는 주요 행위자라는 사실과 대비된다. 그럼에도 근대 국제정치사에서 러시아가 차지하는 위상과 역할을 고려할 때 동아시아 사이버 세력망에서 빠트릴 수 없는 '약한 고리(weak tie)'임은 분명하다. 동아태 지역에서 러시아가 미미한 변수인 것과는 달리, 다음 장에서 살펴보는 바와 같이, 글로벌 차원에서 진행되는 국제규범 형성과정에서 러시아는 비서방 진영의 리더 역할을 담당하고 있다. 특히 미국과 유럽(특히 나토)에 대해서 각을 세우면서 유럽지역과 유엔(또는 기타 지역기구) 차원의 국제규범 형성의 한 축을 맡고 있다.

이러한 맥락에서 볼 때 주변4망의 한 행위자로서 러시아에 대한 논의는 글로벌 차원에서 벌어지는 미러경쟁의 맥락에서 접근해야 한다. 최근 특히 가시화된 미중 간의 사이버 갈등에 비해서 상대적으로 드러나지는 않지만 미러 간에도 사이버 갈등이 지속적으로 발생하고 있기 때문이다. 예를 들어, 2015년 5월 뉴스위크(*Newsweek*)는 '러시아의 가장 훌륭한 무기는 해커'라는 기사에서 러시아와 중국을 차세대 사이버 전쟁에서 가장 강력한 국가 행위자로 꼽았다. 특히 러시아 해커들은 프로그래밍 분야에서 가장 창의적이고 뛰어난 사이버 전사로 언급됐다. 이 기사에서 보안 컨설팅 업체 '타이아 글로벌(Taia Global)'의 대표는 "중국 위협은 과장됐고 러시아 위협은 과소평가됐다. 러시아인의 기술이 가장 높다"고 말했다(*Russia Focus* 2015.6.26). 물론 미러 간에는 표면적으로는 사이버 협력의 몸짓도 진행 중이다. 예를 들어 2013년 미국과 러시아는 사이버 핫라인을 설치하는 협정을 체결했는데, 이는 냉전 시대의 핵 공포에 대해 사용되었던 것과 유사한 성격이었다. 그러나 2014년 러시아의 우크라이나 침공 이후 양국 간에 체결된 '사이버 공간의 신뢰조치에 관한 협정'과 사이버 공간에서의 신뢰에 관한 양자 간 대통령자문위원회(2009년 선포)는 폐지됐다(Geers 2015).

미국과 러시아 간에 형성되는 냉기류와는 달리 중국과 러시아는 사이버 협력을 강화하여 2015년 5월 중러 사이버 보안 협약을 체결하는 성과를 거두었다. 이는 중국과 러시아가 사이버 공간에서 서로에 대한 감시를 지양하고 각국의 법집행기관을 통해 기술 전수 및 정보 공유를 하겠다는 내용을 담고 있다. 이 협약은 두 국가가 서로 중대한 인프라만은 건드리지 말자고 암묵적으로 약속한 성격을 갖는다. 이러한 중러협약에 대한 미국의 반응이 다소 냉소적으로 표출된 것은 당연하다. 미국이 인식하기에 이러한 중러 사이버 협력을 통해서 "러시아는 중국이 인터넷 거버넌스에 대해 어떤 입장을 취할 것인지에 대해 설득"하고 있는 것으로 비춰졌다. 더 나아가 "중국은 그냥 모든 일에 미국과 반대의 입장에 서고 싶어서 러시아와 함께 한 것으로 보인다"는 해석도 나왔다(*Russia Focus* 2015.6.26).

그런데 이러한 중러협약은 좀 더 넓은 의미에서 벌어지는 지역차원의 협력, 특히 상하이협력기구(SCO)에서 벌어지는 중러협력과 러시아의 적극적 역할과 관련해서 이해해야 한다. 상하이협력기구는 1996년 4월 중국과 러시아, 중앙아시아의 카자흐스탄, 키르기스스탄, 타지키스탄 등이 국경지역의 안정을 위해 '군사 부문 신뢰에 관한 협정'을 체결한 '상하이 5개국 회의'를 모태로 하는 기구이다. 2000년에 우즈베키스탄이 합류한 뒤, 2001년 6월 상하이에서 상하이협력기구로 정식 출범하였다. 상하이협력기구는 사이버 안보 관련 활동을 벌여왔는데, 2011년 '정보안보 영역에서 협력에 관한 합의안'을 도출하며 사이버 안보 관련 역내 국가들 간의 협력을 시작하였다. 이러한 협력에는 사이버 무기개발 및 사용 규제, 정보전쟁에 대한 대비 등의 내용이 포함되었다.

〈그림 4〉에서 보는 바와 같이, 이상에서 살펴본 글로벌 및 동아시아의 세력망 구도 속에서, 즉 미러경쟁과 중러협약의 사이에서 한국

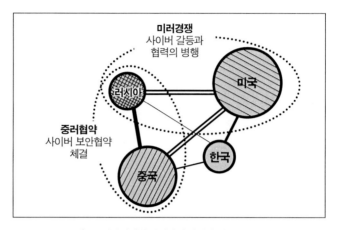

그림 4. 미러경쟁과 중러협약 사이의 한국(가상도)

은 러시아와의 사이버 협력관계를 어떻게 가지고 가야 할 것인가? 앞
서 언급한 한일관계와 마찬가지로 한러관계도 사이버 안보의 주변4망
에서 일종의 '구조적 공백'이라고 할 수 있을까? 만약에 그렇다면 이러
한 공백을 메우기 위해서 한국이 러시아와의 관계에서 할 수 있는 일
은 무엇이 있을까? 미국과의 관계를 해치지 않으면서 사이버 안보 분
야에서 러시아의 앞선 기술을 이전받고 위협정보도 공유할 방법이 있
을까? 또는 중국과 더불어 러시아를 통해서 북한의 사이버 공격 행위
를 외교적으로 견제할 방법은 없을까? 더 나아가 한미일 관계의 전통
적인 동맹구도를 배후로 하여 한중러의 '약한 고리'를 활용하는 것은
가능할까? 사실 이러한 질문들은 최근 동북아의 주요 행위자로서 러
시아의 위상과 역할이 약화되고 있는 이유로 인해서 상대적으로 덜 연
구되었지만, 한국이 사이버 주변4망 전략을 성공적으로 추진하기 위
해서는 반드시 고려해야 할 문제라고 할 수 있다.

　　이러한 와중에도 한국과 러시아 간에는 사이버 협력이 진행되고
있다. 2013년 3월 서울에서 외교부 국제안보대사를 수석대표로 하는

제1차 한러 정보보안협의회가 개최된 바 있는데, 이는 2013년 10월로 예정되었던 사이버공간총회 직전에 회의 개최를 홍보하기 위해서 만난 자리에서 다양한 협의를 한 것으로 알려졌다. 예를 들어, 국제 사이버 안보의 현황, 사이버 공간 침해사고 대응 및 핵심기반시설 보호, 사이버 범죄 및 사이버 테러리즘 대응 협력, 사이버 공간에서의 신뢰강화 및 행동규범 개발 공조, 국제·지역기구 및 포럼에서의 협력 등의 의제에 대한 협의가 있었다. 그 후 2014년 5월 모스크바에서 제2차 한러 정보보안 협의회를 개최했다. 2016년 7월에는 모스크바에서 한러 외교부 국제기구국장 협의회(제1차)가 개최되어 유엔평화활동, 난민, 사이버 보안 등 글로벌 현안과 유엔 총회 및 안보리 등 유엔기관의 운영 등에 관한 의견을 교환하였다(연합뉴스 2016.7.8).

IV. 사이버 안보의 국제규범과 중견국 외교

1. 사이버 안보의 국제규범 모색

1990년대 후반부터 진행된 역사를 보면, 사이버 안보 분야의 글로벌 질서 형성은 그 자체가 독립적 이슈로서 다루어졌다기보다는, 넓은 의미에서 본 글로벌 인터넷 거버넌스의 일부로서 취급되어 왔다. 그러다가 2010년대에 들어서면서 사이버 안보 분야에 해당되는 독자적 국제규범을 모색하기 위한 노력들이 진행되기 시작했다. 그러나 아직까지 사이버 테러와 공격에 대해서 기존의 어떠한 규정을 적용하여 규제할지 등에 대한 국제적 합의기반은 마련되고 있지 않은 상태이다(Hurwitz 2014). 마찬가지로 이 분야에서 미국과 러시아, 중국 등의 이해관계가 충돌하고 있기는 하지만, 아직까지 강대국들 간의 대결이 본격화되었다고 보기에는 이르다. 그럼에도 사이버 안보의 국제규범을 모색하려는 시도는 진행되고 있는데, 현재로서는 다음과 같은 세 가지 층위에 주목할 필요가 있다.

첫째, 전통적인 국제법(특히 전쟁법)과 국제기구의 틀을 원용하여 사이버 공간에서 발생하는 해킹과 공격을 이해하려는 시도이다. 기존 국제법의 틀을 원용하는 사례는, 2013년 3월 나토의 CCDCOE(Cooperative Cyber Defence Centre of Excellence)가 발표한 사이버 전쟁의 교전수칙인, 탈린 매뉴얼을 들 수 있다. 탈린 매뉴얼의 골자는 사이버 공격으로 인해 인명 피해가 발생했을 경우 해당 국가에 대한 군사적 보복이 가능하고, 핵티비스트 등과 같은 비국가 행위자에 대해서도 보복하겠다는 것이다. 더 나아가 사이버 공격의 배후지를 제공한 국가나 업체에 대해서도 국제법과 전쟁법을 적용하여 책임을 묻겠다는 것이다(Schmitt 2012). 그러나 2007년 에스토니아 사태이후 미국과 유럽 국가들이 중심이 되고, 게다가 나토 회원국의 전문가들이 참여하여 러시아에 대응하는 성격을 띰으로써 러시아나 중국 등을 배제한 미국 중심의 시각이 주로 반영되었다는 비판을 받았다(박노형·정명현 2014; Christou 2016).

전통적인 국제기구인 유엔 차원에서 사이버 안보 문제를 다루려는 시도도 최근 빠르게 진행되고 있다. 그 대표적인 사례가 2013년 6월 유엔 GGE에서 합의해서 도출한 최종 권고안이다. 이 권고안은 1998년 러시아가 제안했는데, 미국은 처음부터 러시아의 제안에 대해 동조하지 않았고, 이후로도 소극적인 자세로 사이버 안보 관련 정부 간 협력에 대응해 왔다. 기존 회의에서는 인터넷의 국가통제를 강조하는 러시아나 중국과 같은 국가들과 이에 반대하는 미국이 극명히 대립했으나, 2013년 6월 개최된 제3차 회의에서는 전체 참여국들이 사이버 공간에서도 기존의 국제법이 적용될 수 있다는 점에 합의하고 이러한 규범이 국가의 역할로 어떻게 연결될 수 있는지에 대해서 지속적으로 연구하기로 합의했다(장규현·임종인 2014; 장노순 2015).

둘째, 사이버 안보의 국제규범을 마련하기 위해서 서방 선진국들이 원용하는 일종의 클럽 모델 형태의 국제협력이다. 전세계 국가를 포괄하는 유엔의 포맷을 빌어 논의하기보다는, 사이버 안보의 직접적인 이해 당사자들이 나서는 방식이라고 할 수 있다. 사이버공간총회가 대표적인 사례인데, 2011년 영국의 런던에서 첫 총회가 열렸다. 2012년 헝가리의 부다페스트에서 총회를 가진 후, 2013년 10월에는 서울에서 제3차 총회가 열렸으며, 2015년에는 네덜란드의 헤이그에서 제4차 총회가 열렸다. 사이버공간총회의 의미는 사이버 공간이라는 포괄적 의제를 명시적으로 내건 본격적인 논의의 장이 출현했다는 데 있으며, 참여국들의 구체적인 이익이 걸린 사이버 안보라는 문제를 가지고 관련 당사국들을 중심으로 구성되었다는 데 있다. 그런데 주로 서방 국가들의 주도하에 이루어져서 러시아나 중국과 같은 국가들의 호응을 얻어내는 것이 큰 과제로 남아 있다.

사실 이렇게 서방 선진국들이 중심이 되어 사이버 공간의 범죄나 위협에 공동으로 대처하려는 사례의 역사는 좀 더 깊다. 초창기 사이버 범죄에 대응해서 국가들이 나서서 상호 간의 법제도를 조율하는 정부 간 네트워크를 구성한 초기 사례로 2001년 조인된, 유럽사이버범죄협약(일명 부다페스트 협약)이 있다. 부다페스트협약은 여러 나라의 사이버 범죄 조목을 일관되게 함으로써 피해를 본 국가가 범죄자가 있는 국가에 고발하면 해당 국가가 처벌할 수 있도록 한 협약이다. 절차적으로 어떠한 사이버 범죄이든 이와 연루된 개인들이 협력하도록 강제하는 권한을 부여했다. 2016년 8월 현재 유럽 국가들 이외에 미국, 캐나다, 일본 등을 포함한 55개국이 가입되어 있고 이 중 49개국이 비준하였다. 그러나 러시아나 중국 등은 미온적 반응을 보이고 있다. 현재 한국은 부다페스트협약 가입국이 아닌데, 최근에는 협약가입을 주장하는 목소리가 높아지는 가운데, 외교부를 중심으로 법무부, 경찰청 등이 검토 중이다.

끝으로, 글로벌 인터넷 거버넌스의 맥락에서 진행되는 사이버 안보 규범에 대한 논의이다. 인터넷 거버넌스 중에서 사이버 보안 문제는, 최근 국가 간 분쟁의 이슈로 부상하기 전에는 민간 전문가들에 의해서 다루어졌다. 현재 글로벌 인터넷 거버넌스의 골격도 국제기구의 장에서 정부 대표들의 합의에 의해서 이루어진 것이 아니라 주로 미국과 유럽을 배경으로 하는 시민사회, 인터넷 전문가들과 민간사업자, 학계, 국제기구 전문가들이 만들었다(DeNardis 2013). 이러한 면모를 잘 보여주는 사례가, 초창기부터 인터넷을 관리해온 미국 캘리포니아 소재 민간기관인 ICANN이다. 그런데 이러한 모델은 인터넷 전문가들이나 민간 행위자들이 전면에 나서는 모습으로 보이지만, 실상은 미국 정부가 뒤에서 사실상 패권을 발휘하고 있다는 비판으로부터 자유롭지 못했다(Mueller 2002; 2010). 그러던 중 러시아 등의 문제제기로 인해 2010년대 초반부터 정부 간 포맷인 유엔 GGE에서 사이버 안보 문제를 논하게 되면서 새로운 전기를 맞게 된 것이다.

이밖에도 기존의 국제기구나 새로운 글로벌 거버넌스의 틀을 빌어 사이버 안보에 대한 논의가 진행되었다. 예를 들어 ITU(International Telecommunication Union) 차원에서 최근 들어 정보와 네트워크 및 사이버 안보에 대한 논의가 진행되고 있다. 특히 ITU가 주관하여 2000년대 초반 두 차례에 걸쳐서 열린 정보사회세계정상회의(WSIS:

World Summit on the Information Society)에서도, 주로 인터넷 거버 넌스와 글로벌 정보격차 해소가 의제였지만, 사이버 안보의 대책을 마련하기 위한 국제적 노력의 단초가 보였다. 주로 네트워크 보안의 신뢰성 강화, 프라이버시 및 고객보호, 범죄와 테러 목적의 사용 예방, 스팸 대응 등을 포함되었다. 이후에는 사이버 안보를 포함한 제반 문제에 대해 국가들을 중심으로 하고 초국적 기업 및 시민사회단체가 참여하는 국제적인 포럼인 인터넷 거버넌스 포럼(IGF: Internet Governance Forum)이 구성되어 진행되고 있다.

이렇게 세 가지 층위에서 복합적으로 전개되고 있는 사이버 안보의 제도화 과정에는 크게 두 진영의 관념과 이익이 대립하고 있다. 우선 다중이해당사자주의(multistakeholderism)와 정부간주의(inter-governmentalism)로 대별되는 두 가지 관념이 각을 세우고 있다. 앞서 언급한 ICANN 모델은 개인, 전문가 그룹, 민간 기업, 시민사회, 국가 행위자 등이 다양하게 참여하는 다중이해당사자주의의 실험대였다. 그런데 이러한 모델은 인터넷 전문가들이나 민간 행위자들이 전면에 나서는 모습으로 보이지만, 실상은 미국 정부가 뒤에서 사실상 패권을 발휘하고 있다는 비판으로부터 자유롭지 못했다(Mueller 2002; 2010). 이러한 미국과 ICANN 주도의 인터넷 거버넌스 모델에 대해서 인터넷 초창기에는 상대적으로 뒤로 물러서 있던 국가 행위자들이 좀 더 적극적으로 나서 유엔이나 ITU같은 전통 국제기구의 틀을 활용해야 한다는 정부간주의가 대두하였다. 인터넷 발전의 초기에는 선발주자로서 미국의 사실상 영향력을 인정할 수밖에 없었지만 인터넷이 지구적으로 확산되고 다양한 이해관계의 대립이 첨예해지면서 여태까지 용인되었던 관리방식의 정당성을 문제 삼을 수밖에 없다는 것이었다.

이러한 관념의 대립 이면에는 미국과 유럽 국가들이 주도하는 서방 진영을 한편으로 하고, 러시아와 중국을 중심으로 한 비서방 진영을 다른 한편으로 하는 두 진영이 대립하는 지정학적 구도가 겹쳐진다. 넓은 의미의 글로벌 인터넷 거버넌스에서도 이러한 입장 차이가 드러나는데, 좀 더 구체적으로 사이버 안보의 질서형성 과정에서 이들 두 진영은 좀 더 극명한 입장 차이를 보인다. 서방 진영은 사이버 공간에서 표현의 자유, 개방, 신뢰 등의 기본 원칙을 존중하면서 개인, 업계, 시민사회 및 정부기관 등과 같은 다양한 이해당사자들의 의견이 수렴되는 방향으로 글로벌 질서를 모색해야 한다고 주장한다. 이에 대해 러시아와 중국으로 대변되는 비서방 진영은 사이버 공간은 국가주권의 공간이며 필요시 정보통제도 가능한 공간이므로 기존의 인터넷 거버넌스를 주도해 온 서방 진영의 주장처럼 민간 중심의 다중이해당사자주의에 의해서 사이버 공간을 관리할 수는 없다고 주장한다. 요컨대, 현재 사이버 안보(넓게는 인터넷 거버넌스)의 국제규범 형성과정은, 〈그림 5〉에서 보는 바와 같이, 두 개의 네트워크가 다층적으로 경쟁하는 이른바 망제정치(網際政治, inter-network politics)의 양상을 보이고 있다.

2. 사이버 안보 분야의 중견국 외교

한국이 추구할 사이버 안보 외교의 관건은 동아시아 세력망과 복합적인 글로벌 거버넌스의 구도 안에서 구조적으로 유리한 위치를 찾아서 이를 활용하는 전략을 펼치는 데 있다. 이상에서 설명한 바를 반복컨대, 현재 미국과 서구 국가들을 한편으로 하는 서방진영과 러시아, 중국 등을 다른 한편으로 하는 비서방 진영의 지정학적 경합이 벌어지고 있다. 또한 이러한 구도는 선진국 클럽과 개도국 그룹이 두 개의 진

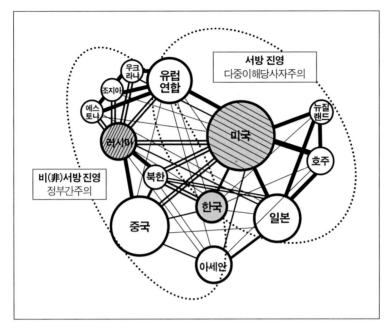

그림 5. 서방 진영과 비(非)서방 진영 사이의 한국 (가상도)

영으로 나뉘어 경합을 벌이는 양상과 겹쳐진다. 이러한 경합은 이익과
제도 및 관념의 다층적 경쟁으로 나타난다. 이러한 사이버 안보 분야
의 구조적 조건을 파악하고 이를 활용하는 전략을 세우는 것은, 한국이
사이버 안보 외교를 성공적으로 추진하는 데 있어 필수적인 사안이 아
닐 수 없다. 그렇다면 한국 외교는 이러한 구조적 조건을 어떻게 활용
해야 할까? 이 글은 그 구체적 내용을 중견국 외교론의 시각, 특히 중
개외교(brokerage diplomacy), 연대외교(coalition diplomacy), 규범외
교(normative diplomacy)의 세 가지 시각에서 검토해 보고자 한다.

첫째, 중견국 외교의 핵심은 네트워크상의 관계를 조율하는 중개
외교에 있다. 네트워크상에서 전략적 위치를 차지하고 구조적 공백을
보완함으로써 중견국은 강대국들 사이에서 또는 선진국들과 개도국

들 사이에서 중개의 역할을 발휘할 가능성이 있다. 예를 들어 최근 사이버 안보 분야에서 갈등을 겪고 있는, 미국과 중국 사이에서 형성되는 사이버 안보 분야의 구조적 조건을 파악하고 그 안에서 전략적으로 중요한 위치를 잡는 것은 한국의 중개외교가 추구할 목표임에 분명하다. 왜냐하면 사이버 안보 분야의 구조적 공백을 메우는 과정에서 중개를 위한 구조적 기회가 제공될 뿐만 아니라 이를 통해서 한국은 중견국에게 허용되는 이른바 위치권력을 행사할 수 있기 때문이다. 따라서 한국의 입장에서 볼 때, 사이버 안보 분야의 구조적 조건에 부합하는 방향으로 외교전략의 방향을 설정하는 것은 필수적이라고 할 수 있다. 그러나 사이버 안보 분야의 현황은 한국이 추구하려는 중개외교에 기회를 제공하는 동시에 위협 요인으로 작동하기도 한다.

앞서 언급한 바와 같이, 한국은 사이버 안보 분야에서 경합하는 미국과 중국의 상이한 기술표준 사이에서 기회와 도전을 동시에 경험할 가능성이 있다. 중견국 한국에게는 미국의 지배표준과 호환성을 유지해야 하는지, 아니면 지배표준의 문턱을 넘어서 중국이 구축하려는 대안표준의 진영으로 이동해야 하는지가 관건일 수밖에 없다. 기술표준 문제가 한국의 중견국 중개외교에 부과하는 기회와 도전은 양국의 인터넷 관련 정책과 규제제도, 즉 인터넷 거버넌스 상의 차이에서도 발견된다. 인터넷 거버넌스 모델을 세움에 있어서 한국의 선택은 미국이 추구하는 민간 주도 모델과 중국이 지지하는 국가 개입 모델 사이에 놓여 있다. 사이버 안보 분야 한국의 중견국 중개외교는 글로벌 인터넷 거버넌스와 관련하여 발견되는 두 가지 상이한 입장 사이에서도 기회와 도전을 동시에 맞고 있다. 예를 들어, 2012년 12월 두바이에서 열린 WCIT(World Conference on International Telecommunication)에서 시도된 ITR(International Telecommunications Regulation)의 개정을 위한 투표를 벌일 당시 한국은 선진국과 개도국 사이에 끼어서 난감한 상황이 연출되었던 바 있었다.

둘째, 중견국 외교 추진과정에서 발생하는 딜레마 상황을 풀어가기 위해서는 뜻을 같이하는 동지국가들(like-minded countries)과 공동보조를 취하는 연대외교의 전략이 필요하다. 예를 들어 글로벌 거버넌스의 장에서 다중이해당사자주의와 정부간주의가 대립하는 경우, 그 사이에서 외로이 입장을 설정하려 시도하기보다는 비슷한 처지에 있는 국가들과 공동보조를 맞추는 것이 필요하다. 다시 말해 사이버 안보 분야의 어젠다 설정과 관련하여 중간지대에 있는 동지국가 그룹들의 역할을 새로이 규정하고 가능한 한 많은 지지 국가군을 모으려는 노력이 필요하다. 이러한 연대외교의 노력은 사이버 안보 분야에서 서로 상이한 해법을 가진 강대국 그룹들 사이에서 발생할 수도 있는 중개자로서의 딜레마를 완화시키는 데도 도움이 될 것이다. 강대국들 사이의 틈새를 공략하는 중개외교를 펼치는 경우에도 혼자 나서기보다는 비슷한 처지의 국가들과 함께 나서는 것이 성공할 가능성이 높다.

동지국가는 원래부터 관념과 이익을 같이 하는 국가들일 수도 있고 아니면 해당 이슈구조에서 유사한 위치를 차지하는 국가들일 수도 있다. 따라서 인터넷 거버넌스와 사이버 안보 분야에서도 고정된 대상이 있다기보다는 사안에 따라서 유연하게 내 편을 모아야 할 것이다. 이런 맥락에서 볼 때, 사이버 안보 분야에서 동지국가들의 연대외교를 추진하는 것과 관련하여, 최근 한국이 강조하고 있는 중견국 정부간 협의체인 믹타(MIKTA) 외교에 주목할 필요가 있다. 믹타는 2013년 6월 출범한 멕시코(M), 인도네시아(I), 한국(K), 터키(T), 호주(A)의 5개국 정부간 협의체이다. 2014년부터 G7/8, 브릭스(BRICS) 또는 IBSA 등과 같은 정부 간 네트워크와 유사한 맥락에서 시작했다. 현재 밑타는 가능성이 높은 분야를 중심으로 협력사업을 발굴하려는 노력을 펼치고 있는데, 에너지 거버넌스, 테러리즘 대응, 경제통상 협력, 거버넌스 및 민주주의, 지속가능 개발, 양성평등, 유엔평화유지활동(PKO) 등을 다루기로 합의하였으며, 사이버 안보는 이러한 이슈들에 포함되는 대표적인 하위 분야이다.

끝으로, 사이버 안보 분야의 중견국 외교는 국제규범의 설계에 참여하는 규범외교도 필요로 한다. 사실 역사적으로 국제규범을 설계하는 외교는 강대국의 몫이었다. 그러나 중견국도 강대국이 만든 세계질서의 규범적 타당성에 문제를 제기하고 좀 더 보편적인 규범의 필요성을 강조하는 이른바 규범외교를 모색할 수 있을 것이다. 상대적으로 군사력이나 경제력에서 약세인 중견국의 입장에서 볼 때 이러한 규범외교의 추구는 일정한 효과를 얻을 수 있는 것이 사실이다. 특히 규범외교의 전략은 기성 세계질서의 운영방식에 대한 보완적 비전을 제시함으로써 강대국 위주의 논리에 대한 어느 정도의 반론을 제기하는 효과가 있다. 강대국들이 주도하고 있는 사이버 안보 국제규범의 정당성을 문제시하는 중견국 규범외교는 가능할까?

사이버 안보 분야의 중견국 규범외교는 탈지정학적이고 탈근대적인 신흥안보 이슈로서 이 분야가 지니는 구조적 조건에 대한 철저한 이해를 바탕으로 추진되어야 한다. 이 대목에서 강대국들이 주도하고 있는 사이버 안보 국제규범의 정당성을 문제시하는 중견국 규범외교의 설 자리가 생긴다. 군사적 능력이나 경제적 자원이 부족한 중견국에게 있어, 권력지향적 외교와 대비되는 의미에서 보는, 규범지향적인 외교는 효과적인 방책이 될 수 있다. 보편적 규범에 친화적인 외교는 글로벌 청중에게 매력적으로 비칠 뿐만 아니라, 중견국이 추구할 연대외교의 매우 중요한 내용이 될 수 있다. 따라서 중견국의 입장에서는 강대국들이 주도하는 국제규범 형성에 단순히 참여하는 전략의 차원을 넘어서 사이버 안보 분야의 특성에 부합하는 좀 더 보편적인 규범을 주장하거나 더 나아가 새로운 규범을 제시하는 적극성을 보일 필요가 있다.

V. 맺음말

최근 북한의 사이버 공격이 지속적으로 늘어나고 있다. 밖으로 알려진 큰 규모의 공격이외에도 알려지지 않은 작은 규모의 공격까지 포함하면 지금도 사이버 공간에서는 보이지 않는 '버추얼 창'과 이를 막으려는 '그물망 방패'의 경합이 계속되고 있는지도 모른다. 가장 최근에 알려진 사이버 공격 중에서 큰 파장을 일으킨 사건은 아마도 2014년의 소니 해킹 사건과 한수원 사태일 것이다. 북미 간에도 긴장감이 감돌았으며 국내에서도 사이버 공격에 대한 경각심이 고조되어 사이버 안보의 추진체계를 정비하는 조치들이 잇달아 이루어진 바 있다. 이제 사이버 안보는 단순한 컴퓨터 보안전문가들의 영역이 아니라 군사 전략가들이나 외교정책 결정자들이 관심을 가져야만 하는 국가안보와 외교전략의 어젠다로 명실상부하게 부상했다. 이러한 문제의식을 바탕으로 이 글은 사이버 안보 분야에서 한국이 추구할 전략과 외교의 내용을 세 가지 측면에서 살펴보았다.

첫째, 기술개발이나 인력양성을 통한 사이버 방어의 역량을 증대하고 사이버 안보 분야의 특성에 맞는 억지의 역량을 키우는 것이 필요하다. 또한 사이버 안보 분야의 국내 추진체계를 정비하고 좀 더 효과적인 대응 전략의 추진을 뒷받침하는 법적 근거의 마련에도 힘써야 한다. 사이버 안보 추진체계의 정비를 바탕으로 사이버 안보와 관련된 중장기 국가전략을 수립하여 좀 더 체계적인 대응책을 마련할 필요가 있다. 또한 단순히 사이버 안보 추진체계를 정비하는 차원을 넘어서 사이버 안보 관련 법제정을 위한 다각적인 노력도 필요하다. 이러한 법제정의 필요성에 동조하여 여태까지 국회에는 관련 법안들이 다수 제출된 바 있는데, 실무기관들의 정책집행의 효율성뿐만 아니라 국민적 동의를 얻을 수 있는 방향으로 관련법 제정을 추진해야 하는 과제를 안고 있다.

둘째, 초국적으로 발생하는 사이버 공격에 적절히 대응하기 위해서는 동아시아 주변 국가들과의 협력이 필수적이다. 공격이 우위에 서는 이 분야의 특성상 방어와 억지 역량의 구축이나 추진체계 정비와 법제정의 노력만으로 효과적인 대응방안을 마련할 수 없다는 것이 중론이다. 이런 점에서 기술과 정보를 공유하고 법적으로 공동보조를 취할 수 있는 외교적 노력이 병행되어야 한다. 한국의 입장에서 볼 때, 전통적인 우방국인 미국과 일본, 그리고 최근 그 중요성이 커지고 있는 중국 및 글로벌 변수로서 의미를 갖는 러시아 등과의 사이버 외교관계에 대한 인식의 제고가 필요하다. 특히 북한의 사이버 공격과 관련하여 관건이 되는 것은 이들 국가들과의 정보공유 네트워크를 구축하고, 사법공조를 위한 외교적 노력을 펼치거나, 국제사회에 호소하고 도움을 요청하는 외교적 역량의 발휘이다.

끝으로, 국제적인 차원에서 사이버 안보의 대응방안을 모색하는 데 있어서 양자 간의 국제협력이라는 구도보다 좀 더 넓은 의미의 다자 구도에서 접근하는 시도도 필요하다. 아직까지 사이버 안보 분야에는 사이버 공격에 대해서 어떠한 규범을 적용하여 제재할지에 대한 합의기반이 마련되지 않고 있다. 최근 전통적인 국제법과 국제기구의 틀을 원용하여 규범을 마련하려는 움직임이 선진국들을 중심으로 진행되고 있다. 이러한 사이버 안보의 국제규범 형성과정에 적극적으로 참여하는 것 자체가 중요한 대응방안이 될 수 있다. 그러나 이러한 국가 간 관계의 틀 이외에도 다양한 통로를 통해서 민간 행위자들이 주도하고 있는 글로벌 거버넌스의 모색 과정을 예의 주시하는 것도 필요하다.

사이버 안보의 세계정치는 역사에서 전례를 찾을 수 없는 궤적을 따라서 끊임없이 진화해 갈 가능성이 크다. 중견국으로서 한국이 사이버 안보 분야의 고유한 구조와 동학을 이해하고 이에 대해서 적절한 대응책을 마련하는 것은 매우 중요하다. 예를 들어 사이버 안보와 전통안보는 어떠한 질적인 차이를 갖는지, 사이버 안보의 기술과 전략의 역량 면에서는 어느 나라가 앞서는지, 이 분야의 국제규범 형성에서 누가 어느 진영에 속해서 경쟁하고 있는지, 두 강대국인 미국과 중국이 형성해갈 관계는 어떠한 성격일 것인지 등을 파악하는 것은 매우 중요하다. 다시 말해, 진화하는 사이버 안보 분야의 맥락을 파악하고 그 안에서 적절한 위치를 설정하는 것은 핵심적인 미래 국가전략의 사안이 아닐 수 없다. 이를 바탕으로 어떠한 종류의 외교적 역할을 추구할지에 대한 방향을 모색할 수 있을 것이기 때문이다. 이런 맥락에서 이 글은 중견국 외교의 이론적 자원들을 적용하여 한국이 추구해야 할 사이버 안보 분야 외교전략의 방향을 제시하였다.

요컨대 향후 한국이 북한의 사이버 공격을 포함한 초국적 사이버 공격에 능동적으로 대응하고 좀 더 평화롭고 안전한 사이버 공간을 확보하기 위해서는 이 글에서 제시한 대응방안들에 진지한 검토가 필요하다. 그러나 이와 동시에 각 대응방안들이 그 기저에 깔고 있는 과잉담론화의 가능성과 각 담론들이 상호 충돌하는 딜레마의 상황을 풀어나갈 지혜도 필요하다. 그도 그럴 것이 바람직한 대응방안은 사이버 안보 분야의 어느 일면만을 강조하는 접근이 아니라 기술과 전략, 국가와 사회, 일국적 대응과 외교적 대응, 양자적 해법과 다자적 해법 등을 다층위적으로 아우르는 복합적인 전략에서 찾아야하기 때문이다. 사이버 안보 문제가 급속히 21세기 국가안보의 문제로 부상하는 속도만큼 우리 모두의 중지를 모아서 이 분야에서 제기되는 위협에 대한 대응방안을 시급히 궁리하는 국제정치학적 연구가 시급히 필요한 때이다.

참고문헌

김상배. 2014a.『아라크네의 국제정치학: 네트워크 세계정치이론의 도전』한울.
_____. 2014b. "사이버 안보 분야의 미·중 표준경쟁: 네트워크 세계정치학의 시각."
　　『국가정책연구』 28(3), pp. 237-263.
_____. 2015a. "사이버 안보의 미중관계: 안보화 이론의 시각."『한국정치학회보』 49(1), pp.
　　71-97.
_____. 2015b. "버추얼 창과 그물망 방패: 사이버 안보의 세계정치와 북한."
　　윤영관·전재성·김상배 편.『네트워크로 보는 세계 속의 북한』늘품플러스, pp. 155-
　　200.
_____. 2015c. "사이버 안보의 복합 지정학: 비대칭 전쟁의 국가전략과 과잉 안보담론의
　　경계."『국제·지역연구』 24(3), pp. 1-40.
_____. 2016. "사이버 안보의 중견국 외교: 가능성과 한계." 손열·김상배·이승주 편.
　　『한국의 중견국 외교』명인문화사, pp. 269-311.
김흥광. 2011. "북한의 사이버 테러능력." 북한민주화네트워크 편,『2011 북한의 사이버 테러
　　관련 긴급 세미나 자료집』.
민병원. 2015. "사이버공격과 사이버억지의 국제정치: 규제와 새로운 패러다임을 중심으로."
　　『국가전략』 21(3), pp. 37-61
박노형·정명현. 2014. "사이버전의 국제법적 분석을 위한 기본개념의 연구: Tallinn
　　Manual의 논의를 중심으로."『국제법학회논총』 59(2), pp. 65-93
이상현. 2008. "정보보안 분야의 지식질서와 동아시아." 김상배 외.『지식질서와 동아시아:
　　정보화시대 세계정치의 변환』한울, pp. 295-330.
임종인·권유중·장규현·백승조. 2013. "북한의 사이버전력 현황과 한국의 국가적 대응 전략."
　　『국방정책연구』 29(4), pp. 9-45.
장규현·임종인. 2014. "국제 사이버보안 협력 현황과 함의: 국제안보와 UN GGE 권고안을
　　중심으로."『정보통신방송정책』 26(5), pp. 21-52.
장노순. 2016. "사이버안보와 국제규범의 발전: 정부전문가그룹(GGE)의 활동을 중심으로."
　　『정치정보연구』 19(1), pp. 1-28.
장노순·한인택. 2013. "사이버안보의 쟁점과 연구 경향."『국제정치논총』 53(3), pp. 579-
　　618.
조현석. 2012. "사이버 안보의 복합세계정치." 하영선·김상배 편.『복합세계정치론: 전략과
　　원리, 그리고 새로운 질서』한울, pp. 147-189.
최인호. 2011. "사이버 안보의 망제정치: 사이버 창이냐? 디지털 방패냐?" 김상배 편.
　　『거미줄 치기와 벌집 짓기: 네트워크 이론으로 보는 세계정치의 변환』한울, pp. 285-
　　325.
허영호. 2014. "국가 사이버테러 방지에 관한 법률안(서상기의원 대표발의), 국가 사이버안전
　　관리에 관한 법률안(하태경의원 대표발의)." 국회 정보위원회 검토보고서.

Christou, George. 2016. *Cybersecurity in the European Union: Resilience and Adaptability in Governance Policy,* Palgrave Macmillan UK.

Deibert, Ronald J. 2013. *Black Code: Surveillance, Privacy, and the Dark Side of the Internet.* Toronto: Signal.

DeNardis, Laura. 2013. *The Global War for Internet Governance.* Yale University Press

Geers, Kenneth. 2015. *Cyber War in Perspective: Russian Aggression against Ukraine.* Tallinn, Estonia: NATO Cooperative Cyber Defence Centre of Excellence(CCDCOE)

Hansen, Lene and Helen Nissenbaum. 2009. "Digital Disaster, Cyber Security, and the Copenhagen School." *International Studies Quarterly,* 53(4), pp. 1155-1175.

Hurwitz, Roger. 2014. "The Play of States: Norms and Security in Cyberspace." *American Foreign Policy Interests,* 36(5), pp. 322-331

Jun, Jenny, Scott LaFoy, and Ethan Sohn. 2015. *North Korea's Cyber Operations: Strategy and Responses,* Center for Strategic and International Studies (CSIS)

Kim, Geun-hye, Kyung-bok Lee and Jong-in Lim. 2015. "CBMs for Cyberspace beyond the Traditional Security Environment: Focusing on Features for CBMs for Cyberspace in Northeast Asia." *The Korean Journal o f Defense Analysis.* 27(1), pp. 87-106.

Kim, Sangbae. 2014. "Cyber Security and Middle Power Diplomacy: A Network Perspective." *Korean Journal of International Studies,* 54(4), pp. 323-352.

Lewis, James Andrew. 2015. *U.S.-Japan Cooperation in Cybersecurity.* A Report of the CSIS Strategic Technologies Program. CSIS.

Lindsay, Jon R., Tai Ming Cheung, and Derek S. Reveron, eds. 2015. *China and Cybersecurity: Espionage, Strategy, and Politics in the Digital Domain.* Oxford and New York: Oxford University Press.

Lupovici, Amir. 2011. "Cyber Warfare and Deterrence: Trends and Challenges in Research." *Military and Strategic Affairs.* 3(3), pp. 49-62.

Mansourov, Alexandre. 2014. "North Korea's Cyber Warfare and Challenges for the U.S.-ROK Alliance." Academic Paper Series. Korea Economic Institute of America. December 2.

Morgan, Patrick M. 2010. "Applicability of Traditional Deterrence Concepts and Theory to the Cyber Realm." Proceedings of a Workshop on Deterring Cyber Attacks: Informing Strategies and Developing Options for U.S. Policy. National Research Council.

Mueller, Milton L. 2002. *Ruling the Root: Internet Governance and the Taming of Cyberspace.* Cambridge, MA: The MIT Press.

_____. 2010. *Networks and States; The Global Politics of Internet Governance.* Cambridge and London: MIT Press.

Nye Jr. Joseph S. 2011. "Nuclear Lessons for Cyber Security?" *Strategic Studies Quarterly,* Winter, pp. 18-38.

Nye, Joseph S. 2013. "From bombs to bytes: Can our nuclear history inform our cyber future?" *Bulletin of the Atomic Scientists.* 69(5), pp. 8–14

Rid, Thomas. 2013. *Cyber War will not take place.* Oxford and New York: Oxford University Press.

Schmitt, Michael N. 2012. "International Law in Cyberspace: The Koh Speech and Tallinn Manual Juxtaposed." *Harvard International Law Journal.* 54, pp. 13–37.

Singer, Peter W. and Noah Shachtman. 2011. "The Wrong War: The Insistence on Applying Cold War Metaphors to Cybersecurity Is Misplaced and Counterproductive." August, 15, The Brookings Institution.

제10장

사이버 안보 국가전략의 과제[*]

종합토론

[*]   이 장에 담긴 토론내용은 2016년 10월 13일(목) 한국프레스센터 국제회의장(20F)에서
       이 책에 담긴 글들의 초고를 발표하기 위해서 개최된 〈사이버 안보의 국가전략: 국제정
       치학의 시각〉 학술회의 제3부 '한반도의 사이버 안보'에서 진행된 종합토론의 내용을 녹
       취하여 풀어낸 것이다. 이 책 제9장의 내용을 중심으로 김상배 교수(서울대)가 발제를
       하고 이에 대해서 조현석 교수(서울과학기술대)의 사회로 류석진 교수(서강대), 장노순 교
       수(한라대), 조화순 교수(연세대), 김소정 박사(국가보안기술연구소), 권헌영 교수(고려대),
       이원태 박사(정보통신정책연구원), 유지연 교수(상명대), 강하연 박사(정보통신정책연구원),
       임종인 교수(고려대) 등이 토론에 참여하는 형식으로 진행되었다.

조현석(사회): 오늘 학술회의에서 논의된 내용을 마무리하는 종합토론의 시간입니다. 김상배 교수께서 주로 문제제기를 중심으로 사이버 안보의 국가전략과 관련하여 논의해 볼 주제에 대해서 발표해 주시고, 종합토론으로 모신 선생님들과 객석에 계신 선생님들의 말씀을 듣는 시간을 갖도록 하겠습니다.

김상배: 오늘 학술회의의 제목이 "사이버 안보의 국가전략"인데, 이 제목에 사용된 단어 하나하나에 우리가 생각해봐야 하는 논점들이 모두 담겨 있습니다. '사이버 안보'라고 할 때, 지금까지는 전통적인 오프라인에서의 안보를 이야기해 왔고, 그러한 전통안보와 사이버 안보는 어떠한 관계인가, 관계설정을 어떻게 해야 하는가, 따로 가야하는 것인가 아니면 같이 가야하는 것인가의 문제가 가장 큰 화두일 것 같습니다. 사실은 사이버 안보가 중요하다는 이야기를 설득하는 것이 가장 큰 과제가 되고 있습니다. 일차적으로는 정책결정자들을 설득하고, 그것을 뒷받침하는 학계나 일반 국민들의 인식을 제고하는 문제가 중요합니다.

'국가전략'이라는 말과 관련하여, 여기서 국가가 전통안보와 관련해서 역할을 해 왔던 전통적인 국가를 다시금 논의하자는 것인가를 생각해 볼 필요가 있습니다. 소위 말해 군사적인 차원에서 물리적인 전쟁에서 비롯되는 안보문제를 다루는 주체로서의 국가, 즉 근대적 의미에서 우리가 상정하고 있던 국가의 개념이나 그것의 국내적 차원의 행정체계, 또는 대외적 외교활동을 벌이는 주체에 한정시키자는 것인가를 고민해 볼 필요가 있습니다. 그런데 오늘 학술회의에서 나온 말씀들을 들어보면, 이러한 국가의 개념을 넘어서는 새로운 국가모델을 바탕으로 사이버 안보에 대한 논의가 이루어져야 하고, 그 국가가 펼쳐

나가는 전략에 대해서도 기술, 인력이나 교육, 추친 체계와 거버넌스, 법·제도 제정, 주변국과의 양자 간 또는 다자 간 외교, 글로벌한 규범의 장으로서 국제기구에서의 참여의 문제 등이 다양하게 제기되고 있습니다. 따라서 어느 한두 가지의 문제가 아닌 전체를 복합적으로 엮어내는 전략이 필요한 부분입니다.

사실은 이렇게 보면 '사이버 안보의 국가전략'이라는 제목 안에 국제정치학이 지난 수백 년 동안 탐구해왔던 핵심적인 논제들이 다 담겨 있습니다. 변화되는 환경을 어떻게 인식하고 이에 대응하여 어떻게 실천할 것인가와 만나는 부분이기 때문에 국제정치학자들이 좀 더 진지하게 다루어야 한다고 생각하며, 오늘 학술회의의 가장 큰 취지가 이러한 문제인식에서 비롯되었음을 말씀드립니다.

그런데 이런 고민을 해나가다 보면, 아이러니컬한 일이 있는 것 같습니다. 한국이 "인터넷 강국이다, IT강국이다, 사이버 강국이다"라고 자랑해 온 것은 제법 시간이 흘렀고, 굉장히 큰 국가브랜드처럼 여겨져 왔습니다. 그런데 사이버 보안이나 사이버 안보 분야에서 한국은 그렇게 강국은 아닌 것 같습니다. 일례로 2016년 2월에 IT 컨설팅 업체 딜로이트라가 〈국가보안전망보고서〉를 내면서, 아시아·태평양 지역에서 사이버 안보가 취약한 다섯 나라를 C5로 칭한 바 있습니다. 그 C5 국가들은 한국, 호주, 뉴질랜드, 일본, 싱가포르인데, 그 내용을 보면 다소 충격적이지 않을 수 없습니다. 이들 국가들이 획득한 점수를 보면 더욱 흥미로운데, 1000점 만점에 한국 884점으로 가장 취약한 국가로 선정되었습니다. 그리고 호주가 582점, 뉴질랜드가 526점, 일본이 421점, 싱가포르가 399점입니다. 1위인 한국과 2위인 호주 간의 차이가 상당하며, 한국이 압도적인 1위를 한 것을 알 수 있습니다. 인터넷 분야에서 앞서 가 있는 인프라나 비즈니스, 산업 등에서는 강국이라고 자랑하는데 왜 이 분야에서는 이렇게 저조한 성적을 얻게 되었을까요? 게다가 한국이 가지고 있는 지정학적 특성 때문에 우리는 북한의 소행으로 추정되는 사이버 위기가 빈발하고 있는 취약한 환경 속에서 살고 있습니다.

그런데 또 하나의 아이러니는 이러한 취약성에 대비하여야 함에도 불구하고 이를 위한 국내적인 제도적·정책적 차원의 노력은 국내 정치사회적인 상황과 엮이면서 상당히 난항을 겪고 있다는 점입니다. 지난 몇 년 동안의 추세를 보면, 나름대로 사이버 안보와 관련된 국내적인 추진 체계를 정비하고, 관련법을 제정하는 것이 일종의 추세가 되어가고 있기는 합니다만, 지난 몇 년간의 노력에도 불구하고 적절한 수준의 법제 정비가 이루어지지 않고 있는 상태입니다. 법이 없다고 아무것도 못하는 것은 아니지만, 보다 유리한 여건을 조성한다는 차원에서 법제 마련은 시급한 과제입니다.

게다가 사이버 안보의 특성상 일국 차원에서 우리만 잘한다고 해결되는 것이 아니라는 점이 오늘 학술회의에서 강조된 바인데, 주변 국가들과 협력을 하면서 외교적으로 해결해나가야 하는 부분이 분명 존재하는 것이 사실입니다. 이를 위해서는 미국, 중국 또는 다른 국가와의 협력이 필요하고, 더 나아가서 글로벌한 차원에서 새로운 규범을 만드는 과정에 참여하는 것이 중요합니다. 이러한 영역에서 우리가 인터넷 강국에 걸맞은 사이버 외교의 선진국으로서 리더십을 발휘하고 있는가에 대해서 반성이 필요한 것 같습니다. 물론 이와 관련해서는 강대국이 아닌 나라로서 나름대로의 애로점이 있는데, 이를 앞으로 어떻게 풀어갈 것인가의 문제가 큰 숙제로 남게 되는 상황입니다.

이를 풀어나가는 과정 속에서 오늘 발표된 열 개의 논문들이 공유하는 인식이 있었고, 이를 크게 세 가지 질문으로 정리해 볼 수 있을 것 같습니다. 첫 번째로 일단 중요한 것은 기술적인 차원에서 어떻게 역량을 갖출 것인가, 인력을 어떻게 양성할 것인가, 또는 그것을 뒷받침하는 제도나 거버넌스를 어떻게 구성할 것인가 하는 문제입니다. 경우에 따라서는 군사적인 차원에서 대응을 해 나간다고 할 때, 여기에 동원되는 전략개념에는 무엇이 있는가에 대해서 고민해 볼 필요가 있습니다. 소위 사이버 방어냐, 아니면 사이버 억지냐 하는 인식과 개념을 함께 다듬어야 하는 부분이 크게 하나의 세트라고 생각합니다. 여태까지 국내에서 사이버 안보와 관련된 논의는 개념 정의와 관련하여 많이 진행되어 왔는데, 오늘 학술회의에 참여한 선생님들께서는 거의 대부분이 국제정치학자이셔서 다음의 두 질문에 조금 더 초점을 많이 두고 논의를 진행하는 것이 현재 학계의 분업구조를 놓고 볼 때 나름대로 더 많이 기여할 수 있는 바라고 생각됩니다.

두 번째 질문은 한반도 주변 네 나라와의 관계를 어떻게 설정할 것인가의 문제입니다. 보통 주변4강이라고 할 때 강(强)이라는 말에는 상당히 근대 국제정치적인 관념이 반영되어 있습니다. 각 국가가 가지고 있는 군사력과 경제력이라는 물질권력으로 보았을 때, 어느 나라가 더 센가, 일종의 네 나라가 형성하고 있는 세력균형에서 남북한이 어디에 위치하고 있는가 등의 개념을 중심으로 전통안보의 게임을 이야기 해왔다면, 무게나 균형의 개념만으로는 풀어지지 않는 것이 사이버 안보 분야의 특징이지 않겠느냐 하는 생각을 하게 되었습니다. 사이버 공간이 가지고 있는 복합 네트워크의 특성이 사이버 안보의 게임에도 투영되는 것이라면, 이들 네 나라도 정부가 주도하는 단일한(unitary) 단위라기보다는 다양한 행위자들이 엮이는 네트워크적인 행위자로 보는 것이 더욱 타당하다고 봅니다. 소위 '네트워크 국가'라는 개념을 도입해 본다면, 네 개 국가도 네 개의 망(網)으로서 게임을 벌이고 있다

고 생각해 볼 수 있습니다. 이러한 관점에서 오늘 진행된 학술회의 제
2부의 주제가 '사이버 안보의 주변4망(網)'이었음을 상기해 해 주시기
바랍니다.

　이 네 나라들이 벌이고 있는 관계 속에서 한국이 어떠한 위치를
잡고 어떠한 역할을 할 것인가를 묻는 것이 중요하다고 생각합니다.
특히 미국과의 관계는 어떻게 가져갈 것인가, 최근에 한미 사이버 동
맹이나 협력을 강화하자는 주장이 상당히 제기되고 있고, 오프라인에
서는 동맹인데 사이버 공간에서도 동맹을 체결할 것인가, 동맹이라고
하는 것은 양자관계 중에서도 가장 상위 수준의 상호관계인데, 사이버
공간에서의 공격에 대해서도 상호방위를 할 정도로 동맹의 약속을 하
는 것이 맞는가, 어느 정도의 비중을 가지고 사이버 안보에서의 협력
을 구상해야 하는가의 문제가 중요할 것입니다. 최근에는 사이버 안보
분야뿐만 아니라 한미관계 전반에서도 양국의 동맹을 예전 냉전시대
와 같은 단순한 형태가 아니라 보다 복합적인 형태로 가져가자는 이야
기가 학계에서 많이 제기되고 있는데, 그런 구도 안에 사이버 안보의
문제를 넣었을 때는 어떻게 관계를 설정해야 하는지가 문제가 됩니다.

　네트워크 이론에서 제시하는 바처럼, 강하게 연결되는 것(strong
tie)만이 좋은 것이 아니라 일종의 약한 고리(weak tie)를 좀 더 잘 활
용할 수 있는, 구조적 공백을 공략할 수 있는 전략을 더 활용할 수 있
어야 한다는 주장도 고려해 볼 필요가 있습니다. 그렇다면 가장 강한
연결고리는 한미관계라고 할 수 있는데, 사이버 공간에서 벌어지고 있
는 다양한 주변 4망과의 관계뿐만 아니라 글로벌하게 펼쳐져 있는 관
계를 살펴보면 그 네트워크의 성격이 상당히 복합적이고 다양성을 지
니고 있음을 알 수 있습니다. 그 중에서 오히려 약한 연결고리를 공략
해서 강한 연결고리가 가지고 있는 장점을 더욱 활성화시키면서 문제

를 풀어나가는 해법은 없는 것인지 의문을 제기해 봅니다. 결국 한미 관계의 단순한 강화가 아니라 입체적이고 복합적인 시각으로 사태를 바라보는 지혜가 필요하다고 생각합니다.

주변4망 중에 두 번째는 보통 중국에 대한 이야기를 하게 됩니다. 오늘 학술회의의 제2부에서 중국을 다룬 논문의 발표순서가 네 나라 중에 제일 뒤에 놓여서 섭섭하다는 농담 섞인 지적의 말씀이 있었는데, 약간 우연도 있었지만 곧이 변명을 하자면, 4강의 관점에서 보면 중국이 미국에 이어 두 번째이지만 4망이라는 네트워크의 관점에서 보면 순서가 크게 의미가 없을 수도 있습니다. 그럼에도 여전히 주변 4망과의 관계에서 한국에게 중국은 중요한 변수일 수밖에 없습니다. 그도 그럴 것이, 미국과 중국 사이에서 한국이 어떤 입장을 취할 것인가가 여전히 중요한 과제가 되고 있기 때문입니다. 오늘 학술회의에서 이미 제기된 문제이기도 하지만, 한국이 미중 사이에서 적절한 입장을 설정하여 문제를 풀어나가기가 쉽지 않습니다. 그런 면에서 중국이라는 변수가 여전히 중요합니다.

이러한 연속선상에서 보면 일본이나 러시아도 상당히 중요한 변수일 수 있습니다. 사이버 안보 분야의 동아시아 세력망의 구도를 설정해 보면 일본과 러시아는 상대적으로 약한 고리, 다시 말해 구조적 공백에 해당된다고 볼 수 있습니다. 특히 한일관계의 경우 오프라인에서 가지고 있는 한일관계의 특성 때문에 잘 풀리지 않는, 최근 십여 년 동안 냉랭한 관계가 유지되고 있습니다. 최근에 미국이 중심이 되어서 만들어가고 있는 아태 지역의 동맹전략을 고려했을 때 미일관계가 굉장히 중요한 연결고리이고, 거기에서 일본이 중요한 변수라면 사실은 미국의 입장에서 한미일의 삼각구도를 어떻게 가져갈 것인가가 중요할 수 있습니다. 그런데 여러 가지 이유로 인해서 미국이나 일본이 기대를 갖고 있음에도 불구하고 한일 간의 연결고리가 풀리지 않는 부분을 어떻게 다루어야 할 것이냐도 앞으로 계속 논의해봐야 할 주제라고 생각합니다.

더 어려운 부분은 사실은 러시아입니다. 러시아가 글로벌한 차원에서 벌어지는 사이버 안보의 게임에서는 굉장히 중요한 행위자임이 확실하고, 오늘 회의의 제2부에서도 이에 대한 발표가 있었습니다. 그런데 동아시아의 주변4망 구도를 보면, 한러 사이버 협력 관계를 어떻게 풀어가야 할지를 염두에 두고 한국이 과연 무엇을 해야 하는지를 보아야 합니다. 미중 관계 사이에서도 한국이 입지를 잡기가 쉽지 않은데 거기에 '미러'라는 변수까지 넣는다면, 기존의 아태지역을 중심으로 하는 지역동맹을 깨지 않으면서도 러시아라는 새로운 행위자를 넣어서 북한에 대한 외교적인 압력을 넣고 러시아로부터 기술이나 인적인 차원에서의 지원을 얻을 수 있는 부분은 어떤 것들이 있는지를 앞으로 계속해서 고민해봐야 할 것입니다. 종합하면, 한국의 사이버 안보 전략의 과제라고 할 수 있는 두 번째 그룹의 세부과제들은 미, 중, 일, 러와의 관계를 어떻게 조율해나갈 것인가 하는 부분이고, 상대적으로 비대칭적인 관계 조율일 수밖에 없다고 봅니다.

이상의 논의가 동아시아라는 지정학적인 공간을 염두에 두고 그 위에 사이버 안보라고 하는 일종의 탈지정학적 이슈가 중첩되는 구도에서 진행되는 것이라면, 또 하나 고려해야 하는 것은, 유럽이나 유엔 등에서 진행되고 있는 논의로서 사이버 안보의 국제규범을 만들려는 시도입니다. 제가 보기에는 크게 세 가지 층위가 겹쳐지고 있는 것으로 파악됩니다.

사이버 안보 분야를 중심으로 놓고 보았을 때, 첫 번째는 기존의 국제법, 특히 전쟁법을 활용하거나 유엔과 같은 전통적인 국제기구를 통해서 문제를 해결하려는 소위 국가 중심의 프레임워크입니다. 대표적인 사례로 탈린 매뉴얼이나 유엔 GGE를 들 수 있고, 그러한 흐름을 사이버 안보에 원용하여 정치군사적으로 문제를 해결하려는 흐름이 한 층위가 형성됩니다. 두 번째로 그 층위 밑 부분에 선진국의 소위 당사자국가들, 사이버 공간 총회에 참여하였거나 부다페스트 협약을 추진해 온 국가들, 사이버 안보가 문제가 되어서 시급하게 해결해야 하는 선진국들이 일종의 클럽처럼 OECD나 G20와 같은 정부간협의체를 구성하며 작동하고 있습니다. 이러한 국가들이 사실상의 메커니즘을 통해서 문제를 풀어나가려고 하는 흐름에 주목하여야 합니다. 끝으로 세 번째는 사이버 안보 문제에만 국한된 것이 아니라 글로벌 인터넷 거버넌스 전반을 놓고 보았을 때, 지난 20여 년 정도 진행되어 온, 민간 행위자들이 나서서 인터넷 문제를 풀어나가는 것이 중요하다고 이야기하는 미국이나 서방측의 주장을 볼 수 있습니다. 그 뒤에는 사실 국가의 이익이 숨어 있고 두 논리가 복층적으로 진행되는 흐름이 한 쪽에 있습니다.

이러한 세 가지 층위가 복합적으로 진행되고 있고, 이를 가로질러서 한 쪽에는 문제를 다중이해당사자주의로 풀어가야 한다는 관념과 담론, 또는 정부간주의로 풀어가야 한다는 관념과 담론, 그리고 이를 뒷받침하는 미국이나 서유럽 국가들의 서방 진영의 이익과 러시아나 중국, 개발도상국들이 같이 참여하는 비서방 진영의 이익이 경합하는 구도로 진행되고 있다고 보입니다. 이는 제가 이해한 사이버 안보 분야의 국제규범의 현재상황이라고 할 수 있습니다.

이런 부분을 어떤 프레임으로 이해하느냐가 사실은 우리가 취해야 하는 국가전략의 첫 단계입니다. 이러한 프레임이라고 하는 것이 객관적으로 실재하고 있는 것이 아니라, 사실은 참여하는 행위자가 자기가 보려고 하는 주관적인 의식을 가지고 재구성해내는 부분이 있을 수 있기 때문에, 한국이 사이버 안보 분야에서 국제전략을 꾸려나간다고 할 때 대강의 구도에서 어떤 점에 강조를 두고 초점을 맞출 것인가가 굉장히 중요한 국가안보 전략의 내용이 될 것이라고 생각합니다.

이를 풀어가는 과정에서 최근에 한국이 21세기 질서에서 차지하고 있는 국제적 위상이나 여기에서 파생되는 역할을 염두에 둘 때, 중견국 외교를 해야 한다는 말씀들을 많이 합니다. 그러한 맥락에서 구체적인 내용들이 어떻게 들어가야 할 것인가에 대한 고민이 필요합니다. 간략히 말씀드리면, 현재 중견국 외교를 논의하는 선생님들께서 강조하는 점은 크게 세 가지 축으로 분류해 볼 수 있습니다.

첫 번째는 중견국 외교라는 것이 사이에 들어가서 중개의 역할을 하는 의미를 많이 가집니다. 그것이 미국과 중국 사이일 수도 있고, 글로벌 차원에서 서방 세력과 비서방 세력일 수도 있고, 더 나아가서는 다중이해당사자주의와 정부간주의라는 담론 사이일 수도 있는데, 그런 분야 안에서 기술이나 인적 역량, 제도, 외교적인 과정에서 누가 중개자의 역할을 할 수 있느냐를 찾는 것이 중요합니다만, 이것이 쉽지는 않은 것 같습니다. 이를 위해서는 기본적으로 우리가 현재 가지고 있는 역량에 대한 인식을 바탕으로 계속해서 공부해 나가야 하는, 일종의 지식외교가 필요하다고 생각합니다. 이런 부분이 사이버 안보에서 강조되어야 하는 중요한 논점인데, 이를 진행하는 과정에서 우리와 비슷한 처지에 있는 국가들과 연대 내지는 공조하는 외교가 필요합니다. 이것이 중견국 외교의 두 번째 과제인 연대외교입니다. 더 나아가서는 강대국들이 주도해 나가는 전체적인 규범의 틀 내에서 활동의 여지를 찾는 것이 필요합니다. 강대국들은 그들이 만든 기술이나 제도의 패권질서 속에서 이를 얼마나 효율적으로 운영해나갈 것인지에 관심이 있다면, 개도국이나 중견국은 이러한 구도에서 당연히 강대국들의 생각에 치일 수밖에 없는 상황일 것입니다. 이런 상황에서 강대국도 지킬 수밖에 없는 보편타당한 형평성이나 가치 등 규범에 대한 이야기를 중견국의 입장에서 점잖게 해볼 수 있는 여지가 있다고 봅니다. 어떤 면에서는 물리적인 힘이 상대적으로 부족하다 보니까 이러한 규범적인 부분을 강조하고, 이에 동조하는 다른 국가들의 지원을 얻어서, 강자들 사이에 끼어들어 가는 것이 상대적으로 위험할 수도 있겠지만, 이러한 위험을 누그러뜨리는 외교를 펼쳐나가는 것이 대강의 방향이 아닐까 생각하고 있습니다. 아마 이 부분에 해당되는 구체적인 내용을 채워나가는 것이 앞으로의 과제가 될 것이라고 생각합니다.

조현석(사회): 발표 잘 들었습니다. 토론에는 사이버 안보의 특성을 반영하는 융합적인 구성이 되어 있는 것으로 알고 있습니다. 공학 전공도 계시고 법학 전공도 계시고, 사이버 안보가 가지고 있는 복합적이고 종합적인 측면을 고려하면서 토론이 이루어질 수 있을 것 같습니다. 토론은 10분 내외로 여러 가지 의견을 제시해 주시되, 오랫동안 이 문제에 천착해 오신 통찰을 토론에 담아주시면 감사하겠습니다.

류석진: 첫 번째로 말씀드리고자 하는 것은, 사이버 안보를 이야기한 것은 굉장히 오래되었고, 여러 가지 연구들이 있었는데 적어도 이 프로젝트에서는 사이버 안보 개념의 외연과 내포에 대해서 정확하게 정리해 볼 필요가 있다는 점입니다. 러시아나 중국이 보고 있는 안보라는 개념과 민주주의 국가에서 보는 안보라는 개념이 굉장히 다른데, 여러 가지 사회불안까지를 포괄하는 광의의 안보개념으로 볼 것인지 아니면 현실주의 전통 하에서의 협의의 안보개념으로 볼 것인지

에 대한 고민이 필요합니다. 다양한 안보의 개념 가운데, 즉 협의의 안보 개념에서부터 광의의 안보개념까지 합의를 보기 어렵다면, 중층적으로 보면서 어떤 부분에서 어느 초점으로 개념을 정리할 것인지를 생각해봐야 한다고 제안을 드립니다. 안보라는 것에는 위협이 항상 따라오게 되고, 위협은 위협의 주체와 위협의 대상, 위협이 어떤 내용과 형태인가 하는 몇 가지 측면을 생각할 수 있습니다. 단순히 개념만의 문제가 아니라 사이버 안보 문제는 대중적으로도 중요한 이슈임에도 불구하고, 대중의 이해가 가장 낮은 분야이기도 하며, 프라이버시와 사찰의 문제로 희석이 되어버리는 경우가 굉장히 많습니다. 개념의 외연과 내포뿐만 아니라 사이버 안보라고 하면 어떠한 이미지를 떠올릴 수 있는지, 사이버 안보에 대한 구체적인 모습을 그려줄 수 있는, 대중에게 다가갈 수 있는 개념으로는 무엇이 있을 것인가를 생각해 봐야 합니다. 개인정보나 컴퓨터 해킹 문제, 원자력 발전소가 해킹되면 폭발할 수 있다든지, 이런 식으로 구체적으로 사이버 안보를 상상할 수 있는 작업들이 있다면 좀 더 대중들에게 다가가면서 정책을 기안하고 집행하는 측에서도 정치적인 부담이 줄어들 수 있지 않을까 생각을 해봅니다. 소위 사이버 안보를 어떻게 가시적으로 만들어서 대중적인 지지의 기반을 만들 수 있는가 하는 작업도 고민해보아야 한다고 생각합니다.

두 번째로, 국제정치학의 관점에서 바라보는 이야기인데, 앞서 김상배 교수님도 말씀하셨듯이 기존의 국제정치이론을 사이버로 확장을 시킬 때 발생하는 문제가 무엇인가? 과연 전쟁이라는 개념, 안보라는 개념은 현실주의에서 쓰는 안보나 전쟁과 같은 개념을 그대로 가져올 수 있는가? 적용이 안 되는 부분에는 무엇이 있을까? 가장 핵심적으로는 억지(deterrence) 이야기를 많이 하는데, 대상이나 시공간적 개념의 불일치 때문에 억지라는 개념은 거의 불가능하다고 생각합니다. 과연 사이버 공격 때문에 북한을 친다면 미국의 입장에서 카드는 무엇인가? 성명서만 발표하면 끝인가? 우리가 억지를 할 수 있는 수단은 무엇인가? 억지의 수단으로는 무엇을 가져올 수 있고, 그 수단을 발명하는 것이 가능한 것인가? 억지의 개념을 계속해서 쓸 것인가를 심각하게 고민해봐야 할 것 같고, 더군다나 소위 국가전략의 부분에서도 과연 근대적인 국가 개념과 사이버의 관계를 어떻게 볼 것인가 하는 아주 본질적이고 존재론적인 질문에 대해서 국제정치학 이론에서 대상을 사이버로 확대시키면서 활용될 수 있는 이론, 폐기되어야 하는 이론, 새롭게 찾아야 하는 이론의 문제가 명확하게 다루어져야 합니다. 즉, 어느 이론은 차용이 가능하고 어떤 측면에서의 활용이 가능하고, 또 어떤 이론은 폐기되고 어떤 다른 요소들이 추가되어야 하는지? 국제정치학의 이론의 영역이 확장되는 부분도 있을 것이고, 다른 측면에서는 국가의 전략을 세우는 실천의 차원에서도 굉장히 중요한 부분이라는 생각이 들었습니다. 한편, 협력의 문제, 국제협력의 문제나 민관협력의 문제를 다루어보아야 합니다. 기술적인 부분이나 구체적인 이슈의 진행에 대해서는 잘 알지는 못하고, 기술적으로 이해하기 어려운데, 아주 기술적으로 전문성을 가지고 있지 않은 사람들에게는 국제협력의 구체적인 모습이 무엇인가를 떠올리기가 어렵다는 문제도 존재합니다. 포럼이나 컨퍼런스 등 다양한 공간에서 논의되는 내용이 과연 무엇인가? 기술적으로 무엇을 하자는 것인지, 아니면 근본적으로 안보라는 개념을 어떻게 형성할 것인가의 문제를 조금 더 구체적인 모습으로 와 닿도록 설명해주는 부분들이 필요합니다. 여러 포럼에서 아주 구체적으로 진행된 논의들을 예로 한두 가지로 들면서, 일반인들이 이런 내용을 소위 '덕후'들이 모여서 하는 '기술적이고 전문적이어서 이해할 수 없는' 이야기로 치부하지 않고 국가전략과 어떻게 연결되는

지를 보여줄 수 있도록 설명하는 작업이 뒤따라야 할 것 같습니다.

예를 들어서, 안보위협이라는 표현을 사용하는 데 있어서 안보 위협의 주체는 중국, 북한 등 이런 국가만을 주로 상정하게 됩니다. 그런데 미국은 우리에게 사이버 안보 위협의 주체는 아닐까요? 소위 그들이 윈도우 운영체계나 그런 것들을 통하여 가지게 되는 엄청난 정보 수집력이 있는데, 그것을 수집해서 한국에게 위협되지 않는 사용을 한다는 점에서는 안보문제가 되지 않겠지만, 그렇게 저장된 정보가 필요할 때 미국의 국무부에서 활용하게 된다면, 우리에게 직접적인 사이버 테러를 하는 것은 아니지만, 이를 통해서 안 보이는 공간 속에서 우리의 국익을 해치는 행동을 할 가능성은 충분히 있고, 이런 부분은 예전의 에셜론(ECHELON)이나 스노든 사태와 같은 사건들을 통해서 소위 동맹국들에 대해서조차 그들이 했던 정보 수집의 가능성은 분명히 배제할 수 없습니다. 그런 것들이 단지 중국이나 북한이 하는 식으로 크래커와 같은 형태의 정보수집이 아니라고 해서 위협이라고 보지 않을 수는 없습니다. 그렇다면 결국 기술패권의 문제가 나오게 되고, 미국 기업들이 제공하는 플랫폼을 사용하게 되면 회피할 수 없는 문제가 됩니다. 중국에서는 마이크로소프트보다는 다른 프로그램을 활용하도록 강제하는 것도 사이버 안보와 연결시켜서 생각해 볼 수 있습니다. 북한, 중국뿐만 아니라 미국이 잠재적으로 우리로부터 가져가고 있는 부분은, 즉 안보위협의 주체가 되고 있는 부분은 어떤 것인지도 생각해 볼 필요가 있다고 봅니다.

장노순: 의미 있는 자리에 초대받게 되어서 영광으로 생각하고 감사합니다. 이미 제1, 2부에서 사이버 안보에 관련된 다양한 논의를 국가나 국제사회별로 충분히 다루어졌다고 생각합니다. 김상배 교수님

의 논문이 그런 논의들을 한국적인 시각에서 외교와 전략 차원에서 잘 정리하신 것 같습니다. 이러한 논의의 궁극적인 목적이 한국에서의 사이버 안보 전략, 외교의 방향을 어떻게 끌어가야 할 것인가로 모아진다면, 그러한 문제의식에서 크게 보면 두 가지 차원에서 말씀을 드리고 싶습니다.

한국의 사이버 안보 전략을 어떻게 할 것인가의 문제는 제1, 2부에서 공히 논의된 것처럼 간결하게 요약하면 결국은 미국의 시각과 중국의 시각 속에서 한국이 가지고 있는 독특한 딜레마를 어떻게 극복할 것인가에 있다고 생각합니다. 한국의 사이버 안보 전략을 제시할 때, 개인적으로는 굳이 명명하자면 '전략적 사이버 균형 전략'을 제안해보고자 합니다. 이미 사드(THAAD)나 기타의 안보 정책·전략에서 한국이 가지고 있는 위험비용이 막대해지고 있는 상황에서, 사이버 안보 전략조차도 다른 전통적인 외교안보나 전략과 유사하게 묻어갈 가능성이 농후하다는 것이 모든 전문가들이 공감할 수 있는 부분이라고 생각합니다. 제가 제안하고자 하는 전략은 '전략적 사이버 균형 전략'이라고 명명하면서 투 트랙(two-track)의 접근을 필요로 합니다. 즉, 군사적인 요소와 비군사적인 요소를 나누어서, 군사영역은 이미 한미 군사동맹이 확고하게 자리 잡은 상황에서 군사영역을 벗어난 한미동맹 영역을 벗어나서의 사이버 동맹, 사이버 안보협력을 논의하는 것은 현실적으로 거의 불가능하다고 본다면, 결국은 사이버 군사 영역에서의 협력은 한미동맹의 큰 틀 속에서 하부구조로 들어가는 것이 비용측면에서 효과적이고, 미국 또는 여타의 외교적 압력에서 자유로울 수 있을 것입니다. 반면에 이 경우 중국의 압박을 고려하지 않을 수 없기 때문에, 비군사적인 영역을 별도로 설정해서 형사사법적인 범죄나 테러와 같은 영역에서는 한국이 중국과 협력의 범위를 지금보다 훨씬 확대해나가는 것이 가능할 것이라고 생각합니다. 이 부분에서는 미국의 저항과 압박에서 조금은 벗어날 수 있지 않을까 하는 생각이 듭니다. 그럼에도 불구하고 미중 간에 벌어지고 있는 사이버 첩보활동과 같은 미묘한 부분들에 대해서는 한국의 위상을 어디에 설정할 것인가는 대단히 독특한 부분이라고 봅니다. 이전 세션에서는 다루어지지 않은 부분인 것 같은데, 미중 간에 가장 대립되어 있는 사이버 첩보 활동에 대해서 우리의 전략적인 위치를 어떻게 가져갈 것인가는 여전히 숙제로 남습니다.

　사이버 안보 국가전략과 연결시키면, 한국에서의 기본적인 사이버 안보라고 하는, 안보라고 하는 수준을 그냥 통칭해서 안보라고 하지만 그 사이에는 굉장히 미묘한 유형들이 존재하고 있습니다. 그 유형조차도 미국도 국제사회에서도 학문적으로는 논의가 이루어지고 있고, 정책적 개념으로서의 정확한 지표를 만들어 보이는 노력을 시도하고는 있지만, 아직까지 가시적인 성과가 있다고는 보이지 않습니다. 한국도 이 독자적인 사이버 안보 위협에 대한 유형을 지표를 만들어볼 필요가 있습니다. 그 지표에 따라서 미국과의 협력 수준이나 중국과의 협력 수준을 현실적으로 추구해 나가고 그 사이에서 조화나 공통분모를 찾아낼 수 있지 않을까 생각합니다. 대표적인 것이 국가기간시설에 대한 공격은 미중 간에 상당한 정도로 합의할 수 있는 부분이라고 할 수 있고, 그러한 사이버 안보 위협에 대한 공통분모를 어떻게 추출하고 우리 국가전략으로 받아들이는지가 미중 간에 있어서 현재 우리가 처해 있는 딜레마를 해결하는 하나의 방법이 될 수 있을 것이라고 생각해 보았습니다. 전략의 목적이나 대상, 협력 방식과 수준 등은 이러한 지표와 연결시켜서 체계화할 필요가 있습니다.

　이와 연결시켜서, 그러면 한국이 미국과 사이버 협력, 사이버 동맹 체제로 가는 데 있어서 실질적으로 문제가 될 수 있는 것을 세 가지로 생각해 보았습니다. 첫째, 이미 앞서 많은 분들께서 지적해 주셨지만, 결국 사이버 안보협력이라고 하는 것은 가장 기본이 되는 것이 정보공유의 부분인데, 이 부분은 굉장히 미묘한 측면이 있습니다. 정보공유라고 하는 부분으로 뭉뚱그려 말할 수도 있지만, 사이버 안보 협력이라고 하는 것을 방어나 공격, 억지 등의 유형에 따라서 어떤 유형에서의 협력을 할 것인가라고 할 때, 한미 간에는 어려운 비대칭적인 요소가 존재합니다. 미국이 원하는 한미관계에서의 사이버 정보공유라는 관점에서 볼 때, 미국이 한국의 사이버 위협에 대해서 정보를 제공해 줄 가능성은 현재 시스템상 굉장히 어렵고 애매한 점이 있습니다. 물론 북한의 사이버 공격에 대해서 미국에 요구할 수 있는 것은 상당히 비대칭성 우위에 있는 것은 사실입니다. 이런 측면에서는 미국에게도 한미 간 협력이 도움이 될 수 있겠지만, 반면에 미국과 한국 외의 공격에 있어서 공동대응하는 데 미국으로부터 정보를 공유받을 수 있는가, 받을 수 있다면 어느 수준으로 어떤 내용을 받을 수 있는가는 굉장히 어려운 문제입니다. 정보를 받을 수는 있지만, 이러한 정보공유가 자칫 한국의 사이버 안보 영역에서의 전략과 기술력, 모든 면에 있어서 미국으로 종속될 가능성이 굉장히 큽니다. 방어와 관련해서는 정보공유라는 단순한 개념으로 쉽게 처리할 수 없는 부분이 있는 것 같습니다.

또 하나의 개념은 최근에 사드와 관련되어서 많이 언급된 것처럼 미국이 공세적인 방법을 통해서 억지의 효과를 높이는, 선제적인 효과를 높이고 군사적인 전략에서의 효과를 높이는 쪽으로 방향을 확실히 잡았고 그에 대한 인력과 예산 배정이 집중되고 있습니다. 이 상황에서 과연 미국이 제공하는 사이버 확장억지전략이 한국에 적용될 수 있는가 하는 부분에 대해서 저는 극히 회의적이고, 그렇게 가는 것도 바람직하지 않다고 봅니다. 그렇지만 확장억지에 대해서 특히 동맹국 간의 군사영역에서 미국의 요구나 앞으로의 상황 대비를 고려할 때, 이 부분에 대한 한국의 전략이나 정책적 방향을 어느 정도 모색할 필요가 있다고 생각합니다.

두 번째 문제는, 사이버 안보의 국제규범에 대해서 논의할 때 기본적인 개념인데, 민간 중심의 모델과 정부 중심의 모델 중에서, 한국은 남북한의 여러 위험과 실질적인 갈등의 과정 속에 위치해 있기 때문에 정부 중심의 모델이 조금 더 낫지 않을까 생각합니다. 하나는 현재 남북 간의 대치 관계에서 얼마나 효율적으로 역량을 결집할 수 있는가의 문제에 있어서 사실은 중국모델과 비슷해질 수 있습니다. 중국적인 사이버 안보에 대한 인식이 현실적으로 안보를 향상시키는 데 훨씬 낫다고 봅니다. 이 모델이 우리에게 줄 수 있는 또 하나의 좋은 함의는 미국과의 관계에서도 민간 주도보다는 정부 주도가 좀 더 효율적으로 우리의 안보이익을 보호하는 데 기여할 수 있다는 것이 저의 생각입니다.

다만, 과연 우리 정부가 그런 역량이 있는가 하는 부분을 세 번째 지적사항과 연결시켜서 보면, 한국에서 사이버 안보전략을 마련하고 총체적으로 추진하는 데 있어서 현재 구조에 비추어 볼 때, 청와대 국가안보실이 중심이 되는 것이 타당해 보입니다. 그런데 현재 우리나라의 국가안보실이 과연 그러한 역량이 있는지에 대해 의문을 제기하게 됩니다. 국제사회에서 규범을 만들 때 외교부가 대표로 가고, 국방부, 국정원이나 미래부나 이런 부처들은 영역별로 사이버 안보 협력을 추진해 나가는 과정에서 개별적으로 추진해 나가는데, 이 모든 부분이 과연 얼마나 효율적으로 조율되고 통합적이고 일관된 방향을 지향하고 있는지에 대해서는 잘 모르겠지만, 앞으로 반드시 필요하다고 봅니다. 이러한 조율과 조정의 역할을 할 수 있는 것이 국가안보실이라고 할 수 있는데, 과연 그러한 역량이 있는지는 잘 모르겠습니다. 현재와 같은 인적구성이 그런 부분을 충분히 해낼 수 있는지 여부도 앞으로의 사이버 안보 전략, 그리고 한미 간의 사이버 안보 협력이나 동맹을 유지해 나가는 데 굉장히 중요한 요소가 될 것이라고 생각합니다.

조화순: 10년 전 『정보사회의 인간안보』라는 책을 발표했습니다. 정보사회에서 프라이버시, 해킹, 테러 등의 문제를 국제정치적 관점에서 다룬 책이었습니다. 당시 국제정치 영역에서 다루어 온 인간안보에 대한 논의가 상당히 이루어졌지만, 이를 정보사회의 문제와 관련해 논의했을 때 시기상조라고 생각하셨던 분들이 있었던 것으로 기억합니다. 하지만 이제는 국제정치학자들이 본격적으로 정보사회가 양산하는 국제정치의 변화에 주목할 단계임을 실감하게 됩니다. 첫 번째는 3년 전 미국에서 개최된 세계정치학회에 참석했을 당시, ICANN 관계자가 제 논문에 상당히 관심을 가진 것입니다. 아마도 당시 인터넷 관련 국제레짐과 제도가 어떤 식으로 변화해야 하는지에 대한 세계적인 논의가 증가하기 시작했고, 그 당사자가 ICANN이었기 때문이었던 것 같습니다. 두 번째는 그동안 국제정치학계에서 사이버 안보와 관련된 몇 편의 논문들이 나왔지만, 실질적으로 이렇게 큰 세션으로 구성되어 논의된 것은 처음인 것 같습니다. 이런 점에서 국제정치 내에서 사이버 공간의 국제정치 질서에 대한 관심이 본격적으로 시작되고 있어 기쁘게 생각합니다. 김상배 교수님의 발표에서 전통적인 국제정치학 관점에서 드러나는 시사점과 사이버 공간의 문제에 주목해서 이야기해 주신 내용 잘 들었습니다. 저는 이 가운데 수정되어야 할 부분을 중심으로 몇 가지만 말씀드리도록 하겠습니다.

최근 국제정치에서 사이버 안보가 주목을 받는 이유는 세계가 국제체제와 국내체제의 변혁기에 있기 때문인 것 같습니다. 산업사회에서 정보사회로 넘어오면서 사회를 기본적으로 구성하고 근간이 되는 요소에 변화가 있고, 특히 동아시아에서 미중 간의 갈등이 가지고 오는 변화 속에서 우리가 어떤 전략을 수립해야 할 것인가의 연장선상에서 사이버 안보 이슈가 놓여 있습니다. 흔히 이러한 논의를 할 때 착각하기 쉬운 것이 우리가 놓여 있는 구조적인 측면을 제대로 바라보지 못하고 우리가 마치 구조를 바꿀 수 있고 무엇이든 할 수 있을 것으로 착각하게 되는 경우를 보게 됩니다. 그런 논의에 집중하는 순간, 우리가 놓여 있는 구조적인 조건에 대해 착각하고 부적절한 계획을 세울 수 있습니다.

구조적인 질서의 성격과 문제를 정확하게 파악해야 합니다. 한 예가 중견국 외교에 대한 논의입니다. 정부가 미중 간의 질서 속에서 '균형자'가 될 수 있거나 되어야 한다는 식의 주장을 자주 접하게 됩니다. 이것은 많은 사람을 착각하게 하는 측면이 있습니다. 마치 미국과 중국이 각각 형성하고 있는 서로 다른 구조의 중간에서 우리가 미중을 화해시키고 이들의 안보와 경제 전략을 조화시키며 우리에게 유리한 전략을 취한다는 주장으로 흐를 수 있습니다. 그런데 구조는 우리 마음대로 쉽게 바꿀 수 없기 때문에 구조입니다. 한반도에 자리 잡고 북한과 대치하고 있는 우리의 입장에서 국제정치 행위자(actor)로서 할 수 있는 부분과 할 수 없는 부분에 대해 명확하게 현실을 직시한 바탕 위에서 우리의 발전전략이 마련되어야 합니다. 구조적 제약 속에서, 중견국으로서 우리가 할 수 있는 전략은 아마도 다양한 국가들과 동맹관계를 많이 맺는 것입니다. 혹은 우리와 비슷한 고민 속에 있는 국가들, 물론 이 국가들은 중국과 미국이 형성하는 질서에 대부분은 편승하고 싶어 하겠지만, 그 속에서 우리와도 다차원적인 관계를 형성하고

자 하는 행위자들과의 협력과 동맹을 통해 우리가 강대국이 형성하는 구조 속에서 번영할 수 있는 나름의 전략을 찾는 것입니다. 사이버 안보 전략 역시 사이버 공간의 구조를 우리가 형성한다는 슬로건이 아니라 결국 여러 국가와 협조체계를 확보하는 것이 현실적 전략입니다.

이런 차원에서 사이버 안보 관련 논의에서 중견 국가로 우리가 무엇인가를 국제정치 차원에서 할 수 있다는 주장에 동의하기는 어렵습니다. 사이버 안보는 여전히 영토에 기반을 둔 국가에 중요한 국내적 이슈입니다. 국내 질서와는 달리 국제적 영역에서 사이버 안보에 대한 논의는 아직 그 논의 체계마저도 정립되어 있지 않습니다. 외교부나 여러 관련 부처들이 있지만, 국제제도 형성에서 누가 주도적인 역할을 할 것인지에 대해서는 아직 시작되었다고 보기 어렵습니다. 그동안 기술의 발전으로 가능해진 사이버 테러, 해킹이 사이버 안보 이슈인지 프라이버시 이슈인지 국내적으로 첨예하게 대립해 왔다는 점을 감안하면 사이버 안보 문제를 해결해나가는 데에는 상당한 어려움이 있습니다. 왜냐하면, 구체적으로 어떤 범위와 내용을 포함하는 것인지 구분하기 어렵고 저마다 생각이 다르기 때문입니다.

사이버 공간에서의 국제질서 논의에서, 사이버 안보에 대한 국제질서와 사이버 공간 자체의 질서에 대한 논의는 굉장히 다르다고 봅니다. 제가 '레짐 복합성'이라는 개념으로 ITU와 ICANN 사이에 놓여있는 미국과 중국 간의 줄다리기에 관한 논문을 썼는데, 이것은 사이버 공간의 질서에 관한 것입니다. 그런데 사이버 안보는 미국이나 중국도 글로벌 거버넌스 보다는 국가 중심적으로 다루고 있습니다. 따라서 이미 사이버 공간의 질서는 미국이 형성한 다중이해당사자주의에 기반을 두고 있지만, 안보가 보다 중요한 국제문제로 대두된다면, 중국이 주장하는 국가중심적인 체제도 앞으로 상당한 국제적 호응을 받을 수

있다고 생각합니다. 상거래가 계속해서 증가하면서 프라이버시 이슈
도 함께 제기되고 있으며, 이런 상황에서 국가는 자신들의 역할을 점
점 찾아갈 것이기 때문입니다.

최근 EU와 페이스북이 벌인 프라이버시 침해 소송 등에서 보듯
이, 국가라고 하는 존재 자체가 인터넷 거버넌스를 민간에 단순히 이양
할 것으로 예상하는 것은 사실이 아닐 수 있습니다. 이제 국가가 중심
이 된 국제제도 속에서 사이버 공간의 질서를 모색해 나갈 가능성을 무
시할 수 없습니다. 특히 사이버 안보 이슈는 많은 국가가 이를 국가 고
유 영역인 안보 문제로 생각하고 있고 이것은 미국 역시 사이버 안보를
다중이해당사자주의의 형태로 질서를 형성하고 있다고 판단하기는 어
렵습니다. 즉 사이버 공간의 질서와 사이버 안보의 질서에 대해 미국이
같은 이해관계를 가지고 있다고 생각하는 것은 착각일 수 있습니다.

마지막으로 말씀드리고 싶은 것은, 문제의 해결을 위해 국가가 인
적 역량을 강화하고 기술 역량을 강화하는 것은 반드시 해야 하는 부
분입니다. 이와 관련해 정치학자들은 규범이나 제도적인 역량을 마련
하는 논의에 참여하면서 도움을 줄 수 있을 것 같습니다. 그렇다면 규
범 체계는 어떻게 강화할 것인가가 문제의 중심에 있습니다. 제도의
역량 면에서 두 가지 논점을 고려해 봐야 한다고 생각합니다. 먼저 사
이버 공간의 질서는 세계적으로 보면 권력게임이기도 하고, 다른 한
편으로는 경제적인 이해의 문제이기도 합니다. 즉, 구글이 질서를 만
드는지 혹은 애플이 만드는지에 따라 경제적인 이해관계가 다른 부분
도 있습니다. 하지만, 사람들이 가지고 있는 인식이나 관념 역시 굉장
히 다릅니다. 학자들은 네트워크 질서라든지, 4차원적인 세계를 상상
하고 있지만, 현실 세계에 있는 많은 국가행위자는 여전히 현재의 제
도를 그대로 유지하고 있습니다. 중국 등 많은 국가는 제3의 시민사회

세력이 국가 혹은 국제제도나 규범의 형성에 참여하는 것에 대해서 굉장한 거부감을 가지고 있다는 점을 간과하지 말아야 합니다.

앞으로 사이버 공간 자체의 규범이나 제도 문제는 지금보다 훨씬 더 첨예한 국가 간의 갈등을 야기할 것이라고 생각합니다. 그렇다면 국가 간의 인식 차이를 어떻게 조정하고 조화시킬 것인지, 그리고 시민이 중심이 되는 글로벌 거버넌스와 국가 중심의 국제제도 사이에서 한국의 전략을 고민해 봐야 할 것입니다.

조현석(사회): 감사합니다. 조화순 교수님께서는 구체적인 전략보다는 그 하위의 심층 구조에 대해서 많은 문제를 짚어 주셨습니다. 논의를 진전시키기 위한 토론의 계기도 마련해 주신 것 같습니다.

김소정: 저는 2000년대 초반부터 OECD, ITU, ARF, GGE, 사이버공간총회 등 오늘 언급된 모든 회의체에 다녀봤고, 지금까지 GGE 등에서 진행되고 있는 논의들을 계속 지켜보고 있는 입장에서 문구 하나하나에 메여서 지내온 시간들이 많이 다르게 느껴졌습니다. 그리고 실질적으로 국제정치라든지 이론이라든지 거시적인 시각으로 봄으로써 제가 놓치고 있던 부분이 어떤 것인지를 돌이켜보게 하는 좋은 자리가 되고 있습니다. 이런 자리에서 제가 사실 구체적으로 짚어졌으면 하는 내용들이 있기는 하지만, 사실 그런 논의들이 시기상조라는 생각은 듭니다. 국제정치학에서 바라보는 패권질서나 안보를 어떻게 볼 것인지, 사이버 안보를 어떻게 개념화하고 국가 차원에서 어떻게 대응할 것인지 등에 대해서 기본적으로 공통의 이해가 선행되어야 하는데, 이런 이해의 시발점으로서 이번 학술회의가 가지는 의미가 크지만 앞으로도 상호 간의 이해와 공부가 많이 필요하다는 생각도 많이 들었습니

다. 그러면서 제가 속해 있는 국가보안기술연구소에 정책연구실이 있고, 거기에서 법과 제도를 연구하고 있다는 것의 의미를 다시 한 번 생각하게 되었습니다.

　기본적으로는 사이버 안보 위협의 대상을 다시 식별하고 생각해 봐야 하는 부분들이 많이 발생하게 될 텐데, 지금 우리가 직면하는 위협들이 실질적으로 프라이버시 문제나 개인정보 탈취 문제, 사이버 범죄, 반달리즘으로 표현하는 문제, 테러, 심리전, 전쟁에 이르기까지 다양한 스펙트럼으로 널리 퍼져 있습니다. 우리가 오늘 이야기하고 싶은 사이버 안보 위협이라는 것이 과연 어디에서부터 어디까지를 포함시킬 것인지, 이를 어떤 기준으로 판단·평가하고 대응해야 할 것인지 전략적으로 고민이 더 필요하다고 생각합니다. 이는 아마도 공통의 이해를 많이 확대시키지 못했기 때문에 제기되는 문제일 수도 있겠습니다만, 사회과학 분야에서 사이버 안보에 대해서 생각하시는 분들은 주로 법제에 치중이 되어 있었고, 그 다음 영역으로 국제정치학이 시작을 하시는 것 같고, 제가 알기로는 아직 정책학이나 행정학, 사회학, 경제학, 심리학 등에 응용되고 기여할 수 있는 부분이 많은데 아직 확대가 되지 않고 있습니다. 그래서 역량 확보에 있어서 연구 분야 확대나 인적 확보는 단순히 기술 부분에만 집중되어서는 안 된다는 점을 다시 한 번 고려해야 할 것 같습니다. 특히 지금까지 사이버 역량 평가는 기술적인 입장에서 많이 생각해 왔습니다. 리처드 클락의 경우, 미국의 국가안보적 시각에서 보았을 때 필요한 부분을 강조했고, RAND나 ASPI, 해리티지 등 엄청나게 많은 기관과 싱크탱크들이 이를 해보려고 노력하고 있지만 여기에서 얻어가고자 하는 국익이 무엇인지에 따라서 다른 방법론과 시각, 초점을 보여주고 있습니다. 우리가 만드는 전략을 통해서 궁극적으로 얻고자 하는 국익이 무엇인지에 대한 연구도 이루어졌으면 좋겠다고 생각합니다. 또한 이런 부분들이 대내적으로도 대외적으로도 전략이 공개되고 객관성과 타당성을 가지는 상황으로 발전이 되어야지, 국민들이나 대외적으로 보여지는 데 있어서도 우리가 어떤 국제사회 일원으로서 긍정적 기여를 할 것인지를 보여줄 수도 있고, 신뢰구축을 하는 데 있어서도 영향력을 줄 수 있다고 생각합니다. 이런 부분들도 좀 더 배양이 되었으면 좋겠습니다.

　마지막으로 중견국 외교라든지 이런 부분들이 많이 논의되는데, 문외한인 제가 보았을 때 GGE나 ARF 회의에 참석하거나 OECD 결과물에 대한 발표를 들을 때, 우리가 정말 무엇을 할 수 있는지에 대해서는 굉장히 소극적으로 생각을 하게 됩니다. 실질적으로 ITU 회의를 갔을 때 느끼는 감정과 GGE 회의를 갔을 때 느끼는 감정의 차이는 상당하고, 그 이유는 GGE 회의가 이미 패권국가의 힘의 논리에 의해서 질서가 이미 만들어진 상황이기 때문이라고 제 나름대로 판단을 내리고 있는데, 그런 상황에서 우리가 할 수 있는 것이 어떤 부분이 있는지에 대해서는 좀 더 현실적으로 전략 재설정을 하고 대외전략도 다층적으로 생각해야 한다고 봅니다. 그렇다면 과연 이를 할 수 있는 역량이 우리에게 있을까요? 사이버 안보가 실질적으로 기술력도 확보되어야 하고 기술력을 확보할 수 있는 기술정책적인 면도 배양되어야 하지만, 이것을 국제적으로 해결할 수 있는 외교역량도 굉장히 많이 필요한데, 이러한 외교적 역량은 하루아침에 확보될 수 없습니다. 그리고 사이버 안보를 다루고 있는 싱크탱크와 커뮤니티 간의 폐쇄성과 독특성은 이루 말할 수 없는데, 상대방이 기술을 어느 정도 이해하면서 정책과 안보를 같이 논의한다는 인상을 주지 않으면 공개하지 않는 부분들이 많기 때문에 이런 부분들에 전략적으로 조금 더 집중하고, 이를 실제로 할 수 있는 환경도 조성하면서, 큰 틀에서의 외교로서 확보될 수 있는 차원으로 논의가 많이 제기되었으면 합니다. 이 모든 것들이 국내적으로 제도가 잘 정비되어서 그에 기반이 되어서 움직일 수 있다면 얼마나 좋을지 생각하고 있습니다.

권헌영: 오늘 정치외교학, 국제정치학자들의 말씀을 들으면서 우리나라는 정치를 잘 못하는 것이 아닌가, 외교도 잘 못하는 것 아닌가, 공부만 열심히 하는 것 아닌가 하는 생각이 많이 듭니다. 오늘 말씀도 듣다보면 정말 좋은 것이 있는데 우리가 할 수 있나 하는 이야기를 하시는 것 같습니다. 그것이 결과적으로 국민 전체의 역량에 관한 문제인 것 같습니다. 정치도 엘리트가 성공시킬 수 없는 것이고, 외교도 엘리트만으로는 성공할 수 없는 것이 아닌가 하는 생각이 듭니다. 사이버 공간에서 생기는 모든 문제들은 국경을 굳건히 막으면 되거나 다른 방식으로 해결할 수 있는 것이 아니라 사회구성원 한 사람 한 사람이 역량을 갖고 대응할 수 있다면 고민하지 않아도 되는데, 무엇인가를 남이 주는 것을 가지고 사는 것 때문에 발생하는 문제가 아닌가 하는 생각이 듭니다. 사실 많은 이야기들을 들으면서 느끼는 점은, 우리는 사실은 정치도 그렇고, 국내정치는 조금 덜 할 수도 있겠지만, 그것도 그렇지 않다고 생각하는 것이 외교전략과 국내정치 대부분이 미국이 대신해 주는 것이 아닌가 하는 생각이 듭니다. 우리가 여러 가지 노력을 함에도 불구하고 사실 미국의 의사결정이 눈에 보이거나 보이지 않건 간에 우리 문제를 해결하는 데 중요한 부분을 차지하고 있다는 어찌 보면 안심이 되고 어찌 보면 답답한 상태가 이 문제에도 자리하고 있다는 생각이 듭니다. 오늘 토론과 김상배 교수님의 논문을 보고 느끼는 점을 몇 가지 말씀드리겠습니다.

저는 전공이 법학이라서 그런지, 지금 이 내용에서 이야기하는 사이버 안보에 대한 국제정치학 시각이 모호하게 들립니다. 법학 하는 사람들은 대상을 분명하게 특정하는 것을 첫 번째 일로 삼는데, 개념 정의가 불분명한 범주를 가지고 있습니다. 불분명한 범주에서 불분명한 자원을 가지고 불분명한 대응을 비판하는 구조인 것 같습니다. 그래서 제 생각에는 김소정 박사님께서 여러 다른 학문 분야에서도 이 분야에 관심을 가져야 한다고 말씀하셨는데, 그 전제조건은 분류체계를 명확히 하는 것입니다. 사이버 안보라는 것이 전통안보 문제를 다루는 것인지, 아니면 사이버 공간에서 특별히 생긴 안보 문제를 다루는 것인지, 사이버 안보 중에서는 국제적인 환경에서 발생한 문제를 다루는 것인지 아니면 국내적인 상황에서 발생한 문제를 다루는 것인지, 기술적인 문제를 다루는 것인지 아니면 내용적인 문제를 다루는 것인지 등 여러 가지 분야의 연구들이 중첩되어 있는데, 이것을 한꺼번에 놓고 외교적인 수단 또는 국제정치적인 수단으로 논의해 보자는 취지는 투입과 산출이 다른 형태의 결과를 가져오게 될 가능성이 있고, 서로 묶여져서 쓰는 수단들이 효과적으로 발휘되지 않는 결과가 나올 수 있습니다. 따라서 여러 가지를 뭉뚱그리지 않고, 우리나 논의하는 것을 무엇인지를 명확하게 제시할 필요성이 큽니다. 예를 들면 국제안보 분야에서 적의 군으로부터의 위협에 대해서 어떻게 처리하자는 것을 분류할 수 있는 것처럼 대응하는 것들이 분류가 잘 되어야 합니다. 오늘 언급된 여러 국제기구들이 대응하는 분야가 사실은 대부분 중첩되어 있습니다. 재미있는 현상은, 각 국제기구에서 자신들의 초점이 어디에 있다고 생각하지만, 이러한 이슈에서 경계를 넓힌 문제를 논의하고, 서로 다른 범위와 연결되는 문제들을 경쟁하듯이 다루기 때문에 이를 분석하기 위해서는 용어로부터 분류되는 개념의 범주를 명확하게 하였으면 좋겠다고 생각합니다. 그러한 분류가 앞으로 제시되기를 바랍니다.

두 번째는 사이버 공간이 가지고 있는 가장 큰 특징은, 조금 전에 명확한 분류가 필요하다고 말씀드렸음에도 불구하고 인접 분야에 대한 것을 통합하고 포섭하는 효과가 있다는 점입니다. 현실 공간에서 분류해 놓았던 것들이 사이버 공간에서는 상호영향을 미치게 됩니다. 그런데 우리가 사용하는 수단은 외교적 수단, 군사적 수단, 기타 범죄 대응 수단을 놓고 이야기합니다. 그러면 분별되어 있는 문제에 통합적인 대응을 하는 것과 분별된 문제에 분별된 수단으로 대응하면서 이를 통합하는 것은 다른 차원의 문제로 여겨집니다. 수단을 명확하게 확보하려면 그 문제를 우리가 정확하게 봐야겠다는 생각이 듭니다. 만약 북한이 우리가 그동안 해왔던 일, 여러 가지 차원에서 북한이 굉장히 능력을 가지고 있어서 우리나라를 공격했는데 우리는 일방적으로 당하고 북한이 한 것이 틀림없다고 선언하는 형태의 사건 전개가 그동안 많아 왔습니다. 우리가 억지전략을 써야겠다고 하지만, 이를 위한 실제 수단을 강구해야 하므로 우리나라에 어떤 자원이 있는지를 명확하게 알아야 합니다. 억지전략을 이런 공격수준에서는 이 정도만 사용하겠다는 전략이 있어야 하는데, 예를 들면, 모든 나라가 국제법적으로 간첩행위를 하는 것은 불법이지만 잡히지 않으면 아무도 문제시하지 않습니다. 당했다는 이야기도 하지 않습니다. 법적으로는 어떨지 몰라도 실제로는 서로 간첩행위를 할 수 있고, 사이버 공간에서 일어나는 간첩행위는 더합니다. 이것이 실질적인 피해를 일으켰을 때 어떤 결과를 가지고 대응할 것인가의 문제 때문에 공격을 당한 문제를 이야기하는 것입니다. 당하고 난 다음에 어떻게 할 것인가의 문제를 이야기하는데, 적의 문제가 적국에서 예를 들면 북한의 정찰총국에서 한 일이 분명하다는 것을 발표만 하고 끝날 것이 아닙니다. 우리는 그 문제를 군사정전위원회나 유엔 안보리에 가져가든지, 공동조사를 하자고 요청하든지, 어떤 수단이든지 간에 기존에 있는 규범이나 규칙을 써야 하는데, 결국 우리는 북한이 나쁘다는 수준의 발표에 그치고 있습니다. 그런데 이는 국가가 할 수 있는 수준의 대응이라고 볼 수 없습니다. 국가가 국민의 생명과 신체에 손실이 발생하였거나 어떤 형태의 침해를 받았는데, 범인이 저 사람이라고 지적만 하고 아무것도 하고 있지 않다는 것은 있을 수 없는 일입니다. 원래 조치를 해야 하는데 그것을 하지 않는 이유는, 우리가 어떤 억지전략이나 대응수단을 가지고 있는지에 대해서 정리해놓고 있지 않기 때문입니다. 이런 정도의 간첩행위가 발생하면 어떤 대응책을 사용하겠다, 아니면 우리가 실제 쓸 수 없는 수단이라면 미국이나 일본을 활용해서 어떻게 대응하겠다는 구체적인 전략이 없는 문제에서 비롯되는 것입니다. 여기에는 무엇이 전제가 되어야 하냐면, 공동조사해서 실제 범죄자가 누구인지를 과학적으로 입증한 다음에라야 문제가 해결이 되는 것입니다. 목함 지뢰가 발견되었을 때 유엔 정전위 조사단이 문제를 해결하고 누가 했는지를 밝혀냈기 때문에 후속조치를 할 수 있었습니다. 그런데 우리는 결과를 주장만 할 수 있을 뿐이지 원인을 입증하지 못하는 것이 문제입니다. 따라서 앞으로 우리가 해결해 나가야 할 문제는 이런 문제를 어떻게 확정해 나갈지를 정하는 작업입니다. 그러한 규범을 만들어낼 수 있는가 또는 없는가가 우리의 역량의 문제인 것입니다. 나머지는 억지전략을 하든지 다른 어떤 수단이 있으면 집행하면 됩니다. 북한에 금수조치를 하든지, 아니면 대화도 전략이 될 수 있습니다. 지속적으로 대화를 함으로써 억지를 할 수도 있겠습니다. 여러 가지 수단들이 있는데 이를 행하지 않는다는 점에 주목해야 합니다. 저는 사이버 분야에서 피해만을 계속 측정하고 우리의 역량이 얼마나 되는지를 논의하는 것뿐만 아니라 대한민국이 가지고 있는 사이버 전략에서 사용할 수 있는 모든 자원을 체계화하고 분류했으면 합니다. 그것을 제대로 인식하지 못하기 때문에 어려움이 있다고 보고, 법적인 관점에서는 두 가지 방식이 있습니다. 기존에 있는 국제법적인 내용, 그것이 전쟁법이든 유엔의 방식이든 기존의 규칙이나 규범으로 이 침해에 대응하는 것입니다. 그 다음으로는 공동조사가 불가능하고 입증이 되지 않고 피해도 분명히 제시하기 어려운 문제가 나타난다면 피해와 공격관계의 인과관계를 입증하지 못하면 다음의 문제로 나아가지 못하니까, 그러면 이 문제를 빨리 고정할 수 있는 새로운 레짐과 규범을 만드는 작업에 역량을 더 강화해야 합니다. 이러한 형태로 전략수단이 명확히 제시되는 것이 필요하지 않은가 생각해 보았습니다.

　　이원태: 좋은 공부의 기회를 주셔서 감사합니다. 저는 최근에 제4차 산업혁명, 인공지능과 관련한 규범 연구를 진행 중에 있습니다. 주로 제4차 산업혁명을 추동하는 변혁적 기술 중에 가상물리시스템(CPS), 즉 가상과 현실의 구분이 없어지는 융합 환경이 전면화되는 측면을 보면 기술이 굉장히 발전하고 있는 데 비해 제도나 거버넌스가 쫓아가지 못하고 있다는 지적을 많이 하고 있습니다. 인공지능 같은 경우에는 여러 가지 실존적인 위기, 의도와 관계없는 부작용이나 결과가 많이 발생하는데 이것을 어떻게 극복할 것인가의 전략적 고민을 하고 있는데, 이를 사이버 안보와 연결시켜 본다는 관점으로 토론을 정리해 보았습니다.

　　사이버 위협이 일상화·전면화 되면서 이제는 사이버 안보라는 것이 국가전략의 핵심적인 어젠다가 되었습니다. 관련된 법제도나 체제 정비도 이루어지고 있는데, 다만 문제가 되는 것은 한반도의 냉전 특수성 때문에 북한의 사이버 공격이 빈번해지면서 이에 대응하는 우리의 사이버 전략의 프레임이 군사적인 성격, 정치적인 성격을 많이 지녀서 앞서 발표에서 언급된 바와 같이 과잉안보화, 과잉정치화, 과잉군사화라는 담론적 부작용이 초래되고 있습니다. 이에 대해서 많은 우려가 제기될 수 있는데, 크게 두 가지를 지적해 볼 수 있겠습니다. 대내적으로는 프라이버시 침해라든지 개인정보 처리 허용범위에 대해서 법적 절차를 거치지 않는 자의성에 대한 시민사회의 우려가 한 편에 있고, 대외적으로는 전통적인 억지 개념을 적용하다 보니 상대국의 주권을 침해할 소지가 있는 문제점에 대해서 논란이 계속 일고 있습니다. 장노순 교수님께서 말씀하셨듯이, 안보 딜레마적 상황은 이런 부분에서 근본적으로 초래되는 측면도 있다고 생각합니다. 류석진 교수님께서 전통적인 억지 개념의 한계점을 지적하고 계시지만, 제 생각에는 아무리 북한의 사이버 공격에 대한 노출이 되어 있다고 하더라도, 선제타격론과 같이 굉장히 공세적인 안보담론이 지배하는 상황에서 사이버 위협과 사이버 공격을 어떻게 이해하고 대응해야 하는가를 보복억지의 차원을 넘어서서 더 이상 통제 불가능한 상황으로 악화되지 않도록 하는 위기관리의 관점이 더 중요하지 않는가 하는 생각이 듭니다. 보복억지의 개념을 적용해서 갈등을 관리하는 측면도 있지만, 그것을 넘어서서 자국의 위기관리의 강화라는 관점에 입각해서 사이버 안보의 개념이나 규범을 정립해야 하지 않는가 하는 관점이 필요하다고 봅니다. 이러한 점을 고려할 때, 다음의 두 가지 관점에서 출발해야 한다고 생각합니다.

첫째는 사이버 회복력 또는 복원력 개념을 적극적으로 고려해야 합니다. 제 생각에 사이버 공격이나 위협은 더 이상 피할 수 없는 문제가 되었습니다. 따라서 체계의 지속가능성이라는 기능적인 안보의 측면과 더불어서 사회적인 안보가 중요해지고 있습니다. 사회구성원들이 사이버 안보에 공감하고 이해하고 대응하는 방법론에 대해서도 어느 정도 적응할 수 있는 역량을 키우는 것, 더 넓혀본다면 사이버 안보의 사회적 기반을 형성하는 것, 구성원들의 폭넓은 동의와 지지라는 정치사회적인 기반을 확보하는 것이 굉장히 중요하지 않는가 하는 생각이 듭니다. 그런 측면에서 회복력 또는 복원력 개념을 기술적인 측면과 사회적인 측면을 아우르는 역량 강화의 문제로 접근을 해야 한다고 봅니다. 사이버 위협의 비대칭성과 복잡성을 근본적으로 피할 수 없다면, 이를 더 이상 확대·확산되지 않도록 하는 장치나 능력을 키우는 것이 중요합니다.

두 번째는 윤리적인 관점입니다. 최근에 일본 정부가 G7 선진국 간 대화의 과정에서 신로봇혁명을 선언해서 로봇이나 인공지능에 대한 윤리적 규범 어젠다를 적극적으로 제시하고 이니셔티브를 쥐려고 하고 있습니다. 김상배 교수님께서 말씀하신 것처럼, 보편적 가치에 입각한 규범외교를 일본이 잘 보여주고 있는 것이 아닌가, 첨단기술의 위험성에 대한 윤리적인 가이드라인을 적극적으로 제시함으로써 규범적 주도권을 확보하려는 노력을 보면 우리도 여기에서 가능성을 찾을 수 있지 않나 하는 관점을 제시하고 싶습니다. 회복력의 관점은 사이버 방패가 아니라 국민들 개개인들에게 갑옷을 입히는 것과 같다면, 지금 이와 같은 윤리적 가치나 규범외교의 측면에서는 국민들이 윤리적으로 무장하는 것입니다. 수동적인 외교가 아니라 적극적인 외교로 갈 수 있는 부분이 있고, 사이버 안보에서의 구조적 공백, 틈새시장을 여기에서 찾으면 안 될까 하는 생각을 하면서 최근의 연구와 관련하여 시사하는 점들을 정리해 보았습니다.

앞서 제2부에서 갈등과 협력, 억지와 협력을 동시에 고려하는, 부정적인 위협보다는 긍정적 유인책도 고려하는 전략적 재보장 정책에 대한 이야기가 나온 것처럼, 그런 관점에서의 사이버 안보 전략이 필요하지 않나 하는 생각도 하게 됩니다. 협력의 가치와 인센티브가 굉장히 위력적이라는 것을 부각시키는, 이를 통해 적대관계를 완화·약화시키는 것이 사이버 안보 전략에서 중요한 부분을 차지할 것이라고 생각합니다. 이것은 북한에 대해서도 마찬가지라고 생각합니다. 지금은 협력의 여지가 전혀 없지만, 앞으로 북한에 대해서도 협력과 교류의 여지를 현실공간에서 얼마나 창출하려고 노력했는가의 측면도 생각을 해보아야 합니다. 마지막으로는 사이버 안보 분야에 있어서도, 다른 영역에서도 마찬가지지만 미중 등 강대국 중심의 원심력이 너무 큰 것 같습니다. 그렇지만 남북관계의 교류와 협력의 여지가 있는 사이버 안보 전략을 고려한다면, 사이버 안보 분야에서의 구심력을 확보하려는 현실적인 노력을 적극 병행해야 할 것이라고 생각합니다. 지금 우리는 너무 바깥 이야기만 하고 있기 때문에 이와는 다른 관점을 제시하고 싶었습니다.

유지연: 사이버 안보 강화를 위해서 무엇을, 어떻게 해야 하는지를 논의하는 뜻 깊은 자리에 초대해 주셔서 감사합니다. 권헌영 교수님께서 말씀하신 사이버 안보 논의를 분리해서 봐야 한다거나, 이원태 박사님께서 말씀하신 사이버 복원력에 대해서도 말씀드리려고 하였습니다. 그 중에서도 사이버 회복력이나 복원력에 대해서 잠깐 이야기를 드리고자 합니다. 이번 컨퍼런스가 사이버 안보와 사이버 안보의 대외 전략에 대해서 고민하고 대응에 대해서 생각했던 자리인데, 한편으로는 이러한 사이버 안보 논의에 있어서 저도 중요하다고 생각하지만, 사이버 보안, 안보, 안보화의 개념과 인식에서 출발해서 논의를 진행

해 나가보다면 사실은 방점으로 찍어야 할 국가전략이라고 하는 것이 얼마나 실효성 있는 전략으로 결과로 도출될 것인가에 대해서는 의문이 들게 되는 것 같습니다. 사이버 보안 정책을 전공한 사람으로서 반성하게 되는데, 대외전략이라는 것을 안보 논의를 정리하고 그것에 대한 대외전략을 결정하는 것이 바로 이루어지는 것이 아니라, 실질적으로는 국가 내부에서 국가전략을 어떻게 설정하고 대외적으로 어떻게 대응할 것인가의 문제인데, 지금 사이버 보안의 전략은 내부적으로 국가전략에 대해서 논의가 아주 활발하게 이루어지지 않거나 정리가 되지 않았다고 봅니다. 이미 아시다시피, 사이버 공격과 물리적 타격이 동시에 일어나고 개인을 통해서 일어나는 APT 공격의 환경이 마련되고 있는데, 여기에 대해서 대응할 준비가 되어 있느냐의 문제라는 것입니다. 제2부에서도 제시되었듯이, 현재의 사이버 보안 전략에 대한 논의는 정보보안 전략의 관점이 중심이 되었고 실제 대응도 위협의 대상이나 영역적으로 분리가 되어 있었습니다. 그런데 실제 국가적인 위기상황이나 위협이라는 것은 복합적으로 일어나고 있는데, 거기에 충분하게 대응할 수 있는 대응체계가 마련되어 있는가 하는 질문을 하게 됩니다. 그런 점에서 열심히 정책적인 전략방안을 고민하지 않은 것 같아서 반성을 하게 됩니다.

이런 차원에서 주요국에서는 2013-2014년에 사이버 복원력에 대한 논의가 제기되었고, 여기에 기반해서 국가전략이 만들어지고 있습니다. 미국이나 일본, 영국이나 여타 유럽국가 등지에서 앞선 논의에서 말씀하신 것처럼, 2013년도에 사이버 복원력에 대해서 정의를 하고 국가방향을 설정한 다음에 각자의 전략을 세우고 있습니다. 미국 같은 경우에는 위기나 위험을 재난까지를 폭넓게 생각해서 대응조치를 마련하고, 영국이나 일본 같은 경우에는 사이버 공간 상에서 일어나는 것으로 한정해서 전략을 구상하는데, 우리는 아직 국가의 위협에 대해서 어떻게 할 것인가에 대해서 아직 정리가 되어 있지 않다고 생각합니다. 국가전략이라는 것을 실질적으로 구현해 내기 위해서는 안보 등 개념에 관한 논의도 중요하고 저도 관심이 많고, 앞으로도 계속 이루어져야 한다고 생각하기는 합니다. 그렇지만 이것과 더불어서 실질적으로 국가의 위기상황에 대해서 리스트 업을 해보고 이것에 대해서 어떻게 대응할 것인가, 회복력이라고 하는 것이 실질적으로 사건과 사고가 난 다음의 회복력뿐만 아니라 사전에 어떻게 예방하고 서로의 대응체계를 어떻게 조직화하고, 서로의 기능과 역할을 어떻게 분담할 것인가의 문제를 설정하고, 다시 위험정보를 공유하는 체계를 종합적으로 다룰 필요가 있습니다. 한국에서도 실질적인 국가전략을 마련하기 위해서는 위에서 제시한 종합적인 체계로서의 사이버 복원력의 관점의 전략 논의가 먼저 마련이 되고, 그런 다음에 그런 논의에 있어서 관련된 행위자들이 하나의 일치된 방향은 아닐지라도 전반적인 흐름상 국가전략이라는 틀로 묶어낼 수 있는 구체적인 전략방안들을 분야별로 마련할 필요가 있습니다.

국가위기상황 전체에 대한 전략방향이 필요하다고 보고, 추가적으로 한 가지 더 생각했던 것은 실제로 국제논의에 있어서도 국가 주요기반 시설에 대한 위협은 국가안보적 차원에서의 위협으로 정리가 되는 양태입니다. 따라서 한국에서도 국가기반시설에 대해서 재정비의 필요성에 대한 논의가 제기될 필요가 있다고 봅니다. 국가주요기반시설에 대해서 관리를 하는 형태가 안전과 정보보안으로 분리되어 있는데, 이것을 통합적으로 같이 보고, 이것도 안보적 차원에서 주요한 대상으로서 관심 있게 지켜봐야 할 것이라고 생각합니다.

김상배: 사이버 안보 내지 사이버 안보의 세계정치라는 주제는 기존에 가지고 있던 사회과학적 인식론과 방법론의 틀을 넘어서서 이해해야 하는 현실의 변화를 보이고 있습니다. 기존의 실증주의적인 인식론을 기반으로 대상을 명확히 설정하고 그에 대응하는 수단을 선택해서 문제를 푸는 식의 관점으로는 맞지 않는 부분이 많다고 생각합니다. 류석진 교수님도 지적해 주셨지만, 그런 면에서 개념을 어떻게 정의하느냐가 중요한데, 사이버 안보 분야에서 쓰고 있는 많은 개념들이 실체론적으로 규정해서 이야기하기에는 객관적 실체를 반영하는 개념이기 이전에 주관적으로 그 개념을 사용해나가는 사람들의 주관이 반영되는 성격이 강하다는 점을 간과할 수 없습니다. 안보화의 논의가 대표적인데, 경우에 따라서는 과잉화되기도 합니다. 정치학자의 시각에서 보면, 현재 벌어지고 있는 사이버 안보의 국내외 정치의 상당한 부분이 담론의 정치, 말의 정치, 수사의 정치인 측면이 많고, 아직 다가오지 않은 위협과 벌어지지 않은 전쟁에 대해서 누가 더 큰 목소리로 설득력 있게 말할 수 있는가, 그리고 이를 뒷받침할 수 있는 기성권력, 즉 물질권력을 얼마나 보유하고 있는가가 섞이게 되는 게임의 양상을 보이고 있습니다. 보이지 않는 위협과 보이는 위협의 가능성에 대해서 논의하는 상황에서, 보이는 위협을 적시해서 그것을 중심으로 수단을 만들고 대응체계를 갖춰가자는 것에 맹점이 있을 수밖에 없습니다. 경우에 따라서는 그것이 하나의 이데올로기가 되어서, '나는 보이는데 왜 너는 보이지 않느냐'는 식의 논의로 연결되는 양상이 발생할 수도 있습니다. 사이버 전쟁이 왜 일어나지 않느냐, 벌어진 것이냐 아니냐의 논쟁들이 이러한 맥락에서 다루어질 수 있을 것 같습니다. 그러다보니까 이 문제를 풀어나가는 방식은 '방어력을 키우자, 억지력을 튼튼히 하자, 방패를 마련하자'는 문제가 아니라 이원태 박사님과

유지연 교수님께서 지적해 주셨듯이 복원력이 더 중요할 수 있다고 생각합니다. 복원력은 기존에 우리가 알고 있던 위기를 대처해 나가는 방식과는 다른 차원의 발상이 필요한 부분입니다.

국제정치학자들이 국제법이나 전쟁법을 이 분야에 적용하려는 것에 의구심을 가지는 것이, 사실 탈린 매뉴얼이 이러한 시도인데, 그런 식으로 문제를 풀기에는 오히려 문제를 더 복잡하게 만들 수 있기 때문에 오히려 발상을 완전히 달리 해야 하는 문제와 위협이 등장하고 있다고 봅니다. 아마도 국제정치학자들이 지난 몇 년 간 관심을 가지는 것은, 여기에 전통적으로 국제정치학이 하고 있던 논의들, 즉 소위 국가 행위자들이 어떻게 문제를 풀어나가느냐 하는 지정학적인 논의들이 중첩되는 부분에서 문제가 벌어지고 있는 것이 아닌가 생각합니다. 이러한 시각을 놓고 보았을 때, 앞서 조화순 교수님께서 지적하셨듯이 사이버 안보의 문제를 둘러싸고 벌어지는 구조를 제대로 읽어내는 것이 중요하게 됩니다. 우리가 구조를 만드는 처지가 아니었기 때문에, 만들어진 구조 안에서 우리가 어떻게 자리를 잡아서 문제를 풀어갈 것인가가 굉장히 중요합니다. 국제정치학의 이론적 논의를 빌어서 이야기 한다면, 과연 그 구조가 무엇인가에 대한 의문을 제기해 볼 수 있습니다. 그 구조가 전통적인 이론들이 이야기하는 지정학적 구조인가, 소위 말하는 주변4강이 만들어내는 물질적인 분포가 배열되는 구조인가? 그렇지만 사이버 안보에서는 그러한 배열만으로는 이해할 수 없는 현상들이 발생한다는 것입니다. 따라서 그러한 물질적 권력 자원의 분포로서 보는 것이 아니라 행위자들이 상호작용하면서 만들어나가는 상대적으로 동태적인 구조를 말하는 것이고, 이러한 구도 또는 배치(configuration)로서의 구조는 분포(distribution)로서의 구조와는 달리 유동적으로 변할 가능성이 있습니다. 사이버 안보는 사이버 공간이라고 하는 유동적 구도(configuration)를 바탕으로 벌어지는 현상으로 보아야 할 것입니다. 전통적인 구조에 대한 논의와 새로 창발하고 있는 구도에 대한 논의가 복합적으로 연결되는 과정 속에서 문제를 풀어가야 하는 숙제가 있고, 이는 학문적으로 이론적·개념적으로 밝혀야 할 것입니다. 이를 밝혀야 하는 가장 큰 이유는 우리가 선택하려고 하는 실천전략의 내용과 방향을 결정하기 때문이라고 생각합니다. 100년 전 또는 200년 전 국가전략을 구상할 때 사용되었던 개념과 이론의 틀에서 문제를 보고 실천방안을 도출하는 것이 지금 새롭게 등장하고 있는 사이버 안보와 같은 신흥 분야에도 그대로 적용될 수 있는지, 아니면 다른 무언가를 해야 하는지의 문제와 연결됩니다.

마지막으로 말씀드리고 싶은 것은 굉장히 시급하게 사이버 안보 분야에서의 국내외적인 추진체계나 거버넌스 정비라고 하는 것이 필요한 시기라는 점입니다. 국내적인 차원에서의 추진체계나 법제도 마련도 중요하지만, 또 하나 필요한 것이 사이버 외교의 추진체계에 대한 부분도 관심을 많이 가져야 한다고 생각합니다. 김소정 실장님께서 말씀하셨지만, 국제회의에 나가서 여러 가지 채널을 통해서 이런 저런 이야기를 하고 있는데, 그런 부분들이 산발적이고 이어지지 못할 뿐만 아니라 나름대로 유기적·전체적으로 조율이 되지 않고 있는 듯한 인상을 줍니다. 따라서 국내외적인 추진체계를 동시에 만들어야 하는 어려움이 있습니다. 그런 추진체계에 대한 발상이 처음 말씀드렸던 것처럼 실증주의적인 차원에서 위계적이고 통합적이고 획일적인 시스템을 만든다는 발상으로는 풀어 나갈 수 없다는 것이 사이버 안보 분야의 특징이라는 것입니다. 각자 알아서 하는데 이를 전체적으로 엮어낼 수 있는 메타 메커니즘을 만드는 발상이 필요하고, 무조건 방어만 하는 것이 아니라 예방도 하고, 또 한 편으로는 복원을 함께 하는 맥락에서 보는 새로운 거버넌스의 발상이 필요합니다. 이러한 것이 사이버 안보 국가전략의 큰 방향성이 되어야 하지 않을까 생각합니다.

조현석(사회): 남은 시간이 많지는 않지만, 플로어에서 한 두 분 정도만 코멘트나 질문을 받도록 하겠습니다.

강하연: 제가 헷갈리는 부분이, 개념 정립이 필요하다는 말씀을 하시기는 했는데, 통상적으로 정보보안의 측면에서의 사이버 안보와 전통안보 간의 중첩이 많이 되는 측면이 있어서 개념 분리가 완전히 될 수 있을 것인지가 의문이 듭니다. 오늘 논의 중에서 다루어지지 않은 사이버 테러와 같은 부분이 논의에 첨가되었으면 좀 더 재미있을 것 같습니다. 그리고 많은 분들이 말씀하시는 거버넌스의 재정립에 대해서는 충분히 공감하는데, 최근에 제가 어떤 계기로 우리나라 사이버 안보 관련 법제 노력에 대한 외부의 시각을 접할 기회가 있었습니다. 그런데 이 분들이 보시기에는 지금 계류 중인 사이버테러방지법을 보았을 때 그 법에서 구성하고 있는 거버넌스가 사이버 공간이나 사이버 생태계의 거버넌스와는 맞지 않는다는 인식들이 제기되고 있습니다. 이 분들이 지적하는 것들 중에 하나가 사이버테러방지법이 통과된다면 통신사나 ISP라든지 모든 민간기관 조차도 사이버테러방지와 관련된 모든 것을 총괄하는 주체, 여기에서는 국정원의 감독과 관리를 받는 구조에 대한 불신이 굉장히 큽니다. 저는 거버넌스 논의를 할 때, 이런 부분을 어떻게 슬기롭게 우리 사회에서 풀어나갈지의 고민이 함께 들어가야 한다고 생각합니다. 그런 맥락에서 조현석 교수님께서 말씀하셨던 주권, 인권이나 자유 등의 가치도 함께 논의될 필요가 있다고 봅니다.

조현석(사회): 오늘의 자리는 문제가 무엇이고 문제를 어떻게 정의해야 하는가와 관련된 논의라고 생각합니다. 사실은 한 자리에 이런 전문가들이 많이 모여서 논의한 적은 처음인데, 이것을 계기로 정책공동체, 인지공동체와 같은 식의 네트워크가 만들어져서 우리나라 사이버 안보 논의의 민간 부분의 추진 동력을 얻는 모임으로 끌고 가기를 바랍니다. 안보를 우리가 너무 자명하게 생각하는 것 같은데, 과연 안보가 추구하는 것이 무엇인가 하는 질문도 상당히 여러 측면에서 제기될 필요가 있다고 생각합니다. 국민의 생명과 재산을 지킨다, 사회질서를 지킨다는 차원에서만 이야기되지만, 자유와 같은 가치에 대한 논의도 상당히 중요하다고 여겨집니다. 그런 맥락에서 제도적 정비나 거버넌스 체계 구축이라는 측면에서는 보다 근본적인 재배열에 대해서 상상력을 가져야 한다고 생각이 듭니다. 이원태 박사님이 지적하셨듯이, 어떤 정책이든지 국내적 정당성의 기반이 필요한데, 군사안보정책이 근대적인 사고방식, 즉 대개 민간, 군사, 정보, 국내 법 집행의 영역들이 서로 분명하게 구분된다는 전제에 토대를 두고 있는데 정보가 자산이자 무기가 되는 공간에서 저는 개인적으로 근대적인 영역 구분이라는 것에 상당한 변화가 초래되지 않을까 하는 생각이 듭니다. 그런 의미에서 제도적 재배열 내지는 최소한 조정할 수 있는 기능이 고안되어야 할 것입니다. 마지막으로 임종인 교수님께서 오전과 오후 패널과 토론 세션 모두를 참석하셨으니 강평을 부탁드립니다.

임종인: 사이버 안보를 국제적 시각으로 많이 다루는데, 오전에는 사이버 안보의 세계정치라고 해서 유엔을 비롯한 각 무대에서 사이버 안보가 어떻게 다루어지고 있는지를 다루었습니다. 거기에서 보면 사이버 안보라는 것이, 지금까지는 사이버 보안의 측면에서 많이 다루어

졌지만 이원태 박사님께서 지적하셨듯이 제4차 산업혁명, CPS 등 온라인과 오프라인의 결합과 구분이 없어지는 상황에서 사이버 위협은 안보에 대한 실질적인 위협이 되었습니다. 또한 이것이 한 국가만의 위협이 아니라 모든 국가들이 함께 직면할 수 있는 위협이라는 인식을 함께 해서 국제안보적인 시각으로 이를 진지하게 논의한 것은 상당한 진전입니다.

한편으로 보면, 1950-60년대 미국을 중심으로 하는 자유진영과 소련을 중심으로 하는 공산국가 간의 냉전이 있었는데, 작년에 시진핑 주석이 미국에 방문하였을 때 뉴욕타임즈 등에서 '사이버 냉전'이라는 용어를 사용하였습니다. 실제로 조화순 교수님께서 우리의 구조적 한계를 말씀하셨고, 저도 이에 공감합니다. 우리가 역량이 있을 때여야 균형외교를 할 수 있는 것이고, 사실 우리는 균형외교를 이끌만한 역량이 없기 때문에 어느 한 쪽에 설 수밖에 없는 상황입니다. 영국은 유럽에서 미국의 대리자 내지는 동맹국가로서 굉장히 협력을 강화해서 혜택도 제일 많이 보고 자기네 나라의 국력을 유지하고 있고, 일본의 경우도 영국이 유럽에서 한 것처럼 아시아에서 현실적인 여러 가지 한계를 깨닫고 강력하게 미국과의 협력을 강화하고, 특히 2015년 4월에 아베 수상이 미국을 방문했을 때 기존의 동맹 체제를 사이버까지 확대한다고 해서 사이버에 있어서 동맹을 실질적으로 맺은 바 있습니다. 사실은 동맹이라고 하는 것도 주고받는 것이고, 국제질서에서 한쪽이 일방적으로 받기만 하는 것은 없다고 생각합니다. 그런 점에서 보면 역량 제고라는 것이 굉장히 중요한데, 일본은 역량제고를 위해서 사이버안보기본법이라든지 거버넌스라든지, 우리의 체제정비적인 측면에서 논의만 10년째 하면서 도입 못 하고 있는 사이버안보기본법 식의 시도도 하고, 그것을 실천하기 위해서 결국은 관방장관 밑에 기

구도 만들고 예산도 배분하고, 당장 기술이나 인력도 실천하기 위해서
는 중요하니까 엄청난 예산을 투입해서 미국의 협력을 얻어내는 전략
을 사용하고 있습니다. 유럽에서 영국이 미국에 의존하는 것처럼, 사
실 아시아에서는 일본에 의존하면서 미국의 입장에서 한국은 불필요
해 보입니다.

　우리 입장에서는 어떻게 보면 다행인 것이 북한이 여전히 미국의
위협이 되고 있다는 점입니다. 미국의 차기 대통령이 해결해야 할 다
섯 가지 과제 가운데 첫 번째가 북한 핵이라든지 북한의 위협으로 꼽
히고 있습니다. 북한의 위협을 중화시키기 위해서는 북한에 대해서 미
국이 아무리 자동화된 기기라든지 여러 가지 정보자산을 통해서 많은
것을 안다고 하지만, 우리 한국이 2-3퍼센트의 빈틈을 메워줄 수 있는
역량을 가지고 있는 한 미국은 우리를 필요로 할 것이라고 생각합니
다. 미국과 한국이 서로 주고받을 것이 생겼고, 그런 점에서 대통령의
방미 시 사이버 분야에서도 일본 못지않게 협력을 강화하자, 사이버에
있어서도 동맹 역할을 하자는 양국 간의 의견 일치가 이루어진 바 있
습니다.

　그것을 하려면 일본이 한 것처럼 법도 만들고 예산도 투입하고 우
리의 역량을 강화해야 합니다. 그런데 실제로 따를 법이 없습니다. 결
과적으로 우리 역량에 있어서 기본적으로 국내적으로도 사이버 역량
을 실천하기 위한 여러 가지 정보를 수집해서 분석하고 공유하는 문제
들이 계속 '프라이버시 대 국가안보'라고 해서 갈등만 증폭시키고 한
걸음도 못 나가고 있습니다. 이것이 국가적 과제임에도 불구하고 부
처 이기주의 행태가 계속되고 있습니다. 사이버 안보가 기술이나 정보
문제에 머물러 있을 때는 국정원이 그동안의 경험과 압도적인 힘을 가
지고 주도해 왔는데, 이제는 국가적 문제가 되어 모든 부처들이 관여

하게 되었습니다. 그러나 장노순 교수님께서 말씀하셨던 것처럼, 현재 국가안보실의 역량으로는 분명히 한계가 있습니다. 실질적이고 실무적인 사이버 안보 컨트롤타워는 국정원이라고 선언하지만, 결과적으로 국가 또는 국가기관에 대한 신뢰도에 한계가 있기 때문에 그것을 뒷받침하기 위한 법도 만들고 견제와 균형을 위한 시스템을 갖추지 않으면 안 됩니다. 사이버테러방지법이나 사이버안보기본법을 만들어야 한다는 것을 여당이나 야당, NGO든 누구든 동의하지만 실제로 진도가 나가지 않고 있습니다.

어쨌든 2011년부터 미국도 CISPA를 제시만 하고 계속 안 되다가 작년에 입법에 성공하였고, 올해부터 시행이 되고 있습니다. 우리가 논의만 하지 말고 어떻게든 받아들여서 여야 간에 합의하여, 차기 정부의 최초의 국정 어젠다로서 반드시 실천해야 할 1호법이 사이버 안보 관련법이 되도록 학계에 있는 사람들이 굉장히 노력을 해야 할 것이라고 생각합니다. 그런 법이 만들어져야 그 다음 모든 것이 차례대로 나갈 수 있을 것입니다. 오늘 굉장히 다른 분야의 학자들이 많이 모이셨고 굉장히 진지한 토론이 이루어졌는데, 이런 것들이 뒷받침이 되어서 내년 상반기 정도까지는 뭔가 좀 더 이 분야에 진도가 나가서 이것이 정치권에 전달이 되어서 차기 정부의 국정 어젠다 1번이 되도록, 마치 CSIS가 2008년에 미국 제44대 대통령을 위해서 사이버 안보에 관련된 국가 마스터 플랜을 개발해서 전달한 것이 8년 동안 실천된 것처럼, 이른바 첫 걸음이 되기를 바랍니다. 저는 기술자이고, 국제정치라든지 이런 분야는 조금 밖에 모르지만 어차피 이 분야가 융합분야이고, 그런 의미에서 법학 전공자이신 권헌영 교수님도 우리 정보보호대학원에 모셔왔듯이 이번 자리가 앞으로의 작품을 만드는 계기가 되었으면 좋겠습니다. 이러한 자리를 만들어주셔서 다시 한 번 감사드립니다.

조현석(사회): 아침 일찍부터 시작된 이 자리를 지켜주신 분들께 감사드립니다. 오늘 학술회의가 학문적 논의 발전과 현실에서 구체적인 결실을 맺는 데 기여하기를 바랍니다.

찾아보기

지은이

김상배 서울대학교 정치외교학부 교수
서울대학교 외교학과 학사 및 석사, 미국 인디애나대학교 정치학 박사
『아라크네의 국제정치학』. 2014.
『정보혁명과 권력변환』. 2010.

민병원 이화여대 정치외교학과 교수
서울대학교 외교학과 학사 및 석사, 미국 오하이오주립대학교 정치학 박사
『탈냉전 이후 국제관계와 북한의 변화』. 2009.
"사이버억지의 새로운 패러다임: 안보와 국제정치 차원의 함의." 『국방연구』 58(3): 85-
110. 2011.
"사이버공격과 사이버억지의 국제정치: 규제와 새로운 패러다임을 중심으로." 『국가전략』
21(3): 37-61. 2015.

이상현 세종연구소 본부장
서울대학교 외교학과 학사 및 석사, 미국 일리노이대학교 어바나샴페인 정치학 박사
『한국의 국가전략 2030: 안보』. 2016.
『한국의 중견국외교론』. 2015.
『미국의 아태 재균형 정책과 한국 안보』. 2014.

배영자 건국대학교 정치외교학과 교수
서울대학교 외교학과 학사 및 석사, 미국 노스캐롤라이나대학교 정치학 박사
『중견국의 공공외교』. 2013.
"미중 패권경쟁과 과학기술혁신." 『국제 · 지역연구』 25권 4호. 2016.

신성호 서울대학교 국제대학원 교수
서울대학교 외교학과 학사, 미국 터프츠대학교 플레처스쿨 석사 및 박사
"Dilemma of South Korea's Trust Diplomacy and Unification Policy." *International*

Journal of Korean Unification Studies Vol. 23, No. 2: 97-122. December 2014.
"19세기 유럽협조체제에 나타난 강대국 정치를 통해 본 21세기 중국의 신형대국관계."
　　『국제정치논총』 2014년 9월.
"Northeast Asia's Aging Population and Regional Security: Demographic Peace?"*Asian
　　Survey* Vol 53, No. 2. March/April 2013.

정종필 경희대학교 정치외교학과 교수
연세대학교 정치외교학과 학사, 미국 시라큐스대학교 정치학 석사 및 박사.
"웨이보(微博)와 중국의 온라인 검열: 정보 통제와 대중 참여를 중심으로."
　　『21세기정치학회보』 25(4): 183-202. 2015.
"Mutual Perceptions in South Korea-China Relations: The Need for Creative Arguing."
　　Asian Perspective 37(2): 281-304. 2013.
"Using E-Government to Reinforce Government —Citizen Relationships: Comparing
　　Government Reform in the United States and China." *Social Science Computer
　　Review* 27(1): 3-23. 2009.

조윤영 경희대학교 정치외교학과 박사과정
경희대학교 정치외교학과 학사 및 석사.
"사이버안보(cybersecurity)를 위한 중국의 전략: 국내 정책 변화와 국제사회에서의
　　경쟁과 협력을 중심으로."『21세기정치학회보』 26(4): 151-177. 2016.
"중국 호구제도 개혁의 한계: 외자기업부문 농민공 집단저항을 중심으로."『동서연구』
　　24(4): 155-181. 2012.

이승주 중앙대학교 정치국제학과 교수
연세대학교 정치외교학과 학사 및 석사, 미국 캘리포니아대학교 버클리 정치학 박사
"연합 형성과 중견국 외교",『국제지역연구』. 2016.
"동아시아 지역협력과 아세안의 리더십 전략: 대외적 대표성과 개별적 자율성의 동태적
　　상호작용을 중심으로",『평화 연구』. 2016.
『일대일로와 동아시아 지역질서 변화』. 2016.
『한국의 중견국 외교: 역사 · 이론 · 실제』. 2016.
『한국의 중장기 미래전략: 국가안보의 새로운 방향모색』. 2015.

신범식 서울대학교 정치외교학부 교수
서울대학교 외교학과 학사 및 석사, 러시아 국립모스크바국제관계대학교 정치학 박사
『21세기 유라시아 도전과 국제관계』. 2006.
"Russia's Perspectives on International Politics, A Comparison of Liberalist, Realist and
　　Geopolitical Paradigms." *Acta Slavica Iaponica Tomus* 26. 2008.
『중국의 부상과 중앙아시아』. 2015.

황지환 서울시립대학교 국제관계학과 교수
서울대학교 외교학과 학사 및 석사, 미국 콜로라도대학교 정치학 박사
"Revisiting the Functionalist Approach to Korean Unification: The Role of
　　International Organizations and NGOs." *Journal of International and Area
　　Studies* Vol. 22, No. 1: 41-55. 2015.
"The Paradox of South Korea's Unification Diplomacy: Moving beyond a State-
　　Centric Approach." *International Journal of Korean Unification Studies* Vol.
　　23, No. 1: 49-72. 2014.